Nahlah Saimeh (Hrsg.)

Was wirkt?

Prävention – Behandlung – Rehabilitation

Forensik 2005
20. Eickelborner Fachtagung zu Fragen
der Forensischen Psychiatrie
2. bis 4. März 2005

Dieser Tagungsband entstand unter Mitarbeit von:

Ulrich Deipenwisch

Bernd Dimmek

Ruth Humpert

Jörg Kilzer

Christian Küper

Dirk Lindner-Albert

Martin Lueg

Andrea Radandt

Monika Schulz

Dariusz Scibor

Anja Thormann

Nahlah Saimeh (Hrsg.)

Was wirkt?

Prävention – Behandlung – Rehabilitation

Forensik 2005
20. Eickelborner Fachtagung zu Fragen
der Forensischen Psychiatrie
2. bis 4. März 2005

Dr. med. Nahlah Saimeh
Westfälisches Zentrum für
Forensische Psychiatrie
Eickelbornstr. 21
59556 Lippstadt

Nahlah Saimeh (Hrsg.): Was wirkt? Prävention – Behandlung – Rehabilitation
Materialien der 20. Eickelborner Fachtagung zu Fragen der Forensischen Psychiatrie,
2. bis 4. März 2005
1. Auflage 2005
3-88414-398-0

Bibliografische Information der deutschen Bibliothek
Die Deutsche Bibliothek verzeichnet diese Publikation in der deutschen Nationalbibliografie;
detaillierte bibliografische Daten sind im Internet über http://dnb.ddb.de abrufbar.

Bibliographic information published by Die Deutsche Bibliothek
Die Deutsche Bibliothek lists this publication in the Deutsche Nationalbibliografie; detailed
bibliographic data is available in the Intenet at http://dnb.ddb.de

Theoretische sowie experimentelle Erkenntnisse, Behandlung und medikamentöse Therapie in der Medizin unterliegen aufgrund neuer Forschungsergebnisse und klinischer Erfahrungen stets einem ständigen Wandel. Die Autoren dieses Werkes haben größte Präzision darauf verwandt, dass die Angaben über Medikamente, deren Kombinationen, Indikationen, Dosierungen, Applikationen, Arzneimittelinteraktionen, Kontraindikationen und unerwünschten Wirkungen dem derzeitigen Wissenstand bei Fertigstellung des Werkes entsprechen. Da aber menschlicher Irrtum und Druckfehler nie ganz auszuschließen sind, übernehmen Autoren und Verlag trotz sorgfältigster Bearbeitung für derartige Angaben keine Gewähr. Jeder Benutzer dieses Werkes ist daher verpflichtet, vor Verordnung und Anwendung der Präparate alle Angaben insbeonde-re anhand der vom Hersteller den Präparaten beigegebenen Produkt-Gebrauchsinformationen in eigener Verantwortung auf ihre Richtigkeit zu überprüfen. Verständlicherweise gilt diese Verpflichtung auch bei selten verwandten oder neu in den Handel eingeführten Präparaten sowie bei denjenigen, die das Bundesinstitut für Arzneimittel und Medizinprodukte in ihrer Anwendbarkeit limitiert hat. Schließlich sind auch Arzneimittelrückrufe und ein mögliches Ruhen der Zulassung von Präparaten, angeordnet durch das BfArM, sorgfältig zu beachten. Die Wiedergabe von Gebrauchsnamen, Handelsnamen, Warenbezeichnungen usw. in diesem Werk berechtigt auch ohne besondere Kennzeichnung nicht zu der Annahme, dass solche Namen im Sinne der Warenzeichen- und Markenschutz-Gesetzgebung als frei zu betrachten wären und daher von jedermann benutzt werden dürften.

© Psychiatrie-Verlag, Bonn 2005
Alle Rechte vorbehalten. Kein Teil des Werkes darf ohne Zustimmung des Verlags vervielfältigt oder verbreitet werden.
Umschlaggestaltung: p.o.l.:Kommunikation design, Köln
Umschlagillustration: Gouache auf Papier mit Kreisel, Andrea Radandt 2004
Satz: Marina Broll, Dortmund
Druck und Bindung: Kessler Druck + Medien, Bobingen

Inhalt

Vorwort Fachtagung 2005
Nahlah Saimeh   9

Aktuelle Entwicklungen bei der Sicherungsverwahrung und im Maßregelvollzug
Axel Boetticher   11

Ambulante Behandlung verurteilter Sexualstraftäter in NRW – Eine Evaluation von Angeboten freier Träger zur Rückfallvermeidung
Thomas Brand   48

Angewandte Kriminologie als Ergänzung der Planung von Behandlung und Nachsorge im Maßregelvollzug
Hauke Brettel & Michael Bock   67

Die forensische Begutachtung im Zusammenhang mit der Anordnung der Sicherungsverwahrung – eine interdisziplinäre Aufgabe?
Thomas Feltes & Holm Putzke   76

Psychometrische Persönlichkeitsdiagnostik im forensischen Kontext
Guido F. Gebauer & Anja Bartels   91

Welche Maßnahmen machen in einem Jugendstrafverfahren Sinn?
Daniel Gutschner   107

Wie teuer kommen Patienten des Maßregelvollzugs?
Heinz Kammeier & Wolfgang Benkert   118

Das Leipziger Selbstkontrolltraining
Torsten Klemm   128

Die Tatortanalyse auf dem empirischen Prüfstand
Denis Köhler, Silvia Müller & Günter Hinrichs   148

Täterhotline
Joachim Lempert   167

Kinder und Jugendliche als Sexual(straf)täter: Ergebnisse eines Modellprojekts
Sabine Nowara & Ralph Pierschke   180

Medienkompetenz – ein weiteres Präventionskonzept
Ulrich Pätzold   188

Pesso-Psychotherapie in der Behandlung persönlichkeitsgestörter Rechtsbrecher
Andrea Radandt   204

Was wirkt in der Behandlung von Persönlichkeitsstörungen?
Rainer Sachse   222

Differenzielle Konzepte zur Dissozialität, Therapieansätze und Grenzen
Nahlah Saimeh   230

Das Stationsklima als Wirkfaktor der Behandlung – Entwicklung eines Beurteilungsbogens

Norbert Schalast & Mirja Redies   244

Psychopathy, Impulsivität und ADHS als Prädiktoren für delinquentes Verhalten bei delinquenten Jugendlichen – Ergebnisse aus der Kölner GAP-Studie

Kathrin Sevecke, Maya Krischer, Manfred Döpfner & Gerd Lehmkuhl   256

Beiträge der forensischen Sachverständigen zur Konfliktvermeidung

Günter Tondorf   266

Dem Gemeinwohl verpflichtet

Eduard Wörmann   272

Referenten-Verzeichnis   282

Vorwort Fachtagung 2005

Die diesjährige 20. Eickelborner Fachtagung steht unter dem Motto »Was wirkt? – Prävention, Behandlung, Rehabilitation«.
Dieses Jubiläum ist ein Zeichen dafür, dass sich dieses einstmalige Randgebiet der Psychiatrie zu einem eigenständigen Fachgebiet mit einer kontinuierlich wachsenden Zahl von fachlich versierten Kollegen verschiedenster Berufsgruppen entwickelt hat.
Die Forensische Psychiatrie hat in puncto baulicher und technischer Sicherheit sowie hinsichtlich der Prognosestellung gravierend aufgeholt, nicht zuletzt unter dem Druck eines zunehmenden öffentlichen Interesses bei gleichzeitig geringerer Akzeptanz von Rückfallkriminalität. Unter dem Motto »Wie sicher kann Prognose sein?« wurde 2002 diesem Themenkomplex Rechnung getragen.
Eine Folge der verstärkten Anstrengungen, die geforderte Sicherheit im Rahmen des Sicherungsauftrages auch zu gewährleisten, sind die steigenden Verweildauern, gerade im Bereich der Behandlung von Persönlichkeitsstörungen. Es hieße jedoch, deutlich zu kurz zu greifen, wenn man diese Entwicklung dem öffentlichen Druck allein zuschriebe. Sie zeigt auch die faktisch vorhandene Verunsicherung, die Effektivität eigener therapeutischer Arbeit zuverlässig einschätzen zu können. In keinem anderen Bereich der Medizin sind derart viele externe Sachverständige nötig, um den Erfolg von Behandlungsmaßnahmen zu überprüfen.
Mit der diesjährigen Tagung wollen wir daher verstärkt einen Blick auf die Frage werfen, was in der Forensik am besten wirksam ist. Wodurch lässt sich die Legalprognose von Patienten am nachhaltigsten verbessern, welche Therapieverfahren entsprechen dem state-of-the-art? Wie wirksam ist der Einfluss eines förderlichen Stationsklimas? Welchen Nutzen bringt die Traumatherapie? Bei wem sind körper-psychotherapeutische Verfahren indiziert, ist das Behandlungsprogramm für Sexualstraftäter bei intelligenzgeminderten Patienten anwendbar?
Gerade vor dem Hintergrund der neurobiologischen Erkenntnisse zur Handlungs- und Emotionskontrolle stellt sich die Frage, wie psychotherapeutische Verfahren aufgebaut sein müssen, sollen sie zu einer stabilen Modifikation des Verhaltens führen.
Dass der Landesregierung Nordrhein-Westfalen an einer nachhaltigen Verbesserung der Behandlungsbedingungen gelegen ist, zeigt die in diesem Jahr begonnene Dezentralisierung mit der Eröffnung der Forensischen Klinik in Rheine und der konkreten Planung für die klinische Inbetriebnahme der Forensik in Dortmund im Januar 2006.

Innerhalb der Kliniken stellen sich aber weiterhin organisatorische Herausforderungen, insbesondere die der Behandler- und Milieukonstanz.

Die Spezialisierung ist in der somatischen Medizin seit Jahrzehnten eine Selbstverständlichkeit und keiner würde bezweifeln, dass erst dadurch herausragende therapeutische Fortschritte erzielt werden konnten. Auch die Forensische Psychiatrie muss sich die Frage der Spezialisierung innerhalb ihrer Einrichtungen stellen.

Wenn die Forensische Psychiatrie auch weiterhin nicht nur ihrem Auftrag nach Sicherung, sondern auch nach Besserung im Sinne der Rehabilitation nachkommen soll, wird sie sich mit der Entwicklung differenzierter therapeutischer Werkzeuge und Methoden befassen müssen.

Wir stellen gemeinsam mit ausgewiesenen Experten, von denen an dieser Stelle namentlich nur die Herren Professoren Friedrich Lösel, Michael Osterheider, Rainer Sachse, Volker Dittmann und Dr. Axel Boetticher (BGH) genannt seien, dieser Herausforderung.

An dieser Stelle geht ein ganz herzlicher Dank an alle Autoren und Referenten für ihre engagierten und kritischen Beiträge, verbunden mit der Hoffnung, dass sie uns auch weiterhin die Treue halten, wenn es um einen breiten interdisziplinären Austausch zugunsten der uns anvertrauten Patienten und zugunsten der auf uns vertrauenden Gesellschaft geht.

Ein besonderer Dank geht an das Fachtagungsteam des WZFP, dass sich von langer Hand mit der Zusammenstellung und Koordination der Tagung befasst hat und ohne deren zuverlässige, tatkräftige Arbeit die Durchführung dieser Tagung undenkbar wäre.

Lippstadt, im März 2005
Nahlah Saimeh

Aktuelle Entwicklungen bei der Sicherungsverwahrung und im Maßregelvollzug

AXEL BOETTICHER

Zusammenfassung

Der Bundesgesetzgeber hat mit dem am 29. Juli 2004 in Kraft getretenen Gesetz zur Einführung der nachträglichen Sicherungsverwahrung das seit 1996 verfolgte Konzept zur »Bekämpfung« von Sexualdelikten und anderen schweren Straftaten zu einem vorläufigen Ende geführt. Mit dem gleichnamigen Gesetz vom 26. Januar 1998 wurden die Anordnungsvoraussetzungen für die Sicherungsverwahrung für die Sexual- und Gewaltstraftäter (§ 66 Abs. 3 StGB) erheblich herabgesetzt. Mit dem Gesetz am 21. August 2002 hat der Gesetzgeber als Reaktion auf die präventiv-polizeirechtlichen Straftäterunterbringungsgesetze (StrUBG) der Länder Baden-Württemberg, Bayern und Sachsen-Anhalt die vorbehaltene Sicherungsverwahrung eingeführt, weil die rot-grüne Regierungskoalition damals noch eine bundesweite nachträgliche Sicherungsverwahrung abgelehnt hatte. Als der Zweite Senat des Bundesverfassungsgerichts mit seinem Urteil vom 10. Februar 2004 – 2 BvR 834/02 und 2 BvR 1588/02 – die Straftäterunterbringungsgesetze für unvereinbar mit Art. 74 GG ansah und sie für verfassungswidrig erklärte, die Beschwerdeführer aber gleichwohl bis zum 30. September 2004 auf der Grundlage eben dieser gerade für verfassungswidrig erklärten Sicherungsverwahrung in Sicherungsverwahrung behielt, sah sich die Bundesregierung erneut zum Handeln gezwungen. Nunmehr galten die früheren Bedenken eingedenk des Kanzlerworts: »Wegsperren, und zwar für immer« nicht mehr. Das Gesetz über die nachträgliche Sicherungsverwahrung wurde eilig durch die parlamentarischen Gremien gebracht, obwohl die Regelungen bisher nicht gekannte Eingriffe in Freiheitsgrundrechte von Untergebrachten enthalten. Nunmehr gilt auch im Bund eine präventiv-polizeiliche Verwahrung und dies möglicherweise sogar für Täter, bei denen – wie schon bei der vorbehaltenen Sicherungsverwahrung des § 66a StGB – ein Hang nach § 66 Abs. 1 Nr. 3 StGB »nicht sicher festgestellt, aber auch nicht ausgeschlossen« werden kann. Betroffen davon können auch Ersttäter sein (§ 66b Abs. 2 StGB) und sogar Schuldunfähige, deren Unterbringung in einem psychiatrischen Krankenhaus für erledigt erklärt wird (§ 66b Abs. 3 StGB). Diese weitere Herabsetzung der Anordnungsvoraussetzungen könnte zu einer generellen Abkehr vom Begriff des »Hanges« im Strafrecht führen. Denn der Kreis der potenziellen Sicherungsverwahrten wird um diejenigen erweitert, deren Taten nicht auf einem »Hang zu erheblichen Straftaten« beruhen, sondern deren Gefährlichkeit sich »bei Gelegenheit« einer Tat und ergänzend aufgrund einer Gesamtschau seines Verhaltens während des Vollzuges einer Freiheitsstrafe oder einer Maßregel festgestellt wird.

Die Möglichkeit einer Anordnung der nachträglichen Sicherungsverwahrung am Ende der Vollstreckung einer Freiheitsstrafe oder einer Maßregel der Besserung und Sicherung könnten Einfluss auf die inhaltliche Arbeit im Regel- und im Maßregelvollzug und die vielfachen Prognoseentscheidungen bei der Anordnung, bei den Lockerungen und bei der Entlassung aus oder der Erledigung der Maßregel haben. Insbesondere steht zu erwarten, dass die vom Bundesverfassungsgericht in seinem Urteil vom 5. Februar 2004 – 2 BvR 2029/01 – für die Sicherungsverwahrung aufgestellten Anforderungen an die Erstellung von Prognosegutachten und die Qualifikation der Prognosegutachter auch Auswirkungen auf die im Maßregelvollzug nach § 63 und § 64 StGB zu erstellenden Gutachten haben wird.

Schlüsselwörter

Sicherungsverwahrung, Entlassungsprognosen, nachträgliche Sicherungsverwahrung

Einleitung

In der Schweiz hat das Volk am 8. Februar 2004 in einer Volksabstimmung, die auf die »Volksinitiative Lebenslange Verwahrung« zurückgeht, mit 56,2 % gegen 43,8 % eine Änderung der Bundesverfassung vom 18. April 1999 beschlossen, Art. 123a der Bundesverfassung solle jetzt lauten: »Wird ein Sexual- oder Gewaltstraftäter in den Gutachten, die für das Gerichtsurteil nötig sind, als extrem gefährlich erachtet und nicht therapierbar eingestuft, ist er wegen des hohen Rückfallrisikos bis an sein Lebensende zu verwahren. Frühzeitige Entlassung und Hafturlaub sind ausgeschlossen.« Der Vorsteher des Eidgenössischen Justiz- und Polizeidepartementes, Bundesrat Christoph Blocher, hat die Volksabstimmung wie folgt kommentiert: »Der nun beschlossene Verfassungstext ist die Reaktion auf eine jahrelange allzu large Strafvollzugspraxis und ist Ausdruck eines weit verbreiteten Misstrauens gegenüber Behörden und Fachleuten im Straf- und Maßnahmenvollzug. Diese Besorgnis und dieser Vertrauensverlust sind ernst zu nehmen.«

So weit sind wir gegenwärtig noch nicht, da sei in Deutschland das Bundesverfassungsgericht vor! Allerdings heizt die Politik gerade wieder mit Schlagworten wie »das Kartell der Schuldigen« und »willfährige Gutachter« die Diskussion an. Die in den letzten Jahren verabschiedeten, immer komplizierter gewordenen gesetzlichen Regeln mit immer differenzierterer Rechtsprechung haben dazu geführt, dass die Juristen immer stärker in die therapeutische Arbeit eingreifen und auch dazu beitragen, dass die Arbeit in den Maßregeleinrichtungen aus Unsicherheit und Furcht vor falschen Prognosen nachhaltig beeinflusst wird.

Das Gesetz zur Einführung der nachträglichen Sicherungsverwahrung

Mit dem am 29. Juli 2004 in Kraft getretenen Gesetz[1] ist das im Jahr 1996 vom Freistaat Bayern[2] initiierte Konzept zur »Bekämpfung« von Sexualdelikten und anderen schweren Straftaten *wohl nur vorläufig* abgeschlossen worden. Mit dem gleichnamigen Bekämpfungsgesetz vom 26. Januar 1998[3] war zunächst bewirkt worden, dass die Anordnungsvoraussetzungen für die Sicherungsverwahrung für diese Tätergruppe (§ 66 Abs. 3 StGB) herabgesetzt wurden.

Als Reaktion auf die präventiv-polizeirechtlichen Straftäterunterbringungsgesetze der Länder Baden-Württemberg, Bayern und Sachsen-Anhalt (StrUBG)[4] glaubte die rot-grün geführte Bundesregierung noch mit dem Gesetz über die vorbehaltene Sicherungsverwahrung vom 21. August 2002[5] auskommen zu können (§ 66 a StGB).

Nachdem der Zweite Senat des Bundesverfassungsgerichts mit seinem Urteil vom 10. Februar 2004 – 2 BvR 834/02 und 2 BvR 1588/02[6] – die Straftäterunterbringungsgesetze wegen Unvereinbarkeit mit der Kompetenzvorschrift des Art. 74 GG für verfassungswidrig erklärte, im Urteil aber gleich einen deutlichen Hinweis auf ein bundeseinheitliches Gesetz gab und die beiden Beschwerdeführer gleich bis zum 30. September 2004 in Verwahrung behielt, haben die Parteien – auch veranlasst durch das Kanzlerwort: »Wegsperren, und zwar für immer« – das nunmehr beschlossene Gesetz über die nachträgliche Sicherungsverwahrung – die einen bisher in Deutschland nicht gekannten Eingriff in Freiheitsgrundrechte von Untergebrachten darstellt – kurz und bündig durch die parlamentarischen Gremien gebracht.

Nunmehr sollen – würde man allein den Berichterstattern des Rechtsausschusses des Deutschen Bundestages folgen – auch die Sexual- und Gewaltstraftäter in dauerhafte präventive Verwahrung genommen werden, bei denen ein Hang nach

---

1 Gesetz v. 23. Juli 2004, BGBl. I S. 1838; obwohl die Häufigkeitszahl, d. h. die Zahl der bekannt gewordenen Fälle auf 100 000 Einwohner, im Jahr 1975 für alle Sexualstraftaten, für den sexuellen Missbrauch, für die Vergewaltigung bzw. sexuelle Nötigung wie auch für den Sexualmord (zum Teil deutlich) höher war als im Jahr 2002.
2 Mit seiner Bundesratsinitiative vom 19. November 1996 (BR-Drucks. 876/96) wollte Bayern als Reaktion auf den am 20. September 1996 begangenen Sexualmord an der 11-jährigen Natalie A. schon damals erreichen, dass die Sicherungsverwahrung nicht mehr die letzte Notmaßnahme der Kriminalpolitik sein sollte. Die Sicherungsverwahrung sei »vielfach auch die einzige Erfolg versprechende Möglichkeit, einen gefährlichen Täter, der im Zustand der Schuldfähigkeit gehandelt hat, nach Verbüßung der Strafe hinreichend unter Kontrolle zu halten«. Der damalige Täter sitzt allerdings nicht in der Sicherungsverwahrung.
3 Gesetz zur Bekämpfung von Sexualstraftaten und anderen schweren Straftaten vom 26. Januar 1998, BGBl. I. S. 106.
4 Baden-Württemberg StrUBG v. 14. März 2001; Bayern StrBuG v. 24. Dezember 2001; Sachsen-Anhalt StrUBG v. 6. März 2002.
5 BGBl. I S. 3344.
6 NJW 2004, 750 ff.

§ 66 Abs. 1 Nr. 3 StGB »nicht sicher festgestellt, aber auch nicht ausgeschlossen« werden kann. Betroffen davon können auch sein Ersttäter (§ 66 b Abs. 2 StGB) und sogar Schuldunfähige, die in einem psychiatrischen Krankenhaus untergebracht sind und deren Maßregel nach dem neuen § 67 d Abs. 6 StGB für erledigt erklärt wird (§ 66 b Abs. 3 StGB).

Allerdings hat inzwischen der 1. Strafsenat des Bundesgerichtshofs in seinem Urteil vom 11. Mai 2005 – 1 StR 37/05 – einschränkend klargestellt, dass die Prüfung des Hanges zu erheblichen Straftaten (§ 66 Abs. 1 Nr. 3 StGB) auch im Rahmen der Anordnung der nachträglichen Sicherungsverwahrung nicht entbehrlich ist.[7]

Nach dem neuen § 106 Abs. 5 JGG kann jetzt auch bei Heranwachsenden, die nach allgemeinem Strafrecht wegen einer »der in § 66 Abs. 3 Satz 1 bezeichneten Art, durch welche das Opfer seelisch oder körperlich schwer geschädigt oder einer solchen Gefahr ausgesetzt worden ist« zu einer Freiheitsstrafe von mindestens fünf Jahren verurteilt worden sind, in die nachträgliche Sicherungsverwahrung genommen werden.

Ebenso kann gemäß § 106 Abs. 6 JGG i. V. m. § 67 d Abs. 6 StGB nach Erledigung einer Maßregel nach § 63 StGB die nachträgliche Sicherungsverwahrung angeordnet werden.

Neue gesetzgeberische Überlegungen

Es liegen aber bereits neue einschneidende Änderungswünsche der Politik vor:
1. Ein Entwurf des Bundesministeriums der Justiz für ein Gesetz zur Sicherung der Unterbringung in einem psychiatrischen Krankenhaus und in einer Entziehungsanstalt (Stand 19. Mai 2004).
2. Ein Entwurf des Bundesrates für ein Gesetz zur Reform des Rechts der Unterbringung in einem psychiatrischen Krankenhaus und in einer Entziehungsanstalt (Entwurf Bayern vom 10. Mai 2004, inzwischen BRDrucks. 455/04 Beschluss).
3. Nach dem Fall Martin P. in München steht zu erwarten, dass Bayern im Bundesrat den Antrag stellen wird, dass auch Beschuldigte, die wegen einer schweren Sexualstraftat nach Jugendstrafrecht verurteilt worden sind und nach Verbüßung ihrer Jugendstrafe weiterhin als höchst gefährlich angesehen werden, in die nachträgliche Sicherungsverwahrung genommen werden können.

Diese Politik der permanenten Schließung von »Schutzlücken« hat in der täglichen Praxis schon Wirkung gezeigt. Die Anordnungspraxis der Tatrichter beim Umgang mit den Maßregeln scheint sich gewandelt zu haben und die Unterbringungszahlen in den psychiatrischen Krankenhäusern und in der Sicherungsverwahrung haben

---

[7] NJW 2005, 2022 und StraFo 2005, 300 mit Anm. Böhm.

sich seit 1996 erheblich erhöht. So ist die Zahl der in einem psychiatrischen Krankenhaus nach § 63 StGB Untergebrachten von 1996 von 2956 auf 5118 im Jahr 2003[8] und die der nach § 66 StGB Untergebrachten von 1996 von 176 auf 306 im Jahr 2003[9] gestiegen.

Hinzu kommt, dass es auf Länderebene aufgrund einer deutlich restriktiveren Lockerungs- und Entlassungspraxis zu einer teilweise dramatischen Überbelegung in sämtlichen Einrichtungen des Regel- und des Maßregelvollzugs gekommen ist.

Die meistens aus Anlass von tragischen Einzelfällen auch mit starkem Druck aus den Medien aufgeheizten Debatten haben den Blick dafür verstellt, dass nicht alle Täter ein Leben lang in Verwahrung gehalten werden können, sondern dass vielmehr die Mehrheit irgendwann einmal wieder entlassen werden muss, sollen die Systeme des Strafvollzugs oder des Maßregelvollzugs nicht einen vollständigen Kollaps erleiden. Es fehlt aus meiner Sicht deshalb auch ein umfassender Diskurs über eine qualifizierte ambulante Nachsorge für den Regelvollzug und die Sozialtherapie, wie sie im Maßregelvollzug bereits Teil des therapeutischen Konzepts ist (die zum Fall Martin P. in Bayern veröffentlichten Presseberichte lassen vermuten, dass es Defizite bei der Nachsorge nach der Entlassung aus der abgelaufenen Jugendstrafe gab, die allein von der Bewährungshilfe nicht aufgefangen werden konnte).

Diesen Diskurs über ambulante Maßnahmen hat auch das Bundesverfassungsgericht nicht gerade gefördert, wenn es in seinem Urteil vom 5. Februar 2004[10] – 2 BvR 2029/01 – zum Vorrang der Sicherungsverwahrung aussagt: »*Der Freiheitsentzug durch unbefristete Sicherungsverwahrung bietet im Einzelfall offensichtlich einen höheren Schutz als jede denkbare Behandlungsmaßnahme unter gelockerter Aufsicht.*« (Rdn. 103)

Die zu erwartenden Auswirkungen

Die nunmehr auf Bundesebene geltende präventiv-polizeiliche »Anschluss-Maßregel« der nachträglichen Sicherungsverwahrung nach § 66 b StGB wird Auswirkungen haben

- auf die Gutachten und die Entscheidungen der Tatrichter zur Schuldfähigkeit und zu den Behandlungsaussichten schon im Erkenntnisverfahren (§ 246 a StPO), weil durch die Verknüpfung von Elementen der Schuldfäigkeit und der Schuldmilderung gleichzeitig die Weichen für das unterschiedliche therapeutische Programm

---

8 Statistisches Bundesamt, Fachserie 10, R 4.1. S. 26
9 Statistisches Bundesamt 2004, Strafgefangene; nach der Antwort des Parlamentarischen Staatssekretärs Hartenbach vom 28. Oktober 2003 (BT-Drucks. 15/1859) am 31. März 2003 sogar 310 (in Baden-Württemberg 52; in Bayern 60; in Berlin 15; in Hamburg 14; in Hessen 25; in Niedersachsen 24; in Nordrhein-Westfalen 110 (auch für Rheinland-Pfalz und Saarland) und in Schlewig-Holstein 10; Bremen unterhält keine Einrichtung für Sicherungsverwahrte.
10 NJW 2004, 739 ff.

und damit auch für die Vollzugslockerungen und die Entlassungsentscheidungen gestellt werden,
- auf den Ablauf des Erkenntnisverfahrens einschließlich des Verteidigungsverhaltens des Beschuldigten hinsichtlich seiner Bereitschaft zur Einlassung zur Sache und gegenüber dem Sachverständigen; ein »Deal« über die Maßregeln kann verhängnisvolle Folgen haben (siehe den Fall »Josef« am Ende des Vortrags),
- auf die Prognosebegutachtungen bei Lockerungen, bei Entlassungen und Erledigungen und nicht zuletzt auf die Prognosegutachten zur Anordnung der nachträglichen Sicherungsverwahrung.
- Das gilt insbesondere für Beschuldigte, bei denen Störungsbilder bestehen, die *rechtlich* als viertes Merkmal des § 20 StGB »schwere andere seelische Abartigkeit« bewertet werden. Überwiegend geht es um »Persönlichkeitsstörungen« nach ICD-10 F.60, die sehr häufig bei »den« Gewalt- und Sexualstraftätern diagnostiziert werden.

Die Verschärfung des »Verteilungskampfs«

Um im Bild der »Bekämpfung« zu bleiben: Schon im Erkenntnisverfahren wird es jetzt einen noch schärferen »Verteilungskampf« über die richtige Zuordnung der persönlichkeitsgestörten Angeklagten zu den Maßregeln nach § 63 und § 64 StGB, dem Regelvollzug (einschließlich der sozialtherapeutischen Anstalten) und der Sicherungsverwahrung geben. Taktische »Spielchen« können sich zum Ende einer vermeintlich günstigen Strafe mit der nachträglichen Sicherungsverwahrung als Bumerang erweisen.

Hatte die Politik mit der Schaffung des § 9 StVollzG im Gesetz vom 26. Januar 1998 noch die »Sozialtherapie mit der Straftäterbehandlung« in den Mittelpunkt der Reform gestellt und immerhin bis zum 31. März 2004 1742 Plätze geschaffen (davon sind 55,4 % mit Sexualstraftätern belegt), so scheint den ohnehin chronisch gekürzten Justizhaushalten die Luft auszugehen.

Die Tatrichter sind sicher bereit, den Gutachtern darin zu folgen, dass in den Maßregeleinrichtungen gegenüber den Gefängnissen mehr getan wird, so dass sie auch die schwersten Fälle mit dissozialer Persönlichkeitsstörung durchaus nach § 63 StGB unterbringen werden, wenn der Sachverständige den § 21 StGB nur positiv feststellt und der Verteidiger meint, dadurch eine niederigere Strafe herausgeholt zu haben. Für die Justizverwaltungen sind solche Lösungen ohnehin günstiger, denn die Einweisungen nach § 63 StGB entlasten die Justizhaushalte, denn der Maßregelvollzug ist ja bekanntlich Sache der Sozial- oder Gesundheitsminister.

Die Unterschiede zwischen den Maßregeln nach der Rechtsprechung

Nach der Rechtsprechung des Bundesgerichtshofs[11] ist die Unterbringung in einem psychiatrischen Krankenhaus anzuordnen, wenn

- sich die Persönlichkeitsstörung so verfestigt hat,
- dass sie einen überdauernden Zustand darstellt,
- der im Sinne von § 21 StGB die Steuerungsfähigkeit bei Begehung der Tat nicht ausschließbar aufgehoben (was nur sehr selten in Betracht kommt)
- oder die Steuerungsfähigkeit positiv vermindert ist
- und aufgrund des Zustandes weitere erhebliche Straftaten zu erwarten sind.

Das hat zu folgenden Leitsätzen geführt:

(1) Die Unterbringung in einem psychiatrischen Krankenhaus (oder in einer Entziehungsanstalt) ist daher gegenüber der Sicherungsverwahrung im Grundsatz »kein geringeres, sondern ein anderes Übel«[12], so dass deren gleichzeitige Anordnung grundsätzlich rechtlich möglich ist (§ 72 Abs. 2 StGB).

(2) Die Unterbringung in der Sicherungsverwahrung (§ 66 StGB) sichert durch Einsperren des Verurteilten unabhängig von der verhängten Strafe. Die Unterbringung in einem psychiatrischen Krankenhaus (§ 63 StGB) stellt außerdem auf Heilung ab.

(3) Dies gilt selbst bei zweifelhaften Heilungsaussichten. Die Unterbringung in einem psychiatrischen Krankenhaus gemäß § 63 StGB setzt den Erfolg einer Therapie nicht zwingend voraus. Die Unterbringung in einem psychiatrischen Krankenhaus dauert daher fort, solange vom Angeklagten die in § 63 StGB genannte Gefahr ausgeht.

(4) Auch für die Allgemeinheit besonders gefährliche Täter sind von der Unterbringung in einem psychiatrischen Krankenhaus nicht auszuschließen. Zwar müssen bei der Unterbringung gemäß § 63 StGB wegen des Vorrangs der Therapie zunächst ärztlich-psychiatrische Gesichtspunkte Vorrang haben. Solange vom Verurteilten eine Gefahr ausgeht, sind jedoch – wie im Strafvollzug – die für den Maßregelvollzug Verantwortlichen berechtigt und verpflichtet, im Einzelfall Maßnahmen zu ergreifen, die das Verbleiben des Untergebrachten auch gegen dessen Willen in der Anstalt gewährleisten. Die Erwägung, der Angeklagte könne in einer Haftanstalt besser überwacht werden, wäre deshalb eine außerhalb der Ziele des Maßregelvollzugs liegende Zweckmäßigkeitsüberlegung (BGH NStZ-RR 1999, 44).

Damit wird, wie Leygraf formuliert, im Maßregelvollzug in vielen Fällen »heimliche Sicherungsverwahrung« vollstreckt.

(5) Eine zusätzliche Anordnung von Sicherungsverwahrung (§ 72 Abs. 2 StGB) kommt *(nach bisherigem Recht)* neben der Unterbringung in einem psychiatrischen Krankenhaus nur in Betracht, wenn auch nach Wegfall des von § 63 StGB vorausgesetzten Zustandes die Gefährlichkeit aufgrund eines aus anderen Gründen gegebenen Hangs zu erheblichen Straftaten fortbestehen wird.

---

11 Zum Beispiel im Urt. v. 19.2.2002 – 1 StR 546/01 = NStZ 2002, 53.
12 BGHSt 5, 312, 314; BGH NStZ 1981, 390.

Exkurs

Zu den in Nordrhein-Westfalen angestellten Überlegungen, die notfalls lebenslang zu vollstreckende Maßregel nach § 63 StGB in sog. »Long-Stay-Units« möchte ich – da ich die Konzepte bisher nicht kenne – nur anmerken, dass aus meiner Sicht für diese Form der Unterbringung das »*Ausgrenzungsverbot*« genauso gilt, wie es das Bundesverfassungsgericht in seinem Urteil vom 4. Februar 2004 für die Sicherungsverwahrung konkretisiert hat:

- Geltung des Resozialisierungsauftrags nach § 2 StVollzG,
- Aufrechterhaltung von Therapieangeboten,
- realisierbare Chance auf Entlassung,
- Vorbereitung auf die Enlassung durch Gewährung von Lockerungen.

Der notwendige Diskurs über die »richtige« Maßregel

Vielleicht muss es – wie in der Schweiz – auch bei uns die (ehrliche) Diskussion geben, ob schwer dissozial persönlichkeitsgestörte Beschuldigte überhaupt in ein psychiatrisches Krankenhaus gehören. Nach einem – aufgrund der Volksabstimmung wohl nicht mehr aktuellen – Reformentwurf sollten nach Art. 68 Abs. 1 SchwStGB neu Beschuldigte mit »tiefgreifender Persönlichkeitsstörung« prinzipiell nur noch in den Strafvollzug oder in den Verwahrungsvollzug gelangen. In den psychiatrischen Kliniken sollten nach Art. 61 SchwStGB neu nur noch die geistig kranken bzw. schwer behinderten Personen untergebracht werden dürfen.[13]

In unserem vikariierenden System fehlen bisher klare Regeln dafür, ob persönlichkeitsgestörte Täter tatsächlich richtig im Maßregelvollzug nach § 63 StGB untergebracht sind, oder nicht doch besser – entsprechend dem früheren Modell des nie in Kraft getretenen § 65 StGB nach § 9 StVollzG – in eine sozialtherapeutische Anstalt gehören.

Die möglichen Folgen für den Maßregelvollzug

Für den Maßregelvollzug könnte es noch »dicker« kommen, wenn sich Bayern mit seinem Entwurf eines Gesetzes zur Reform des Rechts der Unterbringung in einem psychiatrischen Krankenhaus und in einer Entziehungsanstalt vom 10. Mai 2004 – und dafür spricht vieles, weil der Antrag bereits vom Bundesrat beschlossen und in den Deutschen Bundestag eingebracht worden ist – durchsetzt, die Anordnung der Maßregel nach § 63 StGB zu erleichtern. Über politische Gegenwehr war bisher nicht viel zu vernehmen. Danach wird im Entwurf folgende Fassung vorgeschlagen:

»§ 63 StGB neu

Unterbringung in einem psychiatrischen Krankenhaus

(1) Hat jemand eine rechtswidrige Tat im Zustand der Schuldunfähigkeit, nicht

---

13 KINZIG, Kriminalpolitik durch das Volk, in FS für Prof. Günter Tondorf S. 169.

auszuschließender Schuldunfähigkeit (§ 20) oder der verminderten Schuldfähigkeit (§ 21) begangen, so ordnet das Gericht die Unterbringung in einem psychiatrischen Krankenhaus an, wenn die Gesamtwürdigung des Täters und seiner Tat. ergibt, dass von ihm infolge eines der in § 20 genannten Zustände, unter dessen Einfluss er die Tat begangen hat, erhebliche rechtswidrige Taten zu erwarten sind und er deshalb für die Allgemeinheit gefährlich ist.

(2) Wird jemand wegen *einer oder mehrerer Straftaten gegen das Leben, die körperliche Unversehrtheit, die Freiheit der Person oder die sexuelle Selbstbestimmung anderer* zu einer Freiheitsstrafe von mindestens vier Jahren verurteilt und *ist nicht auszuschließen*, dass er die Straftat oder die Straftaten im Zustand verminderter Schuldfähigkeit begangen hat, so ordnet das Gericht die Unterbringung in einem psychiatrischen Krankenhaus unter den übrigen Voraussetzungen des Satzes 1 an, wenn von ihm Taten zu erwarten sind, durch welche die Opfer seelisch oder körperlich schwer geschädigt werden.«

Damit sollen die Beschuldigten erfasst werden, die
- die Anlasstat unter dem Einfluss eines der in § 20 StGB genannten Zustände begangen haben,
- dafür zu einer Freiheitsstrafe von mindestens vier Jahren verurteilt worden sind und
- von denen weitere erhebliche rechtswidrige Taten zu erwarten sind.

Der Ausgangspunkt des Entwurfs ist insoweit bedenkenswert, als damit die enge Verknüpfung zwischen der Anordnung der Unterbringung in einem psychiatrischen Krankenhaus und der Prüfung der Voraussetzungen der §§ 20, 21 StGB in Frage gestellt wird. Der Entwurf stellt darauf ab, dass es zukünftig für die Anordnung des § 63 StGB eben nicht notwendig sein soll, dass der Tatrichter *positiv* feststellt, dass der Täter die Anlasstat in einem Zustand verminderter Schuldfähigkeit begangen hat und er infolge dieses Zustandes *für* die Allgemeinheit gefährlich ist.

In Anknüpfung an die Ausführungen von Nack vor dem Rechtsausschuss des Deutschen Bundestags am 20. Februar 2002,[14] wird nunmehr vorgeschlagen, von der sicheren Feststellung des § 21 StGB wegzukommen, weil »das Erfordernis positiv festgestellter jedenfalls verminderter Schuldfähigkeit dazu führen (kann), dass die im Interesse des Schutzes der Bevölkerung und im eigenen Interesse des kranken Täters dringend nötige Unterbringung psychisch kranker gefährlicher Straftäter scheitert, weil zwar feststeht, dass die psychische Störung die Tat beeinflusst hat, nicht aber sicher festgestellt werden kann, dass der Täter jedenfalls vermindert schuldfähig war«.[15]

---

14 Protokoll der 116. Sitzung des Rechtsausschusses des Deutschen Bundestags vom 20. Februar 2002, S. 90.
15 Begründung des Entwurfs vom 10. Mai 2004 S. 17.

Die Gefahr für den Maßregelvollzug besteht aber darin, dass die Einrichtungen eine solche Erweiterung der Anordnungsmöglichkeiten organisatorisch und personell kaum leisten könnten. Bayern selbst geht aufgrund der hohen Anforderungen an die erweiterte Anwendung von einer moderaten Erhöhung der Unterbringungszahlen aus. Prof. Nedopil dagegen schätzt allein für Bayern einen Anstieg der nach § 63 StGB Untergebrachten um 800 in den nächsten zehn Jahren.

Weitere Vorschläge

Unmittelbar im Zusammenhang mit der Öffnung des § 63 StGB steht, dass Bayern auch die bisherige Subsidiaritätsklausel des § 72 Abs. 1 StGB entfallen lassen will, damit der Tatrichter gleich in der Hauptverhandlung neben der Maßregel des § 63 oder § 64 StGB die endgültige Sicherungsverwahrung anordnen kann.

Dies hätte unter dem Gesichtspunkt der weiteren Schließung von Schutzlücken den Vorteil, dass es dann keiner Prüfung der nachträglichen Sicherungsverwahrung mehr bedürfte.

§ 72 StGB neu:
Werden mehrere freiheitsentziehende Maßregeln angeordnet, so bestimmt das Gericht die Reihenfolge der Vollstreckung. Das Gericht kann die Vollstreckungsreihenfolge nachträglich ändern, wenn die Resozialisierung des Täters dadurch besser gefördert werden kann. Vor dem Ende des Vollzugs einer Maßregel ordnet das Gericht jeweils den Vollzug der nächsten an, wenn deren Zweck die Unterbringung noch erfordert. § 67 c Abs. 2 Satz 4 und 5 ist anzuwenden.

Die Folgen dieser Neufassung wären
- Aufgabe des Verhältnismäßigkeitsgrundsatzes,
- »Rucksack« möglicher Sicherungsverwahrung in Kombination mit der Maßregel nach §§ 63, 64 StGB im Regelfall.

Eine solche Änderung würde aus meiner Sicht noch weitergehende Einwirkungen auf den Therapieverlauf haben als die nachträgliche Sicherungsverwahrung, weil der Proband seine Therapie schon mit dem »Rucksack« beginnt.

Interdisziplinäre Zusammenarbeit

Die immer stärkere Einbindung der therapeutischen Arbeit in einen immer komplizierteren Rechtsrahmen verlangt nach verstärkter interdisziplinärer Zusammenarbeit bei der Verbesserung der Qualität von Schuldfähigkeits- und Prognosegutachten und nach verstärktem Austausch zwischen der Justiz und den therapeutischen Einrichtungen über die Behandlungsmöglichkeiten und die Behandlungsaussichten.

Forensiche Schuldfähigkeitsgutachten

Als lohnend für eine Zusammenarbeit hat sich das Problemfeld der Qualität von forensischen Schuldfähigkeitsgutachten herausgestellt, weil hier aufgrund der Verknüpfung zwischen den Vorschriften des Schuldausschlusses und der Schuldmilderung nach den §§ 20, 21 StGB mit den unterschiedlichen therapeutischen Programmen bereits im Erkenntnisverfahren die Weichen zwischen der Unterbringung im Regelvollzug (einschließlich der Sozialtherapie) und einer der Maßregeln nach § 63 und § 64 StGB und der Sicherungsverwahrung (jetzt angereichert mit der nachträglichen Sicherungsverwahrung) gestellt werden.

Im Rahmen dieses Vortrags kann auf die Empfehlungen, die von einer an forensisch-psychiatrischen Fragen besonders interessierten interdisziplinären Arbeitsgruppe bestehend aus Richtern am Bundesgerichtshof, Bundesanwälten, der Anwaltschaft, forensischen Psychiatern und Psychologen, Sexualmedizinern und Kriminologen, Empfehlungen für die forensische Schuldfähigkeitsbeurteilung erarbeitet worden sind, nicht im Einzelnen eingegangen werden. *Insoweit soll hier auf die Veröffentlichung in der Neuen Zeitschrift für Strafrecht (NStZ) Heft 2, 2005, S. 57ff. verwiesen werden.*

Der Arbeitsgruppe ging es weder
- *um die Übernahme von psychiatrischen Standards einer bestimmten Schule noch um rechtsverbindliche Mindeststandards (wie bei der Aussagepsychologie),*
- *nicht jede Nichteinhaltung der Mindestanforderungen garantiert für die Verteidiger einen Erfolg in der Revisionsinstanz.*
- *Die Vorschläge zur Qualitätssicherung von psychiatrischen Schuldfähigkeitsgutachten sind in erster Linie ausgerichtet auf die Abfassung des schriftlichen Gutachtens. Dafür empfiehlt sich die Einhaltung einer relativ schematischen Struktur, nicht nur um wesentliche Punkte nicht zu übersehen, sondern auch, weil es dem Leser leichter fällt, das Gutachten zu erfassen, wenn er genau weiß, wo welche Informationen zu finden sind.*
- *Deshalb enthalten die Vorschläge sowohl formale Anforderungen an Aufbau, Gliederung und Umfang des Gutachtens als auch inhaltliche Aspekte wie die Verwendung kriterienorientierter Diagnosen entsprechend ICD-10 oder DSM-IV-TR. Der Katalog ist ausgerichtet auf die Begutachtung aller Störungsbilder, die im Rahmen der Prüfung des Vorliegens der rechtlichen Voraussetzungen der §§ 20 und 21 StGB in Betracht kommen.*
- *Besonders hohe Anforderungen an die Qualität des Gutachtens müssen an die – in der Praxis wichtige – Begutachtung von Beschuldigten mit Verdacht auf Persönlichkeitsstörung oder Paraphilie im Zusammenhang mit der Schuldfähigkeitsbeurteilung bei Gewalt- und Sexualstraftaten gestellt werden. Die Arbeitsgruppe hat deshalb für solche Gutachten näher ausgeführte Vorschläge entwickelt.*
- *Die Arbeitsgruppe betont, dass die Beachtung von Mindestanforderungen das*

Studium von Lehrbüchern und die Auseinandersetzung mit der aktuellen wissenschaftlichen Literatur nicht ersetzt. Diese Auseinandersetzung ist zwangsläufig auch Bestandteil eines wissenschaftlich begründeten Gutachtens.

Inhaltlich ging es der Arbeitsgruppe um die besonders schwierig zu beurteilenden persönlichkeitsgestörten Beschuldigten. In der Revisionsinstanz ist immer wieder in Urteilen zu lesen, in Fällen in denen eine Persönlichkeitsstörung diagnostiziert worden sei, *liege schon deshalb* der § 21 StGB positiv vor, und der Zustand des Beschuldigten müsse im Maßregelvollzug geheilt werden.

Solche Urteile soll es möglichst nicht mehr geben:

(1) Gelangt der Sachverständige zur Diagnose einer »dissozialen oder antisozialen Persönlichkeitsstörung« (ICD-10 F 60.2 und DSM-IV 301.7: »Missachtung sozialer Normen«) und einer »schizoiden Persönlichkeitsstörung« (ICD-10 F 60.1. und DSM-IV 301.20: »Distanziertheit in sozialen Beziehungen, eingeschränkte emotionale Ausdrucksmöglichkeiten«), so ist diese psychiatrische Diagnose nicht mit der »*schweren* anderen seelischen Abartigkeit« in § 20 StGB gleichzusetzen.

(2) Mit der bloßen Feststellung, bei dem Beschuldigten liege das vierte Merkmale des § 20 StGB vor, ist die Frage, ob die Voraussetzungen der §§ 20, 21 StGB gegeben sind, noch nicht abschließend beantwortet. Dafür sind der Ausprägungsgrad der Störung und der Einfluss auf die soziale Anpassungsfähigkeit entscheidend. Zudem kommt es nach dem Gesetz nicht darauf an, ob die Steuerungsfähigkeit generell eingeschränkt ist. Maßgeblich ist vielmehr, ob sie bei Begehung der Tat – und zwar erheblich – eingeschränkt war.

(3) Die Beeinträchtigung der psychischen Funktionsfähigkeit durch die festgestellten psychopathologischen Verhaltensmuster ist zu untersuchen. So ist bei die Tat überdauernden Störungen für die Bewertung der Schwere insbesondere maßgebend, ob es im Alltag außerhalb des beschuldigten Deliktes zu Einschränkungen des beruflichen und sozialen Handlungsvermögens gekommen ist.

(4) Nur wenn die durch die Persönlichkeitsstörung hervorgerufenen psychosozialen Leistungseinbußen mit den Defiziten vergleichbar sind, die im Gefolge forensisch relevanter krankhafter seelischer Verfassungen auftreten, kann von einer schweren anderen seelischen Abartigkeit gesprochen werden. Gründe für die Einstufung einer Persönlichkeitsstörung als schwere andere seelische Abartigkeit können sein:

- erhebliche Auffälligkeiten der affektiven Ansprechbarkeit bzw. der Affektregulation,
- Einengung der Lebensführung bzw. Stereotypisierung des Verhaltens,
- durchgängige oder wiederholte Beeinträchtigung der Beziehungsgestaltung und psychosozialen Leistungsfähigkeit durch affektive Auffälligkeiten, Verhaltensprobleme sowie unflexible, unangepasste Denkstile,
- durchgehende Störung des Selbstwertgefühls,
- deutliche Schwäche von Abwehr- und Realitätsprüfungsmechanismen.

Gegen die Einstufung einer Persönlichkeitsstörung als schwere andere seelische Abartigkeit sprechen:
- Auffälligkeiten der affektiven Ansprechbarkeit ohne schwerwiegende Beeinträchtigung der Beziehungsgestaltung und psychosozialen Leistungsfähigkeit,
- weitgehend erhaltene Verhaltensspielräume,
- Selbstwertproblematik ohne durchgängige Auswirkungen auf die Beziehungsgestaltung und psychosoziale Leistungsfähigkeit,
- intakte Realitätskontrolle, reife Abwehrmechanismen, altersentsprechende biografische Entwicklung

(5) Ob die Steuerungsfähigkeit wegen des Vorliegens einer schweren anderen seelischen Abartigkeit bei Begehung der Tat »erheblich« im Sinne des § 21 StGB vermindert war, ist eine Rechtsfrage. Diese hat der Tatrichter ohne Bindung an Äußerungen von Sachverständigen in eigener Verantwortung zu beantworten. Hierbei fließen normative Gesichtspunkte ein. Entscheidend sind die Anforderungen, die die Rechtsordnung an jedermann stellt. Diese Anforderungen sind umso höher, je schwerwiegender das in Rede stehende Delikt ist.[16]

(6) Da Persönlichkeitsstörungen in der Regel die Einsichts- oder die Steuerungsfähigkeit nicht vollständig aufheben, wird der Tatrichter Gesichtspunkte bewerten, die für oder gegen eine Einschränkung der Steuerungsfähigkeit sprechen können, ohne dass es wegen der fließenden Übergänge zwischen Normalität sowie allen Schweregraden und Konstellationen abnormer Persönlichkeit feste skalierbare Regelungen gibt (Sass in Sass/Herpertz aaO S. 179).

(7) Zur Beurteilung dieser Rechtsfrage wird der Tatrichter auf der Grundlage des Beweisergebnisses über den Ablauf der Tathandlung – auch unter Beachtung möglicher alternativer Tatvarianten – die vom Sachverständigen gestellte Diagnose, den Schweregrad der Störung und deren innere Beziehung zur Tat in eigener Verantwortung nachprüfen.

Forensische Prognosegutachten

Als nicht minder wichtigen Bereich will sich die Arbeitsgruppe für das Jahr 2005 in Fortsetzung der interdisziplinären Zusammenarbeit mit Mindestanforderungen für die zahlreich vorkommenden *Anordnungs-, Gefährlichkeits- und Entlassungsprognosen einschließlich der Prognosegutachten beschäftigen, die nunmehr auch für die nachträgliche Sicherungsverwahrung erstattet werden müssen.*

Seifert hat es in seinem Aufsatz in StV 2003, 302 ff. wie folgt ausgedrückt:

> »Allgemein gültige Prognosekriterien liegen bislang nicht vor, und es bedarf keiner hellseherischen Fähigkeit zu behaupten, dass valide Kriterien für die Gesamtheit der heterogenen Gruppe von Maßregelpatienten wohl niemals eindeutig zu extrahieren

---

[16] BGH, Urt. v. 21. März 2001 – 1 StR 32/01.

sein werden. Seit einigen Jahren wird bei der Suche nach Prognosemerkmalen vermehrt auf Untersuchungen aus dem anglo-amerikanischen Bereich zurückgegriffen. Entsprechende Prognoseinstrumente (z. B. HCR-20; VRAG; SV-R 20; PCL-R) beruhen größtenteils auf so genannten historischen bzw. statischen Parametern.«

Die Vorgaben des Bundesverfassungsgerichts

Für die Entlassung aus der Sicherungsverwahrung und die Anordnung nachträglicher Sicherungsverwahrung hat sich das Bundesverfassungsgericht in seinen Urteilen vom 5.2.2004 und vom 10.2.2004 geäußert. Leider hat es die Mindestanforderungen ohne interdisziplinären Diskurs aufgestellt und mit seinem Konzept einerseits bei den Betroffenen Erwartungen geweckt und bei den Prognosegutachtern Irritationen hervorgerufen:

Sicherung notfalls ein Leben lang

Der Zweite Senat des Bundesverfassungsgerichts hat am 5. Februar 2004 insbesondere im Blick auf die Gruppe der Sexual- und Gewaltstraftäter, die durch Art. 1 Abs. 1 und 2, Abs. 2 Satz 1 GG geschützte Rechtsgüter Dritter zu verletzen drohen, ausführlich begründet, dass eine selbst lebenslang vollzogene Sicherungsverwahrung nicht gegen die Menschwürde des Untergebrachten verstößt.

Resozialisierungsgebot auch in der Sicherungsverwahrung

Als »Ausgleich« für das Sonderopfer der Untergebrachten hat der Zweite Senat – ähnlich der Entscheidung zur lebenslangen Freiheitsstrafe – zu deren Gunsten von den Justizverwaltungen verlangt, den Vollzug der Sicherungsverwahrung dem allgemeinen Regelvollzug anzupassen und sicherzustellen, dass der Resozialisierungsauftrag nach § 2 StVollzG einschließlich der Vergünstigungen nach den §§ 129 ff. StVollzG und den Hafterleichterungen nach den §§ 10 ff. StVollzG durchgeführt wird. Auch dürften sich die Strafvollstreckungskammern für die vielfältigen Prognoseentscheidungen für Lockerungen, vorzeitige Entlassung oder Erledigung nicht damit abfinden, dass sich die Vollzugsbehörde ohne hinreichenden Grund – etwa durch pauschale Wertungen oder Hinweise auf abstrakte Flucht- oder Missbrauchsgefahr – die Gewährungen von Vollzugslockerungen versagt (Rdn. 123 f.).

Regelentlassung nach zehn Jahren

Der Zweite Senat hat § 67 d Abs. 3 StGB wie folgt ausgelegt: »Das Gesetz geht davon aus, dass sich die Gefährlichkeit des Untergebrachten nach Ablauf von zehn Jahren regelmäßig erledigt hat.« (Rdn. 111) Damit verbiete es sich, nach zehn Jahren *die Prognose über die Gefährlichkeit des Untergebrachten schlicht fortzuschreiben. Es müssten konkrete und gegenwärtige Anhaltspunkte dafür festgestellt werden, dass die Gefährlichkeit entgegen der gesetzlichen Vermutung fortbestehe. Das*

Regel-Ausnahmeverhältnis aus § 67d Abs. 2 StGB werde durch die Neuregelung des § 67d Abs. 3 StGB umgekehrt: Die Erledigung der Maßregel werde nicht von einer positiven, sondern ihr Fortbestand werde von einer negativen Prognose abhängig gemacht.

Die Maßstäbe für die nachträgliche Sicherungsverwahrung

Komplementär dazu hat der Zweite Senat in seinem Urteil vom 10.2.2005 die Botschaft verkündet, dass die nachträgliche Sicherungsverwahrung nur in Ausnahmefällen nach folgendem Prognosemaßstab angeordnet werden darf. Damit ist unmerklich die Funktion der Sicherungsverwahrung als Ultima Ratio der Kriminalpolitik in Richtung der nachträglichen Sicherungsverwahrung verschoben worden.

Im Urteil vom 10. Februar 2004 Seite 28 Rdn. 183 heißt es:

Die Strafvollstreckungskammern haben bei Anwendung der Gesetze, auch solange diese trotz Verfassungswidrigkeit fortgelten, eine Gesamtwürdigung des Verurteilten, seiner Taten, seines Verhaltens und seiner Entwicklung im Strafvollzug vorzunehmen (vgl. § 66a Abs. 2 StGB), die dem hohen Rang des Freiheitsrechts gerecht wird. Die Fortdauer der Freiheitsentziehung ist nur als letztes Mittel in den seltenen Fällen gerechtfertigt, in denen die Gerichte auf der Grundlage der gebotenen Gesamtwürdigung

- mit hinreichender Gewissheit zu dem Ergebnis kommen, dass von dem Betroffenen eine gegenwärtige erhebliche Gefahr für das Leben, die körperliche Unversehrtheit, die Freiheit der Person oder die sexuelle Selbstbestimmung anderer ausgeht.
- Keinesfalls genügt es, wenn lediglich nicht ausgeschlossen werden kann, dass der Untergebrachte in Freiheit weitere rechtswidrige Taten begeht.
- Eine bloß abstrakte, auf statistische Wahrscheinlichkeiten gestützte Prognoseentscheidung reicht nicht aus.
- Vielmehr bedarf es unter Ausschöpfung der Prognosemöglichkeiten *einer positiven Entscheidung über die Gefährlichkeit des Betroffenen, um die Freiheitsentziehung zu rechtfertigen.*

Damit müssten der Prognosemaßstab für die Nichtentlassung nach zehn Jahren aus der Sicherungsverwahrung nach § 67d Abs. 3 StGB und der für die Anordnung der nachträglichen Sicherungsverwahrung gleich hoch sein. Verbleibende Zweifel gehen in beiden Fällen zu Gunsten des Untergebrachten aus.

Hohe Anforderungen an die Prognoseentscheidungen

Zur Frage, welche Anforderungen die mit der Erstellung einer Erledigungs- oder Entlassungsprognose gemäß § 67d Abs. 3 StGB nach Ablauf von zehn Jahren Vollstreckung beauftragten Gutachter zukünftig zu erfüllen haben, hat das Bundesverfassungsgericht folgende Maßstäbe gesetzt:

- Mit der Dauer der Unterbringung im Maßregelvollzug steigen die Anforderungen an die Sachverhaltsaufklärung.

- Bei länger dauernder Unterbringung besteht regelmäßig die Pflicht zur Heranziehung eines klinisch besonders erfahrenen Sachverständigen, der die richterliche Prognose durch ein hinreichend substanziiertes und zeitnahes Gutachten vorbereitet.
- Das *ärztliche* Gutachten muss anerkannt wissenschaftlichen Standards genügen. Nach wörtlicher Auslegung der Entscheidung dürften selbst erfahrene Psychologen nicht als Gutachter bestellt werden.[17]
- Es wird regelmäßig geraten sein, einen externen Sachverständigen zu beauftragen, um auszuschließen, dass anstaltsinterne Belange oder die Beziehung zwischen Therapeuten und Untergebrachtem das Gutachten beeinflussen.
- Es kann angezeigt sein, den Untergebrachten von einem Sachverständigen begutachten zu lassen, der im Lauf des Vollstreckungsverfahrens noch nicht mit ihm befasst war.
- Verlangt wird unter Hinweis auf die Entscheidung in entsprechender Anwendung der vom 1. Strafsenat des Bundesgerichtshofs zu den Mindeststandards für aussagepsychologische Gutachten[18] eine hypothesengeleitete Begutachtung.
- Die Gutachter müssen die für die Beurteilung maßgeblichen Einzelkriterien regelmäßig in einem sorgfältigen Verfahren erheben, das die Auswertung des Aktenmaterials, die eingehende Untersuchung des Probanden und die schriftliche Aufzeichnung des Gesprächsinhalts und des psychiatrischen Befundes umfasst und dessen Ergebnisse von einem Facharzt mit psychiatrischer Ausbildung und Erfahrung gewichtet und in einen Gesamtzusammenhang eingestellt werden.[19]
- Die Begutachtung muss nachvollziehbar und transparent sein. Der Gutachter muss Anknüpfungs- und Befundtatsachen klar und vollständig darstellen, seine Untersuchungsmethoden erläutern und seine Hypothesen offen legen.
- Neben dem Gebot der Transparenz gilt für das psychiatrische Prognosegutachten das Gebot hinreichend breiter Prognosebasis. Das Gutachten muss verschiedene Hauptbereiche aus dem Lebenslängs- und -querschnitt des Verurteilten betrachten. Zu fordern ist insbesondere eine Auseinandersetzung mit dem Anlassdelikt, der prädeliktischen Persönlichkeit, der postdeliktischen Persönlichkeitsentwicklung sowie dem sozialen Empfangsraum des Täters.[20]

---

17 Inzwischen hat der 1. Strafsenat des Bundesgerichtshofs in seiner ersten Entscheidung zur nachträglichen Sicherungsverwahrung vom 11. Mai 2005 – 1 StR 37/05 – entschieden, dass sich aus § 275a Abs. 4 Satz 1 StPO nicht zwingend ergebe, dass mit der Begutachtung jeweils nur zwei Fachärzte mit psychiatrischer Ausbildung beauftragt werden müssten, vgl. NJW 2005, 2022 = StraFo 2005, 300 mit Anm. Böhm.
18 BGH, Urteil vom 30. Juli 1999, BGHSt 45, 164, 178 f.
19 KRÖBER, NStZ 1999, 593, 594 ff.; NEDOPIL, Forensische Psychiatrie, 2. Aufl. S. 247.
20 Unter Hinweis auf MÜLLER-METZ, StVollzG 2003, 42, 45 und NEDOPIL, in DÖLLING (Hrsg.) Die Täterindividualprognose, 1995, S. 89.

- Darüber hinaus hat der Gutachter besonderes Augenmerk auf die Frage zu richten, wie sich der Verurteilte bei etwaigen Vollzugslockerungen verhält. Denn gerade das Verhalten anlässlich solcher Belastungsproben stellt einen geeigneten Indikator für die künftige Legalbewährung des Verurteilten dar.[21]

Der Zweite Senat hat bei den Gutachtern hinsichtlich der praktischen Umsetzung des neuen rechtlichen Maßstabs Irritationen ausgelöst.

Folgerungen für die Prognosegutachter

Welche Folgerungen sich daraus für die Prognoseentscheidungen nach § 67 d Abs. 3 StGB und für die nach zehn Jahren folgenden Entscheidungen nach § 67 d Abs. 2 StGB ableiten, werden die Vollstreckungsgerichte erst herausfinden müssen:
§ 67 Abs. 2 StGB verlangt für die Aussetzung der Maßregel zur Bewährung
- »wenn zu erwarten ist, dass der Untergebrachte außerhalb des Maßregelvollzugs keine rechtswidrigen Taten mehr begehen wird«.

§ 67 d Abs. 3 StGB verlangt für die Erledigungserklärung der Sicherungsverwahrung nach zehn Jahren die Prognose
- »wenn nicht die Gefahr besteht, dass der Untergebrachte infolge seines Hanges erhebliche Straftaten begehen wird«.

---

§ 67 d Abs. 2 und 3 StGB
Entlassung aus der SV I

- Einheitliche Regelung für alle Formen der SV nach §§ 66 – 66 b StGB
- Materielle Voraussetzungen
  - Vor Erreichung der 10-Jahres-Frist (Abs. 2): Erwartung der Straffreiheit
  - Nach 10 Jahren:
    - Erwartung der Straffreiheit (Abs. 2) <u>oder</u>
    - Keine Gefahr neuer erheblicher Straftaten (Abs. 3)

Nochmals: Das Regel-Ausnahmeverhältnis aus § 67 d Abs. 2 StGB ist durch die Neuregelung des § 67 d Abs. 3 StGB für die Entlassung nach zehn Jahren in der Sicherungsverwahrung umgekehrt worden: Die Erledigung der Maßregel wird nicht von einer positiven, sondern ihr Fortbestand werde von einer negativen Prognose abhängig gemacht.

Worin besteht für den Sachverständigen prognostisch der Unterschied? Kann ein

---

21 Nedopil, NStZ 2002, 344, 348 f.

Sachverständiger bei der vom Bundesverfassungsgericht geforderten »restriktiven Handhabung« des § 67d Abs. 3 StGB das verlässlicher sagen als vor der Entscheidung?

Herr Prof. Kröber hat es jedenfalls abgelehnt, wegen der unterschiedlichen Fragestellungen an ihn, zusätzlich zu seinem humanwissenschaftlichen Fach noch Jura zu studieren. Er hat zur Antwort gegeben:

> »Es kann erfahrungswissenschaftlich nicht bekundet werden, dass dieser Hang des § 66 StGB bei Herrn X. inzwischen relevant gemindert oder gar geschwunden wäre. Ob mithin weitere Straftaten ›zu erwarten‹ sind, gar ›positiv zu erwarten‹, erweist sich als Problem juristischer Begriffsverwendungen. Bedenkt man die Strafrechtspraxis zum ›Erwarten‹ in § 56 Abs. 1 StGB, so ist ›Erwarten‹ etwas, was (in jenem Fall: mit einer guten Portion *Optimismus*) mit durchaus vorhandenen Argumenten als ein nicht nur ausnahmsweise eintretendes Ereignis – ›erwartet‹ werden kann.
>
> Aber vielleicht ist ›erwarten‹ juristisch auch etwas anderes: das muss und kann nicht der Psychiater entscheiden. Wenn mit ›erwarten‹ die sichere Beweisführung erwartet werden sollte, dass ein Sicherungsverwahrter, der zehn Jahre hinter sich hat, mit Sicherheit wieder erheblich straffällig werden wird, ist sicherlich bestenfalls einer von hundert solcher Fälle in der Maßregel zu behalten. Man hätte erfolgreich die Zahl der falsch Positiven gesenkt, zugunsten eines drastischen Anstiegs der Zahl der Rückfalltäter nach Sicherungsverwahrung.
>
> Sichere Vorhersage ist aber nur per Weissagung möglich, der erfahrungswissenschaftliche Sachverständige muss sich darauf beschränken, den Umfang von Risiken zu beschreiben – soweit wenigstens dies möglich ist.
>
> Der Psychiater kann vor, wie nach Ablauf der Zehnjahresfrist keine unterschiedlichen Aussagen zum Rückfallrisiko machen. Das je individuelle Rückfallrisiko ist das je individuelle Rückfallrisiko und begrenzt von den Grenzen unserer Möglichkeit, jemanden zu durchschauen. Das Sprechen von ›positiv voraussagen‹ und ›negativ ausschließen‹ transportiert im Versuch, zu vermeintlich mehr Gewissheit zu kommen, nur oberbayrische Verwirrung.«

Eigene Auffassung

Ich verstehe die Entscheidung des Bundesverfassungsgerichts so, dass der Prognosesachverständige den vom Gesetzgeber vorgegebenen Sachverhalt – dass sich die Gefährlichkeit des Sicherungsverwahrten nach Ablauf von zehn Jahren regelmäßig erledigt hat – als »Nullhypothese« an Hand von *konkreten und gegenwärtigen Anhaltspunkten* solange zu überprüfen hat, bis die vom Gesetz in der Auslegung des Bundesverfassungsgerichts vermutete Ungefährlichkeit mit den gesammelten Fakten übereinstimmt. Legt der Gutachter dar, dass er eine neue Straftat positiv erwartet, wäre die Ausgangshypothese widerlegt.

Deshalb hat Herr Kröber Recht, dass empirische Erkenntnisse es verbieten, *allein aufgrund* zunehmender Unterbringungsdauer »sichere« oder gar »absolut sichere« Vorhersagen über die Begehung einer neuen Straftat nach der Entlassung zu treffen.

Dies kann der Zweite Senat vom Sachverständigen nicht verlangen wollen; verlangen *kann er nur eine Risikobeschreibung, die insbesondere die nach Ablauf von zehn Jahren maßgeblichen konkreten und gegenwärtigen Umstände in den Blick nimmt.* Nach derzeitigem Wissensstand ist die Rückfallsgefahr umso höher, je mehr Risikofaktoren ein Mensch auf sich vereinigt. Aber nicht immer kann eine ungünstige Kriminalprognose allein mit einer hohen Summe von Risikofaktoren begründet werden, die schematisch zusammengezählt werden. Der Sachverständige hat in den von ihm zu bildenden Alternativhypothesen die Risikofaktoren darzulegen und zu bewerten, die seit der Anordnung der Sicherungsverwahrung bis zum Ablauf von zehn Jahren gegen eine Entlassung gesprochen haben und zu denen der oder sogar mehrere Prognosegutachter nach § 67d Abs. 2 StGB, § 454 Abs. 2 StPO Stellung zu nehmen hatten (Anlasstaten, bisherige Kriminalitätsentwicklung, Persönlichkeit, vorhandene psychische Störung, Grad der Chronfizierung, Einsicht in seine Störung, fehlende Lockerungen, fehlende feste Beziehungen etc.).

Diese Faktoren hat er den *konkreten und gegenwärtigen* Umständen (z. B. fortgeschrittenes Alter, Krankheit, Eheschließung, Therapie, Verhalten im Vollzug und während der Lockerungen, Hinweise auf Anpassungsverhalten, protektive Faktoren und sozialer Empfangsraum etc.) gegenüberzustellen und Veränderungen oder Stillstand zu erörtern. Mithilfe eines geeigneten Prognoseinstruments – etwa der von Prof. Dittmann entwickelten Kriterien zur Beurteilung der Rückfallgefahr und der Kriminalprognose bei Sexualstraftäter[22] –, die auf umfänglichen empirischen Untersuchungen über rückfällige Straftäter beruhen, sind die bisherigen in der Unterbringung erbrachten sozialen und therapiebedingten Leistungen sowie sich daraus ergebende persönliche Verhaltensänderungen zu bewerten und in eine Gesamtbeurteilung einzustellen. Unter Beachtung des Grundsatzes, dass Prognoseentscheidungen nur für jenen Zeitraum abgegeben werden dürfen, für den sich die prognostische Sicherheit in einem akzeptablen Rahmen bewegt,[23] hat der Sachverständige dem Vollstreckungsgericht die zur Widerlegung der Ausgangshypothese notwendigen konkreten und gegenwärtigen Umstände darzulegen. Es ist dann Sache der Vollstreckungsgerichte, unter Beachtung der statistischen Bedeutung der Basisrate im Einzelfall zu entscheiden, ob die in der Vergangenheit festgestellten Risiken während der Unterbringung tatsächlich beseitigt worden sind oder in der Gegenwart noch bestehen. Das Vollstreckungsgericht hat danach zu entscheiden,

---

22 Arbeitsinstrument der Fachkommissionen des Strafvollzugskonkordats der Nordwest- und Innerschweiz (Stand: Justizministerium Baden-Württemberg, Tagungsbericht des Symposiums am 28. und 29. November 2002 in Triberg).
23 NEDOPIL, NStZ 1992, 344, 348.

ob es Handhabungen gibt (medikamentöse Behandlung, ambulante Nachsorge oder eng geführte Betreuung etc.), die die vom Gesetz unterstellte nicht mehr gegebene Gefährlichkeit weiter stabilisieren kann. Sprechen auch die gegenwärtigen Umstände weiter für eine fortbestehende Gefährlichkeit, hat das Vollstreckungsgericht die Fortdauer der Unterbringung zu beschließen.

Grundlagen für den interdisziplinären Diskurs über Mindestanforderungen für Prognosegutachten

Generell wird es um folgende Fragestellungen[24] gehen müssen, wobei die Fragen eigentlich von den Auftragebern, der Staatsanwaltschaft oder dem Gericht gestellt werden müssten, was allerdings in der Praxis kaum geschieht.

I. Fragestellungen
- Wie groß ist die Wahrscheinlichkeit, dass das Individuum – sofern nicht rechtzeitig eingeschritten wird – erneute Straftaten begehen wird?
- Was ist der zu erwartende Delikttyp, welche Häufigkeit und welchen Schweregrad werden zukünftige Straftaten haben?
- Wer wird am wahrscheinlichsten das Opfer zukünftiger Straftaten sein?
- Mit welchen Maßnahmen könnte das Risiko zukünftiger Straftaten beherrscht werden?
- Welche Umstände könnten im vorliegenden Fall das Risiko von Straftaten steigern?

II. Formelle Mindestanforderungen
- Hier wird es um dieselben Anforderungen der Transparenz und der Nachvollziehbarkeit gehen, wie sie auch für die Schuldfähigkeitsgutachten gefordert worden sind.

III. Inhaltliche Mindestanforderungen
- Einbeziehung aller verfügbaren Informationen (statische und dynamische Merkmale) aus verschiedenen Bereichen psychosozialen Funktionierens mit multiplen Methoden der Informationsbeschaffung aus mehreren Quellen.
- Umfassende Aktenanalyse

IV. Beurteilung
Hier wird es vor allem um die Transparenz und die Nachvollziehbarkeit der prognostischen Einschätzung und die Bestimmung des Zeitraumes gehen, für die die Kriminalprognose gelten soll.

V. Fragestellungen, die zu beantworten sind:
- Wie groß ist die Wahrscheinlichkeit, dass das Individuum – sofern nicht rechtzeitig eingeschritten wird – erneute Straftaten begehen wird?

---

24 Diese sind bereits von MÜLLER-ISBERNER und von SASS/HABERMEYER, Nervenarzt 2004, 1061 ff. formuliert und an die Arbeitsgruppe als Diskussionsgrundlage herangetragen worden; vgl. auch NOWARA, Festschrift für Prof. Günter Tondorf, S. 233 ff.

- Was ist der zu erwartende Delikttyp, welche Häufigkeit und welchen Schweregrad werden zukünftige Straftaten haben?
- Wer wird am wahrscheinlichsten das Opfer zukünftiger Straftaten sein?
- Mit welchen Maßnahmen könnte das Risiko zukünftiger Straftaten beherrscht werden?
- Welche Umstände könnten im vorliegenden Fall das Risiko von Straftaten steigern?

Schutz vor Strafverfolgung

Auf einen für die als Gutachter Tätigen, aber auch sonst im Maßregelvollzug verantwortlichen Psychiater und Psychologen wichtigen Aspekt kann nur kurz hingewiesen werden.

Die anfangs beschriebene politische Lage hat den Boden dafür bereitet, dass Staatsanwaltschaften dazu gedrängt werden, Ermittlungsverfahren gegen Ärzte und Therapeuten einzuleiten, die im Einzelfall risikoreiche Prognosen oder Lockerungs- oder Entlassungsentscheidungen treffen müssen.

Der 5. Strafsenat des Bundesgerichtshofs hat in seinem Urteil vom 13. November 2003 zu den Lockerungsmaßnahmen im Fall eines Missbrauchs eines durch die leitenden Ärzte genehmigten Ausgang aus dem Landeskrankenhaus Brandenburg mit anschließender schwerer Straftat des Probanden ausdrücklich darauf hingewiesen:[25]

> »Sollte der neue Tatrichter erneut feststellen, dass S. nicht therapierbar war und wegen seiner Neigung zu Straftaten die Möglichkeit des Missbrauchs der offenen Unterbringung im Sinne von § 15 Abs. 3 BbgPsychKG bestand, hätte ein (unbeaufsichtigter) Ausgang zu therapeutischen Zwecken – aber auch sonst – ausscheiden müssen; seine Anordnung hätte dem Gesetz widersprochen und wäre damit – nahe liegend auch subjektiv – pflichtwidrig gewesen.
>
> Anders wäre die Sachlage, falls der Ausgang etwa therapeutisch begründet den Regeln der psychiatrischen Kunst entsprochen hätte. Im Blick auf den Versagungsgrund der Missbrauchsgefahr wäre dann ein prognostischer Beurteilungsspielraum eröffnet gewesen, in dessen Rahmen möglicherweise mehrere gleichermaßen als rechtlich vertretbar bewertbare Entscheidungen hätten getroffen werden können (vgl. BVerfG – Kammer – NJW 1998, 2202, 2204; BGHSt 30, 320, 324 ff. zu der ähnlichen Problematik bei Vollzugslockerungen). Eine im Ergebnis falsche Prognose wäre nur dann pflichtwidrig gewesen, falls auf relevant unvollständiger Tatsachengrundlage oder unter unrichtiger Bewertung der festgestellten Tatsachen die Missbrauchsgefahr verneint worden wäre.«

---

25 BGH, Urt. v. 13. November 2003 – 5 StR 327/03, NStZ 2004, 151 f.

Erste Fälle aus dem Bereich der nachträglichen Sicherungsverwahrung

Zwei Fälle aus zwei Beschlüssen des OLG Fankfurt vom 27. Januar 2005 und vom 4. Januar 2005 deuten – ohne dass bereits die Maßstäbe vom Bundesgerichtshof rechtkräftig festgeschrieben sind – die Probleme an, die sich den Vollstreckungsrichtern und den nunmehr beteiligten Tatrichtern und dem Bundesgerichtshof als Revisionsinstanz stellen werden, die aber Einfluss auf die Prognosegutachten haben könnten, wenn es um die Erledigung einer Maßregel nach § 63 StGB und die nachträgliche Sicherungsverwahrung nach § 66 b StGB geht.

Fall Josef: (47 Jahre)

I. Nachträgliche Sicherungsverwahrung nach § 66 b Abs. 1 und 2 StGB; geboren 1958 in Österreich; dort 1972 und 1984 je zweimal wegen Nötigung zum Beischlaf, Raubes, Verstoßes gegen das Waffengesetz und je einmal wegen Hehlerei, unbefugten Gebrauchs von Kraftfahrzeugen, Fälschung besonders geschützter Urkunden und schweren Betruges zu Freiheitsstrafen von insgesamt sechs Jahren und sieben Monaten verurteilt; seit 1985 in Deutschland lebend.

---

§ 66 b StGB
Verfahren Josef
(47 Jahre)

- Verurteilungen
  - 1987 1x § 177 StGB – 5 Jahre
  - 1993 2x § 177 StGB – 4 Jahre
  - 1999 1x § 177 StGB – 5 Jahre

- Vollstreckung
  - 21.7.1992–20.3.1995 (Ff/M) bis 2/3
  - 20.3.1995–16.11.1996 (Rest von früher)
  - 16.11.1996–22.5.1997 (Ff/M) bis Bewährung
  - 14.11.1999–13.01.2004 (Hann) vollständig
  - 14.01.2004–10.11.2004 (Ff/M) vollständig

---

1. Urteil 1987 wegen Vergewaltigung in Tateinheit mit Körperverletzung zur Freiheitsstrafe von fünf Jahren verurteilt.
1. Tat: 1986 nachts Vergewaltigung einer ihm nicht bekannten Studentin.
2. Urteil vom 03.1993 Gesamtfreiheitsstrafe von vier Jahren (Einzelstrafen drei Jahre und drei Monate sowie ein Jahr und zehn Monate).
2. Tat 1992: Prostituierter Messer an den Hals, Vergewaltigung.
3. Tat: Weniger als eine Stunde später einer anderen Prostituierten Messer an den Hals, Versuch der Vergewaltigung; nicht ausschließbarer § 21 StGB. Seine psychi-

atrische und psychologische Behandlung während der Haftzeit zur Vermeidung künftiger einschlägiger Taten sei unbedingt erforderlich.
Verbüßung: Seit 07.1992 bis zum 03.1995, dem Zweidrittelzeitpunkt in Strafhaft, wobei er sich ab dem 11.1994 im offenen Vollzug befand. Ab dem 03.1995 verbüßte er – nach Bewährungswiderruf – bis zum 11.1996 die Reststrafe aus der Verurteilung vom 01.1987 und ab dem 11.1996 bis zum 05.1997 einen Teil des Strafrests aus der Verurteilung vom 03.1997. 05.1997 Rest für die Dauer von drei Jahren zur Bewährung ausgesetzt. Gutachter: dissoziale Persönlichkeit und Haltschwäche zu diagnostizieren, konkret fortbestehenden »Gefährlichkeit« im Bereich der Sexualdelinquenz.
3. Urteil vom 03.1999 wegen Vergewaltigung zu einer Freiheitsstrafe von fünf Jahren verurteilt.
4. Tat: 01.1999 lockt eine Gelegenheitsprostituierte in seine Wohnung, bedroht sie mit einem etwa 30 Zentimeter langen Schlachtermesser, legt einen Arm um ihren Hals und würgt sie. Sodann führt er unter weiterer Drohung mit dem Messer, den Oral- und Vaginalverkehr aus. Verbüßung: 01.1999 bis 01.2004 in Haft.
1. Gutachter: Aggression und Sexualität unter Alkohol nicht ausreichend gehemmt; wenig Empathievermögen und schwinge mit anderen Personen eher wenig affektiv mit. Medizinischer Befund: mittelgradige Herzinsuffizienz bei dilatativer Kardiomyopathie.
2. Gutachterin: Hinsichtlich der zur Verurteilung vom 01.1987 führenden Tat habe der Betroffene angegeben, es sei ein lustiger, geselliger Abend gewesen, in dessen weiteren Verlauf er und die Geschädigte vor deren Haus im gegenseitigen Einverständnis in seinem PKW miteinander geschlafen hätten. *Das Geständnis in der Hauptverhandlung habe er nur aus taktischen Gründen abgegeben. Gleiches gelte für seine späteren geständigen Angaben gegenüber den Sachverständigen Dr. S. und F. Zu den Beweggründen der beiden Taten der Verurteilung vom 03.1993 habe der Betroffene erklärt, aus heutiger Sicht habe er sich gegebenenfalls für die erste Fehlverurteilung rächen wollen; möglicherweise sei es jedoch auch der unbewusste Wunsch gewesen, wieder in Haft zu gehen, um aus seinen privaten Problemen herauszukommen. Zu der letzten Tat vom 01.1999 habe der Betroffene angegeben, er habe sich, um für längere Zeit in Haft zu kommen, vermutlich deshalb für eine Vergewaltigung entschieden, weil er deren Ablauf aus den Vortaten gekannt habe.*
Aufgrund dieser Angaben beständen Anhaltspunkte für das Bestehen einer sexuellen Deviation im Sinne eines sexuellen Sadismus (sexuelle Erregung durch das physische oder psychische Leiden anderer). Trotz der schweren Herzerkrankung des Betroffenen ein hohes Rückfallrisiko. Die durch die Straftat zutage getretene Gefährlichkeit bestehe unvermindert fort. Es bestehe indes aufgrund des beanstandungsfreien Verlaufs früherer Vollzugslockerungen kein Anhalt dafür, dass der Betroffene zukünftig Vollzugslockerungen missbrauchen werde und währenddessen

eine Straftat zu erwarten sei. Auf der Grundlage dieses Gutachtens wurde eine Aussetzung des Strafrests durch das Landgericht L. abgelehnt.

Nach vollständiger Verbüßung der Strafe aus dem Urteil vom 03.1999 verbüßte der Betroffene in der Zeit vom 01.2004 bis zum 11.2004 die Reststrafe aus dem Urteil vom 03.1993. Das Landgericht F. – Strafvollstreckungskammer – hatte durch Beschluss vom 06.1999 insoweit die am 05.1997 gewährte Aussetzung des Strafrests widerrufen. Seit 11.2004 befindet sich der Betroffene in Haft aufgrund des mit der Beschwerde angefochtenen Unterbringungsbefehls vom 09.2004.

Durch Beschluss vom 11.2004 hat die Strafkammer – entsprechend dem Vorschlag der Verteidigerin des Betroffenen – die Sachverständigen Prof. Dr. K. und Dr. G. mit der gemäß § 275 a Abs. 4 Satz 2 StPO vorgesehenen psychiatrischen Begutachtung des Betroffenen beauftragt.

§ 66 b StGB Verfahren I	§ 66 b StGB Verfahren II

• Zuständiges Gericht
 – Strafvollstreckungskammer oder Tatgericht?
 – Große Strafkammer
 – Regelmäßig dieselbe Strafkammer
 – Besonderheiten
  • Urteile des Schöffengerichts
  • Urteile des OLG
  • Mehrheit von Urteilen
	• Antrag durch die Staatsanwaltschaft
	 – Vorprüfungsverfahren
	 – Anhörung des Verurteilten
	 – Antrag mit »qualifizierten« Tatsachen

§ 66 b StGB Verfahren IV	§ 66 b StGB Verfahren V	§ 66 b StGB Verfahren VI

• Entscheidung durch das Gericht
 – Hauptverhandlungsmodell
 – Vorbereitung der Hauptverhandlung
  • Vorprüfung des Antrags der StA?
  • Verteidigerbestellung
  • Gutachterbestellung
 – Durchführung der Hauptverhandlung
 – Entscheidung durch Urteil
 – Rechtsmittel
	• Begutachtung
	 – 2 Gutachter (keine »Behandler«)
	 – Selbstständige Gutachten
	 – Fragestellung
		• Unterbringungsbefehl
		 – Sichert Fortdauer des Freiheitsentzugs, sofern über nachtr. SV nicht vor Strafende rechtskräftig entschieden ist.
		 – Verlangt dringende Gründe für Anordnung der nachträglichen SV.
		 – Zuständig ist das für § 67 d VI StGB zuständige Gericht, nach Antragstellung das für die nachtr. SV zuständige Gericht.

Powerpointpräsentation nach RiBGH Pfister

Gründe

1. Vom Gesetzeswortlaut her kommt hier sowohl eine nachträgliche Anordnung der Unterbringung des Betroffenen in der Sicherungsverwahrung nach § 66 b Abs. 1 StGB als auch – wegen der zuletzt erfolgten Verurteilung zu einer Freiheitsstrafe von fünf Jahren – eine solche nach § 66 b Abs. 2 StGB in Betracht. Eines Rückgriffs

auf die letztgenannte Vorschrift, die erheblichen verfassungsrechtlichen Bedenken ausgesetzt ist (vgl. ULLENBRUCH in Münchener Kommentar zum StGB, § 66 b, Rdn. 48; KINZIG NStZ 2004, 655, 658), weil durch sie die nachträgliche Sicherungsverwahrung bereits beim Vorliegen nur einer einzigen Katalogtat ermöglicht wird, obwohl dem Gericht des Ausgangsverfahrens wegen Fehlens der Voraussetzungen des § 66 StGB eine Anordnung der Sicherungsverwahrung nicht möglich gewesen wäre (und eine primäre Sicherungsverwahrung bei dieser Sachlage bis heute nicht möglich ist), bedarf es hier jedoch nicht, da dringende Gründe bereits für die Anordnung der Maßregel nach § 66 b Abs. 1 StGB sprechen.

- Ausgangspunkt des § 66 b Abs. 1 StGB *ist das Vorliegen von Tatsachen, die auf eine erhebliche Gefährlichkeit des Verurteilten für die Allgemeinheit hinweisen.*
- Hierbei muss es sich, wie bereits dem Gesetzeswortlaut zu entnehmen ist, um *neue Tatsachen handeln, das heißt um solche, die erst nach einer Verurteilung wegen einer der in § 66 Abs. 3 Satz 1 StGB genannten Katalogtaten und vor dem Ende des Vollzugs der Freiheitsstrafe bekannt geworden sind; diese Tatsachen müssen zudem von erheblicher Art sein.*[26]
- Dies entspricht auch dem Willen des Gesetzgebers. Nach der Begründung des Gesetzesentwurfs der Bundesregierung stellt die Neuregelung in § 66 b Abs. 1 StGB zunächst auf Tatsachen ab, *die im Vollzug der Freiheitsstrafe bekannt werden und von einer gewissen Erheblichkeit sein bzw. jenseits einer gewissen Erheblichkeitsschwelle liegen müssen.*[27]
- Demgemäß setzt eine nachträgliche Anordnung der Unterbringung in der Sicherungsverwahrung voraus, *dass während des Strafvollzugs Tatsachen zutage treten, die geeignet sind, die Persönlichkeit des Verurteilten und damit das Rückfallrisiko in einem neuen Licht erscheinen zu lassen.*
- Tatsachen, die bis zum Schluss der tatrichterlichen Hauptverhandlung bekannt oder für das Gericht erkennbar waren – wie etwa die kriminelle Entwicklung des Verurteilten – scheiden daher aus.[28] Denn der mit der nachträglichen Anordnung der Maßregel verbundene Eingriff in die Rechtskraft des Ausgangsurteils zuungunsten des Verurteilten, bei dem es sich der Sache nach um eine Wiederaufnahme des Verfahrens zu Lasten des Verurteilten und um die Schaffung eines (bisher) gesetzlich nicht geregelten Wiederaufnahmegrundes handelt,[29] bedarf einer besonderen Rechtfertigung, die allenfalls dann mit rechtsstaatlichen Grundsätzen vereinbar sein kann, wenn sie an Umstände anknüpft, die nach der Rechtskraft

---

26 Vgl. ULLENBRUCH in Münchener Kommentar zum StGB, § 66 b Rdn. 66–72.
27 Bundestagsdrucksache 15/2887, S. 10 und 12.
28 OLG Koblenz StV 2004, 665, 667.
29 Vgl. hierzu HANACK in Festschrift für Rieß, S. 709, 719 f.; MÜLLER-METZ, Vorbehaltene und nachträgliche Sicherungsverwahrung, in: Kriminologie und Praxis, Band 42 (2003), S. 225, 252 ff.

entstehen oder bekannt werden und geeignet sind, die Gefährlichkeit des Verurteilten in einem deutlich anderen Licht als zum Zeitpunkt des Ausgangsurteils erscheinen zu lassen.
- Diese Grundsätze stehen im Einklang mit der Begründung des Gesetzesentwurfs. Dort wird ausgeführt, die durch § 66 b StGB eröffnete Möglichkeit der nachträglichen Anordnung der Sicherungsverwahrung solle den Gerichten ausschließlich eine Reaktionsmöglichkeit auf die vermutlich seltenen Fälle bieten, in denen sich die fortdauernde Gefährlichkeit eines Verurteilten erst im Strafvollzug ergebe.
- Dabei ist es allerdings – wie erwähnt – *nicht zwingend erforderlich, dass die Tatsachen erst während des Strafvollzugs neu eingetreten sind. Es reicht, wie eine Auslegung der Vorschrift anhand des Normzwecks ergibt, vielmehr aus, dass die Tatsachen erst während der Inhaftierung bekannt geworden sind.*[30] Zu diesen erst während der Inhaftierung bekannt gewordenen Tatsachen können unter bestimmten Voraussetzungen auch solche zählen, die sich aus einem gemäß § 454 Abs. 2 StPO eingeholten Prognosegutachten ergeben.[31] *Voraussetzung hierfür ist, dass es sich bei den im Rahmen eines solchen Gutachtens gewonnenen Anhaltspunkten für eine erhöhte Gefährlichkeit nicht um das bloße Ergebnis einer Gesamtwürdigung bereits bekannter Tatsachen unter zusätzlicher Berücksichtigung des Vollzugsverhaltens handelt.*

2. Ausgehend von diesen Grundsätzen sind
- im vorliegenden Fall neue und erhebliche Tatsachen gegeben.
- Dabei ist hinsichtlich des Zeitpunkts für die Beurteilung der Neuheit nicht auf den Erlass des Urteils des Landgerichts F. am Main vom 03.03.1993, sondern auf den Zeitpunkt des Urteils des Landgerichts H. und damit auf den 15.03.1999 abzustellen.
- Neue Tatsachen gegenüber dem Erkenntnisstand zur Zeit des Urteils des Landgerichts H. sind in dem oben genannten Gutachten der Sachverständigen Dr. H. vom 7.2002 enthalten.
- Es handelt sich hierbei vornehmlich um das Ergebnis der von der Sachverständigen zur Vorhersage sexueller Gewalttaten vorgenommenen Untersuchung mittels des SVR-20, die ergeben hat, dass bei dem Betroffenen in 16 von 20 Unterpunkten auffällige Ergebnisse vorliegen, die entweder eindeutig das Vorliegen des jeweiligen Risikomerkmals bejahen oder das Vorliegen wahrscheinlich machen. Die Untersuchung hat auch Anhaltspunkte dafür ergeben, dass bei dem Betroffenen eine sexuelle Deviation im Sinne eines sexuellen Sadismus vorliegt.
- *Diese Erkenntnis ist für die Beurteilung der Gefährlichkeit eines Sexualtäters von*

---

30 Ebenso OLG Koblenz StV 2004, 665, 667/668; ULLENBRUCH aaO Rdn. 72; Begründung des Gesetzesentwurfs, Bundestagsdrucksache 15/2887, S. 12.
31 Vgl. OLG Koblenz StV 2004, 665, dort an einer Stelle offen gelassen – S. 667 –, an anderer Stelle – S. 668 – zumindest im Grundsatz bejaht.

erheblicher Bedeutung, da mit einer auf sadistischen Beweggründen beruhenden und in entsprechender Art und Weise begangenen Straftat gegen die sexuelle Selbstbestimmung sowohl in körperlicher als auch in seelischer Hinsicht deutlich höhere Risiken für das Opfer verbunden sind als mit einem ohne solchen Hintergrund begangenen Sexualdelikt. Die genannte Deviation des sexuellen Sadismus war dem Landgericht H. bei Erlass des Urteils nicht bekannt. Sie ergab sich noch nicht einmal im Ansatz aus den zu diesem Zeitpunkt über den Betroffenen vorliegenden, oben dargestellten Sachverständigengutachten.
- Neu gegenüber dem Erkenntnisstand zum Zeitpunkt des Urteils vom 03.1999 und ebenfalls für die Gefährlichkeitsbeurteilung erheblich ist auch das Ergebnis des von Frau Dr. H. durchgeführten PCL-R-Testverfahrens (Psychopath Checklist Revised), bei dem ein – wie im Falle des Betroffenen – im Bereich »Psychopath« liegender hoher Wert nach Auffassung der Sachverständigen als der stärkste einzelne Prädiktor für zukünftige Gewalttätigkeiten zu bewerten ist.
- *Neu ist schließlich auch – zumindest in dieser Bestimmtheit – die Einschätzung der Sachverständigen Dr. H., dass bei dem Betroffenen, der ihr gegenüber auch erstmals (entgegen seinen früheren Angaben in den Hauptverhandlungen und bei den anderen Sachverständigen) die Begehung der Tat vom 10.1986 bestritten hat, ein hohes Rückfallrisiko bestehe.* Der in der Beschwerdebegründung hervorgehobene Umstand, dass die Sachverständige im Zusammenhang mit dieser Einschätzung auch ausgeführt habe, die durch die Straftat zutage getretene Gefährlichkeit bestehe unvermindert fort, ändert hieran nichts.
- Dass der Betroffene (auch) im Bereich der Sexualdelinquenz gefährlich sei, hatte zwar bereits Jahre zuvor der Sachverständige Dr. S. festgestellt. Dieser sah die Straftaten gegen die sexuelle Selbstbestimmung bei dem Betroffenen allerdings noch eingebettet in eine insgesamt kriminelle Entwicklung und nicht auf dem Hintergrund einer umschriebenen sexuellen Problematik oder Deviation. Mithin ging Dr. S. damals »nur« von einer konkret fortbestehenden Gefährlichkeit und damit von dem konkreten Risiko eines Rückfalls, nicht aber von einem sogar hohen Rückfallrisiko und damit auch nicht von einer hohen Gefährlichkeit des Betroffenen aus. Die Erkenntnis hoher Gefährlichkeit ergab sich – worauf noch näher einzugehen sein wird – angesichts der damals bestehenden besonderen Lebens- und Gesundheitssituation des Betroffenen auch nicht zwingend aus dem Umstand, dass von diesem am 01.1999 erneut eine Vergewaltigung begangen wurde.

3. Der Bewertung der aufgezeigten Erkenntnisse aus dem Gutachten der Sachverständigen Dr. H. als neue Tatsachen in dem oben genannten Sinne steht angesichts der im vorliegenden Fall gegebenen besonderen Umstände ausnahmsweise nicht entgegen, dass das Landgericht H. von einer Erörterung des Vorliegens der Voraussetzungen des § 66 Abs. 1 StGB abgesehen und auch keinen psychiatrischen

Sachverständigen hinzugezogen hat, obwohl das Vorleben des Betroffenen hierzu Anlass geboten hätte.
- Zum Zeitpunkt der Verurteilung durch das Landgericht H. lagen die formellen Voraussetzungen für die Anordnung der Sicherungsverwahrung sowohl nach § 66 Abs. 1 Nr. 1 und 2 StGB als auch nach § 66 Abs. 3 Satz 1 StGB vor. Auch bestanden greifbare Anhaltspunkte für eine mögliche Bejahung der Voraussetzungen des § 66 Abs. 1 Nr. 3 StGB.
- In der Begründung des Entwurfs des Gesetzes zur Einführung der nachträglichen Sicherungsverwahrung wird zu diesem Problemkreis ausgeführt, es sei bewusst darauf verzichtet worden, die Möglichkeit der nachträglichen Anordnung der Sicherungsverwahrung etwa für den Fall auszuschließen, dass zuvor in demselben Verfahren eine Anordnung abgelehnt worden sei. Dies wird damit begründet, es sei inkonsequent, einerseits die Notwendigkeit der Möglichkeit einer nachträglichen Anordnung anzuerkennen, das Gericht andererseits aber an einer – auf die Zukunft gerichteten – Prognoseentscheidung festzuhalten, die sich nach Auffassung des Gerichts selbst aufgrund später bekannt gewordener Tatsachen als objektiv unzutreffend erweise. Die Möglichkeit einer nachträglichen Anordnung bestehe demnach sogar dann, wenn das Gericht die Anordnung einer ursprünglich vorbehaltenen Anordnung abgelehnt habe.[32]
- Dies kann angesichts der Tragweite des mit der Anordnung der nachträglichen Sicherungsverwahrung verbundenen Eingriffs in die Rechtskraft des Ausgangsurteils jedoch nicht bedeuten, dass auch in den Fällen, in denen schon zum Zeitpunkt der Entscheidung des erkennenden Gerichts alles dafür sprach, auf die Anordnung der Sicherungsverwahrung zu erkennen, das bloße Vorliegen neuer Tatsachen nachträglich die Möglichkeit der Anordnung dieser Maßregel eröffnet. Denn die nachträgliche Sicherungsverwahrung dient nicht dazu, Rechtsfehler nachträglich zu korrigieren. Dies ist vielmehr die Aufgabe des Rechtsmittels der Revision; dementsprechend sieht auch das Recht der Wiederaufnahme eine Korrektur von Rechtsfehlern zu Lasten des Verurteilten nicht vor (vgl. Senatsbeschluss vom 22.10.2002 – 3 Ws 557/02).
- Der vorliegende Fall weist Besonderheiten auf, die nicht besorgen lassen, dass der Antrag der Staatsanwaltschaft auf nachträgliche Verhängung der Sicherungsverwahrung im Ergebnis auf eine bloße Korrektur von Rechtsfehlern des Landgerichts H. und der dortigen Staatsanwaltschaft hinausläuft (»Deal über die Sicherungsverwahrung«).
- Aus welchem Grund das Landgericht H. von der Anordnung der Sicherungsverwahrung abgesehen hat, lässt sich den Urteilsgründen nicht entnehmen. Die dortige Staatsanwaltschaft hatte in der Anklageschrift keinen Antrag nach § 66

---
32 Bundestagsdrucksache 15/2887, S. 12.

StGB gestellt. Eine Antragstellung ist offenbar auch in der Hauptverhandlung nicht erfolgt, wie sich aus dem Umstand ergibt, dass das Urteil noch am Tag seiner Verkündung rechtskräftig geworden ist und die eintägige Hauptverhandlung, wie den Angaben des Betroffenen gegenüber der Sachverständiger Dr. H. zu entnehmen ist, ohne Zeugen und Sachverständige durchgeführt wurde.
- Trotz dieser Verfahrensweise des Landgerichts H. bleibt die Möglichkeit einer Anwendung des § 66 b StGB hier eröffnet. Zwar gehörte die Sicherungsverwahrung bei Erlass des Urteils vom 03.1999 zu den Rechtsfolgen der Tat, die rechtlich zulässig waren; es kann indes nicht festgestellt werden, dass die Verhängung der Maßregel im konkreten Fall aus der Sicht des im Ausgangsverfahren erkennenden Gerichts auch geboten war.[33]
- Dem Landgericht H. musste sich weder ein Hang des Betroffenen im Sinne des § 66 Abs. 1 Nr. 3 StGB noch eine sexuelle Deviation im Sinne eines sexuellen Sadismus als bekannt aufdrängen. Damals stellte sich, wie durch das Gutachten der Sachverständigen Dr. H. bestätigt wird, die Situation so dar, dass aus medizinischer Sicht die Lebenserwartung des Betroffenen ohne die Durchführung einer Herztransplantation auf etwa zwei Jahre begrenzt war. Vor diesem Hintergrund war die Strafkammer zu der Überzeugung gelangt, die Einlassung des Betroffenen, er habe die erneute Vergewaltigung gewissermaßen zur Rettung seines eigenen Lebens verübt, sei glaubhaft, wobei die Überzeugung der Kammer so weit ging, dass sie ohne Erwähnung des Zweifelssatzes in den Feststellungen der Einlassung des Betroffenen folgte. Bei objektiver Betrachtung wären schon damals Zweifel an der Richtigkeit der Einlassung des Betroffenen angezeigt gewesen. Es war jedoch angesichts des seinerzeitigen Krankheitsbildes des Betroffenen, der sich – wie dem Gutachten der Sachverständigen Dr. H. zu entnehmen ist – im Strafvollzug noch Jahre später zum Zwecke der Sicherstellung der medizinischen Versorgung mit Medikamenten, Sauerstoff und hydraulisch verstellbarem Bett dauerhaft im Lazarett der Justizvollzugsanstalt befand, noch vertretbar und im Rahmen des tatrichterlichen Beurteilungsspielraums, von der Annahme einer Gefährlichkeit des Betroffenen für die Allgemeinheit (§ 66 Abs. 1 Nr. 3 StGB) und von einer Anordnung der Sicherungsverwahrung abzusehen.

4. Nach Aktenlage ergibt die gemäß § 66 b Abs. 1 StGB vorzunehmende Gesamtwürdigung des Verurteilten, seiner Taten und ergänzend seiner Entwicklung während des Strafvollzugs, dass er mit hoher Wahrscheinlichkeit Straftaten begehen wird, durch welche die Opfer körperlich oder seelisch schwer geschädigt werden. Es liegen daher auch insoweit dringende Gründe für die Annahme der nachträglichen Anordnung der Sicherungsverwahrung vor.

5. Auch die weiteren Voraussetzungen des § 66 b Abs. 1 StGB sind erfüllt. Dass es

---

[33] Vgl. zu diesen Gesichtspunkten OLG Koblenz StV 2004, 665, 668.

sich bei den von dem Betroffenen mit hoher Wahrscheinlichkeit zu erwartenden weiteren Vergewaltigungen um solche Straftaten handelt, bei denen die Opfer zumindest seelisch schwer geschädigt werden, steht außer Frage.[34]

6. Die übrigen Voraussetzungen des § 66 StGB sind, wie oben bereits erwähnt, ebenfalls erfüllt. Es liegen auch dringende Gründe für die Annahme vor, dass bei dem Betroffenen ein Hang im Sinne des § 66 Abs. 1 Nr. 3 StGB zur Begehung erheblicher Straftaten besteht.

- *Das für die Anordnung der primären Sicherungsverwahrung erforderliche Merkmal des Hangs ist auch Voraussetzung einer nachträglichen Anordnung der Unterbringung in der Sicherungsverwahrung.* Zwar lässt sich der Begründung des Gesetzentwurfs entnehmen, dass im Rahmen des § 66b StGB auf das Merkmal des Hangs verzichtet worden sei, weil der Regelung die Überlegung zugrunde liege, dass der Strafvollzug angesichts der künstlichen, stark kontrollierenden und reglementierenden Bedingungen nicht geeignet sei, zum Zeitpunkt des Vorbehalts der Sicherungsverwahrung bestehende Unsicherheiten hinsichtlich des Merkmals des Hangs zu beseitigen, was erst recht gelten müsse, wenn gerade das Vollzugsverhalten – unter Umständen erstmals – Anlass gebe, sich mit der Gefährlichkeit des Täters auseinander zu setzen.

- Im Wortlaut des Gesetzes hat diese Zielsetzung des Gesetzgebers allerdings keinen Niederschlag gefunden, da § 66b Abs. 1 StGB, ohne § 66 Abs. 1 Nr. 3 StGB auszunehmen, von den »übrigen Voraussetzungen des § 66 StGB« spricht, die für die nachträgliche Anordnung der Sicherungsverwahrung erfüllt sein müssen. Es ist auch kein sachlicher Grund erkennbar, warum der mit § 66b Abs. 1 StGB ohnehin verbundene Eingriff in die Rechtskraft des Ausgangsurteils zum Nachteil des Betroffenen so weit gehen soll, dass an die nachträgliche Anordnung der Maßregel geringere Anforderungen gestellt werden als an die Anwendung des § 66 StGB im Ausgangsverfahren. *Ein Verzicht auf das Merkmal des Hangs bei der nachträglichen Anordnung der Sicherungsverwahrung würde eine Auflösung der notwendigen Verknüpfung dieser Maßregel mit dem materiellen Strafrecht bedeuten und damit gegen das strafrechtliche Schuldprinzip verstoßen.*[35] *Überdies wäre die mit einem Verzicht auf das Merkmal des Hangs verbundene zusätzliche Ausweitung des Anwendungsbereichs des § 66b Abs. 1 StGB gegenüber § 66 StGB mit dem Grundsatz der Verhältnismäßigkeit nicht zu vereinbaren.*[36]

- Die Auffassung, dass ein Hang im Sinne des § 66 Abs. 1 Nr. 3 StGB Voraussetzung für die nachträgliche Anordnung der Unterbringung in der Sicherungsverwahrung ist, steht im Einklang mit der Rechtsprechung des Bundesgerichtshofs. Dieser hat im Urteil vom 22.10.2004 (Aktenzeichen 1 StR 140/04) zu

---

34 Vgl. TRÖNDLE/FISCHER, 52. Auflage, § 66 StGB Rdn. 20.
35 Vgl. TRÖNDLE/FISCHER aaO Rdn. 5b.
36 ULLENBRUCH aaO § 66b Rdn. 95.

der vorbehaltenen Sicherungsverwahrung gemäß § 66a StGB ausgeführt, diese komme nur in Betracht, wenn zum einen ein Hang im Sinne von § 66 Abs. 1 Nr. 3 StGB festgestellt sei und wenn zum anderen eine erhebliche, nahe liegende Wahrscheinlichkeit dafür bestehe, dass der Täter für die Allgemeinheit im Sinne von § 66 Abs. 1 Nr. 3 StGB gefährlich sei und dies auch zum Zeitpunkt einer möglichen Entlassung aus dem Strafvollzug sein werde.
- Ist aber schon für die Anwendung des § 66a StGB die Feststellung eines Hangs erforderlich, so hat dies erst recht für die nachträgliche Anordnung der Sicherungsverwahrung gemäß § 66b StGB zu gelten.

Folgerungen

Die Beschlussgründe geben einen Überblick, um welche Maßstäbe es in den demnächst zu erwartenden Entscheidungen des Bundesgerichtshofs gehen wird:
- Was sind »Nova« nach dem erstinstanzlichen Urteil, die vor dem Ende des Vollzugs bekannt geworden sein müssen,
- sind dies tatsächliche Vorkommnisse, reichen Äußerungen, sind dies Erkenntnisse oder Bewertungen des Sachverständigen,
- wie und wer beurteilt, ob die früheren oder die aktuellen Erkenntnisse maßgeblich sind,
- was ist die notwendige »Erheblichkeit« der »Nova«,
- was gehört in die abschließende Gesamtwürdigung?

Entscheidung in der Sache

Inzwischen hat das Landgericht Frankfurt am 10.6.2005 in der Sache Josef die Aufhebung des Unterbringungsbefehls beschlossen, weil nach Einholung der beiden Prognosegutachten im Hauptverfahren (§ 275a StPO) die Voraussetzungen des § 66b StGB nicht vorlägen. Bei dem Probanden gebe es im Widerspruch zu dem Gutachten von Frau Dr. H. keine Hinweise auf eine sexuelle Devianz oder sadistische Problematik; es habe sich allein das Vollbild einer dissozialen Persönlichkeitsstörung ergeben. Die sexuellen Neigungen, die eine schlechte Prognose begründeten, seien in die dissoziale Persönlichkeit eingebettet gewesen. All diese Umstände seien aber schon (sowohl in der SOTHA Kassel als auch bei den Gutachtern und dem Landgericht Hannover) bekannt gewesen und seien nicht Neues und damit auch aus Sicht der Gutachter »keine Nova«.

Zweiter Fall: Erledigung der Maßregel nach § 67 d Abs. 6 StGB ohne nachträgliche Sicherungsverwahrung:

Fall Ferdinand

Geboren 1943 (61 Jahre)

> **§ 67 d Abs. 6 StGB**
> **Verfahren Ferdinand**
> **(61 Jahre)**
>
> - Verurteilungen
>   - 1967 1x § 176 StGB   – 9 Monate
>   - 1973 1x § 176 StGB   – 2 Jahre 8 Monate
>   - 1977 1x § 176 StGB   – 4 Jahre
>   - 1984 1x § 176 StGB   – 2 Jahre 6 Monate
>   - 1989 5x § 176 StGB   – 6 Jahre
>   - 1997 1x § 176 StGB   – 3 Jahre + § 63
>
> - Vollstreckung
>   - Set 6.1997 (unterbochen durch Flucht) bis 7.2000 in der Klinik
>   - StVK abgelehnt, OLG Erledigung

1. Urteil 1967 wegen Unzucht mit einem Kinde zu neun Monaten Freiheitsstrafe verurteilt. 1. Tat: 1966 Er zog einem sechsjährigen Mädchen den Schlüpfer herunter und leckte es an der Scheide.
2. Urteil 1973: Gesamtfreiheitsstrafe von zwei Jahren acht Monaten wegen Diebstahls in zwei Fällen, davon einmal in Tateinheit mit Fahren ohne Fahrerlaubnis, sowie wegen sexuellen Missbrauchs eines Kindes. 2. Tat: 1973 ein sechsjähriges Mädchen in den Wald gelockt, ihm mit der Hand unter die Hose gefasst und mit dem Mund dessen bloßes Geschlechtsteil berührt.
3. Urteil 1977: Gesamtfreiheitsstrafe von vier Jahren wegen sexuellen Missbrauchs. 3. Tat: begangen 1976
4. Urteil 1984: Freiheitsstrafe von zwei Jahren und sechs Monaten wegen Diebstahls in fünf besonders schweren Fällen und wegen sexuellen Missbrauchs von Kindern. 4. Tat: 1983 bei einem neunjährigen Mädchen auf einem Schulhof dessen entblößten Unterkörper fotografiert und das Kind an der Scheide geleckt.
5. Urteil 1989: Freiheitsstrafe von sechs Jahren wegen Diebstahls in neun Fällen sowie sexuellen Missbrauchs von Kindern in fünf Fällen verhängt. 5. Tat: 1988 einer Sechsjährigen im Treppenhaus den Schlüpfer ausgezogen und an der Scheide des Mädchens geleckt.
6. Tat: 1988 einem siebenjährigen Mädchen ebenfalls den Schlüpfer ausgezogen, sein Glied an das entblößte Geschlechtsteil des Kindes gedrückt und dem Kind einen Zungenkuss gegeben.

7. Tat: 1988 ein fünfjähriges Mädchen in ein Gebüsch gelockt, ihm den Schlüpfer ausgezogen, den entblößten Unterkörper des Kindes fotografiert und das Mädchen an der Scheide geleckt.
8. Tat: 1988 Am selben Tag lockte er ein siebenjähriges Mädchen in ein Gebüsch, packte es am Genick, zog dessen Hose herunter und gab ihm einen Stoß, so dass es hinfiel. Er fotografierte sodann den entblößten Unterkörper des Mädchens.
9. Tat: 1988 zog einer Achtjährigen im Gebüsch die Hose herunter und leckte sie an der Scheide. Für diese Taten wurden Einzelstrafen von einem Jahr, einem Jahr und sechs Monaten, einem Jahr, fünf Monaten und von nochmals einem Jahr festgesetzt. Die gleichzeitig abgeurteilten Diebstähle wurden mit Einzelstrafen von zwei Mal einem Jahr und sieben Mal neun Monaten belegt. Bei keiner der vorgenannten Verurteilungen 1)–5) wurden die Voraussetzungen der §§ 20, 21 StGB bejaht. Im Rahmen der vorausgegangenen Strafverfahren wurde der Verurteilte insgesamt drei Mal psychiatrisch begutachtet: 1974 in dem Verfahren vor dem Landgericht F. durch Dr. F., 1984 in dem Verfahren vor dem Landgericht F. durch Prof. Dr. R. sowie 1989 durch Prof. Dr. S. anlässlich des Verfahrens vor dem Landgericht.
6. Urteil 1997: Freiheitsstrafe von drei Jahren wegen sexuellen Missbrauchs eines Kindes und Unterbringung in einem psychiatrischen Krankenhaus.
10. Tat 1995: Forderte er ein sechsjähriges Mädchen auf, die Hose herunter zu ziehen, was diese auch tat. Er fotografiert ihren entblößten Unterkörper, steckte einen Finger in ihre Scheide, zieht diesen jedoch wieder heraus, als das Kind sagte, dass ihm dies weh tue. Er entblößt sein Glied und steckt es dem Mädchen in den Mund mit der Aufforderung, daran zu lutschen. Das Kind kam dieser Aufforderung jedoch nicht nach und bewegt nur kurz die Lippen.
Gutachter: Depressive Neurose in Verbindung mit Alkoholmissbrauch und phasischen Verstimmungen, die krankhafte seelische Störung sei, welche im Zusammenwirken mit einem festgestellten leichten hirnorganischen Schaden und der enthemmenden Wirkung des Alkohols zu einer erheblich verminderten Steuerungsfähigkeit des Angeklagten zum Tatzeitpunkt geführt habe.
7. Urteil 1997: Gesamtfreiheitsstrafe von fünf Jahren und Aufrechterhalten der Maßregel der Unterbringung in einem psychiatrischen Krankenhaus wegen Diebstahls in sechs besonders schweren Fällen und wegen versuchten Diebstahls in weiteren drei besonders schweren Fällen unter Einbeziehung der Freiheitsstrafe aus dem Urteil Nr. 6.
Der Verurteilte befand sich sodann seit 6.1997 – unterbrochen durch eine Flucht von einhundertachtzig Tagen – zunächst bis zum 7.2000 im Vollzug der Unterbringung in der Klinik für forensische Psychiatrie. Die Klinik vertrat dabei schon früh die Auffassung, bei dem Verurteilten bestehe neben einem Alkoholmissbrauch lediglich der Verdacht auf eine antisoziale Persönlichkeitsstörung, welcher jedoch kein Krankheitswert zukomme, so dass es sich um eine Fehleinweisung handele.

Mit Beschluss vom 6.2000 ordnete die zuständige Strafvollstreckungskammer daraufhin die Begutachtung des Beschwerdeführers, sowie die Vollstreckung der Strafe vor der weiteren Unterbringung an. Unter Anrechnung der bereits vollstreckten Unterbringungsdauer gemäß § 67 Abs. 4 StGB war das Strafende auf den 5.2002 notiert; seit dem 5.2002 befindet sich der Beschwerdeführer wieder im Vollzug der Unterbringung – zunächst in der Außenstelle, mittlerweile in der Einrichtung in H.

Prof. Dr. K. kam in seinem Gutachten vom 4.2001 zu dem Schluss, dass abgesehen von einer dissozialen Fehlprägung über Jahrzehnte hinweg, einer haltschwachen Persönlichkeitsakzentuierung und einer psychosexuellen Reifungshemmung mit deutlichen heterosexuell pädophilen Tendenzen kein psychopathologischer Befund festzustellen sei, der einer der in § 20 StGB genannten Eingangsvoraussetzungen verminderter oder aufgehobener Schuldfähigkeit zuzuordnen wäre. Insbesondere hätten sich im Verlauf der Untersuchungsgespräche keinerlei Hinweise auf hirnorganisch bedingte Beeinträchtigungen von Auffassung, Konzentration, Merkfähigkeit und Gedächtnis ergeben. Aus den Verlaufsbeobachtungen der Klinik für gerichtliche Psychiatrie sei zudem deutlich geworden, dass Herr R. auch im längeren Zeitverlauf nicht unter stärkeren depressiven Verstimmungen leide, so dass sich auch die diesbezügliche Annahme phasischer Verstimmungen durch den früheren Gutachter Dr. M. im Nachhinein als Irrtum herausgestellt habe. Auch habe es keine Anzeichen für einen massiven Alkoholmissbrauch gegeben. Vielmehr sei es dem Verurteilten offensichtlich nicht besonders schwer gefallen, das in der Klinik und in Haftanstalten geltende Alkoholverbot einzuhalten; es sei zu keinen Verstößen diesbezüglich gekommen.

Durch Beschluss vom 9.2001 hat die Strafvollstreckungskammer es aus Rechtsgründen abgelehnt, die Maßregel der Unterbringung in einem psychiatrischen Krankenhaus für erledigt zu erklären, da bei einer Fehleinweisung die Strafvollstreckungskammern nicht befugt seien, die Maßregel in Wegfall zu bringen, sondern dies dem erkennenden Gericht im Rahmen eines Wiederaufnahmeverfahrens vorbehalten sei, so dass die Frage der Fehleinweisung auch nicht mehr von der Kammer zu prüfen sei.

Mit Beschluss vom 1.2002 hob das Oberlandesgericht die vorgenannte Entscheidung der Strafvollstreckungskammer auf und verwies die Sache aus verfahrensrechtlichen Gründen zur erneuten Entscheidung an die Strafvollstreckungskammer zurück. Die Kammer habe sehr wohl auch im Falle einer Fehleinweisung die Frage der Erledigung zu prüfen, wobei allerdings dahinstehen könne, ob die Frage der Fehleinweisung bereits entscheidungsreif sei, da die Kammer jedenfalls auch eine Entscheidung hinsichtlich der Frage der Aussetzung der restlichen Freiheitsstrafe hätte treffen müssen, da bereits mehr als zwei Drittel der Strafe verbüßt gewesen sei.

Durch Beschluss vom 3.2003 lehnte die zuständige Strafvollstreckungskammer erneut die Aussetzung der Unterbringung zur Bewährung ab, nachdem mittlerweile die Freiheitsstrafe komplett vollstreckt war. Eine Erledigung der Maßregel komme nicht in Betracht, da das Urteil auf einer zutreffenden Tatsachengrundlage beruhe, aus welcher das erkennende Gericht lediglich eine unzutreffende rechtliche Bewertung gezogen habe, welche nur mit der Revision hätte angefochten werden können. Die Kammer bezog sich insoweit ersichtlich auf die Entscheidung des OLG F. vom 22.10.2002 – 3 Ws 557/02, in welcher der Senat grundsätzlich seine Rechtsprechung zur Frage der Erledigung in Fällen der Fehleinweisung bestätigt, jedoch eine Erledigung für den Fall ausgeschlossen hat, dass das erkennende Gericht auf Grund *einer zutreffenden Tatsachengrundlage und ohne Irrtum im Tatsächlichen* allenfalls den psychischen Zustand des Verurteilten in rechtlicher Hinsicht falsch bewertet habe.

Ein solcher Fall liegt jedoch – anders als von der Strafvollstreckungskammer angenommen – hier nicht vor. Vielmehr ist StVK von einem Sachverhalt ausgegangen, der (jedenfalls) im Zeitpunkt der jetzt zu treffenden Entscheidung nicht (mehr) vorliegt. Weder die Annahme von phasischen Verstimmungen im Rahmen einer depressiven Neurose noch die einer hirnorganischen Beeinträchtigung haben sich im Rahmen der Verlaufsbeobachtung über mehrere Jahre hinweg bestätigt. Auf diesen angenommenen Befunden beruhte jedoch die Unterbringungsentscheidung.

Gründe

1. Nach der gesetzlichen Neuregelung des § 67d Abs. 6 StGB ist die Unterbringung in einem psychiatrischen Krankenhaus für erledigt zu erklären, wenn feststeht, dass die Voraussetzungen der Maßregel nicht mehr vorliegen, oder die weitere Vollstreckung der Maßregel unverhältnismäßig wäre.
2. Diese Vorschrift ist mit Wirkung zum 29.7.2004 in Kraft getreten und ist – mangels anders lautender Übergangsvorschriften – ab In-Kaft-Treten auch für »Altfälle« ohne weiteres anzuwenden.
3. Grundsätzlich will die gesetzliche Neuregelung damit auch die Fälle der Fehleinweisung erfassen und den Vorschriften über die Erledigung unterstellen. Ob dies lediglich für den Fall gelten soll, in dem sich nachträglich herausstellt, dass die der Unterbringungsentscheidung zugrunde liegende Tatsachengrundlage unzutreffend war, oder auch die Fehleinweisung aufgrund lediglich *rechtlich* unzutreffender Bewertung einbezogen werden soll und damit eine Konstellation, bei welcher der Senat zuletzt eine Übertragung der Grundsätze zur Erledigungserklärung abgelehnt hat, bedarf keiner abschließenden Entscheidung, da im vorliegenden Fall jedenfalls eine im Tatsächlichen geänderte Sachlage gegeben ist.
4. Die Voraussetzungen des § 67d Abs. 6 StGB liegen auch im Übrigen vor. Der Senat folgt insoweit den in jeder Hinsicht überzeugenden Ausführungen des Sachverständigen Prof. Dr. K., wonach sich bei dem Verurteilten weder hirnorganisch bedingte Beeinträchtigungen noch stärkere depressive Verstimmungen oder Anzei-

chen für einen massiven Alkoholmissbrauch diagnostizieren lassen. Der Einholung eines neuen Gutachtens bedurfte es nicht, da hiervon neue entscheidungserhebliche Erkenntnisse nicht zu erwarten sind. Die dem Gutachten zugrunde liegenden Erkenntnisse basieren auf mehrjährigen Beobachtungen des Verurteilten im Rahmen der Unterbringung und decken sich zudem mit dem Ergebnis früherer Begutachtungen, die ebenfalls sämtlich die Voraussetzungen der §§ 20, 21 StGB verneint haben und auch bezüglich der Beschreibung der Persönlichkeit des Verurteilten große Übereinstimmung aufweisen.

Nachträgliche Sicherungsverwahrung?

Nach alledem war die Unterbringung für erledigt zu erklären und die Entlassung des Verurteilten anzuordnen. Denn es fehlen dringende Gründe für die Annahme, dass die nachträgliche Sicherungsverwahrung angeordnet werden wird, so dass kein Unterbringungsbefehl zu erlassen ist.

**§ 66 b Abs. 3 StGB
Voraussetzungen**

- Unterbringung nach § 63 StGB
  - wegen mehrerer Katalogtaten oder
  - wegen nur einer Katalogtat, aber wegen mindestens einer Katalogvortat schon mindestens 3 J FS oder § 63 StGB

- Erledigung der Unterbrinung mangels »Zustandes«
- Keine weitere Freiheitsstrafe
- »Gegenwärtige erhebliche« Gefährlichkeit

- Für die Anordnung der nachträglichen Sicherungsverwahrung gemäß § 66 b Abs. 3 StGB fehlen bereits die formellen Voraussetzungen.
- Hiernach kann das Gericht die Unterbringung in der Sicherungsverwahrung nachträglich anordnen, wenn die Unterbringung in einem psychiatrischen Krankenhaus nach § 67 d Abs. 6 StGB für erledigt erklärt worden ist, weil der die Schuldfähigkeit ausschließende oder vermindernde Zustand, auf dem die Unterbringung beruhte, im Zeitpunkt der Erledigungsentscheidung nicht bestanden hat und
- 1a) die Unterbringung des Verurteilten nach § 63 StGB wegen mehrerer der in § 66 Abs. 3 Satz 1 StGB genannten Taten angeordnet wurde oder
- 1b) wenn der Verurteilte wegen einer oder mehrerer solcher Taten, die er vor der zur Unterbringung nach § 63 StGB führenden Tat begangen hat,
- (aa) schon einmal zu einer Freiheitsstrafe von mindestens drei Jahren verurteilt oder

- (bb) in einem psychiatrischen Krankenhaus untergebracht war und
die Gesamtwürdigung des Verurteilten, seiner Taten und ergänzend seiner Entwicklung während des Vollzuges der Maßregel ergibt, dass er mit hoher Wahrscheinlichkeit erhebliche Straftaten begehen wird, durch welche die Opfer seelisch oder körperlich schwer geschädigt werden.

Zu 1a) Der in Bezug genommene § 66 Abs. 3 Satz 1 StGB beinhaltet seinerseits eine Liste so genannter »Katalogtaten«, zu denen neben Verbrechen auch die folgenden Straftaten zählen: §§ 174 bis 174c, 176, 179 Abs. 1 bis 3, 180, 182, 224, 225 Abs. 1 oder 2 oder § 323a StGB, soweit die im Rausch begangene Tat ihrerseits ein Verbrechen oder eine der übrigen vorstehend genannten Straftaten ist. Da die Unterbringung des Verurteilten »lediglich« wegen *einer* Straftat nach § 66 Abs. 3 Satz 1 StGB, nämlich eines sexuellen Missbrauchs eines Kindes gemäß § 176 Abs. 1 StGB angeordnet worden war und der Verurteilte vor der aktuell vollzogenen Unterbringung nach § 63 StGB noch nie in einem psychiatrischen Krankenhaus untergebracht war, scheiden die Varianten 1a) oder 1b) (bb) von vornherein aus.

Auch die Voraussetzungen der Alternative 1b) (aa) liegen nicht vor, da der Verurteilte vor der aktuellen Unterbringung noch nie zu einer Freiheitsstrafe von mindestens drei Jahren wegen einer oder mehrerer Katalogtaten im Sinne des § 66 Abs. 3 Satz 1 StGB verurteilt worden ist (Gesamtstrafe von drei Jahren reicht aus).

Mit der Erledigung der Unterbringung tritt Führungsaufsicht ein (§ 67d Abs. 6 Satz 2 StGB), hier mit der Weisung, Wohnsitz in der Einrichtung »Teichmühle« zu nehmen. Eine Weisung zur ambulanten Nachsorge wurde nicht erteilt!

Schlussbemerkung

Bezogen auf ihre Situation im Maßregelvollzug bin ich nach eingehender Diskussion mit Kollegen aus dem Bereich des Strafvollzugs und des Maßregelvollzugs zu dem Ergebnis gekommen, dass sich die therapeutische Arbeit im Straf- und Maßregelvollzug nicht ändern darf, nur weil man seine Arbeit durch den Fokus der am Ende stehenden neuen präventiv-polizeilichen Maßregel der nachträglichen Sicherungsverwahrung anschaut. Dies lähmt die Arbeit nur! Die Probanden werden schon bisher nachhaltig auf die zur Verfügung stehenden Behandlungsangebote hingewiesen, weil dies in ihrem eigenen Rehabilitationsinteresse liegt. Diese Hinweise müssen allerdings nunmehr ergänzt werden um die Möglichkeit, dass sich bei Ablehnung jeder intramuralen Mitarbeit nicht nur die Chancen für eine vorzeitige Entlassung verschlechtern, sondern dass sich nunmehr auch die Konsequenz einer unter Umständen lebenslangen Verwahrung in der Form der (nachträglichen) Sicherungsverwahrung stellen kann.

Ambulante Behandlung verurteilter Sexualstraftäter in NRW – Eine Evaluation von Angeboten freier Träger zur Rückfallvermeidung

Thomas Brand

Zusammenfassung

Das Justizministerium NRW fördert seit 1998 bis zu neun Beratungsstellen freier Träger, die Sexualstraftäter ambulant behandeln. Um die Wirksamkeit dieser Nachsorgekonzepte beurteilen zu können, wurde im Mai 2000 das Institut für Kriminologie der Universität Köln mit der Begleitforschung beauftragt. Der Artikel stellt zunächst den Verlauf dieser zweieinhalbjährigen Therapieevaluation dar. Weil von den neun geförderten Projekten trotz intensiver Bemühungen nur vier Projekte bereit waren, einen Fragebogen für jeden behandelten Klienten auszufüllen, werden anschließend die wesentlichen Gründe für die anhaltende Verweigerung analysiert. Weiterhin werden empirische Ergebnisse aus den 75 zurückgesendeten Fragebogen dargestellt. Eigene sexuelle Traumatisierungen ihrer Klienten waren den Therapeuten in etwa 66 % (N = 12) der Fälle bekannt. Wegen fehlender Diagnostik waren keine Daten für eine Verlaufsmessung erhältlich. Deswegen sollten die Therapeuten verschiedene bereits erreichte Therapieziele aus ihrer Sicht einschätzen. Abschließend wird der heutige Kenntnisstand für den Einsatz ambulanter Therapie im Hinblick auf die Fragen diskutiert, inwieweit Freiwilligkeit und eine intrinsische Motivation zu Beginn einer Therapie vorliegen muss, welches therapeutische Setting am günstigsten ist und welche Merkmale erfolgreiche Behandlungsprogramme aufweisen.

Schlüsselwörter

Evaluationsstudie, ambulante Behandlung von Sexualstraftätern, Therapieziele, Freiwilligkeit, intrinsische Motivation, therapeutisches Setting

Einleitung

Die Daten der polizeilichen Statistik für die letzten 15 Jahre weisen für die Delikte sexueller Missbrauch, Vergewaltigung und Exhibitionismus insgesamt leichte Steigerungsraten auf, was zum überwiegenden Teil auf Anstiegen bei der Vergewaltigung zurückzuführen ist (Brand 2005 in Vorbereitung, Kap. 4.2 und 4.3). Die Gründe dafür sind vielfältig. Die Sensibilisierung der Öffentlichkeit hat vermutlich zu einer gestiegenen Anzeigebereitschaft geführt. Aber das Dunkelfeld macht in diesem Bereich den weitaus größten Teil aus. Hinsichtlich aller Gewaltdelikte stellte eine Dunkelfeldbefragung von jungen Menschen fest, dass 76 % bis über 95 % nicht angezeigt werden. Delikte für sexuelle Gewalt erreichen dabei mit 95 % den Höchstwert (Pfeiffer, Delzer, Enzmann, Wetzels 1999, S. 129). Die Wahrscheinlichkeit für Sexualstraftäter, in Konflikt mit der Justiz zu kommen, soll nur etwa 3 % betragen (Bullens, Egg 2003, S. 276–277). Wird berücksichtigt, dass in den letzten zehn Jahren die Anzeigebereitschaft bei Sexualdelikten zugenommen hat, dann werden schätzungsweise nur 10 bis 15 % der Delikte zur Anzeige gebracht (Bullens, Egg 2003, S. 276–277).

Stark gestiegen ist hingegen die Anzahl der wegen Sexualstraftaten verurteilten Gefangenen. In der Strafvollzugsstatistik ist in den Jahren 1989 bis 2000 eine Zunahme um 54 % zu verzeichnen. Die Ursachen dafür sind vielfältig, aber letztlich noch ungeklärt. Es können ein tatsächlich verstärktes Deliktaufkommen ebenso wie eine gewachsene Anzeigebereitschaft der Opfer oder die Auswirkungen des Gesetzes zur Bekämpfung von Sexualdelikten und anderen gefährlichen Straftaten vom 26.1.1998 (dazu weiterführend: Schüler-Springorum 2000, S. 23–39; Egg 2000) oder Kombinationen dieser Faktoren vorliegen (Wirth 2001, S. 252).

Aus genannten Gründen ergibt sich eine wachsende Nachfrage nach alternativen ambulanten Maßnahmen für Sexualstraftäter. Ein weiterer Bedarf an Therapieplätzen resultiert direkt aus dem Gesetz von 1998. Danach sollen Sexualstraftäter während ihrer Strafverbüßung verstärkt behandelt werden, was zu erheblichen Veränderungen in der Ausgestaltung der Sozialtherapie geführt hat und weiterhin führen wird. Entsprechende Interventionen, aber ebenso Behandlungsversäumnisse erhöhen direkt oder indirekt die Nachfrage nach ergänzender oder ersetzender ambulanter (Nach-)Behandlung. Auch die neu gestaltete Therapieweisung für einschlägig verurteilte Täter gem. § 56c StGB, die keine Freiwilligkeit mehr voraussetzt, schafft einen größeren Bedarf an ambulanten Therapieplätzen und erhöht die Anforderungen an die Nachbetreuung von Sexualstraftätern. Wischka stellt fest, dass die »Nachbetreuung (zwar) ... nach § 126 StVollzG auch zum Aufgabenbereich sozialtherapeutischer Einrichtungen (gehöre), (allerdings sei) bundesweit zu beklagen, dass diese Aufgabe in nur sehr geringem Maße erfüllt (werde) bzw. aus personellen Gründen durchgeführt werden (könne).« (Wischka 2000, S. 94) Sollte es bei diesem Defizit bleiben – wovon auszugehen ist –, wird in Zukunft auch dieser Umstand zu einer weiter steigenden Nachfrage von ambulanten Therapieplätzen beitragen.

Eine längere Verweildauer im Straf- bzw. im Maßregelvollzug resultiert oftmals aus einem fehlenden Angebot für ambulante Nachsorgemöglichkeiten. Daher muss dem Aufbau von qualitativ angemessenen ambulanten Therapieplätzen für Sexualstraftäter besondere Aufmerksamkeit gewidmet werden. Auf diese Defizite hat das Justizministerium Düsseldorf mit Geldern zur Anschubfinanzierung von ambulanter Therapie reagiert.

Verlauf der zweieinhalbjährigen Therapieevaluation

Die vorliegende empirische Begleitforschung ist ebenfalls durch das Justizministerium Düsseldorf initiiert worden, um die therapeutischen Angebote freier Träger von insgesamt neun Projekten zur Rückfallvermeidung bei Sexualdelikten zu evaluieren. Die Vorgabe des Justizministerium war, dass nur erwachsene Sexualstraftäter mit einer Therapieweisung als Bewährungsauflage behandelt werden sollten.

Wir begannen die Prozessevaluation mit einem Telefoninterview im August 2000 (GRAHAM, BENETT 1997, S. 129). Sechzehn Therapeuten/-innen[1] behandelten insgesamt 162 Klienten.[2] Bei 63 % von ihnen war sexueller Missbrauch das Einweisungsdelikt, während Vergewaltigung und sexuelle Nötigung 15 % sowie Exhibitionismus 10 % ausmachten. Diese Rangfolge findet sich auch in anderen Bezugsstatistiken wie der Polizeilichen Kriminalstatistik, Strafverfolgungs-, Strafvollzugs- und Bewährungshilfestatistik wieder. Aber der prozentuale Vergleich mit diesen Statistiken zeigt, dass in den Projekten mehr Missbrauchsdelinquenten vertreten sind. Im Gegenzug sind Vergewaltiger in den Projekten unterrepräsentiert. Ein Grund ist darin zu erblicken, dass eine Strafrestaussetzung zur Bewährung bei Vergewaltigern von den Gerichten wesentlich seltener ausgesprochen wird. Ein anderer Grund könnte darin liegen, dass eher Klienten mit weniger schwerwiegenden Delikten eine Therapie aufsuchen oder von den Beratungsstellen angenommen werden.

Im Dezember 2000 wurde ein Expertengespräch an der Universität zu Köln durchgeführt. An dieser Veranstaltung waren Vertreter des Justizministeriums NRW, Mitarbeiter der Projekte, Mitarbeiter des Institutes für Kriminologie sowie externe Experten beteiligt.[3]

Die Expertenrunde hatte im Wesentlichen vier Ergebnisse:

1. Die Anwendung von ICD-10 würde angesichts der unterschiedlichen Konzepte den Sprachgebrauch einheitlicher werden lassen. Die Verwendung der ICD-10 hätte den weiteren Vorteil, dass die interdisziplinäre Zusammenarbeit zwischen den Therapeuten der verschiedenen Beratungsstellen selbst, sowie die Zusammenarbeit mit anderen Berufsgruppen (Richter, Bewährungshelfer etc.) verbessert werden würde.

---

[1] Aus Gründen der Vereinfachung wird in dem vorliegenden Artikel für Therapeutinnen und Therapeuten weiterhin nur die männliche Form verwendet. Gleiches gilt auch für andere Berufsgruppen.

[2] Die Angaben aus den Telefoninterviews beziehen sich auf das Jahr 1999. Drei Projekte haben ihre therapeutische Arbeit allerdings erst im Jahre 2000 aufgenommen. In diesen Fällen beziehen sich die Angaben auf den Zeitraum vom 1.1.2000 bis zum Zeitpunkt des Interviews.

[3] Als externen Experten gilt der Dank insbesondere Frau Prof. Dr. Nowara vom Institut für Rechtspsychologie Waltrop, Herrn Prof. Dr. Egg von der Kriminologischen Zentralstelle Wiesbaden, Herrn Prof. Dr. Lehmkuhl von der Universitätsklinik Köln und Herrn Prof. Dr. Pfäfflin von der Universitätsklinik Ulm. Zur vollständigen Liste der Teilnehmer siehe: BRAND, DIEHL, WALTER 2001, S. 260.

2. Bei den therapeutischen Verfahren muss es sich um spezifische Therapien für Sexualstraftäter handeln. Die Durchführung einer allgemeinen Psychotherapie oder einer Lebensberatung reicht nicht aus.
3. Eine Verlaufsmessung sollte durch die Erhebung von diagnostischen Daten möglich gemacht werden.
4. Es sollte kein genereller Therapieausschluss von Sexualstraftätern erfolgen, die die Tat leugnen.

Da die Daten aus dem Telefoninterview eher allgemeiner Art waren, versandten wir im Mai 2001 einen eigens entwickelten, schriftlichen Fragebogen, den die Therapeuten für jeden einzelnen Klienten ausfüllen sollten. Der Rücklauf erfolgte zunächst indes nur von zwei der insgesamt neun Projekten (Anzahl der zurückgesendeten Fragebogen 67 und 62). Von den anderen Projekten wurden im Wesentlichen folgende drei Kritikpunkte vorgebracht.

Als erster Grund für die Verweigerung der Befragung wurde genannt, dass wir in dem Fragebogen die Angabe des Aktenzeichens der behandelten Klienten erbaten. Diese Angaben waren notwendig, um in einer späteren Untersuchung eine Überprüfung der Legalbewährung durchführen zu können. Darin sahen sechs Projekte eine Schweigepflichtverletzung nach § 203 StGB. Zwei Projekte teilten diese Bedenken nicht. Beier und Hinrichs haben in den so genannten »Sankelmarker Thesen« eine Grenzziehung zwischen Schweigepflicht und Offenbarungsbefugnis bzw. Offenbarungspflicht des Therapeuten vorgenommen (BEIER, HINRICHS 1995, S. 162–164). Demzufolge können Angaben eines Therapeuten gegenüber der Staatsanwaltschaft und der Strafvollstreckungskammer über den formalen Ablauf der Therapie (z.B. stattgefundene Therapietermine) offenbart werden. Ausgenommen sind hierbei allerdings therapeutische Inhalte. Sollte ein Patient in der Therapie »glaubhaft« ankündigen, dass er plant, ein schwere Straftat (z.B. Mord, Todschlag, Brandstiftung oder Raub) zu begehen, besteht allerdings für den Therapeuten eine Offenbarungspflicht. Im Jahre 1998 wurde die innerbehördliche Schweigepflicht durch den § 182 Abs. 2 StVollzG neu geregelt, wonach Therapeuten in besonderen Fällen dem Anstaltsleiter gegenüber offenbarungsverpflichtet sind (hierzu weiterführend siehe: SCHÖCH 2000, S. 271–292).

Im Allgemeinen besteht weitgehende Einigkeit unter den Therapeuten verschiedener Richtungen darüber, dass ein Therapievertrag abgeschlossen werden muss, in dem auch Regelungen zur Schweigepflicht festgelegt werden. Weiterhin sollte darin die Weitergabe von Daten zu wissenschaftlichen Zwecken geregelt sein. In dem vorliegenden Fall wurde dies allerdings nur von einem Projekt derart gehandhabt.

Ein weiterer Kritikpunkt der Projekte entzündete sich an Fragen zur Kategorisierung der Klienten nach dem Kategoriensystem der ICD-10 und der subjektiven Einschätzung von Therapiezielen durch die Therapeuten. Die Anwendung der ICD-10 war aus Sicht der Forscher nötig, da in dem Telefoninterview für 99 Klienten 33 verschiedene diagnostische Kategorisierungen vergeben worden sind. Da so gut wie keine Diagnostik von den Projekten durchgeführt wurde, anhand derer eine Verlaufsmessung hätte stattfinden können, haben wir nach den subjektiven Einschätzungen der Therapieziele durch die Therapeuten gefragt. Würde von den Therapeuten beides abgelehnt, wäre eine Beurteilung des Therapieverlaufs unmöglich.

Letztlich wurde die Befragung mit der Begründung abgelehnt, dass der Fragebogen zu umfangreich gewesen sei. Selbstverständlich haben wir Verständnis für die Arbeitsbelastung der Therapeuten, doch das Justizministerium Düsseldorf hatte wegen seiner finanziellen Förderung der Projekte einen Anspruch auf Mitarbeit der Therapeuten bei der Evaluation. Zudem hatten bis dahin zwei Projekte Fragebogen in erheblicher Anzahl (N = 67 und 62) ausgefüllt.

Wegen der datenschutzrechtlichen Bedenken haben wir in Zusammenarbeit mit der Landesbeauftragten für den Datenschutz NRW in fünf Monaten eine detaillierte Einwilligungserklärung verfasst. Würde diese Einwilligung vom dem Klienten gegeben werden, dann dürften die Therapeuten die Aktenzeichen weitergeben. Bei einer Verweigerung dieser Einwilligung war jetzt eine absolut anonyme Versendung der Fragebogen möglich. Die Einwilligungserklärung wurde zusammen mit einem leicht veränderten Fragebogen im März 2002 erneut verschickt. Alle Fragebogen wurden in der Zwischenzeit Frage für Frage mit dem Arbeitskreis besprochen, so dass keine inhaltlichen Bedenken mehr vorlagen. Der Rücklauf war allerdings enttäuschend (zwei andere Projekte, N = 5 und 8, anonym N = 5). Erfreulicherweise haben immerhin 27 % der Klienten auch der Weitergabe des Aktenzeichens zugestimmt. Wenn sich alle Projekte entsprechend kooperativ beteiligt hätten, dann wäre sogar eine spätere Rückfalluntersuchung durchführbar gewesen. Die Begründung der sich nicht beteiligenden Projekte war einheitlich Arbeitsüberlastung, was wir nach all den Absprachen als anhaltende Verweigerung ansehen, da inhaltliche Bedenken nicht mehr bestanden.

Wegen des weiterhin geringen Rücklaufs haben wir schließlich noch einen anonymen Fragenbogen entwickelt, den die Klienten selbstständig ausfüllen konnten. Leider sind nur fünf Bögen zurückgeschickt worden. Bei 162 Klienten, die noch im Telefoninterview angegeben wurden, ist dieser Rücklauf verschwindend gering. Daher bleibt zu vermuten, dass viele Therapeuten den Fragebogen nicht an die Klienten weitergegeben haben.

Analyse der wesentlichen Gründe für die anhaltende Verweigerung

Wenden wir uns nun einigen Gründen für die Ablehnung der Begleitforschung durch die Mehrheit der Therapeuten zu. Die erste Analyse betrifft die Verweigerungsstrategien der Projekte hinsichtlich der Diagnostik. Hier sind schon die Positionen der

Projekte und der Forscher im Ausgangspunkt unterschiedlich. Die Projekte waren der Ansicht, dass Therapie unerforschbar ist, weil jedes Projekt einzigartig sei. Unsere Position als Forscher war, dass ein interner Vergleich der Projekte angestrebt werden sollte, da eine aus methodischen Gründen wünschenswerte externe Vergleichsgruppe nicht aufzustellen war. Neben ethischen Bedenken spielten dabei auch zeitökonomische Gründe eine Rolle.

Die Fragen nach der angewendeten Diagnostik waren aus drei Gründen in den Fragebogen aufgenommen worden. Zunächst war von einigen Projekten zu Beginn der Untersuchung behauptet worden, sie führten den MSI von Deegener und Klientenbefragungen durch (DEEGENER 1996). Zweitens war es unser Anliegen zu ermitteln, ob für einen internen Vergleich bereits Daten aus Testverfahren vorlägen. Der dritte Grund ergab sich als Konsequenz aus den Telefoninterviews. Wie bereits angesprochen, sollte mithilfe der ICD-10 Kategorisierung die sehr große Vielfalt der diagnostischen Terminologie vereinheitlicht werden. Da der Großteil der Projekte die Befragung vom Mai 2001 verweigert hatte, hatten wir in vielen Besprechungen die Gründe dafür erfragt. Als ein wesentlicher Grund für die Verweigerung der Befragung stellte sich heraus, dass die meisten Beratungsstellen bislang gar keine Diagnostik durchführten und dazu größtenteils auch nicht in der Lage waren. Dies widerspricht freilich der anfänglichen Behauptung, den MSI und Klientenbefragungen einzusetzen. In der nicht durchgeführten Diagnostik erblicken wir einen Grund für die Position der Projekte, die Therapie sei wegen der Einzigartigkeit der Projekte im Ergebnis unerforschbar.

Kommen wir zum zweiten Punkt der Verweigerungsstrategien, die die Divergenzen im Grundverständnis der Begleitforschung betreffen. Während die Forscher die Legalbewährung als übliches Erfolgskriterium ansahen, lehnten viele Projekte dieses Kriterium ab. Diese Position der Projekte bildet den Hintergrund dafür, dass massive datenschutzrechtliche Bedenken gegen die Erfassung des Aktenzeichens vorgebracht wurden. Das führte zu der Einwilligungserklärung, die mit drei neuen Fragebogen im März 2002 an die Projekte versandt wurde. Bereits im Vorfeld äußerten manche Projekte, dass aus therapeutischen Gründen eine Vorlage der Einwilligungserklärung teilweise nicht geschehen könne. Die Position, dass die Legalbewährung als ein Kriterium für den Therapieerfolg ungeeignet sei, vertraten indes nicht alle Projekte. Ein Projekt gab Aktenzeichen bereits bei der Befragung vom Mai 2001 weiter. Da von den anderen Projekten die Mitarbeiter dieses Projekts auf strafrechtliche Konsequenzen hingewiesen worden waren, gaben wir die Aufzeichnungen mit den Aktenzeichen auf Wunsch von einem Mitarbeiter des Projekts unverzüglich zurück. Auch ein anderes Projekt lehnte die Legalbewährung als Kriterium für den Therapieerfolg nicht ab. Fragen des Datenschutzes hatte dieses Projekt bereits über einen entsprechenden Behandlungsvertrag ausgeräumt. Das lässt vermuten, dass es den anderen Projekten bei den vorgebrachten Argumenten zum Datenschutz weniger um diese Fragen ging, sondern um einen Vorwand, die Befragung ohne Gesichtsverlust verweigern zu können.

Empirische Ergebnisse der Untersuchung

Immerhin erreichten uns durch die verschiedenen Befragungen insgesamt 75 Fragebogen von vier verschiedenen Projekten.[4] Zwei empirische Ergebnisse sollen an dieser Stelle vorgestellt werden.

Die Therapeuten wurden gefragt, inwieweit ihnen belastende Erfahrungen in der Vergangenheit oder zusätzliche Probleme des Klienten neben seiner Sexualdelinquenz bekannt sind. Abbildung 1 zeigt das Ergebnis.

	0 = nicht ausgeprägt		1 bis 6 = ausgeprägt in Abstufungen	
	Anzahl	%	Anzahl	%
Alkoholprobleme	16	42,1 %	20	52,6 %
Konsum illegaler Drogen im größeren Umfang	21	80,8 %	5	19,2 %
Tablettenabhängigkeit	21	84,0 %	3	12,0 %
Spielsucht	23	95,8 %	0	0,0 %
finanzielle Probleme	10	26,3 %	28	73,7 %
Arbeitslosigkeit	11	28,9 %	27	71,1 %
Beziehungs- und Kontaktstörung	3	23,1 %	10	76,9 %
soziale Isolierung	4	10,5 %	34	89,5 %
problematische Wohnverhältnisse	13	40,6 %	19	59,4 %
verwahrlostes Erscheinungsbild	3	37,5 %	5	62,5 %
starke gesundheitliche Probleme	2	16,7 %	10	83,3 %
Aggressionsproblematik	2	22,2 %	6	66,7 %
suizidale Gedanken	5	71,4 %	2	28,6 %
Traumatisierung durch eigene(n) Vergewaltigung/Missbrauch	4	33,3 %	8	66,7 %
Gewalttätigkeit in der Herkunftsfamilie	11	34,4 %	21	65,6 %
Delinquenz in der Herkunftsfamilie	21	70,0 %	8	26,7 %
Suchtprobleme in der Herkunftsfamilie	19	79,2 %	4	16,6 %
sonstige ›Begleitproblematik‹	1	25,0 %	3	75,0 %

Abbildung 1: Belastende Erfahrungen in der Vergangenheit und zusätzliche Probleme der Klienten

---

4 Die Befragungen stammen aus den Jahren 2001 und 2002.

Auf einer Skala von 0 bis 6 sollten die Probleme des Klienten eingeordnet werden. Aus Platzgründen haben wir hier nur die Kategorie »0 = nicht ausgeprägt« dargestellt und die Kategorien 1 bis 6 zusammengefasst. Dies war auch deshalb sinnvoll, weil in den Ausprägungen 1–6 kaum Schwerpunkte erkennbar waren. Nach Einschätzung der Therapeuten sind der Konsum illegaler Drogen, Tablettenabhängigkeit, Spielsucht, suizidale Gedanken und Delinquenz sowie Suchtprobleme in der Herkunftsfamilie kaum ausgeprägt. Alkoholprobleme liegen hingegen in etwas mehr als der Hälfte der Fälle vor.

Eine eigene sexuelle Traumatisierung wurde in 67 % bejaht. Dies gibt der Diskussion, inwieweit aus Opfern Täter werden, neue Nahrung. Allerdings ist zu bedenken, dass insoweit nur für zwölf Klienten Angaben gemacht worden sind. Schneider beschreibt die intergenerationale Transmissionstheorie als eine sexuelle und physische Vikitimisierung während der Kindheit, was ein signifikanter Vorläufer für spätere Rückfall-Sexualkriminalität sein soll. Die empirischen Befunde sind allerdings gemischt. Es werden Werte zwischen 19 und 82 % angegeben. Ein Problem in diesem Zusammenhang sind erfundene Opfererfahrungen (SCHNEIDER 2002, S. 255).

Da wegen fehlender Diagnostik keine objektiven Messwerte für einen Vergleich der Projekte untereinander und für eine Verlaufsmessung im Längsschnitt vorhanden waren, haben wir die Therapeuten danach gefragt, wie sie die Fähigkeit des Klienten zur Verwirklichung von 24 verschiedenen Therapiezielen einschätzen (siehe Abbildung 2). Die Therapieziele sind anerkannten Standards für die Behandlung von Sexualstraftätern entnommen worden (HAYDARI 1999, S. 58–63; Home-Office U.K. 2002; BRAND, DIEHL, WALTER 2001, S. 257–266).

Auf einer Skala von »0 = nicht erreicht« bis »6 = vollständig erreicht« sollten 24 Therapieziele eingeschätzt werden. Aus Gründen der Übersichtlichkeit werden hier nur die zusammengefassten Kategorien 0–2 und 4–6 dargestellt (die Mitte »3« wurde weggelassen). Der Erfolg der durchgeführten Therapie liegt nach dieser subjektiven Einschätzung durch die Therapeuten hauptsächlich bei den fünf – durch Fettdruck in Abbildung 2 hervorgehobenen – Zielen »Übernahme für die Verantwortung für die Tat«, »Übernahme von Regeln im therapeutischen Setting«, »Einsicht in den Unterschied der Sexualität von Kindern und Erwachsenen«, »konstruktive Beteiligung am Therapiegeschehen«, »Entwicklung von Leidensdruck«. Der Aufbau von Therapiemotivation scheint demnach am besten zu gelingen. Und dies ist eine Voraussetzung für die Erreichung weiterer Ziele. Diese Abbildung zeigt recht eindrucksvoll, dass bei einer guten Beteiligung aller Projekte an der Befragung der Erfolg der durchgeführten Therapien durch die Beratungsstellen mit empirischen Daten gut hätte analysiert werden können.

	von 0 bis 2		von 4 bis 6	
	N	%	N	%
Übernahme der Verantwortung für die Tat	12	25,0 %	33	68,8 %
Verantwortungsübernahme für eigenes Verhalten relevant?	16	33,3 %	24	50,0 %
Kontrolle eigener Gefühle, Impulse und Bedürfnisse	22	45,8 %	15	31,3 %
Entwicklung von Opferempathie	21	44,7 %	19	40,4 %
Zulassen von Ohnmacht, Abhängigkeit und Enttäuschung	20	42,6 %	12	25,5 %
Aufgabe der Vorstellung, dass eigene Bedürfnisse immer befriedigt werden müssen	15	32,6 %	19	41,3 %
Entwicklung sozialer Normen und Werte	16	34,0 %	18	38,3 %
Übernahme von Regeln im therapeutischen Setting	8	16,7 %	30	62,5 %
Arbeit am Deliktszenario und an kognitiven Verzerrungen	15	31,3 %	25	52,1 %
Entwicklungen von Kontrolle über das delinquente Verhalten	19	39,6 %	18	37,5 %
Erlernen von Verhaltensalternativen in Risikosituationen	14	29,2 %	22	45,8 %
Schulung der Eigenwahrnehmung	15	31,3 %	14	29,2 %
Sensibilisierung des Täters für Erregungszustände	17	35,4 %	10	20,8 %
Entwicklung objektiver Wahrnehmung alternativer Handlungsmuster	15	31,3 %	20	41,7 %
Auseinandersetzung mit der individuellen Lebensgeschichte und geschlechterspezifischen Sozialisation	17	42,5 %	14	35,0 %
Aufarbeitung von Geschlechterrollensteretoypen	13	34,2 %	12	31,6 %
Entwicklung der Fähigkeit für sozial verträgliche sexuelle Beziehungen	21	44,7 %	19	40,4 %
Entw. eines geschlechtsspezifischen Selbstwertgefühls (ohne Über- bzw. Unterordnung)	22	51,2 %	13	30,2 %
Einsicht in den Unterschied der Sexualität von Kindern und Erwachsenen	10	20,8 %	30	62,5 %
Aufbau zunehmender Therapiebereitschaft	10	25,6 %	21	53,8 %
konstruktive Beteiligung am Therapiegeschehen	10	20,8 %	29	60,4 %
Entwicklung von Leidensdruck	7	18,4 %	24	63,2 %
Rückfallprävention	19	39,6 %	21	43,8 %
Macht und Kontrolle als Schwerpunkt der innerpsychischen Auseinandersetzung	18	38,3 %	20	42,6 %

Abbildung 2: Einschätzung verschiedener Therapieziele durch die Therapeuten

Freiwilligkeit und intrinsische Motivation als Voraussetzung für eine Straftäterbehandlung

Wenden wir uns nun noch den Bedingungen zu, inwieweit nach dem heutigen Kenntnisstand ambulante Therapie bei der Behandlung von Sexualstraftätern zum Einsatz kommen soll.

Im Kontext von gerichtlichen Weisungen, wie sie bei dem dargestellten Projekt mehrheitlich vorlagen, wird immer wieder die Frage diskutiert, ob Freiwilligkeit und intrinsische Motivation Voraussetzungen für eine Straftäterbehandlung sind.

Für die klassische psychodynamische Psychotherapie gilt, dass eine hohe Eigenmotivation des Patienten, gepaart mit innerem Leidensdruck und Krankheitseinsicht, eine unabdingbare Voraussetzung für eine erfolgreiche Therapie ist (SCHORSCH, GALEDARY, HAAG, HAUCH, LOHSE 1996, S. 96). Dabei stellt dieses Motivationskonzept ein mehr oder weniger sinnvolles Selektionskriterium zur Auswahl der Patienten dar, wenn lange Wartelisten existieren.

Bei der Behandlung von Sexualstraftätern wurde jedoch festgestellt, dass nur ein kleiner Teil dieser Gruppe motiviert ist (etwa ein Fünftel bis ein Viertel). Dennoch fanden SCHORSCH et al., dass 85 % der Patienten ihrer Untersuchungsgruppe unter einem Leidensdruck standen, davon 40 % in ausgeprägten Maße. Das Leiden äußert sich meist in diffusem Unbehagen und einer schwer artikulierbaren Hilflosigkeit. Dieser Leidensdruck führt bei diesen Straftätern aber nicht oder nur in wenigen Fällen zu der Motivation, eine Therapie zu beginnen. Schorsch et al. kommen daher zu dem Schluss, dass das Motivationskonzept aus der klassischen Psychotherapie für die Behandlung von Sexualstraftätern revidiert werden müsse. Motivation im Sinne einer Eigenschaft, die als Prädiktor für den Therapieerfolg oder die Therapierbarkeit dienen soll, ist bei der Behandlung von Sexualstraftätern nicht gegeben. Die Problematik der Therapiemotivation wandelt sich für Schorsch et al. in ein Interaktionsproblem zwischen Therapeut und Klient (SCHORSCH, GALEDARY, HAAG, HAUCH, LOHSE 1996, S. 104–105). Nach der grundlegenden Arbeit von Dahle ist der Motivationsbegriff ebenfalls nicht mehr als eindimensionale Personeneigenschaft zu verstehen, sondern die Motivation gestaltet sich als ein interaktiver Prozess, an welchem Klient, Therapeut und die verschiedenen Institutionen beteiligt sind (DAHLE 1995).

Die Verfechter der absoluten Freiwilligkeit einer psychotherapeutischen Behandlung sind rar geworden. Am ehesten findet man diese Position bei Vertretern der psychodynamischen Therapieform. Marle meint, dass der Aufenthalt in einer Institution wie dem Maßregelvollzug zwar ganz und gar unfreiwillig erfolge, dass aber intern die Therapie freiwillig zu erfolgen habe. »Man darf nicht gezwungen werden, seine Geheimnisse einem anderen anzuvertrauen. Innerhalb einer therapeutischen Situation gibt es nur Freiwilligkeit.« (MARLE 1994, S. 64). Marle bezieht die Freiwilligkeit aber nicht nur auf die Psychotherapie, sondern auch auf die Arbeits- und Kreativtherapie. Im deutlichen Widerspruch dazu steht die Aussage von Pfäfflin und Mergenthaler. »Ohne gerichtliche Auflage würden die wenigsten Straftäter eine Behandlung beginnen.« (PFÄFFLIN, MERGENTHALER 1998, S. 24) Die Freiwilligkeit ist bei der Behandlung von Sexualstraftätern in der Regel nicht gegeben.

Zur Veranschaulichung ein Beispiel, das von Bullens und Egg entlehnt ist. Ein schlechter Schüler, dessen Versetzung gefährdet ist, sieht zunächst auch nicht ein, Nachhilfeunterricht zu nehmen. Notfalls werden die Eltern von ihm einfach verlangen, Nachhilfe zu nehmen. Später, wenn die Versetzung gelungen ist, oder Jahre später, als Erwachsener, mag die Einsicht gereift sein, dass die Nachhilfe auch gegen seinen Willen richtig war. Ähnlich kann eine Psychotherapie, trotzdem sie eine aufgezwungene Hilfeleistung darstellt, positive Effekte bei Straftätern erzielen (BULLENS, EGG 2003, S. 280).

Eine absolute Freiheit für den Beginn einer Therapie ist indes auch für die klassische Psychotherapie keineswegs gegeben. Nur die allerwenigsten Psychotherapien werden ausschließlich aufgrund eines inneren Leidensdrucks begonnen. Nicht selten spielt der Druck von Eltern, Ehepartnern, Arbeitgebern eine entscheidende Rolle, einen Psychotherapeuten aufzusuchen (Pfäfflin, Ross, Sammet, Weber 1998, S. 157).

Urbaniok spricht in diesem Zusammenhang von dem Zwangsbehandlungsmythos, dass Therapien nur unter absoluter Freiwilligkeit möglich seien. »Wo gibt es denn den Patienten, der sich aus reinem Erkenntnisdurst und auf dem Boden freischwebender Freiwilligkeit in eine Therapie begibt?« (Urbaniok 2000, S. 629). Das gibt es auch bei den Patienten nicht, die keine Straftäter sind. Nach den Erfahrungen von Urbaniok sind etwa 50 % der anfänglich nicht einsichtigen, nicht motivierten oder gar nicht geständigen Täter im Verlaufe der Therapie zu motivieren (vgl. Brand 2005 in Vorbereitung, Kap. 6.6).

Ob nun eine absolute Freiwilligkeit oder externer Druck per Therapieauflage für besser geeignet gehalten wird, in jedem Fall besteht darin Übereinstimmung, dass die Motivation eines Täters gefördert werden muss. Um dies tun zu können, müssen die vielfältigen Gründe für ein Fehlen der Motivation ermittelt und reduziert werden. Kognitive Verzerrungen wie Leugnung oder Minimalisierung der Straftat sind eine Erklärung für die mangelnde Motivation. In dem Maße wie die kognitiven Verzerrungen abgebaut werden können, kann eine intrinsische Motivation zur Veränderung aufgebaut werden (Bullens, Egg 2003, S. 273, 276).

In der Therapie für Sexualstraftäter kommt es zunehmend darauf an, bei der Entwicklung der Motivation behilflich zu sein. Eine Voraussetzung dafür ist, dass der Therapeut die Ablehnung oder Skepsis des Klienten nicht als persönlichen Affront ansieht (vgl. Rauchfleisch 1985, S. 257). Tatsächlich stellen solche Patienten eine Zumutung für den Therapeuten dar, weil sie häufig nicht einmal die selbstverständlichsten Erwartungen im Rahmen einer Therapie erfüllen, wie z. B. das Einhalten der Termine. Statt über innere Konflikte und Probleme zu sprechen, neigt diese Klientel zum Ausagieren. Die Verletzungen der von den Therapeuten gesetzten Rahmenbedingungen müssen häufig über lange Zeit hingenommen werden, ohne dass dies in der Therapie thematisiert werden kann, da sich die Klienten sofort kontrolliert und manipuliert fühlen (Günter 2001, S. 49–50).

Für den Aufbau der Motivation ist es zunächst hilfreich, dass eine gemeinsame Erörterung und Reflexion der verschiedenen Motive stattfindet (Bullens, Egg 2003 S. 279–280). Dieser Reflexionsprozess soll dem Täter darüber Klarheit verschaffen, was ihn dazu bewegt, an der Therapie festzuhalten. Die Teilnahme in offenen Gruppen ist ebenfalls motivationsförderlich, da die neuen Mitglieder von den schon erfahreneren Teilnehmern lernen können, welche Vorteile die Aufgabe der Abwehr mit sich bringt. Solche Teilnehmer, die bereits eine geraume Zeit an der Gruppe teilnehmen, werden motiviert, indem sie an den Neuen sehen, welche Fortschritte sie bereits geleistet haben. Als weitere Verfahren führen Bullens und Egg motivierende Interviews und Videoaufnahmen auf, in denen Opfer berichten, was der Missbrauch für sie bedeutet hat (BULLENS, EGG 2003, S. 281). Auch die Methode, dass der Täter das Delikt aus der Sicht des Opfers schildern soll, sowie das Führen eines Tagebuchs haben sich bewährt. Weiterhin wird die kognitiv-verhaltenstherapeutisch inspirierte Technik verwendet, in einer vergleichenden Liste die kurzfristigen als auch die langfristigen Vor- und Nachteile des Begehens von sexuellem Missbrauch aufzuschreiben zu lassen (BULLENS, EGG 2003, S. 283; Die Autoren empfehlen den Einsatz dieser Technik bei jugendlichen Tätern, aber sicherlich ist die Verwendung auch bei erwachsenen Täter angezeigt).

Die Frage nach der Motivation zu Beginn einer Therapie dürfte auch weiterhin eine Rolle spielen, da nur eine begrenzte Anzahl von Plätzen zur psychotherapeutischen Behandlung von Sexualstraftätern zur Verfügung steht. So ist im Strafvollzug nach § 6 StVollzG besonders gründlich zu klären, ob eine Verlegung in eine sozialtherapeutische Anstalt möglich ist. Zur Eingangsdiagnostik sind neben Fragen zur psychischen Störung auch die Behandlungsmotivation abzuklären, um eine Selektion vornehmen zu können (vgl. WIRTH 2001, S. 252–254). Ein derartiges Vorgehen aus dem Strafvollzug, wäre sicherlich auch auf den ambulanten Bereich übertragbar. Dennoch bleiben Fragen offen. Wie soll bei der Beurteilung der Behandlungsmotivation vorgegangen werden und wie soll die Grenze gezogen werden zwischen einer Motivation, die ausreicht einen Behandlungsplatz zu erhalten, und einer nicht ausreichenden Motivation? Bei einer rein freiwilligen Vorgehensweise besteht zudem die Gefahr, dass lediglich die »leichten« Fälle therapiert werden, bei denen die Voraussetzungen für Therapieerfolge relativ günstig sind.

Vor- und Nachteile von Einzel- oder Gruppentherapie

Welches Setting bevorzugt wird, ist auch eine Frage der psychotherapeutischen Richtung. Während die Einzeltherapie fast durchweg von psychodynamischen Konzepten favorisiert wird, werden in dem kognitiv-behavioralen Setting an erster Stelle Gruppentherapien angeboten. Weiterhin ist die Wahl des Settings klientenabhängig. Bei sehr labilen und selbstunsicheren Klienten, die einer Konfrontation in der Gruppe nicht standzuhalten vermögen, ist ein einzeltherapeutisches Setting zumindest zu Beginn angezeigt (KNÖLLINGER 2001, S. 66). Dieser Einzelkontakt kann, wie Warmuth zeigt, zwischen sieben und 61 Monaten dauern (WARMUTH 1994, S. 145).

Manche Autoren gehen so weit, dass sie die Gruppenarbeit als »die Maßnahme der Wahl für Sexualstraftäter« halten (SPITCZOK VON BRISINSKI 2001, S. 286). Tatsächlich scheinen individualtherapeutische Ansätze ineffizienter und auch kostenträchtiger als Gruppenbehandlungen zu sein (vgl. MARSHALL, BARBAREE 1990, S. 370; MARSHALL, ANDERSON, FERNANDEZ 1999, S. 35). Berner führte im Jahre 1997 eine Vergleichsstudie über Einzel- und Gruppentherapien durch, in der Täter eines sexuellen Missbrauchs mittels verschiedener Faktoren parallelisiert und einer Einzel- oder Gruppentherapie zugewiesen wurden. Lediglich die Gruppentherapie wies positive Änderungen auf (BERNER 2001, S. 246). Manche Klienten reagierten positiv auf eine Gruppentherapie, weil Sexualstraftäter in der JVA häufig diskriminiert werden, konnten sie nun mit anderen Tätern über ihr Delikt und die Folgen reden. So erlebten diese Klienten die Gruppe als Rückhalt und Forum für ihre Probleme (KNÖLLINGER 2001 S. 66).

Die Vorteile einer Gruppentherapie bestehen weiterhin darin, dass Verhaltensweisen wie Rechtfertigung, Verharmlosung, Schuldverschiebung und Verleugnen in der Gruppenarbeit therapeutisch besser bearbeitet werden können, weil alle Gruppenmitglieder aufgrund ihrer eigenen Erfahrungen sich als »Experten« einbringen können (SPITCZOK VON BRISINSKI 2001, S. 287). Die genannten kognitiven Mechanismen müssen therapeutisch bearbeitet werden, soll eine Therapie nicht aussichtslos bleiben (KRÖBER 2000, S. 47). Allein durch die Teilnahme an einer Gruppe könne die Leugnung der Tat durchkreuzt werden, da die Täter sich bereits mit ihrem Eintritt in die Gruppe als Täter zu erkennen geben (vgl. BULLENS 1994, S. 46). Die Einzeltherapie dient deswegen in manchen Projekten lediglich als flankierende Maßnahme oder dazu, punktuelle Motivations-, Orientierungs- und Krisengespräche zu führen. Die Gruppentherapie ermöglicht nicht nur das Entwickeln von neuen Verhaltensweisen und Eigenschaften wie Empathie, sie können in dem gruppendynamischen Prozess auch sofort angewendet und eingeübt werden. Ein weiterer Vorteil ist in einer offenen Gruppe zu finden. Diese besteht aus Teilnehmern, die schon länger der Gruppe angehören und Teilnehmern, die gerade beginnen. Die Gruppenteilnehmer mit mehr Erfahrung können neue Mitglieder gezielter mit ihren Verleugnungsmechanismen konfrontieren als die Therapeuten. »Gruppenmitglieder spüren unbeirrbar die Verleugnung der anderen.« (BULLENS 1994, S. 47).

Allerdings gibt es auch Kritik an der Gruppentherapie. Viele Sexualstraftäter haben große Schwierigkeiten, sich anderen Klienten gegenüber zu öffnen. Neben Aspekten, die in der jeweiligen Persönlichkeit liegen, hat dazu sicherlich auch die so genannte Knasthierarchie geführt, in der die Pädophilen die unterste Stufe einnehmen. Deswegen wird empfohlen, homogene Gruppen aufzustellen. Ein weiteres Problem kann bei zu großen Gruppen entstehen, da zu viele agierende Patienten eine Gruppensitzung in ein Chaos verwandeln könnten. Aber nicht nur zu große Gruppen stellen ein Problem dar. Umgekehrt kann es sich auch für manche Therapeuten als schwierig erweisen, eine ausreichende Zahl an Patienten zur gleichen Zeit zu versammeln. Schließlich könnte eine Gruppenzusammensetzung von vielen Patienten mit einer narzisstischen Störung eine positive Kommunikation verhindern, weil diese den Therapeuten nicht mit anderen teilen können (WARMUTH 1994, S. 144).

Bullens sieht in der Gruppentherapie den weiteren Nachteil, dass eine offene Gruppenbehandlung ein weniger zielgerichtetes Vorgehen erlaube. Während in einer Einzeltherapie Themen in einer bestimmter Reihenfolge abgearbeitet werden können, können in der Gruppentherapie im Prinzip zu jeder Zeit alle Themen aufkommen (BULLENS 1994, S. 47). Eine besonders hohe therapeutische Vorsicht und Wachsamkeit ist bei der Zusammenstellung einer Gruppe mit hoch rückfallgefährdeten Straftätern geboten. Psychopathen[5] zeichnen sich in besonderer Weise durch ihre »manipulativ-betrügerische Kompetenz« aus (NUHN-NABER, REHDER, WISCHKA 2002, S. 278). Sie können sich durch ihre eloquenten Fähigkeiten hervorragend in die Gruppentherapie einbringen. Aber durch die Beschäftigung mit sexuell devianten Inhalten verbessern sie offensichtlich noch ihre kriminellen Fähigkeiten. Da eine Gruppentherapie die Gefährlichkeit derartiger Sexualstraftäter sogar erhöhen kann, wird das Gruppensetting bei diesen Klienten als ungünstig angesehen (NUHN-NABER, REHDER, WISCHKA 2002, S. 278). Dieses Ergebnis verdeutlicht die Wichtigkeit einer Eingangsdiagnostik, um eine Gruppe so zusammenzustellen, dass derartige negative Effekte verhindert werden können.

Einzel- und Gruppentherapie haben also jeweils Vor- und Nachteile. Für die Zukunft kann man, nicht zuletzt wegen des steigenden Bedarfs an psychotherapeutischer Behandlung für Sexualstraftäter und den damit steigenden Kosten, sagen, dass die Gruppenbehandlung weiterhin an Wichtigkeit zunehmen wird (BULLENS 1994, S. 47). Häufig wird der Gruppentherapie eine Einzelarbeit vorgeschaltet, um das Selbstwertgefühl der Teilnehmer gegenüber dem oder den Therapeuten zu stärken.

Merkmale von erfolgreichen Behandlungsprogrammen

Die Fragestellung, ob sich bestimmte Behandlungsprogramme als erfolgreicher erwiesen haben als andere, ist häufig als Vergleich der verschiedenen therapeutischen Richtungen angelegt. An dieser Stelle soll aber der Frage nachgegangen werden, ob sich allgemeine Kriterien finden lassen, die sich bei der Behandlung von Sexualstraftätern wirksamer als andere herausgestellt haben. Folgende elf Prinzipien sind nach heutigem Kenntnisstand Erfolg versprechend (vgl. LÖSEL, BENDER 1997, S.

---

5 Der Begriff Psychopath wird in diesem Artikel in der Definition von Hare verwendet und ist somit von dem Verständnis des Psychopathen in der Tradition der deutschen Psychiatrie zu unterscheiden (weiterführend siehe: HARE 1996, S. 25–54). In letzterer Sichtweise, die allerdings weitgehend nur noch von historischem Interesse ist, steht der Begriff des Psychopathen für die Gesamtheit der abnormen Persönlichkeiten, was heute unter die dissoziale oder antisoziale Persönlichkeitsstörung fällt (LÖSEL 2001, S. 37).

190–194; Lösel 2001, S. 48–53; Wischka 2000, S. 97–98; vgl. Brand 2005 in Vorbereitung, Kap. 7.4):
1. Theoretisch fundiertes Behandlungskonzept
2. Dynamische Straftäter-Diagnosen
3. Risikoprinzip (Risk Principle)
4. Bedürfnisprinzip (Need Principle)
5. Ansprechbarkeitsprinzip (Responsivity Principle)
6. Behandlungsintegrität
7. Intensive Behandlung
8. Neutralisierung ungünstiger Netzwerke
9. Sorgfältige Auswahl, Schulung und Supervision des Personals
10. Nachsorge und Rückfallprävention
11. Frühzeitige Intervention

Im ersten Merkmal wird ein theoretisch fundiertes Behandlungskonzept gefordert. Interventionen sollen nicht auf spezifischen Therapieschulen gründen, sondern auf dem empirischen Wissen, das über Psychopathie und delinquentem Verhalten existiert (Lösel 2001, S. 48). Dabei sollen Differenzierungen je nach Komorbiditäten vorgenommen werden (Lösel, Bender 1997, S. 190).

Das zweite Prinzip betrifft den diagnostischen Bereich. Diagnosen sollen nicht nur verwendet werden, um Gefährlichkeits- oder Risikoprognosen für Platzierungsentscheidungen vorzunehmen. Differenzierte Diagnosen sind auch zur Behandlungsoptimierung erforderlich. Dabei sollten einheitliche Klassifikationssysteme angewendet werden, wie z. B. DSM-IV, ICD-10, PCL-R usw. Daneben sind spezifische Informationen zu den jeweiligen Delikten erforderlich, z. B. Tatbegehung und Vorgeschichte, objektbezogene Erregung, sexuelle Fantasien, Einflüsse des Alkohols, kritische Lebensereignisse, rationalisierende Denkmuster und Empathie mit den Opfern usw. (Lösel, Bender 1997, S. 190). Weiterhin dient die Diagnostik zur systematischen Verlaufsdiagnose (Wischka 2000, S. 98).

Das dritte Merkmal legt die Beachtung des Risikoprinzips (Risk Principle) fest. Die Therapie hat sich am Grad der Gefährlichkeit auszurichten. Je höher das Risiko, desto intensiver die Behandlung (Kröber 2000, S. 44). Dieses Prinzip hat allerdings am oberen Ende der Skala eine Grenze, da die Hoch-Risiko-Gruppe der Psychopathen von vielen Autoren als unbehandelbar angesehen wird (vgl. Nuhn-Naber, Rehder, Wischka 2002, S. 277–278).

Der vierte Punkt betrifft die Beachtung des Bedürfnisprinzips (Need Principle). Die Therapie soll sich auf die individuellen Delinquenzursachen konzentrieren (Kröber 2000, S. 44). Dazu gehören etwa die Veränderungen in den antisozialen Einstellungen, Attributionen und anderen Denkmustern. Weiterhin ist die verbesserte Kontrolle antisozialer Gefühle und Reaktionsbereitschaft, Förderung sozialer Fertigkeiten, Neutralisation antisozialer Bezugsgruppen, gestärkte Bindungen an die

Familie und andere nicht-kriminelle Personen, die Beseitigung von Substanzabhängigkeiten, Förderung von Opferempathie und Sensibilisierung für Risikosituationen das Ziel (LÖSEL, BENDER 1997, S. 191).

Die Beachtung des Ansprechbarkeitsprinzips (Responsivity Principle) ist an fünfter Stelle aufgeführt. Die Therapie muss auf die Fähigkeiten des Straftäters, Neues zu lernen, ausgerichtet sein (KRÖBER 2000, S. 44).

Der sechste Punkt beinhaltet die Realisierung der Behandlungsintegrität. Um zu überprüfen, inwieweit die Behandlungskonzepte auch umgesetzt wurden, sind kontinuierliche Analysen zur Programmüberwachung erforderlich. Dies geschieht im Rahmen einer Prozessevaluation. Wenn ein Programm nicht ausreichend elaboriert oder nicht adäquat implementiert ist, führt dies zu schwachen Effekten der Behandlung. Die Lösung dafür wäre eine Überwachung der Behandlungsausführung, das so genannte Monitoring (LÖSEL 2001, S. 50).

Das siebte Merkmal fordert eine intensive Behandlung. In der Regel benötigen Psychopathen eine hohe Behandlungsintensität. Kurzzeitprogramme sind unangemessen. Die Neutralisierung ungünstiger Netzwerke (achtes Prinzip) bezieht Lösel besonders auf Gruppen innerhalb des Vollzugs, die deviantes Verhalten verstärken können. Gleiches gilt aber auch für den Umgang in Freiheit. Während eine deviante Peergroup und Subkulturen negativen Einfluss haben können, gibt es auch natürliche protektive Faktoren. Dazu zählt ein stabiler, warmherziger und kontrollierender Partner, Verwandter oder Vorgesetzter (LÖSEL 2001, S. 48–49, 51).

Die sorgfältige Auswahl, Schulung und Supervision des Personals (neuntes Prinzip) ist ebenfalls für eine erfolgreiche Straftäterbehandlung wichtig. Die Beschäftigten müssen kompetent und motiviert sein. Spezifische forensisch-therapeutische Kenntnisse sind notwendig, um Manipulationen und andere destruktive Prozesse, die von den antisozialen Tätern in Gang gesetzt werden, zu durchschauen (LÖSEL, BENDER 1997, S. 192). Wenn diese Prozesse von dem Therapeuten nicht erkannt werden, besteht die Gefahr, dass sich der Therapeut von dem Klienten instrumentalisieren lässt, was fatale Folgen haben kann.

Nachsorge und Rückfallprävention bilden den zehnten Punkt. Nicht nur die Entlassung aus einer stationären Einrichtung erfordert eine ambulante Nachsorge, sondern nach Abschluss der ambulanten Behandlung sollten immer wieder Kontrollen der erreichten Ziele stattfinden. Bei diesen gezielten Rückfallvermeidungsprogrammen ist zu prüfen, inwieweit positive Änderungen im Verhalten, in Einstellungen und Fantasien auch im Alltag aufrechterhalten werden konnten. Schließlich werden frühzeitige Interventionen gefordert (elftes Prinzip). Mit intensiven Behandlungsmaßnahmen darf nicht zu lange gewartet werden, da bei antisozialen Straftätern die Delinquenz nicht, wie bei anderen jugendtypischen Straftätern, ohne Intervention verschwindet (vgl. LÖSEL, BENDER 1997, S. 193–194).

Die vorgestellten elf Prinzipien ergeben zusammenfassend, dass stärker strukturierte, verhaltensorientierte, auf die Vermittlung konkreter Fertigkeiten ausgerichtete Methoden erfolgreicher sind. Die durchschnittlichen Effektstärken angemessener Behandlung waren mit 0,32 größer als die Werte für die unspezifische (0,10) oder gar unangemessene Behandlung (-0,07) (WISCHKA 2000, S. 97, Tabelle 4). Aber die relativ geringen Effektstärken, die für die kognitiv-behavioralen Therapien um 0,10 liegen, mahnen zu vorsichtigen Schlussfolgerungen. Insbesondere sollten die Ergebnisse nicht dazu zweckentfremdet werden, eine therapeutische »Schule« gegen eine andere auszuspielen. Statt auf Etiketten wie »behavioral«, »kognitiv-behavioral«, »psychodynamisch«, »nondirektiv« usw. zu blicken, muss die künftige Forschung stärker überprüfen, welche Behandlungsmodule tatsächlich wirksam sind (LÖSEL 2001, S. 42).

Zusammenfassung

Die vorliegende Studie hat gezeigt, dass eine Evaluation in dem recht sensiblen Bereich der Sexualstraftätertherapie mitunter auf vielfältige Schwierigkeiten stoßen kann. Schon Graham und Benett haben darauf hingewiesen, dass »Evaluationen ... zeitraubend, störend und sogar auf gewisse Weise bedrohlich sein (können). Forschung kann Managementdefizite oder unethische Praktiken aufdecken. Gelegentlich kann politischer und/oder finanzieller Druck zum Vorzeigen von Effektivitätsbeweisen einer Initiative Oberhand über das Bedürfnis nach objektiven Ergebnissen gewinnen«. (GRAHAM, BENETT 1997, S. 137)

Das Recht auf informationelle Selbstbestimmung ist ein wichtiges Rechtsgut, allerdings erblicken wir in den Argumenten der Projekte zum Datenschutz eine Manifestation der Verweigerungsstrategien, zumal nicht alle Projekte derart reagierten. Mit den Argumenten zum Datenschutz wurde auch eine vorzubereitende Legalbewährung unterbunden. Zudem wehren sich die Projekte gegen einen internen Vergleich der verschiedenen therapeutischen Maßnahmen in den einzelnen Beratungsstellen.

Die Gründe für die Verweigerung sahen wir darin, dass mehrheitlich keine Diagnostik durchgeführt wurde und vielfach lediglich allgemeine Gespräche anstelle einer speziellen Therapie für Sexualstraftäter durchgeführt wurden.

Eine Evaluation sollte nicht bloß als eine Bewertung oder Beurteilung von Programmen gesehen, sondern auch als Chance begriffen werden, Denkanstöße oder konkrete Vorschläge zu erhalten, die zur Verbesserung der durchgeführten Therapie führen. Nach der subjektiven Einschätzung durch die Therapeuten scheint der Aufbau von Therapiemotivation am besten zu gelingen. Dies ist als ein ermutigendes Ergebnis zu sehen, weiterhin ambulante therapeutische Maßnahmen qualitativ zu verbessern und zu fördern.

Literatur

Brand T (2005) Verurteilte Sexualstraftäter: Evaluation ambulanter psychotherapeutischer Behandlung – Eine empirische Untersuchung von Angeboten freier Träger zur Prävention von Sexualdelikten in Nordrhein-Westfalen – (Veröffentlichung der Dissertation in Vorbereitung)

Brand T, Diehl J-D, Walter M (2001) Ambulante Behandlung von Sexualstraftätern in Nordrhein-Westfalen. Erste Ergebnisse eines Forschungsprojekts. BewHi, Jg. 48, 3: 257–266

Beier KM, Hinrichs G (Hrsg.) (1995) Thesen für die Psychotherapie mit Straffälligen. In Beier KM, Hinrichs G (Hrsg.) Psychotherapie mit Straffälligen. Standorte und Thesen zum Verhältnis Patient – Therapeut – Justiz. Fischer, Stuttgart, Jena, New York, S. 158–171

Berner W (2001) Neue Entwicklungen in der Diagnostik und Therapie von Paraphilien. BewHi, Jg. 48, 3: 232–250

Bullens R (1994) Faktoren der Behandlung von Sexualstraftätern: Motive, Therapiesetting, Nachsorge. In Duncker H, Dimmek B, Kobbè U (Hrsg.) Forensische Psychiatrie und Psychotherapie. Werkstattschriften, Jg. 1, 2: 33–53

Bullens R, Egg R (2003) Therapiemotivation bei Missbrauchstätern. BewHi, Jg. 50, 3: 273–286

Dahle K-P (1995) Therapiemotivation hinter Gittern: zielgruppenorientierte Entwicklung und Erprobung eines Motivationskonstrukts für die therapeutische Arbeit im Strafvollzug. Regensburg

Deegener G (1996) Multiphasic Sex Inventory (MSI). Fragebogen zur Erfassung psychosexueller Merkmale bei Sexualtätern. Hogrefe, Göttingen

Egg R (Hrsg.) (2000) Behandlung von Sexualtätern im Justizvollzug. Folgerungen aus den Gesetzesänderungen. Kriminologie und Praxis, Band 29. KrimZ, Wiesbaden

Graham J, Bennet T (1997) Strategien der Kriminalprävention in Europa und Nordamerika. Deutsche Stiftung für Verbrechensverhütung und Straffälligenhilfe. Forum-Verlag Godesberg, Bonn

Günter M (2001) Die Behandlung jugendlicher Sexualstraftäter aus psychoanalytischer Sicht. Kinderanalyse, Jg. 9, 1: 41–59. Klett-Cotta, Stuttgart

Haydari H (1999) Standards für die Arbeit mit Gewalttätern. Bundesministerium für Umwelt, Jugend und Familie der österreichischen Bundesregierung (Hrsg.) Täterarbeit – ein Beitrag zum Opferschutz. Modelle, Grundlagen und Standards. Wien, S. 58–63

Home-Office U.K. (Hrsg.) (2002) Sex Offender Orders – Guidance

Knöllinger C (2001) Abschlussbericht der wissenschaftlichen Begleitforschung des Modellprojektes: Psychotherapeutische Ambulanz für Sexualstraftäter

Kröber H-L (2000) Ansätze zur gezielten Psychotherapie mit Sexualstraftätern. In Herrfahrdt R (Hrsg.) Behandlung von Sexualstraftätern. Schriftenreihe der Bundesvereinigung der Anstaltsleiter im Strafvollzug (Band 3), Hannover, S. 40–50.

Lösel F (2001) Behandlung oder Verwahrung? Ergebnisse und Perspektiven der Intervention bei »psychopathischen« Straftätern. In Rehn G, Wischka B, Lösel F, Walter M (Hrsg.) Behandlung »gefährlicher Straftäter« – Grundlagen, Konzepte, Ergebnisse. Herbolzheim, S. 36–53

Lösel F, Bender D (1997) Straftäterbehandlung: Konzepte, Ergebnisse, Probleme. In Steller M, Volbert R (Hrsg.) Psychologie im Strafverfahren ein Handbuch. Hans Huber, Bern, S. 171–204

Marle HJC van (1994) Psychodynamische Aspekte der klinischen Behandlung von Gewalt- und Sexualverbrechern. WsFPP, 1. Jg., 2: 55–65

Marshall WL, Anderson D, Fernandez Y (1999) Cognitive behavioral treatment of sexuell offenders. Chichester et al.

Marshall WL, Barbaree HE (1990) Outcome of Comprehensive Cognitive-Behavioral Treatment Programs. In Marshall WL, Laws DR, Barbaree HE (Hrsg.) Handbook of Sexual Assault. New York, S. 363–385

Nuhn-Naber C, Rehder U, Wischka B (2002) Behandlung von Sexualstraftätern mit kognitiv-behavioralen Methoden: Möglichkeiten und Grenzen. MschrKrim, 4: 271–281

Pfeiffer C, Delzer I, Enzmann D, Wetzels P (1999) Ausgrenzung, Gewalt und Kriminalität im Leben junger Menschen. In: DVJJ (Hrsg.) Kinder und Jugendliche als Opfer und Täter, S. 58–184

Pfäfflin F, Mergenthaler E (1998) Forschungsfragen der Forensischen Psychotherapie. In Wagner E, Werdenich W (Hrsg.) Forensische Psychotherapie: therapeutische Arbeit im Zwangskontext von Justiz, Medizin und sozialer Kontrolle. Facultas, Wien, S. 21–36

Pfäfflin F, Ross T, Sammet N, Weber M (1998) Psychotherapie mit Straftätern. In Kröber HL, Dahle KP (Hrsg.) Sexualstraftaten und Gewaltdelinquenz. Verlauf – Behandlung – Opferschutz. Heidelberg, S. 153–168

Rauchfleisch U (1985) Besonderheiten in der ambulanten Psychotherapie von Delinquenten. Praxis der Psychotherapie und Psychosomatik, 30: 254–260

Schneider H-J (2002) Rückfallprognose bei Sexualstraftätern. Ein Überblick über die moderne Sexualstraftäter-Prognoseforschung. MschrKrim, 4: 251–270

Schöch H (2000) Zur Offenbarungspflicht der Therapeuten im Justizvollzug gemäß 182 II StVollzG. In Egg R (Hrsg.) Behandlung von Sexualtätern im Justizvollzug. Folgerungen aus den Gesetzesänderungen. Kriminologie und Praxis, Band 29. KrimZ, Wiesbaden, S. 271–292

Schorsch E, Galedary G, Haag A, Hauch M, Lohse H (1996) Perversion als Straftat: Dynamik und Psychotherapie. 2. Auflage, Enke, Stuttgart

Schüler-Springorum H (2000) Erläuterungen zum Gesetz zur Bekämpfung von Sexualdelikten und anderen gefährlichen Straftaten vom 26.1.1998. In Herrfahrdt R (Hrsg.): Behandlung von Sexualstraftätern, S. 23–39

Spitczok von Brisinski U (2001) Jugendliche Sexualstraftäter im niedersächsischen Vollzug. ZfStrVo, 5, S. 285–288

Urbaniok F (2000) Das Züricher PPD-Modell. Fortsetzung aus Kriminalistik 8/00, S. 566. Jg. 54, 9: 629–632

Warmuth M (1994) Ambulante Gruppentherapie mit Sexualstraftätern – Konzept und Erfahrungen mit einem Projekt zur ambulanten Sexualstraftätertherapie. In Steller M, Dahle K-P, Basque M (Hrsg.) Straftäterbehandlung. Argumente für eine Revitalisierung in Forschung und Praxis. Pfaffenweiler, S. 142–151

Wirth W (2001) Dokumentation der Behandlung von Sexualstraftätern im Strafvollzug des Landes Nordrhein-Westfalen. Skizze eines empirischen Forschungsprojekts. BewHi, Jg. 48, 3: 251–256

Wischka B (2000) Sexualstraftäter im niedersächsischen Justizvollzug – Situation und Perspektiven. BewHi, Jg. 47, 1: 76–101

Angewandte Kriminologie als Ergänzung der Planung von Behandlung und Nachsorge im Maßregelvollzug

Hauke Brettel & Michael Bock

Zusammenfassung

Patienten des Maßregelvollzugs sind Straftäter, deren Behandlung auch an kriminologisch bedeutsame Lebensbedingungen und Verhaltensmuster anknüpfen muss. Ihrer Erfassung dient die Methode der idealtypisch vergleichenden Einzelfallanalyse (MIVEA), ein Instrument zur umfassenden Interventionsplanung, das im Strafvollzug erfolgreich eingesetzt wird. Das Verfahren stellt ein erfahrungswissenschaftlich abgesichertes System von Beurteilungsvorgaben bereit, mit dem kriminologisch relevante Stärken und Schwächen eines Patienten identifiziert und in konkrete Interventionsvorschläge umgesetzt werden können. Mit seiner Unabhängigkeit von Vorausbildung und Fachbegrifflichkeit bietet es Möglichkeiten zur interdisziplinären Ergänzung psychiatrischer und psychologischer Diagnose- und Behandlungsmöglichkeiten.

Schlüsselwörter

Maßregelvollzug, Interventionsplanung, Nachsorge, angewandte Kriminologie, MIVEA

Kriminologischer Bedarf im Maßregelvollzug

Kriminologen sind keine Ärzte und Maßregelvollzugspatienten nicht (nur) krank, sondern (auch) delinquent. Deshalb kann sich die Kriminologie überhaupt erlauben, einen Vorschlag zur Ergänzung der Behandlung im Maßregelvollzug zu unterbreiten. Das Stichwort »Angewandte Kriminologie« aus dem Titel meint dabei die Methode der idealtypisch vergleichenden Einzelfallanalyse (kurz MIVEA). Sie ist ein Instrument der Planung von Behandlung und Nachsorge, das im Strafvollzug seit einiger Zeit sehr erfolgreich eingesetzt wird und erwarten lässt, auch im Maßregelvollzug die Interventionsplanung sinnvoll zu ergänzen.

Auch hier ist kriminologischer Wissensbedarf allgegenwärtig, was sich keineswegs nur aus jenen Fällen offensichtlicher Fehlzuweisung ergibt, die in der Praxis des Maßregelvollzugs eine erhebliche Rolle spielen (vgl. Konrad 1991, Boetticher 2004). Auch bei der übrigen Maßregelklientel liegen die Hauptprobleme oftmals außerhalb des Einflussbereichs klassischer Psychiatrie (Freese/Born/Müller-Isberner 1995, Göppinger 1997, S. 237). In der Vorankündigung zu dieser Fachtagung etwa findet sich der Hinweis auf Veränderungen bei den behandelten Störungsbildern. Immer häufiger liegen danach schwere persönlichkeitsstrukturelle Auffälligkeiten vor, die sich oft nicht eindeutig in ein psychiatrisches Krankheitsbild einordnen lassen.

Selbst wenn aber eine klar definierte psychiatrische Krankheit die Ursache von Straftaten geworden ist, kann sich die Straftäterbehandlung nicht in der Beseitigung dieser Ursache erschöpfen. So bleibt etwa die Frage, warum die Erkrankung beim Betroffenen zur Delinquenz geführt hat, wo sie bei der Mehrheit jener, die auch von der fraglichen Störung betroffen sind, nicht zu sozialer Auffälligkeit führt. Es dürfte ohnehin eher die Seltenheit sein, dass ein Krankheits- bzw. Störungsgeschehen eine Straftat erschöpfend erklärt. In ganz unterschiedlichen Konstellationen ist daher nicht zu erwarten, dass mit Beseitigung der delinquenzbedingenden seelischen Störung im Sinne des § 20 StGB auch die Gefahr künftiger sozialer Abweichung abgewendet ist. Auch hier kann wieder ein Stichwort aus dem »Call for Papers« zu dieser Tagung aufgegriffen werden, wo sich der Hinweis auf den stetig wachsenden Anteil der Menschen mit schweren Sozialisationsstörungen findet.

Stets aber bewegt sich die Behandlung im Maßregelvollzug auf dem Boden der Kriminologie: Der Maßregelvollzugspatient steht sowohl jenseits einer – wie auch immer definierten – seelischen Normalität, als auch außerhalb bestimmter strafrechtlich normierter Forderungen. Er ist damit in zweierlei Hinsicht »abnorm«, nämlich in Bezug auf seine seelische Verfassung und seine soziale Anpassungsfähigkeit, wobei in vielen Fällen die Eigenschaft als Straftäter mit wesentlich größerer Sicherheit feststeht als die seelische Störung. Patienten im Maßregelvollzug sind stets Straftäter, deren Therapie grundsätzlich an kriminologisch bedeutsame Lebensbedingungen und Verhaltensmuster anknüpfen muss, was sich vor allem bei Entlassung und Nachsorge zeigt (vgl. Dahle 2000, S. 77 ff.). Auch tragen die Folgen der Behandlung selbst zum Bedarf an spezifisch kriminologischem Wissen bei, indem die Unterbringung ihrerseits Auswirkungen auf das soziale Leben hat. Denn die therapeutische Intervention selbst bedingt – insbesondere bei langjährigem Verbleib im Maßregelvollzug – Veränderungen der sozialen Bedingungen (Streng 2002, S. 190; vgl. auch Leygraf 2004), denen eine Entlassung für das Ziel künftiger Legalbewährung Rechnung tragen muss. So kann es zum Entlassungszeitpunkt von überragender Bedeutung sein, ob der Betroffene an Restbestände eines sozial integrierten Lebens anknüpfen kann oder ob ihn soziale Desintegration zum Leben außerhalb der Gemeinschaftsordnung geradezu zwingt.

Die Allgegenwart der Kriminologie spiegelt sich nicht zuletzt in der gesetzlichen Konstruktion wider: Selbst wenn die jeweilige seelische Störung fortbesteht, die zur Einweisung in den Maßregelvollzug geführt hat, so ist die Fortsetzung der Unterbringung dennoch unzulässig, wenn die Störung keine Straftaten mehr erwarten lässt (vgl. § 136 S. 2 StVollzG). Mit der Abwendung krimineller Gefährdung wird die Störung zu einem privaten Problem, das obligater staatlicher Intervention entzogen ist. Schon unter dem Blickwinkel der Eingriffslegitimation ist der Patient also in erster Linie (potenzieller) Straftäter. Die Behandlung hat nach dem Gesetz – wie bei der Strafhaft – Resozialisierung zur Aufgabe, soll also die Befähigung zum Leben ohne Straftaten fördern. Ist dieses Ziel erreicht, so legitimiert auch das Fortbestehen der primär maßregelindizierenden Störung die weitere Behandlung als Maßregelpatient nicht (vgl. § 67d Abs. 2 S. 1 StGB).

Es muss also ein Rückgriff auf kriminologisches Wissen erfolgen, auch wenn ohne jeden Zweifel bei Behandlung und Nachsorge im Maßregelvollzug in erster Linie psychiatrische Sonderkompetenz gefragt ist. Dabei gibt es klassische Überschneidungen zwischen Psychiatrie und Kriminologie, etwa bei den so genannten neurobiologischen oder biosozialen Modellen (MEIER 2003, S. 43; KRÖBER et al. 1993). Zudem existiert ein Grenzbereich der Kriminologie, die dieses Fach in die Nähe der psychiatrisch relevanten Störungsbilder bringt, beispielsweise wenn es um die Folgen einer Sucht geht.

Ergänzungsbedarf durch die MIVEA im Maßregelvollzug

Prognosen als Teil der Behandlung

Wenn also Kriminologie im Maßregelvollzug, warum gerade das kriminologische Arbeitsmittel »MIVEA« und damit noch dazu ein solches, das in erster Linie als Prognosemethode bekannt ist? Zu Letzterem ist zu sagen, dass MIVEA auch ein Prognoseverfahren ist, in ihren Anwendungsmöglichkeiten jedoch weit darüber hinausgeht. Bei einem Blick auf das Verhältnis von Prognose und Behandlung wird dies rasch plausibel. Dass Prognosen Element einer jeden Therapie sind, zeigt sich bereits bei der Diagnose als Behandlungsvoraussetzung. Vorhersagen müssen stets den Ist-Zustand berücksichtigen, indem sie sich auf Wirklichkeitskonstanten beziehen, ohne deren Fortwirkung in die Zukunft hinein eine Einschätzung des Künftigen nicht denkbar ist (ENDRES 2000). Jede Intervention macht umgekehrt eine Abschätzung des zukünftigen Verlaufs notwendig, auf den die therapeutische Einflussnahme gerichtet ist (vgl. NOWARA 1995, S. 30; DAHLE 2000).

Kennzeichen der MIVEA

Wissenschaftliche Herleitung

Eine erste Antwort auf die Frage, warum sich speziell die MIVEA zur Ergänzung der Behandlung im Maßregelvollzug eignet, gibt die wissenschaftliche Fundierung dieses Verfahrens. Der Vektor des psychiatrischen Erkenntnisinteresses bewegt sich zwischen Normalität und seelischen Störungen, auf die bezogen das psychiatrische Wissen durch das Fegefeuer von Erfahrung und Forschung gegangen ist.

Hier besteht eine unangefochtene Sonderkompetenz der Psychiatrie im Hinblick auf Therapie, Diagnose und Krisenintervention. In die MIVEA wiederum sind die Ergebnisse der Jahrzehnte währenden Bemühungen seitens der angewandten Kriminologie eingegangen, Straftäter in ihren sozialen Bezügen mit dem spezifischen Bezug auf Straffälligkeit zu beschreiben und zu beurteilen. In Bezug auf eine solche Sozialverhaltensanamnese kann die Kriminologie eine Sonderkompetenz für sich in Anspruch nehmen (Bock 1984, S. 16 ff.; vgl. auch Albrecht 2002, S. 88 ff.). Welche Umstände und Kriterien des Sozialverhaltens für die Frage von Bedeutung sind, ob ein Mensch straffällig wird oder nicht, kann Gegenstand von tradierten Vorstellungen, Vermutungen oder Alltagswissen sein. Das kriminologische Wissen aber ist in aufwändigen Vergleichsuntersuchungen gehärtet, in denen sich bestimmte Kriterien als trennkräftig erwiesen haben.

Mit der Tübinger-Jungtäter-Vergleichsuntersuchung liegt der MIVEA die mit Abstand aufwändigste kriminologische Studie aus Deutschland zugrunde. Bei dieser Vergleichsuntersuchung wurde eine Häftlingsstichprobe mit 200 männlichen Strafgefangenen einer ebenso großen Vergleichsgruppe gegenübergestellt, um Unterschiede in Sozialverhalten und Lebenszuschnitt zu erfassen und zu systematisieren. Als Ergebnis schulmäßig breiter und interdisziplinärer Erhebungen stand das Informationsmaterial für 400 komplette Einzelfalldarstellungen zur Verfügung, auf dessen Grundlage Unterschiede im Sozialverhalten der beiden Vergleichsgruppen in einem langwierigen Auswertungsvorgang herausgearbeitet wurden (Bock 1995). Aus dem hierbei gefundenen, bereits vielfach überprüften und aktualisierten Erfahrungswissen wurde die Systematik der MIVEA erarbeitet, die als Vergleichsmaßstab für die Beurteilung des konkreten Einzelfalls dient (Rössner 2003, S. 135).

Verbindliche Systematik

In einer genau festgelegten Struktur macht die MIVEA dabei differenzierte Vorgaben für die Erfassung kriminologisch relevanter Verhaltensweisen und Lebensverläufe. Im Einzelnen werden – wie bei allen Prognoseverfahren – bei der MIVEA in einem ersten Schritt Informationen für die später anstehenden diagnostischen und prognostischen Urteile erhoben. Es schließt sich eine Analyse dieser Erhebungen an, die mit der Auswertung des so genannten Lebenslängsschnitts beginnt. Hierbei geht es hauptsächlich um das bisherige Verhalten des Probanden im Zusammenhang mit der Erziehung, im Aufenthalts-, Leistungs-, Freizeit-, Kontakt- und Delinquenzbereich, was für den Praktiker im Maßregelvollzug ebenfalls keine Überraschung darstellen wird. Im Rahmen der darauf folgenden Auswertung des Lebensquerschnitts wird der Zeitraum unmittelbar vor einem entscheidungserheblichen Ereignis – etwa der letzten Tat, der Unterbringung im Maßregelvollzug oder dem Beurteilungszeitpunkt – zusätzlich im Hinblick auf bestimmte (kriminalitätshemmende bzw. -fördernde) Kriterien hin untersucht. Zum Abschluss der Analyse der Erhebungen sind auf Grundlage der Erkenntnisse aus den beiden vorangegangenen Auswertungsschritten die Interessen und Grundintentionen herauszuarbeiten, die für den jeweiligen Probanden charakteristisch sind.

Den dritten Teil der MIVEA bildet die als Diagnose bezeichnete kriminologische Beurteilung. Hier sollen die bei Auswertung der Erhebung gewonnenen Erkenntnisse zu einem umfassenden Bild des Täters in seinen sozialen Bezügen als Einheit zusammengeführt werden. Vergleichsmaßstab sind dabei erfahrungswissenschaftlich bestimmte Zusammenhänge von Lebensentwicklung und Delinquenz, mit deren Hilfe sich prüfen lässt, wie schlüssig sich kriminelles Verhalten in Lebenszuschnitt und Sozialverhalten des Betroffenen einfügt (BOCK 1995, SCHALLERT 1998).

Eine solche verbindliche Struktur von Vorgaben bieten die allgemein bekannten Vorteile einer elaborierten Methodik. Daraus folgt eine weitere Antwort auf die Frage, warum sich die Empfehlung auf die MIVEA als Ergänzung der Interventionsplanung im Maßregelvollzug richtet. Einheitliche Beurteilungsgrundlagen stellen ein allgemein verbindliches Vorgehen sicher, das von den Erhebungen über die Diagnose bis zur Ableitung von Interventionsempfehlungen nachvollziehbar und dokumentierbar ist (DAHLE 2000, ENDRES 2000, HINZ 1987, S. 146 ff.). Dies schafft Transparenz hinsichtlich des Ableitungszusammenhangs der Ergebnisse, fördert die Beurteilungssicherheit und stellt gleichzeitig eine Qualität der Dokumentation sicher.

Differenzierter Einzelfallbezug

Methodisch arbeitet die MIVEA dabei hauptsächlich mit Idealtypen. Dieses von Max Weber entwickelte analytische Hilfsmittel stellt Arten, Umstände und Abläufe menschlichen Handelns in reiner Form dar, so dass der jeweils charakteristische Kern einer Erscheinung zum Ausdruck kommt (GÖPPINGER 1997, S. 94 f.; SCHNEIDER 1996, S. 202). Konkret hält die MIVEA auf den einzelnen Beurteilungsebenen die Extrempole des K-idealtypischen, als des zur Kriminalität tendierenden Verhaltens auf der einen Seite, und des D-idealtypischen, als des auf soziale Integration zielenden Verhaltens der Durchschnittspopulation auf der anderen Seite bereit. Von diesen beiden Extremen wird so ein Möglichkeitsraum aufgespannt, in dem der Einzelfall differenziert verortet werden kann (BOCK 1995).

Ein Beispiel: Für den Bereich »Freizeit« sieht die Synopse der idealtypischen Verhaltensbeschreibungen im Hinblick auf die Verfügbarkeit der Freizeit für den K-idealtypischen Pol eine Ausweitung der Freizeit bis hin zu so genannten Tageslaufverschiebungen vor, bei denen der Tag erst nachmittags beginnt und am nächsten Morgen endet. D-idealtypisch ist hingegen die Einschränkung der Freizeit durch selbst gewählte Verpflichtungen wie etwa Fortbildungen oder häusliche Mitarbeit. Das konkrete Verhalten des Probanden ist nun in seinem Verhältnis zu diesen Möglichkeiten so genau wie möglich zu beschreiben. In dieser Weise ist das Probandenverhalten stets in seinen Annäherungen und Differenzen zu den Idealtypen der MIVEA zu bewerten. Dadurch gelingt es, die individuellen Besonderheiten des konkreten Falles zu erfassen und für andere nachvollziehbar zu beschreiben. Gleichzeitig bleibt so eine grundsätzliche Offenheit für aktuelle Veränderungen – etwa die Resultate bestimmter Interventionsmaßnahmen – erhalten (vgl. Bock 1995). Dies wiederum verhindert eine automatische Fortschreibung der bisherigen Lebensentwicklung oder die einseitige Fixierung auf statische oder retrospektive Kriterien, wie sie diagnostischen und prognostischen Bemühungen oft entgegengehalten wird (Nowara 1995, S. 31 f.). Zudem resultieren aus der Arbeit mit den Idealtypen der MIVEA gezielte Hinweise für die Intervention. Wo sich das Verhalten eher den K-idealtypischen Beschreibungen annähert, liegen die kriminologisch relevanten »Schwächen« des Probanden, wo es eher dem D-Idealtypischen entspricht, hat der Proband seine kriminologisch relevanten »Stärken«. Damit ergeben sich zusammen mit der Erfassung der kriminellen Gefährdung eines Menschen auch ganz konkrete Hinweise für gezielte Interventionen, mittels derer »Stärken« erhalten oder ausgebaut und »Schwächen« kompensiert oder in sozial verträglichere Formen umgeleitet werden können. Es bleibt also nicht bei der Feststellung einer abstrakten Gefahr von weiteren Straftaten, sondern es können konkrete Hinweise für Behandlung und Nachsorge aus der kriminologischen Diagnostik abgeleitet werden.

Inhaltlich zielt die MIVEA auf jene Bedürfnisse, die von der Kriminologie auch im Maßregelvollzug befriedigt werden müssen. Die Straftäterbehandlung fordert stets ein differenziertes Wissen über Person und Umfeld des Betroffenen, seine Möglichkeiten sowie Bedürfnisse. Für jeden Psychiater oder Psychologen ist es eine Selbstverständlichkeit, dass ein Patient in der Gesamtheit seiner Lebensbezüge zu erfassen ist, wenn man ihm helfen will (vgl. Frommer 1995). Der Beurteilung eines Menschen und seiner Bedürfnisse wird nur eine Gesamtschau gerecht, die möglichst aufmerksam auch die individuellen Besonderheiten zu berücksichtigen hat. Zu dieser Zusammenschau aber gehört gerade im Maßregelvollzug eine spezifisch kriminologische Anamnese. Ihr dient die MIVEA, indem sie jene Stärken und Schwächen eines Menschen zu erfassen sucht, die seine Fähigkeit und Bereitschaft zum Leben ohne Straftaten beeinflussen.

Nutzen verspricht dies insbesondere für das Übergangsmanagement. Die Entlassung aus langjähriger stationärer Unterbringung geht mit Veränderungen im Sozialbereich einher, die nichts mit seelischer Krankheit oder Störung zu tun haben müssen, die künftige Legalbewährung aber maßgeblich mit beeinflussen. Wie jeder Mensch kann auch der Patient beispielsweise seine Freizeit mit mehr oder weniger kriminorelevanten Aktivitäten verbringen oder im Leistungsbereich kriminologische Stärken und Schwächen offenbaren, die mit seiner Erkrankung überhaupt nichts zu tun haben. So banal dies klingt, so groß ist die Herausforderung in der Praxis, hier Relevantes von Irrelevantem zu trennen. Eine soziale Anamnese ist ohnehin schon schwer genug, soll sie aber zudem noch jene Umstände erfassen, die für frühere und künftige Straffälligkeit von Bedeutung sind, so macht sich rasch Unbehagen breit, zumal so wenig Verlässliches über die Bedingungen der Straffälligkeit im allgemeinen und im besonderen Anwendungsfall erreichbar ist (BUSSMANN 2000, ALBRECHT 2002, S. 28 ff.).

MIVEA als Plattform der Verständigung

MIVEA empfiehlt sich hier auch als Plattform der Verständigung. Maßregelvollzug ist ein interdisziplinäres Arbeitsfeld, in dem die Vertreter unterschiedlicher Fachwissenschaften auf eine solche Verständigungsmöglichkeit angewiesen sind. Um sie zu bieten, verwendet die MIVEA alltagssprachliche Begriffe und fördert so Austauschmöglichkeiten, die gerade im Angesicht der technischen Vernetzungsmöglichkeiten immer mehr an Bedeutung gewinnen. Dabei setzt die MIVEA weder langwierige Schulungen, noch ein besonderes Expertenwissen voraus. Ihre Anwendung ist nicht an eine bestimmte Fachausbildung gebunden, steht also allen in der Strafrechtspflege tätigen Berufsgruppen offen.

MIVEA in der Praxis

Neu im Hinblick auf MIVEA ist vor allem die Bewährung in der Praxis. Bereits vor zwei Jahren wurde in der Literatur die Ansicht geäußert, dass die MIVEA insgesamt gegenüber den sonstigen Prognosemethoden »auf die Bedürfnisse der Praxis (…) am besten abgestimmt sei« (MEIER/RÖSSNER/SCHÖCH 2003, S. 135). Inzwischen ist eine Hinwendung der Praxis zur MIVEA unübersehbar, was sich nicht allein in einer regen Gutachtertätigkeit auswirkt. So sind mittlerweile zum Beispiel in bestimmten Regionen sämtliche Gerichtshelfer für die Anwendung der MIVEA geschult; ein anderes Beispiel betrifft die Jugendstrafanstalt Wiesbaden, wo die Vollzugspläne inzwischen mithilfe der MIVEA erstellt werden.

Umfang und Vielschichtigkeit der Erhebungs- und Beurteilungskriterien fordern bei diesem Verfahren einen nicht unerheblichen Aufwand bei der Fallbearbeitung. Er wird allerdings durch die Klarheit von Struktur und Vorgaben auf ein praxistaugliches Maß begrenzt und zudem dadurch erheblich reduziert, dass inzwischen ein Computerprogramm die Auswertung unterstützt. Diese Arbeitshilfe, die bisher für keine andere Prognosemethode zur Verfügung steht, stellt Verwaltung sowie Verfügbarkeit der Erkenntnisse und Bewertungen sicher. Sie minimiert zugleich durch die vorgegebene Abfolge der Arbeitsschritte das Risiko von Bearbeitungslücken und leitet so zu sachgerechtem Vorgehen an.

Resümee

Zusammenfassend hat MIVEA als Ergänzung der Planung von Behandlung und Nachsorge im Maßregelvollzug ein klares Ziel. Sie will das kriminologische Sonderwissen einbringen, um die Beteiligten im Behandlungsprozess von eigenen, aufwändigen Bemühungen um die Erlangung trennkräftiger kriminorelevanter Kriterien freizustellen, damit die eigentliche, durch Fachausbildung und Berufserfahrung erworbene Kompetenz ausgespielt werden kann. MIVEA erlaubt eine spezifisch kriminologische Anamnese, mit der die kriminologisch relevanten Stärken und Schwächen eines Patienten identifiziert und in konkrete Interventionsvorschläge umgesetzt werden können. Dafür steht ein erfahrungswissenschaftlich abgesichertes System von Beurteilungsvorgaben bereit.

Als kriminologischem Verfahren verbietet sich für die MIVEA natürlich von vornherein, in Konkurrenz zu psychiatrischen oder psychologischen Sonderkompetenzen zu treten. Angewandte Kriminologie bzw. MIVEA können nicht beanspruchen, etwas von dem besser zu machen, wozu Psychiater oder Psychologen berufen sind. Es geht um eine Ergänzung und um eine Hilfestellung bei den notwendigen diagnostischen und therapeutischen Überlegungen, die im Maßregelvollzug nicht nur im Spannungsfeld von Normalität und seelischer Normabweichung, sondern auch von Normalität und rechtlicher Regelverletzung stattfindet.

Literatur

Albrecht P-A (2002) Kriminologie. 2. Aufl. Beck, München

Bock M (1984) Kriminologie als Wirklichkeitswissenschaft. Duncker & Humblot, Berlin

Bock M (1995) Die Methode der idealtypisch vergleichenden Einzelfallanalyse und ihre Bedeutung für die Kriminalprognose. In Dölling D (Hrsg.): Die Täter-Individualprognose. Beiträge zu Stand, Problemen und Perspektiven der kriminologischen Prognoseforschung. Kriminalistik Verlag, Heidelberg: 1–28

Boetticher A (2004) Rechtliche Rahmenbedingungen. In Egg R (Hrsg.): Ambulante Nachsorge nach Straf- und Maßregelvollzug – Konzepte und Erfahrungen. Eigenverlag Kriminologische Zentralstelle e. V., 2004, Wiesbaden: 15–54

Bussmann K-D (2000) Evolution und Kriminalität. Kriminalität als notwendiger Teil gesellschaftlicher Entwicklung. Monatsschrift für Kriminologie und Strafrechtsreform 83: 233–246

Dahle K-P (2000) Psychologische Begutachtung zur Kriminalprognose. In Kröber H-L, Steller M (Hrsg.) Psychologische Begutachtung im Strafverfahren. Indikation, Methodik und Qualitätsstandards. Steinkopff, Darmstadt: 77–111

Endres J (2000) Die Kriminalprognose im Strafvollzug. Grundlagen, Methoden und Probleme der Vorhersage von Straftaten. Zeitschrift für Strafvollzug und Straffälligenhilfe 2: 67–83

Freese R, Born P, Müller-Isberner R (1995) Gravierende Delikte während der Behandlung im psychiatrischen Maßregelvollzug (§ 63 StGB). Nervenarzt 66: 542–549

Frommer J (1995) Wie sollen wir seelische Krisen diagnostizieren? Zeitschrift für Klinische Psychologie und Psychotherapie 43: 134–148

Göppinger H (1997) Kriminologie. 5. Aufl., Beck, München
Hinz S (1987) Gefährlichkeitsprognosen bei Straftätern: Was zählt? Eine experimentelle Untersuchung zum Gebrauch der Eingangsinformation bei der Vorhersage eines sozial definierten Kriteriums durch klinische Urteiler. Lang, Müchnen
Konrad N (1991) Fehleinweisungen in den Maßregelvollzug. Neue Zeitschrift für Strafrecht 11: 315–321
Kröber H-L, Scheurer H, Richter P, Sass H (1993) Ursachen der Rückfälligkeit von Gewaltstraftätern – Ergebnisse des Heidelberger Delinquenzprojekts. Monatsschrift für Kriminologie und Strafrechtsreform 76: 227–241
Leygraf N (2004) Nachbetreuung nach Straf- und Maßregelvollzug. In Rudolf E (Hrsg.): Ambulante Nachsorge nach Straf- und Maßregelvollzug – Konzepte und Erfahrungen. Eigenverlag Kriminologische Zentralstelle e. V., Wiesbaden: 55–64
Meier B-D (2003) Kriminologie. Beck, München
Nowara S (1995) Gefährlichkeitsprognosen bei psychisch kranken Straftätern: Untersuchung zur Qualität der Gutachten gemäß § 14 Abs. 3 MRVG NW. Wilhelm Fink Verlag, München
Meier B-D, Rössner D, Schöch H (2003) Jugendstrafrecht. Beck, München
Schallert C (1998) Erkennen krimineller Gefährdung und wirksames Eingreifen. Die Methode der idealtypisch-vergleichenden Einzelfallanalyse in der Praxis. DVJJ-Journal: 17–23
Schneider H (1996) Grundlagen der Kriminalprognose. Eine Rekonstruktion der Probleme von Zuverlässigkeit und Gültigkeit unter Rückgriff auf Alfred Schütz. Duncker & Humblot, Berlin
Streng F (2002) Strafrechtliche Sanktionen: Die Strafzumessung und ihre Grundlagen. 2. Aufl. Kohlhammer, Stuttgart, Berlin, Köln

Die forensische Begutachtung im Zusammenhang mit der Anordnung der Sicherungsverwahrung – eine interdisziplinäre Aufgabe?

Thomas Feltes & Holm Putzke

Zusammenfassung

Voraussetzung für die Anordnung der Sicherungsverwahrung nach den §§ 66, 66 a und 66 b StGB ist ein Sachverständigengutachten, das sich zur Wahrscheinlichkeit der Begehung von Straftaten und zur Allgemeingefährlichkeit des Angeklagten zu äußern hat. Solche Gutachten werden in der Regel von Psychiatern, selten von Psychologen und kaum von Kriminologen erstattet. Nur eine interdisziplinäre Begutachtung wird dem Anspruch des Gesetzes und der Rechtsprechung des Bundesverfassungsgerichts gerecht. Das gilt umso mehr, wenn der Täter keine psychiatrisch relevanten Auffälligkeiten zeigt.

Schlüsselwörter

Hangtäterschaft, Kriminologie, Sachverständiger, Sicherungsverwahrung, Prognose

Einleitung

Bei der seit einiger Zeit in die politische und rechtstatsächliche Diskussion geratenen Anordnung von Sicherungsverwahrung nach den §§ 66, 66 a und 66 b des Strafgesetzbuchs (StGB) spielt ein Sachverständigengutachten gemäß der §§ 246 a und 275 a der Strafprozessordnung (StPO) eine wesentliche Rolle. In der Hauptverhandlung muss grundsätzlich ein Sachverständiger über den Zustand des Angeklagten vernommen werden. Er hat sich zu äußern über die Wahrscheinlichkeit der Begehung von Straftaten und zur Allgemeingefährlichkeit des Angeklagten. In der Regel wird dazu der Angeklagte von dem Gutachter zuvor exploriert und es wird ein schriftliches Gutachten erstellt.

Der Beitrag thematisiert folgende Probleme:
- Wer ist als Gutachter gemäß den §§ 246 a und 275 a StPO geeignet (Mediziner, Psychiater, Psychologen, Kriminologen, Sozialwissenschaftler)? Wie steht es um die diagnostischen und prognostischen Kompetenzen der Gutachter?
- Welche Methoden (vornehmlich aus dem Bereich der qualitativen Analyse) und Kriterien werden herangezogen? Ist eine gutachterliche Aussage (= Prognose) über

zukünftiges strafrechtlich relevantes Verhalten überhaupt möglich? Aus welchen Fakten und »Signalen« liest der Gutachter zukünftiges Verhalten heraus?
- Schließlich: Welche Erwartungen hat das Gericht an den Gutachter (Prognosten) und wie gehen professionelle Gerichtsgutachter damit um?

Die aktuelle Problematik

Die Problematik der Erstellung eines Sachverständigengutachtens im Zusammenhang mit der Verhängung von Sicherungsverwahrung hat eine neue Dimension bekommen: Die rechtliche Situation hat sich verschärft, und es zeichnet sich eine punitivere Sanktionspraxis der Gerichte ab. Bislang war die Verhängung von Sicherungsverwahrung eine fast vernachlässigte Ausnahme im Sanktionsalltag.

Ein paar Zahlen: Bis vor wenigen Jahren stagnierte die Zahl der Sicherungsverwahrten in den Vollzugsanstalten bei etwa 200 jährlich: Mitte 1998 waren es 206 Personen, die sich in Sicherungsverwahrung befanden, davon acht im offenen Vollzug. Dabei sind die Länder Baden-Württemberg, Bayern und Nordrhein-Westfalen insofern überrepräsentiert, als dort insgesamt über 70 % der Sicherungsverwahrten »einsitzen«, in diesen Ländern ansonsten aber nur gut 45 % aller Gefangenen bundesweit untergebracht sind. Die aktuellen Entwicklungen zeigen, dass die Strafgerichte zunehmend eine Verhängung prüfen. Wurden etwa 1994 noch 40 Sicherungsverwahrungen angeordnet, waren es 2001 bereits 74. Die Zahl der jährlich verwahrten Personen stieg von etwa 200 auf 306 im Jahr 2003. Ursächlich hierfür ist einerseits die Ausdehnung der Anwendungsvoraussetzungen. Andererseits liegt die Vermutung nahe, dass einige wenige spektakuläre Fälle und die dadurch politisch angeheizte Stimmung sowie die damit eng verknüpfte, oftmals einseitig geführte öffentliche Diskussion eine große Rolle spielen.

Während die Erstellung eines Sachverständigengutachtens im Strafverfahren allgemein weitgehend in das Ermessen des Gerichts gestellt ist, schreibt der Gesetzgeber bei der Verhängung von Sicherungsverwahrung seit 1970 die Anhörung eines Sachverständigen vor. Der Gutachter hat sich dabei mit dem normativen Begriff der »Hangtäterschaft« zu beschäftigen. Diese »Hangtäterschaft« soll die Voraussetzung für die Anordnung von Sicherungsverwahrung sein.

Die Erstellung von Gutachten wird in diesem Zusammenhang bislang fast ausschließlich von Psychiatern übernommen. Sie sind zudem oft justiznah tätig (etwa als Leiter von psychiatrischen Einrichtungen des Maßregelvollzugs oder von Justizkrankenhäusern). – Die Frage ist, inwiefern Psychiater in der Lage sind, zum Begriff der »Hangtäterschaft« und speziell zur Gefährlichkeitsprognose Stellung zu nehmen und ein entsprechendes Gutachten abzugeben. Beschäftigt haben sich mit dieser Frage etwa die Psychiater Habermeyer, Hoff und Saß in der Monatsschrift für Kriminologie des Jahres 2002.

Die Konsequenzen

Wie theoretisch wichtig und in der Praxis für einen Angeklagten entscheidend diese Frage sein kann, ergibt sich daraus, dass die Gerichte in der Regel einem Sachverständigengutachten folgen. Das gilt – nebenbei bemerkt – nicht nur für die Sicherungsverwahrung, sondern auch für die anderen gutachtenträchtigen Bereiche, etwa bei Fragen der Glaubwürdigkeit oder Schuldfähigkeit etc. (vgl. SCHMITT-HOMANN 2001, S. 138 f.). Den Gutachtern folgen die Gerichte vor allem dann, wenn sie die Gutachter selbst bestimmt haben. Und Gegengutachten sind im Bereich der Sicherungsverwahrung so gut wie nicht vorhanden. (Wer sollte sie auch bezahlen?) Der folgende Auszug aus einer Urteilsbegründung macht dies deutlich:

> »Unter Berücksichtigung der Gesamtumstände, insbesondere im Hinblick auf den Werdegang und die erkennbare Persönlichkeitsstruktur des Angeklagten, bestehen für die Kammer keine Zweifel an der Richtigkeit der Feststellungen des erfahrenen Sachverständigen, weshalb die Kammer sich diese Feststellungen nach eigener Überzeugungsbildung in vollem Umfang zu eigen macht.«

Die Gutachter

Zumindest in Deutschland haben die Kriminologen ihren psychiatrischen Kollegen das Feld der Begutachtung im Bereich der Sicherungsverwahrung »kampflos« überlassen. KINZIG (1996) konnte nachweisen, dass es sich in fast 90 % der von ihm untersuchten Fälle mit Sicherungsverwahrung um Psychiater oder Neurologen handelt, die diese Gutachten erstatten. Selbst Psychologen werden immer nur ergänzend zu einem psychiatrischen bzw. neurologischen Gutachten hinzugezogen. Ein Kriminologe ohne fachärztliche Ausbildung fand sich bei den von Kinzig untersuchten 314 Tätern und 370 Gutachten nicht; lediglich ein Facharzt für Neurologie und Psychiatrie, der zugleich als Universitätsprofessor für Kriminologie tätig war, erstellte solche Gutachten.

An dieser Situation sind die Kriminologen nicht ganz unschuldig: Sicherlich gibt es entsprechende Gutachter (also Kriminologen) auch in Deutschland, selbst wenn das Berufsbild des Kriminologen in Deutschland nicht besonders ausgeprägt ist und die Kriminologie es auch in den letzten 30 Jahren nicht nachhaltig geschafft hat, einen entsprechenden Bedarf für ein solches Berufsbild zu verdeutlichen. Die Frage ist, ob sich die in Deutschland (überwiegend an den juristischen Fakultäten) tätigen Kriminologen in den letzten Jahren und Jahrzehnten für solche Aufgaben empfohlen und angeboten haben. Möglicherweise zeigt auch die grundsätzliche Verweigerung einiger Kriminologen in den späten 1960er- und 70er-Jahren, an solchen »Stigmatisierungsprozessen« mitzuwirken, hier ihre späten Auswirkungen.

Somit werden praktisch ausschließlich Ärzte als Gutachter beteiligt, obwohl das

Gesetz dies so nicht vorschreibt. Die Überschrift des § 246 a StPO, in der die Rede ist von »ärztlicher Sachverständiger«, gehört auch bei dieser Vorschrift nicht zum Gesetzestext. Sie ist also nicht verbindlich. Verbindlich ist allein der Gesetzestext – und dort ist die Rede vom »Sachverständigen«. So ist die Einschaltung (zumindest auch) eines Kriminologen nach der Rechtsprechung zulässig, aufgrund der besonderen Aufgabenstellung des § 66 Absatz 1 Nummer 3 StGB sogar geboten, weil es um eine Prognose der Wiederholungsgefahr geht. Und für diese Prognose besitzen die Kriminologen die besten (empirischen) Kenntnisse. Dass dabei (sofern dies notwendig ist) vertrauensvoll mit einem Psychiater oder Neurologen zusammenzuarbeiten ist, der den psychopathologischen Teil der Begutachtung trägt, versteht sich von selbst.

Nun könnte man unterstellen, dass die Vorherrschaft der medizinischen Gutachter im Bereich der Verhängung der Sicherungsverwahrung damit zusammenhängt, dass es in der Praxis keine Fälle ohne psychopathologischen Aspekte gibt. Dass also die ohnehin bestellten psychiatrischen Sachverständigen die Prognoseentscheidung quasi »nebenbei« mit erledigen. Nach KINZIG (1996) werden aber selbst in den Fällen, in denen Sicherungsverwahrung im Ergebnis vom Gericht verhängt wird, insgesamt 16,7 % der Probanden als »gesund« diagnostiziert; bei den Tätern, die nicht aus den Bereichen der Sexual-, Raub- oder Totschlagsdelikte kommen, sind es sogar 27,4 %. Damit ist offensichtlich, dass es sich bei einem nicht unerheblichen Teil der begutachteten Personen um »gesunde« Täter ohne psychopathologischen Befund handelt.

Aber auch bei den anderen Angeklagten, bei denen die psychiatrischen Gutachter Hinweise auf psychische Krankheiten gefunden haben, muss dadurch nicht automatisch die Annahme verbunden sein, dass diese Krankheiten direkt oder indirekt mit der Tatbegehung in Verbindung stehen. Vielmehr wird man durchaus vermuten dürfen, dass eine solche Verbindung erst durch das psychiatrische Gutachten hergestellt wird, weil es eben nahe liegend ist, bei der Erstellung eines solchen Gutachtens entsprechende Bezüge zu sehen, auch wenn sie möglicherweise nicht wirklich vorhanden sind.

Jeder Mensch (und damit auch ein Wissenschaftler) hat den Wunsch und das Bestreben, Erklärungen für beobachtete Phänomene oder Verhaltensweisen zu finden. Wir können mit »unerklärbaren« Ereignissen und Verhaltensweisen schlecht umgehen und versuchen daher beständig, sie zu erklären oder Erklärungen und Zusammenhänge herzustellen. Dass dabei die jeweils individuellen und professionellen Bilder und vorhandenen Erklärungsmuster in unseren Köpfen eine entscheidende Rolle spielen, ist offensichtlich. Die »Reduktion von Komplexität«, die zu erlangen wir beständig bestrebt sind, wird professionell unterschiedlich erreicht: Während ein Jurist eher sein juristisches Weltbild und Erklärungsrepertoire bemüht, wird es bei einem Mediziner das medizinische, bei einem Psychologen das psychologische usw.

sein. Weil (im Gegensatz zu früheren Zeiten) nur wenig interdisziplinär ausgebildete Gutachter tätig sind, kann auch kein Ausgleich durch eine individuelle Abklärung der verschiedenen Erklärungsmuster erfolgen.

Schon aus diesem Grunde müsste es eigentlich nahe liegen, entweder bei jeder Begutachtung zur Sicherungsverwahrung, die neben einer psychiatrisch-psychologischen zudem eine kriminologische Komponente enthält, sowohl einen Mediziner als auch einen Kriminologen zu beauftragen. Immer dann, wenn sich eine medizinische Fragestellung nach Aktenlage nicht aufdrängt, könnte ein kriminologischer Gutachter auch alleine tätig werden. Er könnte dann seine medizinischen und/oder psychologischen Kollegen hinzuziehen, wenn sich im Rahmen der Begutachtung Ansatzpunkte für psychiatrisch-psychologische Aspekte ergeben. Nun ließe sich an dieser Stelle einwenden, dass gerade für eine solche Prognose eher Psychiater oder Psychologen und weniger die Kriminologen geeignet seien. Dies macht es erforderlich, einen Blick auf die gängigen Prognosemethoden zu werfen.

Prognosemethoden

Der vorgegebene Rahmen lässt es nicht zu, ausführlich auf die verschiedenen Prognosemethoden einzugehen. Deshalb hier nur ein Überblick: Der Begriff Prognose beschreibt die Vorhersage einer künftigen Entwicklung von Ereignissen oder Handlungen. Die Prognose ist sozusagen eine Mutmaßung darüber, wie die Zukunft einer Person oder einer Sache aussehen könnte. Die Kriminalprognose dient der Voraussage zukünftig eintretender krimineller bzw. nicht krimineller Geschehnisse oder Verhaltensweisen. Klassisch werden in der Literatur die Prognosemethoden in drei Kategorien eingeteilt:

- Die *intuitive Prognose* soll auf der subjektiven und gefühlsmäßigen Bewertung einer Person beruhen (Prophezeiung, Orakel). Es soll sich dabei um eine Eindrucksbildung handeln, die ein nicht ausgebildeter Gutachter durch seinen Instinkt geleitet und nur aufgrund eigener persönlicher Erfahrung abgibt. Der Gutachter folgt seinem moralischen Gespür und verlässt sich bei der Einschätzung auf sein »Bauchgefühl«. Eigene Prinzipien und Werte werden zu Leitlinien.
- Die *statistische Prognose* bedient sich empirischer Daten für die Vorhersage kriminellen Verhaltens. Durch die Analyse von Biografien werden bestimmte Faktoren ermittelt, anhand derer eine Differenzierung in potenziell Rückfällige und Nicht-Rückfällige möglich ist. Die einzelnen Merkmale werden in ein Punktesystem überführt. Das Resultat dieser Prognosetafeln, also die Wahrscheinlichkeit für erneute oder keine Delinquenz, ergibt sich aus dem ermittelten Gesamtwert.
- Als *klinische Prognose* wird eine »empirische Individualprognose« bezeichnet, die auf Analysen basiert, die von fachlich qualifizierten Gutachtern (in der Regel

Psychiatern) unternommen werden. Sie beurteilen verschiedene Lebensbereiche, wie z. B. die kriminelle Vorgeschichte, die therapeutische Entwicklung, das Verhalten während der Vollzugsmaßnahmen und das familiäre Milieu. In der klinischen Prognose beherrschen lange Zeit vor allem zwei Schulen das Geschehen: Der auf Rasch basierende Kriterienkatalog von Nedopil und die so genannte HCR-20-Methode von Webster.

Während früher die aufgezeigten Prognosemethoden durchaus unabhängig voneinander Anwendung fanden, geht man heute zunehmend dazu über, die Prognosemethoden zu kombinieren und die unterschiedlichen Kriterien gegeneinander abzuwägen (vgl. nur NEDOPIL 2000, S. 240). Ausgeprägt findet sich diese »*integrative Prognose*« etwa in der auf Göppinger zurückgehenden und von Bock weiterentwickelten Methode der idealtypisch vergleichenden Einzelfallanalyse (MIVEA) oder in dem verbreiteten und anerkannten Kriterienkatalog nach Dittmann.

Alle Prognosemethoden decken bestimmte Analysebereiche ab. Dazu gehören etwa Erziehung, Aufenthalt, Leistungsbereich, Freizeit, Kontakte, Sucht/Krankheiten, Lebensorientierung und Delinquenz/Kriminalität. Deutlich tritt zutage, dass es sich dabei überwiegend um originär kriminologische Bereiche handelt. Und das verwundert auch nicht. Denn bei jeder Gefährlichkeitsprognose ist grundsätzlich der Zusammenhang zum begangenen Delikt zu berücksichtigen. Ohne die Anlasstat in den Blick zu nehmen, lässt sich kaum beurteilen, welche Art von Straftaten von dem Täter zukünftig drohen und wie sich neue Straftaten verhindern lassen. Und für diese Fragen sind allein kriminologische Beurteilungskriterien aussagekräftig.

Somit sind die Kriterien, die nach der ganz herrschenden Meinung für die Annahme einer die Sicherungsverwahrung begründenden Hangtäterschaft von Bedeutung sind, originär kriminologische und nicht psychiatrisch-psychologische. Der Gesetzgeber hat die Frage nach der Hangtäterschaft nicht an einen Krankheits- oder Störungsbegriff gekoppelt; hätte er dies getan, dann wäre damit das Tätigkeitsfeld sicherlich automatisch einem medizinischen oder psychologischen Gutachter zugewiesen. Da dies aber nicht der Fall ist, ist der Schluss zulässig, dass Mediziner für diese Form der Begutachtung nicht oder zumindest nicht ohne weiteres qualifiziert sind.

Dennoch haben Habermeyer, Hoff und Saß (in dem oben bereits erwähnten Artikel) formuliert, dass das Gutachten zur Hangtäterschaft »für den forensisch erfahrenen und kriminologisch interessierten Psychiater« eine »zumutbare Herausforderung« sei. Nun lässt sich umgekehrt durchaus fragen, ob nicht angesichts der inzwischen mannigfach vorliegenden und empirisch überprüften Kriterienkataloge zur Begutachtung von psychischen Störungen nicht auch umgekehrt der »psychiatrisch interessierte« kriminologische Gutachter entsprechende Gutachten z. B. im Bereich der Schuldfähigkeit oder in anderen bislang von Psychiatern dominierten Bereichen erstatten kann.

Die Leistungsfähigkeit von Prognosen

Trotz dieser sehr detailreichen Methoden darf aber eines nicht vergessen werden: In Bezug auf die Prognose muss davon ausgegangen werden, dass bei keinem Menschen – sei er sozial auffällig oder nicht – eine sichere Sozialprognose oder eine sichere Vorhersage über zukünftige psychische Reaktionen möglich ist. Als unverdächtiger Zeuge (weil selbst Psychiater und als Kriminologe eher konservativ orientiert) kann hierzu GÖPPINGER (1980, S. 333) zitiert werden:

> »Man sollte sich grundsätzlich bei allen Überlegungen zur Prognose klarmachen, dass man bei keinem Menschen (…) eine sichere Sozialprognose oder eine sichere Prognose über zukünftige psychische Reaktionen stellen kann. Deshalb darf aber auch von der Kriminologie nicht erwartet werden, sie könne jemals mit ganz neuen und verlässlichen Methoden zu einer verbindlichen Aussage hinsichtlich des künftigen Legalverhaltens einer Persönlichkeit kommen.«

Wenn es keine verbindliche Aussage hinsichtlich des künftigen Legalverhaltens einer Person geben kann, dann wird sich die Prognosestellung stets nur auf eine Wahrscheinlichkeitsbestimmung, auf die Bewertung eines Wahrscheinlichkeitsgrades beschränken müssen. In Extremfällen kann dieser Grad sehr hoch sein, zum Mittelfeld hin nimmt er aber ab.

Die Frage ist, ob diese Wahrscheinlichkeitsangabe, die insbesondere auch vom Gericht erwartet wird, mit tatsächlichen Prozentangaben verknüpft werden kann. Im Gegensatz zur Medizin, wo zumindest einzelne Prognosestellungen leichter abschätzbar in ihrem Zuverlässigkeitsgrad sind, ist im sozialen Bereich (und bei einer Rückfallprognose handelt es sich um eine soziale und nicht um eine medizinische Prognose) eine Aussage über zukünftige Entwicklungen immer mit Unwägbarkeiten behaftet, die in der Natur der Sache liegen: So wird die soziale Entwicklung (und damit auch eine kriminelle Karriere) eines Menschen von einer unendlichen Anzahl von Faktoren beeinflusst, die weder intuitiv noch statistisch erfasst werden können.

Diesen hohen Grad an Unsicherheit hat der Münchner Psychiater Nedopil in der Süddeutschen Zeitung in die folgenden Worte gefasst: »Für jeden, der zu Unrecht rauskommt, bleiben etwa fünf zu Unrecht drin« und in einem anderen Interview resümiert er: »Die Hälfte könnte entlassen werden, wenn man besser wüsste, welche die richtigen 50 % sind«. Andererseits wird ein nicht unerheblicher Teil psychisch kranker Täter im Strafverfahren nicht begutachtet, obwohl dies notwendig und geboten wäre: Zwischen 30 und 80 % aller im Strafvollzug einsitzenden Gefangenen sollen psychische Störungen aufweisen. 25 % der Einsitzenden könnten fehlbegutachtet und daher fälschlicherweise in die Psychiatrie oder den Maßregelvollzug eingewiesen worden sein. Legt man eine Fehlerquote von 25 % (oder mit Nedopil eine Trefferquote von 75 %) zugrunde, so werden bei jährlich rund 400 000 Prognoseentscheidungen (mindestens) 100 000 falsche Entscheidungen getroffen.

Nach wie vor bestehen keine gesicherten Erkenntnisse darüber, ob und ggf. welche Prognosemethoden tatsächlich valide genug sind, um die Basis für ein Gutachten bei Gericht und damit für eine gerichtliche Entscheidung abzugeben. Auch wissen wir, dass verschiedene individuelle wie strukturelle Variablen Entscheidungen im juristischen Kontext beeinflussen und bei gleicher, sogar schriftlich fixierter Ausgangssituation sehr unterschiedliche Beurteilungen produzieren können (STRENG 1984).

Die Beurteilung der »Hangtäterschaft«

Eine Ursache für diesen Zustand könnte auch in den Voraussetzungen der Sicherungsverwahrung liegen. Deren Anordnung setzt nach der ganz herrschenden Meinung voraus, dass die Gesamtwürdigung des Täters und seiner Taten seine Eigenschaft als Hangtäter und seine Gefährlichkeit für die Allgemeinheit ergibt. Die Allgemeingefährlichkeit des Hangtäters wird im Allgemeinen aus den beiden Faktoren »Wahrscheinlichkeit erneuter Straftaten« und »besondere Schwere der Straftaten« abgeleitet. Dabei soll die Gesamtwürdigung des Täters und seiner Taten ergeben, dass von ihm weitere erhebliche Straftaten zu erwarten sind. Der Sachverständige kann und soll sich nur zur Frage der Wahrscheinlichkeit weiterer Tatbegehung sowie zur Frage äußern, welche Taten von dem Täter zu erwarten sind. Die Entscheidung, ob es sich bei diesen Taten um solche handelt, die in Bezug auf ihre Schwere die besonderen Voraussetzungen erfüllen, hat das Gericht zu treffen.

Bei dem so genannten Hang gemäß § 66 Absatz 1 und Absatz 2 StGB handelt es sich nach der herrschenden Meinung vor allem in der Rechtsprechung um eine eingewurzelte, aufgrund charakterlicher Veranlagung oder durch Übung erworbene intensive Neigung zu Rechtsbrüchen. Es sei von einer Neigung auszugehen, etwas immer wieder zu tun. Ein Trieb oder ein Drang sei nicht erforderlich, es reiche die Schwäche, die den Täter immer wieder straffällig werden lässt. Es sei auch unerheblich, worauf der Hang beruht: ob auf Anlage, Umwelt oder Übung. Hangtäter ist danach derjenige, der dauernd zu Straftaten entschlossen ist oder der aufgrund einer fest eingewurzelten Neigung immer wieder straffällig wird, wenn sich die Gelegenheit dazu bietet. Hangtäter kann auch derjenige sein, der »willensschwach ist und aus innerer Haltlosigkeit Tatanreizen nicht widerstehen vermag« (DETTER 1995). Ein Schuldbewusstsein auf Seiten des Täters ist dabei nicht erforderlich, in vielen Fällen sei ein Fehlen sogar typisch für das Vorliegen der Hangtätereigenschaft.

Früher wurden die Ursachen des Hanges »in wesentlich milieubedingten Persönlichkeitszügen (wie mangelnde Fähigkeit zu sozialem Kontakt, geringes affektives Steuerungs- und Anpassungsvermögen, gesteigerte Aggressivität, Unvermögen zur Bewältigung innerer Konfliktspannungen)« gesehen (Bundesgerichtshof [BGH],

Neue Juristische Wochenschrift 1976, S. 300). Inzwischen werden Hinweise auf die Herkunft eines Angeklagten als Beweis für ein anlagemäßiges Verbrechertum eher abgelehnt (vgl. BGH, Neue Zeitschrift für Strafrecht 1996, S. 353).

Die Sicherungsverwahrung ist nach der Intention des Gesetzgebers für »bedrohliche aktive Hangtäter mit schwerer Delinquenz« vorgesehen und soll angeordnet werden können bei Taten, durch welche die Opfer seelisch oder körperlich schwer geschädigt werden oder wo objektiv schwerer wirtschaftlicher Schaden entsteht. Neben der Streitfrage, ob die Sicherungsverwahrung tatsächlich in der Praxis den Personenkreis trifft, vor dem die Gesellschaft geschützt werden muss, stellt sich das Problem, an welchen Taten diese Kriterien festzumachen sind. An den bereits begangenen (und – ggf. auch früher – abgeurteilten) oder an den (möglicherweise) später erfolgenden Taten? Bislang wird in der Regel aus früheren oder zur Verurteilung anstehenden Taten auf die so genannte Gefährlichkeit des Täters und auf spätere Taten geschlossen, die der Strafvollzugstreckung folgen könnten. Nicht nur die national und international vorliegenden Ergebnisse der Rückfallforschung, sondern auch Studien zur Perseveranz von Tätern zeigen aber, dass weder die Art noch die Schwere der späteren Straftat mit der notwendigen Sicherheit vorausgesagt werden können.

Vielmehr sind polymorphe Tatbegehungen über Deliktsbereiche hinaus zumindest bei der Mehrzahl der Täter eher die Regel als die Ausnahme. Insofern müsste bei gutachterlichen Aussagen zur Art und Weise der späteren Delinquenz selbst bei auf den ersten Blick eindeutig erscheinenden Karriereverläufen größte Zurückhaltung angebracht sein, zumal retrospektiv die Karriere immer nur anhand der offiziellen Daten (Strafregisterauszüge; in den Akten vorhandene frühere Urteile; Strafvollstreckungs- oder Bewährungshilfe-Akten, die allesamt oft fehlerhaft oder unvollständig sind) beurteilt werden kann und ein vorhandenes Dunkelfeld unbeachtet bleibt.

Die Aufgabe des Sachverständigen besteht nun darin, sich gutachterlich über die Gesamtheit der Faktoren zu äußern, die für die Beurteilung des »Hanges« und der zu stellenden Gefährlichkeitsprognose bedeutsam sind (vgl. BGH, Strafverteidiger 1994, S. 231). Dabei handelt es sich bei diesen Faktoren um in der Persönlichkeit des Angeklagten liegende Merkmale, vor allem aber um Verlaufsmuster krimineller Karrieren und um Faktoren, die aus anderen Bereichen stammen und für einen möglichen Rückfall von Bedeutung sein können.

In Bezug auf die Wahrscheinlichkeit weiterer Taten soll der Bereich zwischen der reinen Möglichkeit weiterer Straftaten und der (mehr oder weniger absoluten) Sicherheit, dass solche Straftaten begangen werden, näher bestimmt werden. Dabei besteht die Möglichkeit erneuter Taten praktisch immer und kann daher keine Gefährlichkeit des Täters begründen. Andererseits kann von einer auch nur relativen Sicherheit, dass weitere Straftaten zu erwarten sind, wegen der generellen Beschränktheit von Prognosen nicht ausgegangen werden. Vielmehr wird von einer bestimmten, d. h. aufgrund konkreter Anhaltspunkte festgestellten Wahrscheinlichkeit auszugehen sein, wobei die konkreten Anhaltspunkte für die Annahme einer solchen Wahrscheinlichkeit deutlich zu bezeichnen sind.

Diese Anhaltspunkte werden z. B. in einer besonderen Persönlichkeitsstruktur des Angeklagten gesucht (und gefunden), oder auch in der Reaktion des Angeklagten auf das gegenwärtige Verfahren (wenn etwa weder die Dauer noch der Ablauf des jetzigen Verfahrens und/oder der Untersuchungshaft bei dem Angeklagten zu einem Überdenken seiner Verhaltensweisen geführt hat). Erweckt der Angeklagte vor Gericht den Eindruck, dass er z. B. nach wie vor der Auffassung ist, im Recht zu sein und ihm von der Justiz Unrecht getan werde, so wird dies eher für als gegen eine hohe Wiederholungswahrscheinlichkeit sprechen.

Für die Frage, ob die Wiederholung gleicher oder ähnlicher Taten zu erwarten ist, spielen zudem die Situationen, aus denen die Taten entstanden sind, eine wichtige Rolle. Von Bedeutung soll darüber hinaus die Einstellung des Angeklagten zu seinen Taten sein. Im Vordergrund steht hier das Problem der Verifizierung der Einlassungen des Probanden oder der Interpretation nonverbaler Äußerungen. Oftmals wird vom Gericht eine explizite Distanzierung von den Taten, eine auch emotionale Beschäftigung des Angeklagten mit den Tatvorwürfen oder so etwas wie »Reue« verlangt oder zumindest erwartet – und entsprechend reagieren Strafverteidiger bei der Beratung ihres Klienten.

Dazu der Auszug aus einem Urteil:

> »Darüber hinaus setzte sich der Angeklagte mit seiner Delinquenz und deren Folgen für die Opfer nicht auseinander. Seine Fähigkeit, sich selbstkritisch zu sehen, ist reduziert. Dabei ist von chronischer Delinquenz mit unterschiedlichen Deliktsarten bei Zunahme der sexuellen Delinquenz auszugehen. Auch ist die Krankheitsprognose bezüglich Alkoholproblematik und Persönlichkeitsstörung bei fehlender Aussicht auf erfolgreiche Behandlung – und zwar unabhängig von der aufnehmenden Einrichtung – ungünstig. Ferner sind auch keine Erfolg versprechenden Maßnahmen zur Risikovermeidung ersichtlich.«

Als Faktoren oder Indikatoren für das Vorliegen eines Hangs sollen weiterhin neben früheren Delikten sowie vielfachen und erheblichen Vorstrafen vor allem erziehungswidrige Verhältnisse, Frühkriminalität, schlechte schulische und berufliche Ausbildung, lange Haftaufenthalte, eine schnelle Tatfolge, die Steigerung der kriminellen Intensität durch zunehmend schwerere Taten in schnellerer Abfolge und eine brutale Vorgehensweise in Betracht kommen. Eine der Grundfragen ist immer wieder, ob und ggf. inwieweit die frühkindliche und kindliche Entwicklung eines Angeklagten herangezogen und zur Erklärung der Taten bzw. zur Interpretation der Verhaltensweisen oder zur Prognosestellung insgesamt benutzt werden können. Oftmals gibt es hier hunderte anderer Menschen, die eine gleiche biografische Entwicklung erlebt haben und nicht straffällig geworden sind.

Der Gutachter muss sich vor Gericht auf das Aufzeigen von Risikofaktoren künftiger Delinquenz beschränken. Eine Prognose ist eine Wahrscheinlichkeitsvorhersage, die von ihren methodischen Voraussetzungen her nicht auf den Einzelfall anwendbar ist. Dies wird leider zu oft übersehen oder nicht angemessen berücksichtigt. Voraussetzung für eine angemessene Bewertung der Prognoseentscheidung ist, dass der wissenschaftliche Hintergrund der Prognosestellung von den anderen Verfahrensbeteiligten eingeschätzt werden kann und dass die Schlussfolgerungen des Gutachtens für den Außenstehenden nachvollziehbar gemacht werden. Das gesamte Gutachten sollte wissenschaftlich fundiert, rational und transparent gestaltet sein (deutlich BOETTICHER/NEDOPIL/BOSINSKI/SASS, 2005, S. 57 ff.). Dies bedingt aber wiederum, dass ein Prognosegutachten oftmals nicht zu einem eindeutigen, klaren Ergebnis kommen kann, sondern dass unterschiedlich zu bewertende Aspekte aufgezeigt und Hinweise zur Gewichtung gegeben werden. Dennoch finden sich immer wieder eindeutige Aussagen der Gutachter wie der folgende Auszug aus einem Urteil zeigt:

> »Angesichts der Unfähigkeit des Angeklagten, einen inneren Widerstand gegen weitere Straftaten aufzubauen, bestehe aus Sicht des Sachverständigen danach insgesamt ein hohes Risiko weiterer Straftaten im Sinne von § 66 Abs. 1 Nr. 3 StGB, weshalb der Angeklagte eine Gefahr für die Allgemeinheit darstelle.«

Schließlich ist insbesondere auch zu berücksichtigen, wenn der Angeklagte (bei einer entsprechend langen Freiheitsstrafe) nach dem Ende der Strafverbüßung möglicherweise nicht mehr im Sinne der jetzigen Taten gefährlich sein wird. Dies ist auch nach der Auffassung der Rechtsprechung intensiv zu prüfen (vgl. dazu BGH, Monatsschrift für Deutsches Recht 1996, S. 881; BGH, Neue Zeitschrift für Strafrecht 1993, S. 78). Ob allerdings mit Sicherheit angenommen werden kann, dass die Gefährlichkeit bei Ende des Strafvollzuges, etwa bei Sexualdelikten, nicht mehr besteht, ist in der Regel eher zweifelhaft. Vergewaltigung und sexuelle Nötigung sind primär Gewalt- bzw. Aggressionsdelikte, bei denen der Täter eine besondere Machtdominanz zum Ausdruck bringen will. Nicht die Sexualität steht im Vordergrund, sondern die Aggression oder Dominanz, die auf Unterwerfung zielt.

Die bloße Möglichkeit künftiger Besserung oder die Hoffnung auf künftig sich ändernde Lebensumstände können sicherlich eine Gefährlichkeit nicht ausräumen. Konkrete Anhaltspunkte dafür, dass in der Person oder in dem Lebensumfeld des Angeklagten in absehbarer Zeit entscheidende Veränderungen eintreten werden, lassen sich aber oftmals schon deshalb nicht finden, weil die (auch jüngste) Vergangenheit des Probanden vom Strafvollzug bestimmt war und hier »Veränderungen« vor allem in positiver Hinsicht eher unwahrscheinlich sind.

Man wird aufgrund allgemeiner kriminologischer Erkenntnisse bei lebensälteren Angeklagten oftmals davon ausgehen dürfen, dass sowohl das Alter des Probanden als auch die Erfahrung des Strafverfahrens und des ggf. erfolgten Strafvollzugs für eine Abflachung der Aktivitäten des Angeklagten nach dem Strafvollzug sprechen. Hier ist dann zu prüfen, ob die Sicherungsverwahrung nach der Strafverbüßung noch sinnvoll ist, weil die (objektive wie subjektive) Gefährlichkeit des Täters nach Verbüßung einer ggf. langen Freiheitsstrafe möglicherweise nicht mehr besteht (vgl. BGH, Neue Zeitschrift für Strafrecht 1993, S. 78). Gegebenenfalls kann hier aber auch nach der Strafverbüßung die Vollstreckung der Sicherungsverwahrung gemäß § 67c Absatz 1 StGB ausgesetzt werden.

Nach § 62 StGB ist bei der Entscheidung, ob Sicherungsverwahrung anzuordnen ist, der Grundsatz der Verhältnismäßigkeit zu beachten. Danach darf die Maßregel nicht angeordnet werden, »wenn sie zur Bedeutung der vom Täter begangenen und zu erwartenden Taten sowie zu dem Grad der von ihm ausgehenden Gefahr außer Verhältnis steht«. Hier ist dann auch die Frage zu stellen, ob kein milderes Mittel zur Verfügung steht und geeignet ist, den Schutz der Allgemeinheit bzw. der gefährdeten Personen zu gewährleisten (siehe nur KINZIG 1996, S. 63).

Der vorstehende Überblick zu den Anordnungsvoraussetzungen hat wiederum deutlich gemacht, dass die meisten Kriterien kriminologischen Bereichen entstammen. Aber noch etwas ist zutage getreten: Für die Prognose genügen oftmals weder allein medizinische noch ausschließlich kriminologische Kenntnisse. In welchem Maße umfassendes Wissen (also vor allem medizinisches, kriminologisches und juristisches) erforderlich ist, zeigt schließlich ein Blick darauf, was die Gerichte von einem Sachverständigen erwarten.

Die Erwartungen des Gerichts

Eine wichtige Frage ist, wie der Gutachter mit den Erwartungen des Gerichts umgeht, das von ihm möglichst genaue Aussagen erwartet. Meist sollen sie derart beschaffen sein, dass dadurch selbst vorhandene Zweifel ausgeräumt werden. Im Zusammenhang mit der Sicherungsverwahrung stellen sich besondere Probleme dann, wenn der Angeklagte nicht geständig ist und die wesentlichen Tatsachen, auf die das Gutachten aufbauen kann oder muss, im Zusammenhang mit den angeklagten bzw. abzuurteilenden Taten stehen (kritisch zur Gerichtspraxis etwa EISENBERG 2005, § 34 Rdnr. 59, Fn. 48). Da das Gutachten vor der Urteilsverkündung abzugeben ist und der Gutachter insbesondere zur Frage der Gefährlichkeit und der Hangtäter-Eigenschaft Stellung zu nehmen hat, muss er die Taten, auf denen sich die Gefährlichkeit möglicherweise aufbaut, als erwiesen unterstellen, auch wenn sie der Angeklagte bestreitet. Der Sachverständige darf dabei nicht in die Rolle des Richters verfallen und die Beweise rechtlich würdigen oder die subjektiven Aspekte bei der Tatbegehung berücksichtigen. Vielmehr muss er sein Gutachten mit der Einschränkung abgeben, dass die dem Angeklagten vorgeworfenen Taten sich nach der Überzeugung des Gerichts tatsächlich so ereignet haben und als bewiesen anzunehmen sind. Auch aus diesem Grund ist es im Übrigen unabdingbar, dass der mit der Begutachtung betraute Sachverständige an der gesamten Hauptverhandlung teilnimmt, weil er nur so die entsprechenden Informationen bekommt und darüber hinaus auch den Angeklagten und sein Verhalten vor Gericht beobachten kann.

Die Frage ist, ob ein Gutachter unter diesen Voraussetzungen (d.h. noch nicht erfolgter Verurteilung wegen einer oder mehrerer Taten, zu denen der Sachverständige Stellung zu nehmen hat) sein Gutachten tatsächlich unparteiisch und neutral abgeben kann. Erschwerend kommt hinzu, dass er nach der Rechtsprechung und weit verbreiteter Meinung im Schrifttum als Richtergehilfe oder gar als »Hilfsbeamter der Staatsanwaltschaft« angesehen wird (BENDLER 1997). Die Konsequenzen sehen dann so aus: Sachverständige, einmal bestellt, lassen »Verteidiger mit ihren Fragen ›im Regen stehen‹«, sie scheuen »den Verteidiger ..., wie der Teufel das Weihwasser« und sie weigern sich, »dem Verteidiger Einsicht auch in die Beweisstücke zu geben« (TONDORF/WAIDER 1997, S. 494). Derartige »Berührungsängste« bestehen nicht ohne Grund: »Kooperative Sachverständige – ob bestellte oder präsente – stoßen oft auf abgrundtiefe Skepsis bei den Staatsanwälten und Gerichten. Wird beispielsweise ein lebhaftes Gespräch zwischen dem Verteidiger und dem Sachverständigen in der Gerichtskantine von dem Staatsanwalt beobachtet, führt dies oft zu peinlichen Fragen in der Hauptverhandlung, bis hin zur Ablehnung des Sachverständigen.« (TONDORF/WAIDER a.a.O.)

Dem »gerichtsbekannten Gutachter« wird in der Regel die Begutachtung aller ggf. relevanten Bereiche (Schuldfähigkeit, Alkohol, Hangtäter-Eigenschaft) übertragen. Das entspricht dem üblichen Vorgehen, sich aus verschiedenen Gründen darauf zu beschränken, einen einzigen Sachverständigen zu beteiligen. Dieses Verfahren ist vom Bundesgerichtshof auch noch nicht moniert worden.

Das Gutachten soll also gleich zwei Variablen antizipieren, obwohl es dies in dem einen Fall nicht dürfte und in dem anderen Fall nicht kann: Erstens soll das Urteil und die Sanktionsentscheidung des Gerichts antizipiert werden (nicht nur das »ob« schuldig, sondern auch die Höhe der Strafe) und zweitens der Verlauf des Strafvollzuges. In der Praxis wird dieses Problem meist pragmatisch gelöst: Die Schuld des Angeklagten wird vom Gutachter unterstellt (meist beteiligt er sich durch seine Exploration und sein Gutachten sogar an dem Schuldnachweis) und die Länge der Strafe entweder aus bisherigen Erfahrungen mit dem urteilenden Gericht antizipiert (Stichworte: Strafkatalog, local legal culture) oder die Straferwartung wird aus Gesprächen vor oder während der Verhandlung entnommen (z.B. in den Verhandlungspausen). Im Ergebnis wird es hier entscheidend darauf ankommen, ob und ggf. wie der Sachverständige diese Problematik vor Gericht transparent macht. Er darf keinesfalls durch seine Äußerungen zu einer Vor-Verurteilung des Angeklagten beitragen oder die anderen Verfahrensbeteiligten durch ungeeignete

Formulierungen von der (noch nicht gerichtlich festgestellten) Schuld des Angeklagten überzeugen.

Nachdem das so genannte »plea bargaining« (Absprache) nach langer Diskussion nunmehr auch im deutschen Strafprozess akzeptiert ist (hierzu PUTZKE, SCHEINFELD 2005, S. 160 ff.), bieten sich hier sogar ganz neue Möglichkeiten an (die allerdings auch früher ausgenutzt wurden): Über die Androhung der Sicherungsverwahrung (indirekt, indem man ein entsprechendes Gutachten in Auftrag gibt) versucht man, den Angeklagten kooperationsbereit zu machen (siehe oben: Schuldeinsicht als Kriterium für Hangeigenschaft und Wiederholungsgefahr). Hier ein praktisches Beispiel aus einem Strafverfahren:

Im Sommer wird dem Angeklagten in einem Betrugsverfahren vom Gericht eine Freiheitsstrafe von maximal drei Jahren »angeboten«, wenn er gesteht; nachdem der Angeklagte sich weigert, werden zur Frage der Erforderlichkeit einer Sicherungsverwahrung zwei Gutachter beauftragt, die aufgrund des verfestigten Lebenslaufes des Angeklagten die Wiederholungsgefahr bejahen (müssen), ohne zu dem Schwere-Kriterium etwas auszusagen. Ergebnis: Die mehr als 20 zur Hauptverhandlung geladenen Zeugen (meist geschädigte Kleinunternehmer oder Privatpersonen) werden nur auf Drängen der Verteidigung und eines Sachverständigen kurz angehört, die Verhandlungsdauer von ursprünglich angesetzten zwei Tagen auf einen halben Tag reduziert, nachdem unmittelbar vor Beginn der Hauptverhandlung zwischen dem vorsitzenden Richter, dem Staatsanwalt und dem Anwalt eine Freiheitsstrafe von maximal viereinhalb Jahren (ohne Sicherungsverwahrung) gegen ein Pauschalgeständnis ausgehandelt wurde.

Dieses Ergebnis kennt fast nur Sieger; aber immerhin einen Verlierer, der eigentlich im Mittelpunkt des Strafverfahrens stehen sollte: den Angeklagten. Das Gericht ist zufrieden, weil es ein Geständnis hat und sich damit nicht der Mühe unterziehen muss, aus Zeugenaussagen und Beweismitteln eine ausführliche Urteilsbegründung zu konstruieren. Wenn Staatsanwalt und Angeklagter unmittelbar nach dem Urteil auf Rechtsmittel verzichten – was meist mit in die Absprache (im vorliegenden Fall sollte besser von »Deal« gesprochen werden) aufgenommen wird – kann sich der Richter bei der Erstellung des schriftlichen Urteils erstens Zeit lassen und zweitens braucht die Begründung nicht ganz so gründlich zu sein. Der Staatsanwalt ist auch zufrieden, weil er mehr bekommt, als er ursprünglich erwartet hatte (viereinhalb statt drei Jahre). Der Verteidiger ist zufrieden, weil er seine ohnehin niedrigen Gebühren jetzt für weniger Aufwand als bei einer streitigen Verhandlung bekommt (spannend ist es dann in solchen Fällen zu sehen, wie manche Verteidiger operettenhaft ihre Rolle spielen, um dem Angeklagten weis zu machen, man hätte sich für ihn engagiert). Lediglich der Angeklagte fühlt sich verschaukelt und zwischen den Profis zerrieben.

Fazit

Zusammenfassend lässt sich nun Folgendes sagen: Die Sicherungsverwahrung wird im Gerichtsalltag weiter an Dominanz gewinnen. Diese Tatsache erfordert es umso mehr, eine möglichst niedrige Fehlerquote bei der Beurteilung anzustreben. Allein das interdisziplinäre Zusammenwirken von Psychiatrie, Neurologie und Psychologie mit der Kriminologie kann zu verlässlicheren Prognoseergebnissen führen. Denn die Kriterien zur Beurteilung der Gefährlichkeit sind maßgeblich kriminologische. Aber es geht nicht um Verteilungskämpfe oder das Abstecken von Claims. Es geht um Kooperation statt Ausgrenzung. Und es geht darum, Erkenntnisse gegenseitig zu nutzen und Expertenwissen zu bündeln. Deshalb kennt die Ausgangsfrage »Begutachtung eine interdisziplinäre Aufgabe?« nur eine Antwort: unbedingt.

Literatur

Bendler W (1997) Der psychowissenschaftliche Sachverständige im Strafverfahren: Der Sachverständige im Bezugssystem Staatsanwaltschaft/Gericht/Verteidigung – eigene Profession. In Reform oder Roll-Back? Weichenstellung für das Straf- und Strafprozessrecht/21. Strafverteidigertag in Kassel. Köln

Boetticher A, Nedopil N, Bosinski H, Sass H (2005) Mindestanforderungen für Schuldfähigkeitsgutachten. In Neue Zeitschrift für Strafrecht 2005, S. 57 ff.

Detter K (1995) Zum Strafzumessungs- und Maßregelrecht. In Neue Zeitschrift für Strafrecht 1995, S. 218 ff.

Eisenberg U (2005) Kriminologie, 6. Aufl. Verlag C. H. Beck, München

Göppinger H (1980) Kriminologie, 4. Aufl. Verlag C. H. Beck, München

Habermeyer E, Hoff P, Sass H (2002) Das psychiatrische Sachverständigengutachten zur Hangtäterschaft. Zumutung oder Herausforderung? In Monatsschrift für Kriminologie 2002, S. 20 ff.

Kinzig J (1996) Die Sicherungsverwahrung auf dem Prüfstand. Kriminologische Forschungsberichte aus dem Max-Planck-Institut für ausländisches und internationales Strafrecht, Band 74, Freiburg

Nedopil N (2000) Forensische Psychiatrie. Klinik, Begutachtung und Behandlung zwischen Psychiatrie und Recht. Unter Mitarbeit von Dittmann V, Freisleder FJ und Haller R, 2. Aufl. Verlag Georg Thieme, Stuttgart/New York

Putzke H, Scheinfeld J (2005) Strafprozessrecht. Lehrbuch, 1. Aufl. Nomos Verlag, Baden-Baden

Streng F (1984), Strafzumessung und relative Gerechtigkeit. Eine Untersuchung zu rechtlichen, psychologischen und soziologischen Aspekten ungleicher Strafzumessung. Verlag R. v. Decker, Heidelberg

Schmitt-Homann L (2001) Alkohol- und drogenabhängige Patienten im Maßregelvollzug nach § 64 StGB am Beispiel des Bundeslandes Hessen. Diss. iur., Gießen

Tondorf G, Waider H (1997) Der Sachverständige, ein »Gehilfe« auch des Strafverteidigers? In Strafverteidiger 1997, S. 493 ff.

Psychometrische Persönlichkeitsdiagnostik im forensischen Kontext

– Befunde einer Pilotstudie –

Guido F. Gebauer & Anja Bartels

Zusammenfassung

Empirische Befunde mit Selbstbeurteilungsverfahren belegen vielfältige Zusammenhänge von Merkmalsdimensionen des Fünf-Faktoren-Modells der Persönlichkeit mit den kategorialen Persönlichkeitsstörungen und dem Psychopathy-Konzept. Die persönlichkeitsstrukturelle Diagnostik wird aber im forensischen Kontext durch die gesteigerte Wahrscheinlichkeit von Verzerrungstendenzen sowie die oftmals geringen intellektuellen und sprachlichen Kompetenzen forensischer Patienten kompliziert. Zudem weisen die Iteminhalte gängiger Verfahren in der Regel wenig Bezug zu den realen Lebensbedingungen langfristig forensisch untergebrachter Patienten auf. Im Rahmen einer Pilotstudie mit 103 Patienten der forensischen Psychiatrie des Klinikum Bremen-Ost wurde die Entwicklung eines Verfahrens zur Erfassung der Persönlichkeitsstruktur auf der Basis von Fremdbeurteilungen durch Therapeuten untersucht. Es zeigte sich, dass die Persönlichkeitsstruktur forensischer Patienten über Fremdbeurteilung erfassbar war und die erhaltenen Befunde zwischen unterschiedlichen diagnostischen Kategorien differenzierten. Zudem ergaben sich unerwartet hohe Zusammenhänge zum Gesamtpunktewert des HCR-20, was auf eine Bedeutsamkeit persönlichkeitsstruktureller Informationen für die Gefährlichkeitsprognose hinweist.

Schlüsselwörter

Persönlichkeitsdiagnostik, Maßregelvollzug

Einleitung

Die psychometrische Persönlichkeitsforschung befindet sich aktuell in einer Phase der Konvergenz auf Modellvorstellungen mit drei bis acht Basisfaktoren der Persönlichkeit (siehe Darstellung bei Andresen 2003). Der Begriff der Basisfaktoren umfasst dabei die varianz- und erklärungsstärksten, im Wesentlichen unkorrelierten und zugleich am wenigsten durch Kultur-, Stichproben- und Messinstrumenteneffekte beeinflussbaren faktorenanalytisch fundierten Dimensionen der Persönlichkeit (siehe Andresen 2003). Das gegenwärtig nach wie vor dominante Modell der faktorenanalytischen Persönlichkeitsforschung ist das Fünf-Faktoren-Modell (FFM) mit den postulierten Merkmalsdimensionen *Neurotizismus, Extraversion, Offenheit für*

Erfahrung, Gewissenhaftigkeit und Verträglichkeit. In zahlreichen Studien konnte die Fünf-Faktoren-Struktur in unterschiedlichen Stichproben, Kulturräumen und bei Verwendung differierender Messinstrumente und unterschiedlicher faktorenanalytischer und anderer statistischer Methoden repliziert werden (siehe Übersichten bei Digman 1990, 1996, McCrae und John 1992, Ostendorf 1990, De Raad 1998, 2000, De Raad und Perogini 2002).

Die Bedeutsamkeit des FFM für die klinisch und forensisch orientierte Psychodiagnostik ergibt sich aus den in den letzten Jahren zunehmend deutlich werdenden robusten und replizierbaren Beziehungen zwischen der individuellen Persönlichkeitsstruktur auf der Basis des FFM und psychischen Störungsbildern, insbesondere aus den Zusammenhängen von FFM-Konstrukten zu den kategorialen Persönlichkeitsstörungen des DSM-IV und ICD-10 (siehe z. B. Coolidge et al. 1994, Widiger et al. 1994, 2002, Dyce und O'Connor 1998, Jang und Livesley 1999, McCrae et al. 2001, Reynolds und Clark 2001, Trull et al. 2001, Saulsman und Pace 2004). Auch wenn kontrovers diskutiert wird, ob die bei klinisch unauffälligen Populationen identifizierten Persönlichkeitsdimensionen die Merkmale klinisch auffälliger Population vollständig erfassen können (siehe z. B. Parker und Barrett 2000, Collidge et al. 1994, Andresen 1995, 2000), kann es mittlerweile als belegt gelten, dass statistisch robuste und für die Diagnostik auch im Einzelfall nutzbare Beziehungen zwischen Persönlichkeitsdimensionen auf der Basis des FFM und Persönlichkeitsstörungen bestehen. In einer Studie von Dyce und O'Connor (1998) wurden beispielsweise die Beziehungen zwischen dem FFM (erfasst über den NEO-PI-R) und Persönlichkeitsstörungsaspekten (erfasst über den MCMI-III) untersucht. Neurotizismus korrelierte positiv mit der Borderline-Persönlichkeitsstörung, der ängstlich-vermeidenden Persönlichkeitsstörung und der dependenten Persönlichkeitsstörung. Demgegenüber war erhöhte Extraversion selektiv mit der histrionischen Persönlichkeitsstörung assoziiert, während eine negative Beziehung von Extraversion insbesondere zur schizoiden Persönlichkeitsstörung und zur ängstlich-vermeidenden Persönlichkeitsstörung bestand. Soziale Verträglichkeit korrelierte negativ mit der antisozialen Persönlichkeitsstörung und der paranoiden Persönlichkeitsstörung und etwas schwächer ausgeprägt ebenfalls negativ mit der Borderline-Persönlichkeitsstörung. Gewissenhaftigkeit war positiv korreliert mit der anankastischen Persönlichkeitsstörung, zudem zeigten sich – allerdings deutlich geringere – negative Zusammenhänge zur antisozialen Persönlichkeitsstörung und auch zur Borderline-Persönlichkeitsstörung. Demgegenüber fand sich keine substanzielle Beziehung zwischen der Dimension *Offenheit für Erfahrungen* und den Persönlichkeitsstörungen. Neue Befunde von Andresen et al. (2001) weisen diesbezüglich aber darauf hin, dass die positiv-schizotypischen Merkmale in ihren milderen, klinisch grenzwertigen, kognitiven und perzeptiven Formen mit der Dimension *Offenheit für Erfahrung* zusammenhängen. Dies wird auch gestützt durch eine neuerliche Studie von Ross, Lutz und Bailey (2002), die eine positive Beziehung zwischen *Offenheit für Erfahrungen* und den positiven Symptomen der Schizotypie (magisch-perzeptuelle Wahrnehmungs- und Verarbeitungsweisen) mit erhöhter Offenheit für Erfahrung fanden. Im Rahmen einer metaanalytischen Betrachtungsweise analysierte O'Connor (2005) neuerlich die Inkorrelationsmatrizen von Persönlichkeitsstörungs- und FFM-Variablen. Es ergaben sich Befunde, die über die zugrunde liegenden Populationen psychisch unauffälliger und psychisch gestörter Personen generalisiert werden konnten. Dabei konnte O'Connor (2005) bei Verwendung von Varimax- und von Zielrotationen einen hohen Grad faktorieller Kongruenz zwischen Datensätzen auf der Basis von Persönlichkeitsstörungsvariablen und Datensätzen auf der Basis von FFM-Variablen belegen.

Neben den in DSM-IV und ICD-10 definierten Persönlichkeitsstörungen hat ebenfalls das spezifisch für den forensischen Bereich relevante amerikanische Konstrukt der Psychopathy zwischenzeitlich eine Operationalisierung im Rahmen des FFM gefunden (siehe Lynam 2002, Miller et al. 2001, Widiger und Lynam 1998, Miller und Lynam 2003). Demnach ist das für die Vorhersage von antisozialem Verhalten im Allgemeinen und Straftaten im Spezifischen, einschließlich von Rückfälligkeit, höchst relevante Konstrukt der Psychopathy als eine Konfiguration aus geringer sozialer Verträglichkeit und Gewissenhaftigkeit, hoher Extraversion, sowie facettenspezifisch hoher und geringer Neurotizismuswerte zu verstehen. Miller et al. (2001) konnten dabei empirisch belegen, dass ein über Experten generiertes FFM-Prototyp-Profil der Psychopathy theoriekonform mit Straffälligkeit, Symptomen der antisozialen Persönlichkeitsstörung, Alkohol- und Drogengebrauch im Allgemeinen sowie mit dem frühen Beginn von Substanzmissbrauch korrelierte. Zudem war das individuelle FFM-Psychopathy-Profil durchaus theoriekonform negativ korreliert mit Symptomen von Angst und Depressionen.

Ausgehend von den empirisch belegten Beziehungen zwischen Persönlichkeitsstörungen und normalpsychologischen Persönlichkeitsmerkmalen entwickelten Widiger, Costa und McCrae (2002) ein vierschrittiges Modell zur Diagnostizierung von Persönlichkeitsstörungen auf der Basis des FFM. Die Diagnose erfolgt auf der Basis eines Profilvergleiches des individuellen FFM-Profils mit dem spezifisch mit den jeweiligen Persönlichkeitsstörungen assoziierten FFM-Profilen sowie der klinischen Bewertung des Beeinträchtigungsgrades. Vorteil dieses Ansatzes ist neben einer Objektivierung und Quantifizierung insbesondere auch eine Individualisierung der Diagnosestellung. Denn abgesehen von Profilkonvergenzen, die zur Diagnosestellung führen, werden hierdurch gleichzeitig individuelle Besonderheiten auch innerhalb von Populationen mit der gleichen Persönlichkeitsstörungsdiagnose sichtbar und für die Therapieplanung und Evaluation nutzbar gemacht. Sanderson und Clarkin (2002) haben in diesem Zusammenhang differenzierte Überlegungen zur Nutzung des FFM-Profils für die individuumsspezifische Therapieplanung vorgelegt und anhand konkreter klinischer Fälle verdeutlicht. MacKenzie (2002) gibt bezüglich der fünf Basisfaktoren theoretisch begründete und anhand von Fallbeispielen verdeutlichte Empfehlungen zur Therapieoptimierung.

Problembereiche der Persönlichkeitsdiagnostik im forensischen Bereich

In Anbetracht der vielfältigen Zusammenhänge der Faktoren des FFM zu den Persönlichkeitsstörungen und zum Psychopathy-Konzept scheint der Einsatz einer entsprechend testgestützten Diagnostik bei forensischen Patienten und Strafgefangenen viel versprechend. Dies gilt auch für den Bereich der Evaluation von Veränderungen. So veröffentlichte Piedmont (2001) bezüglich der Erfassung von Therapieeffektivität über Persönlichkeitsveränderungen grundsätzlich ermutigende Befunde, wobei diesbezüglich aber noch von einem sehr frühen Forschungsstand auszugehen ist. Außerdem liegen zahlreiche persönlichkeitsstrukturelle Korrelate von Straffälligkeit vor (siehe z. B. Mak 1991, Romero et al. 2001, Samuels et al. 2004), so dass einer persönlichkeitsgestützten Diagnostik auch bei legalprognostischen Fragestellungen durchaus eine potenzielle Bedeutsamkeit zukommt.

Allerdings stehen dieser potenziell hohen Bedeutsamkeit der Persönlichkeitsdiagnostik gerade auch für forensische Fragestellungen eine Reihe ernsthafter Probleme gegenüber. Insbesondere die folgenden drei Schwierigkeiten bzw. Einschränkungen treten im forensischen Kontext aufgrund der spezifischen Klientel akzentuiert auf:

1. Konsistent wird in Testhandbüchern darauf verwiesen, dass eine Interpretation des Persönlichkeitsfragebogens im unteren Bereich der intellektuellen Leistungsfähigkeit nur mit Vorsicht erfolgen kann.[1] Es ergibt sich hieraus eine erhebliche Einschränkung des Anwendungsbereiches persönlichkeitsstruktureller Verfahren. Personen mit Minderbegabung, aber auch Personen im intellektuellen Grenzbereich lassen sich mit den verfügbaren Verfahren derzeit empirisch begründet nur eingeschränkt persönlichkeitsstrukturell untersuchen. Die mangelnde Verfügbarkeit von adäquaten Verfahren zur Erfassung der Persönlichkeitsstruktur von Personen im stark erniedrigten Bereich der intellektuellen Leistungsfähigkeit

---

[1] Im Handbuch des HPI von Andresen (2002) heißt es: »Das Inventar ist nur stark eingeschränkt anwendbar bei Probanden mit diagnostizierter Intelligenzminderung.« (S. 116) Im Handbuch des TIPI von Becker (2003) steht: »Doch setzt das Selbstbeschreibungsverfahren eine hinreichende Intelligenz (mindestens im unteren Durchschnittsbereich ... voraus.« (S. 11). Im Handbuch des NEO-PI-R von Ostendorf und Angleitner (2004) wird empfohlen: »Es sollte beispielsweise von einer Administration des NEO-PI-R bei Personen abgesehen werden, die an einer psychischen Störung leiden, welche die Merkfähigkeit und die Denkfähigkeit erwiesenermaßen massiv beeinträchtigt.« (S. 18) Besonders hoch ausgeprägt dürften die Mindestanforderungen an das intellektuelle Niveau beim MMPI bzw. MMPI-2 sein, dessen Inhalte aufgrund der teils langen Satzlänge und der ständigen doppelten Verneinung selbst für normal begabte Probanden mit unter schwer verständlich sind.

begünstigt die von ZIGLER (1999) festgestellte übermäßige Fokussierung auf kognitive Defizite bei Probanden mit Minderbegabung und die assoziierte Vernachlässigung persönlichkeitsstruktureller Faktoren. Dadurch gehen wichtige diagnostische Informationen verloren.

2. Insbesondere im forensischen Bereich ist von teils massiven Verzerrungstendenzen bei der Beantwortung von Fragebögen auszugehen. Der Einsatz von Skalen zur Erfassung der sozialen Erwünschtheit, der ohnehin umstritten ist, ist hier wenig hilfreich, da er maximal eine Identifikation der entsprechenden Tendenzen ermöglicht, keineswegs aber die Ableitung eines validen Persönlichkeitsprofils durch Korrekturfaktoren gewährleistet (siehe Kritik an den Skalen sozialer Erwünschtheit z. B. bei PIEDMONT et al. 2000). Es besteht die unbefriedigende Situation, dass bei einem nicht geringen Anteil an Personen aufgrund von Verzerrungstendenzen aktuell keine Möglichkeit zur persönlichkeitsstrukturellen Diagnostik besteht.

3. Ein nicht unerheblicher Anteil der Items der meisten Verfahren entsprechen nicht den Lebensbedingungen langjährig forensisch untergebrachter Personen. Abgefragt werden teilweise Verhaltens- und Erlebensweisen, die jenseits der Möglichkeiten forensisch untergebrachter Personen stehen. Die Beantwortung entsprechender Items mag im besten Fall einer retrospektiven Erinnerung oder einer zukunftsbezogenen Interpolation entsprechen. Im Gegensatz zu Personen in Freiheit besteht aber nur ein eingeschränkter Erlebnisbezug der Antworten. Insbesondere die Erfassung von Veränderungen erscheint hierdurch erschwert, wenn nicht unmöglich.

In Anbetracht der ungelösten Probleme ist es nicht verwunderlich, dass persönlichkeitsstrukturellen Aspekten in der diagnostischen und gutachterlichen Praxis derzeit ein nur geringes Gewicht zukommt. So formulieren SCHEURER und KRÖBER (1998) bezüglich risikoprognostischer Fragestellungen, dass die Erfassung der Persönlichkeitsstruktur mit zu vielen Komplikationen verbunden sei. Auch bei der Diagnose von Persönlichkeitsstörungen ist der theorieorientierte und entscheidungsrelevante Einsatz von Verfahren zur Erfassung der Persönlichkeitsstruktur aktuell sicher die Ausnahme.[2]

Die dargestellten Einschränkungen begrenzen derzeit die Anwendbarkeit persönlichkeitsstruktureller Verfahren in der forensischen Praxis. Es handelt sich hierbei

---

[2] Im klinischen Kontext relativ häufig eingesetzt werden dagegen weiterhin das MMPI bzw. MMPI-2. Aus persönlichkeitsstruktureller Sicht ist dem Anspruch des MMPI, ein Verfahren zur Erfassung der Persönlichkeitsstruktur zu sein, zu widersprechen, da sich das MMPI, wie auch das MMPI-2, nicht an den Befunden der psychometrischen Persönlichkeitsforschung orientieren. Das MMPI (ebenso wie sein konzeptionell äquivalenter Nachfolger MMPI-2) sind für die Erfassung der Persönlichkeitsstruktur als ungeeignet zu betrachten (siehe z. B. bereits ANASTASI 1968, kritische Darstellung bei AMELANG und BARTUSSEK 2001).

aber nicht um Barrieren, die dem effektiven Einsatz einer psychometrisch fundierten Diagnostik im forensischen Kontext prinzipiell entgegenstehen, sondern um lösbare Probleme. Als ein möglicher Lösungsansatz ergibt sich der Rückgriff auf die Fremdbeurteilung der Persönlichkeitsstruktur, z.B. auf der Grundlage einer Einschätzung auf Adjektivskalen. Durch einen derartigen Ansatz lassen sich die Einschränkungen überwinden, indem (1) Intelligenz- und Sprachdefizite ihre Bedeutsamkeit verlieren, weil die entsprechenden Kompetenzvoraussetzungen nun den einschätzenden Therapeuten und nicht mehr den Probanden zugewiesen werden, (2) bewusste Verzerrungstendenzen im Sinne von sozialer Erwünschtheit, Simulation, Dissimulation oder unsinniger Beantwortung durch den Fremdeinschätzungsansatz dezidiert ausgeschlossen werden können und (3) der Rückgriff auf Adjektivskalen zur Elimination von mit der Lebenswirklichkeit forensischer Patienten inkompatibler Items führt. Dabei haben Studien im angloamerikanischen Raum beispielsweise für den Diagnosebereich der Minderbegabung bereits hinreichend belegt, dass eine zuverlässige und valide Erfassung der Persönlichkeitsstruktur durch Fremdeinschätzung möglich ist (siehe Zigler, Bennet-Gates und Hodapp 1999).

Pilotstudie

Ziel der Pilotstudie war es, zu untersuchen, ob der Ansatz einer über Fremdbeurteilung durchgeführten persönlichkeitsstrukturellen Diagnostik auf der Basis des FFM für Patienten einer forensischen Klinik realisierbar und sinnvoll ist. Dabei besitzt die Studie ausdrücklich Pilotstudiencharakter im Rahmen einer sich noch im Anfangsstadium befindlichen Verfahrensentwicklung. Es erfolgt an dieser Stelle eine nur kurze und begrenzte Darstellung von Methodik und Befunden, eine ausführliche Analyse wird an anderer Stelle vorgelegt werden.
Auf der Basis der 66 bipolaren Adjektive des B5PO (Holocher-Ertl 2003) wurden 103 Patienten der Klinik für forensische Psychiatrie und Psychotherapie des Klinikum Bremen-Ost durch jeweils zwei Therapeuten (Psychologe, Arzt oder Sozialarbeiter) unabhängig von einander computergestützt eingeschätzt. Die Einschätzung erfolgte, indem ein Balken auf einer Skala zwischen den beiden durch die opponierenden Adjektive bestimmten Extrempolen an eine beliebige Stelle verschoben wurde. Die Items wurden im Anschluss auf Werte zwischen 0–100 skaliert. Zusätzlich zur adjektivistischen Einschätzung wurden unter anderem die Diagnosen und der HCR-20 Gesamtpunktewert erhoben. Doppeldiagnosen waren möglich. Tabelle 1 enthält die Häufigkeit der diagnostischen Kategorien.
Deutlich wird aus Tabelle 1 die teils sehr geringe Besetzung, insbesondere bei der anankastischen Persönlichkeitsstörung mit lediglich drei Fällen, was die Aussagekraft insbesondere nicht-signifikanter Befunde verringert.
Von den 66 Items wurden nur diejenigen für die späteren Auswertungen beibehalten,

Tabelle 1: Häufigkeit der Diagnosen (auch Doppeldiagnosen)

	N
Psychose	48
Polytoxikomanie	28
Minderbegabung	14
Dissoziale Persönlichkeitsstörung	17
Emotional instabile Persönlichkeitsstörung	16
Schizoide Persönlichkeitsstörung	6
Anankastische Persönlichkeitsstörung	3

die eine signifikante Korrelation zwischen den beiden Beurteilern aufwiesen. Entsprechend wurden acht Items von den weitergehenden Analysen ausgeschlossen. Für die verbleibenden 58 Items wurde das Urteil über die beiden Beobachter aggregiert. Die statistische Auswertung erfolgte über korrelative Methoden. Eingesetzt wurden Verfahren der Hauptkomponentenanalyse sowie der multiplen und kanonischen Korrelationsanalyse. Die kanonische Korrelationsanalyse wurde eingesetzt, um den Zusammenhang zwischen dem Set der nominalskalierten Diagnosevariablen und dem Set der intervallskalierten Persönlichkeitskomponenten zu bestimmen. Die kanonische Korrelation wurde entsprechend als Verallgemeinerung der punktbiserialen Korrelation, die sich für die Bestimmung des Zusammenhanges einem Nominalmerkmal und einer kontinuierlichen Variable eignet, betrachtet.

Befunde
Hauptkomponentenanalyse

Entsprechend des Parallel-Analyse-Kriteriums wurden vier Komponenten extrahiert und im Anschluss durch direktes Oblimin rotiert. Es wurde eine schiefwinklige Rotation gewählt, da die Varimaxrotation zu keiner hinreichenden Einfachstruktur führte, was auf korrelierte Komponenten hinwies.

Es ergab sich eine rotierte Lösung, die, wie sich aus der ausschnittsweise dargestellten Mustermatrix in Tabelle 2 erkennen lässt, die eindeutige Identifikation der Komponenten Neurotizismus (N), Verträglichkeit (A) und Gewissenhaftigkeit (C) ermöglichte. Zusätzlich ließ sich eine Aggregatkomponente aus Extraversion (E) und Offenheit für Erfahrung (O) identifizieren.[3] Auch bei Extraktion von fünf Komponenten war eine Separierung dieser Aggregatkomponente in Extraversion und Offenheit für Erfahrung nicht möglich.

---

3 Es werden die international gebräuchlichen Abkürzungen für die FFM-Faktoren verwendet.

Tabelle 2: Ausschnitt aus Hauptkomponentenanalyse der Adjektiveinschätzungen,
Rotation nach direktem Oblimin, Mustermatrix (nur mit Gewichten > .30).

	N	A	C	EO
gelassen-aufbrausend	.67			
ruhig-hektisch	.66			
besonnen-impulsiv	.59			
...				
eigennützig-selbstlos		.85		
rücksichtslos-rücksichtsvoll		.83		
unfair-fair		.80		
...				
sorglos-gewissenhaft			.85	
undiszipliniert-diszipliniert			.84	
chaotisch-organisiert			.84	
...				
langweilig-unternehmenslustig				.79
verschlossen-offen				.79
emotionslos-leidenschaftlich				.77
...				

Zusammenhänge zu Diagnosegruppen

Die kanonische Korrelationsanalyse erbrachte drei signifikante kanonische Korrelationen zwischen den Diagnosegruppen auf der einen Seite und den vier persönlichkeitsstrukturellen Komponenten auf der anderen Seite (C1 = .65, C2 = .58, C3 = .44). Die vierte kanonische Korrelation (C4 = .24) verfehlte die Signifikanz, wurde aber dennoch entsprechend des Pilotstudiencharakters der Untersuchung beibehalten.[4]

Aus der durch Varimay rotierten kanonischen Faktorenstruktur (siehe Tabelle 3) werden differentielle Zusammenhänge zwischen den persönlichkeitsstrukturellen Komponenten und den Diagnosegruppen deutlich.

Wie aus Tabelle 3 erkennbar, ging die Diagnose einer dissozialen Persönlichkeitsstörung mit erniedrigter sozialer Verträglichkeit einher (Sozialitätsdefizit). Patienten mit der Diagnose einer psychotischen Erkrankung kennzeichneten sich durch eine – im Vergleich zu den anderen Patienten – erhöhte soziale Verträglichkeit bei erniedrigter Gewissenhaftigkeit (relativ intakte Sozialität bei bestehendem Selbstkontrolldefizit). Patienten mit polytoxikomanen Substanzabusus wiesen erhöhte Werte bei Extraversion/Offenheit für Erfahrung auf (hohes Stimulations- und Erlebnisbedürfnis). Umgekehrt kennzeichneten sich Patienten mit einer schizoiden

---

4 Die Beibehaltung der vierten kanonischen Korrelation ist auch dadurch begründet, dass sich in der vierten kanonischen Korrelation deutliche und theoretisch gut einzuordnende Zusammenhänge zur anankastischen Persönlichkeitsstörung zeigten, die mit nur drei Fällen repräsentiert war, und damit eine nur geringe Chance hatte, signifikante Zusammenhänge zu erreichen.

Tabelle 3: Kanonische Faktorenmatrix (Varimax rotiert), Ladungen <0.30 nicht dargestellt

	I	II	III	IV
N	-.35		.91	
A	-.99			
C				.95
EO		.99		
Schizoid		-.67		
Emotional instabil			.60	
Zwanghaft	.39			.60
Polytoxikomanie		.76		
Dissozialität	-.88			
Minderbegabung			.49	
Psychose	.58			-.67

Persönlichkeitsstörung durch erniedrigte Extraversion/Offenheit für Erfahrung (eingeschränktes Stimulations- und Erlebnisbedürfnis). Patienten mit einer emotional instabilen Persönlichkeitsstörung weisen einen erhöhten Neurotizismus auf (emotionale Labilität). Eine Tendenz zu erhöhtem Neurotizismus zeigte sich auch bei Patienten mit Minderbegabung. Patienten mit einer anankastischen Persönlichkeitsstörung charakterisierten sich durch erhöhte Gewissenhaftigkeit (Zwanghaftigkeit). Ebenfalls ergab sich eine Tendenz zu erniedrigter sozialer Verträglichkeit. Diese im Rahmen der rotierten kanonischen Faktorenmatrix erkennbaren Zusammenhänge erreichen auch im direkten Mittelwertsvergleich mittels t-Tests bis auf den erhöhten Neurotizismus bei Minderbegabten (p = .08) und die reduzierte soziale Verträglichkeit bei Personen mit anankastischer Persönlichkeitsstörung (p > .10) Signifikanz (alle p < .01) oder grenzwertiger Signifikanz (erhöhte Gewissenhaftigkeit bei anankastischer Persönlichkeitsstörung: p = .053).

Zusammenhänge zum HCR-20

Zwischen den vier persönlichkeitsstrukturellen Komponenten und dem HCR-20 Gesamtpunktewert ergab sich für die 45 diesbezüglich vorliegenden Datensätze eine signifikante und substanzielle multiple Korrelation von R = .71. Im Rahmen der regressionsanalytischen Betrachtungsweise ließen sich signifikante Einflüsse aller vier persönlichkeitsstrukturellen Komponenten sichern, wobei Neurotizismus positiv (b = .37) und die drei weiten Komponenten jeweils negativ mit dem HCR-20 Gesamtpunktewert assoziiert waren (Gewissenhaftigkeit: b = -.31; Verträglichkeit: b = -.26, Extraversion/Offenheit: b = -.26).

Diskussion

Die Befunde der Pilotstudie weisen darauf hin, dass eine valide Erfassung der Persönlichkeitsstruktur forensischer Patienten über adjektivgestützte Fremdeinschätzung möglich ist. Allerdings gelang es mit dem vorliegenden Itemmaterial nicht, alle fünf Faktoren des FFM zu replizieren, sondern es wurde eine Aggregatkomponente aus Extraversion und Offenheit für Erfahrung sichtbar. Dieser Befund ist konsistent mit der von Becker (2002) vertretenen Position, dass eine hinreichende Trennung von Extraversion und Offenheit für Erfahrung oft nicht möglich ist. Andererseits lassen sich die hier erhaltenen Befunde aber möglicherweise auch als ein Artefakt eines bezüglich diskriminanter Aspekte von Extraversion und Offenheit für Erfahrung suboptimalen Itemmaterials erklären. Diesbezüglich sind weitere Untersuchungen mit verändertem Itemmaterial erforderlich.

Es zeigen sich deutliche Beziehungen zwischen den individuellen Ausprägungen der persönlichkeitsstrukturellen Komponenten und den Diagnosegruppen. Bezüglich der vier repräsentierten Persönlichkeitsstörungen (dissoziale Persönlichkeitsstörung, emotional-instabile Persönlichkeitsstörung, schizoide Persönlichkeitsstörung, anankastische Persönlichkeitsstörung) entsprachen die Befunde dabei dem in der Literatur mit Selbstbeurteilungsverfahren berichteten Zusammenhangsmuster. Demnach ist die emotional instabile Persönlichkeitsstörung als eine Störung des Neurotizismus, die schizoide Persönlichkeitsstörung als eine Störung mit erniedrigter Extraversion/Offenheit, die dissoziale Persönlichkeitsstörung als eine Störung mit reduzierter sozialer Verträglichkeit und die zwanghafte Persönlichkeitsstörung als eine Störung mit erhöhter Gewissenhaftigkeit zu verstehen. Inhaltlich plausibel und konsistent mit anderen Befunden zu persönlichkeitsstrukturellen Korrelaten von Substanzmissbrauch (siehe z. B. Merenakk et al. 2003, Ruiz 2003, Knyazev 2004) ist auch die erhöhte Extraversion/Offenheit bei Patienten mit polytoxikomanem Substanzabusus. Dies weist auf ein erhöhtes Reiz- und Erlebnisbedürfnis entsprechender Patienten hin, wobei der polytoxikomane Substanzabusus möglicherweise als eine dysfunktionale kompensatorische Reaktion auf die persönlichkeitsstrukturelle Disposition zu verstehen ist.

Bezüglich der Patienten mit der Diagnose einer psychotischen Erkrankung zeigte sich in der vorliegenden Pilotstudie eine erhöhte soziale Verträglichkeit bei reduzierter Gewissenhaftigkeit. Dieser Befund hat ein nur partielles Korrelat in der Literatur. Camisa et al. (2005) berichteten, dass sich Patienten mit einer Schizophrenie oder schizoaffektiven Störung im Vergleich zu einer gesunden Kontrollgruppe durch höheren Neurotizismus, aber niedrigere Offenheit, Verträglichkeit, Extraversion und Gewissenhaftigkeit kennzeichneten. Lysaker und Davis (2004) beobachteten, dass bei Patienten mit Schizophrenie oder schizoaffektiven Störungen die Häufigkeit der sozialen Interaktionen durch höhere soziale Verträglichkeit und geringeren Neurotizismus prädiktierbar ist, während die Fähigkeit zur Intimität mit höherer Verträglichkeit, aber auch mit höherer Offenheit und Gewissenhaftigkeit korreliert. Diese Befunde weisen auf die Relevanz persönlichkeitsstruktureller Maße auch bei Patienten mit psychotischen Erkrankungen hin. Die im Rahmen der vorliegenden Studie beobachtete erniedrigte Gewissenhaftigkeit von Patienten mit psychotischen Störungen entspricht dabei dem Befund von Camisa et al. (2005). Demgegenüber ergaben sich in der Pilotstudie keine Hinweise auf einen erhöhten Neurotizismus bei Patienten mit Psychosen und es zeigte sich darüber hinaus – im Gegensatz zu den Befunden von Camisa et al. (2005) – eine erhöhte Verträglichkeit. Die Ursache für diese Diskrepanz mag einerseits in der unterschiedlichen Art von Vergleichsstichprobe liegen, andererseits in dem Kontrast von Selbst- zu Fremdbeurteilung zu finden sein: In der vorliegenden Pilotstudie ging es um eine Differenzierung forensischer Patienten anhand ihrer persönlichkeitsstrukturellen Eigenschaften. Demgegenüber beruhen die von Camisa et al. (2005) berichteten Befunde auf einem Vergleich mit einer psychisch unauffälligen Kontrollgruppe. Der jetzt durch die Pilotstudie erhaltene Befund einer erhöhten sozialen Verträglichkeit von Patienten mit Psychosen ist somit nicht auf einen Vergleich zu psychisch unauffälligen Personen zu generalisieren, sondern beschränkt sich auf die spezifische forensische Klientel. Deutlich wird dabei, dass sich Patienten mit Psychosen anhand der Dimension der sozialen Verträglichkeit von anderen forensischen Patientengruppen insofern scharf abgrenzen lassen, als dass sie über stärker ausgeprägte prosoziale Züge verfügen. Dass sich in der vorliegenden Pilotstudie kein erhöhter Neurotizismus bei Patienten mit Psychosen zeigte, könnte ebenfalls Resultat der hier verwandten forensikinternen Vergleichsgrundlage sein. Ebenfalls ist es aber denkbar, dass Anzeichen erhöhter emotionaler Labilität bei Patienten mit Psychosen in der Fremdbeurteilung weniger zugänglich sind bzw. Rückzugsverhalten und Verlangsamung als Anzeichen geringer emotionaler Beteiligung fehlinterpretiert werden. Die vorliegende Pilotstudie kann zwischen diesen Möglichkeiten nicht differenzieren. Hierfür sind weitere Studien, insbesondere auch ein Vergleich von Selbst- und Fremdbeurteilung, erforderlich.

Die Befunde der hier vorgestellten Pilotstudie sprechen insgesamt dafür, dass über Fremdbeurteilung erhobene persönlichkeitsstrukturelle Informationen zwischen unterschiedlichen Störungsbildern valide differenzieren können. Damit ergibt sich umgekehrt die Möglichkeit, persönlichkeitsstrukturelle Informationen bei diagnostischen Entscheidungen heranzuziehen. Als Hauptanwendungsbereich bieten sich diesbezüglich sicherlich die Persönlichkeitsstörungen an. Hier fehlen eindeutige Symptome wie z. B. Halluzinationen oder Wahnvorstellungen. Gleichzeitig dürfte eine valide, differenzierte und quantifizierte Einschätzung persönlichkeitsstruktureller Komponenten ohne statistisch-algorithmische Anleitung in einem rein klinischen Sinne bereits aufgrund von Begrenzungen der menschlichen Informationsverarbeitungskapazität schwer möglich bzw. fehleranfällig sein. Die Berücksichtigung psychometrisch fundierter persönlichkeitsstruktureller Informationen kann bei den Persönlichkeitsstörungen entsprechend eine wichtige Bahnung für diagnostische Entscheidungen im Rahmen objektivierter Einschluss- und Ausschlusskriterien darstellen. Das von Widiger et al. (2002) vorgelegte 4-Schritt-Modell zur Diagnose von Persönlichkeitsstörungen auf der Basis des FFM ist ein diesbezügliches Rahmenmodell. Es wird jedoch im forensischen Kontext aufgrund der hier besonders bestehenden Verzerrungstendenzen und der oft zu beobachtenden relativen Minderung intellektueller- und sprachlicher Fertigkeiten erst dann wirklich zum Tragen kommen können, wenn Instrumente für die valide Erfassung der Persönlichkeitsstruktur forensischer Patienten auf der Basis von Fremdeinschätzungen zur Verfügung stehen. Die vorliegende Pilotstudie weist darauf hin, dass die Entwicklung derartiger Instrumente möglich und viel versprechend ist.

Unerwartet hoch mit $R = .71$ fiel die Korrelation zum Gesamtpunktewert des HCR-20 aus. Zudem zeigte sich, dass alle vier persönlichkeitsstrukturellen Komponenten einen eigenständigen Beitrag zur statistischen Prädiktion des HCR-20 Gesamtpunktewerte leisteten. Vor dem Hintergrund der belegten Zusammenhänge zwischen dem HCR-20 Gesamtpunktewert und Rückfälligkeit (siehe z. B. Douglas 1999, Stone 2002, Claix und Pham 2004, Gray et al. 2004) spricht dies für eine Bedeutsamkeit des Ausprägungsgrades von Persönlichkeitsmerkmalen für die Legalprognose. Die negative Korrelation zwischen Extraversion/Offenheit und dem HCR-20 Gesamtpunktewert hat zwar insofern eine gewisse Konstruktferne, als dass nach dem ursprünglichen Ansatz von Eysenck (1967) eher eine positive Korrelation zu erwarten gewesen wäre. Jedoch ist die empirische Bewährung von Eysencks diesbezüglicher Theorie als insgesamt gering einzuschätzen (siehe z. B. Furnham 1984, Addad und Leslau 1989, Fonseca und Yule 1995). Zudem rückten Eysenck und Eysenck (1985) später eher das Psychotizismus-Konstrukt in die Nähe zu antisozialem Verhalten. Dazu gliederten sie Aspekte aus dem ursprünglichen Extraversionskonzept aus. Das nach wie vor umstrittene Konstrukt des Psychotizismus erweist sich dabei vor dem Hintergrund einer FFM-Analyse als Kombination aus geringer sozialer Verträglichkeit und geringer Gewissenhaftigkeit (siehe Zuckerman 2002). Zudem ist in Bezug auf die spezifische Klientel einer forensischen Klinik zu berücksichtigen, dass möglicherweise gerade von solchen Personen, die eine stark schizoide Tendenz aufweisen, eine besondere Gefährlichkeit ausgeht. Hierauf weisen jedenfalls die Befunde der Pilotstudie hin.

Die hohe Korrelation der Persönlichkeitsmerkmale zum Gesamtpunktewert des HCR-20 impliziert – im Gegensatz zu der sich auf Selbstbeurteilungsverfahren beziehenden kritischen Position von Scheurer und Kröber (1998) – die Möglichkeit einer persönlichkeitsstrukturell fundierten Legalprognose. Der Vorteil einer entsprechenden Prognosemethode läge in dem nicht-tautologischen Charakter der berücksichtigten Daten. Damit käme ein solcher Ansatz auch in hohem Ausmaß der juristischen Einordnung des Konstruktes der Gefährlichkeit als ein Merkmal der Person entgegen. Persönlichkeitsstrukturelle Daten beziehen sich weder auf fixierte und damit unveränderliche biografische Merkmale noch auf potenziell stark fluktuierende Merkmale des klinischen Befundes oder der gegenwärtigen, jedoch jederzeit veränderlichen, Lebensbedingungen. Sofern sich die Persönlichkeit zuverlässig und valide bei forensischen Fällen erfassen ließe, dürfte die stärkere Berücksichtigung von Persönlichkeitsfaktoren daher dazu beitragen, einerseits individuelle Veränderungen zu erkennen und zu berücksichtigen, andererseits aber kurzfristige Schwankungen ohne reale persönlichkeitsstrukturelle Basis bei der Prognose nicht überzubewerten. In Anbetracht der erheblichen Verzerrungsmöglichkeiten und der sprachlichen und intellektuellen Anforderungen von Selbstbeurteilungsverfahren erscheint aber als Voraussetzung für eine künftig verstärkte Nutzung persönlichkeitsstruktureller Informationen bei Prognoseentscheidungen die Verfügbarkeit eines Instrumentariums zur Erfassung der Persönlichkeitsstruktur bei forensischen Patienten und Strafgefangenen über Fremdbeurteilung. Zusätzlich wäre der empirische Nachweis der Aussagekraft der Befunde für die Legalprognose zu erbringen. Eine derartige Validierung ist ein aufwändiger und Zeit raubender Prozess. Die hier vorgelegte Pilotstudie sollte und konnte hierzu nur einen allerersten Beitrag leisten. Im Rahmen weiterer Studien könnte es sich insbesondere als mittelfristig hilfreich erweisen, wenn die persönlichkeitsstrukturelle Basis durch Berücksichtigung relevanter Facetten des Fünf-Faktoren Modells erweitert, die zeitliche Stabilität und interventionsbezogene Änderungssensitivität der Befunde untersucht sowie eine deutliche Extension bezüglich Stichprobengröße und diagnostischer Kategorien realisiert würde.

Literatur

ADDAD M, LESLAU A (1989) Extraversion, neuroticism, immoral judgement and criminal behaviour. Med Law, 8: 611–622

AMELANG M, BARTUSSEK D (2001) Differentielle Psychologie und Persönlichkeitsforschung. 5. Aufl. Kohlhammer, Stuttgart

ANASTASI A (1968) Psychological testing. McMillan, New York

ANDRESEN B (1995) »Risikobereitschaft« (R) – der sechste Basisfaktor der Persönlichkeit: Konvergenz multivariater Studien und Konstruktexplikation. Zeitschrift für Differentielle und Diagnostische Psychologie, 16: 210–236

ANDRESEN B (2000) Six basic dimensions of personality and a seventh factor of generalized dysfunctional personality: a diathesis system covering all personality disorders. Neuropsychobiology, 41: 5–23

ANDRESEN B (2001) Sechs klinisch akzentuierte Basisdimensionen der Persönlichkeit unter besonderer Berücksichtigung schizotyper Variablen. In ANDRESEN B, MASS R (Hrsg.) Schizotypie. Psychometrische Entwicklungen und biopsychologische Forschungsansätze, 45–97). Hogrefe, Göttingen

ANDRESEN B (2002) HPI. Hamburger Persönlichkeitsinventar. Hogrefe, Göttingen

ANDRESEN B (2003) Integration von Sensation Seeking in umfassende und geschlossene Modelle der Persönlichkeit. In ROTH M, HAMMELSTEIN P (Hrsg.) Sensation Seeking – Konzeption, Diagnostik und Anwendung, 52–76. Hogrefe, Göttingen
BECKER P (2002) The four-plus-X-factor model as a framework for the description of normal and disordered personality. A pilot study. Trierer Psychologische Berichte, Band 29, Heft 1, Universität Trier, Trier
CAMISA KM, BOCKBRADER MA, LYSAKER P, RAE LL, BRENNER CA, O'DONNELL BF (2005) Personality traits in schizophrenia and related personality disorders. Psychiatry Research: 133, 23–33
CLAIX A, PHAM TH (2004) Evaluation of the HCR-20 Violence Risk Assessment Scheme in a Belgian forensic population. Encephale, 30: 447–453
COOLIDGE FL, BECKER LA, DI RITO DC, DURHAM RL, KINLAW MW, PHILBRICK PB (1994) On the relationship of the five-factor personality model to personality disorders: Four reservations Psychological Reports, 75: 11–21
DE RAAD B (1998) Five big, Big Five issues: Rationale, content, structure, status, and crosscultural assessment. European Psychologist, 3: 113–124
DE RAAD B (2000) The Big Five personality factors: The psycholexical approach to personality. Hogrefe & Huber Publishers, Göttingen
DE RAAD B, PERUGINI M (Hrsg.) (2002) Big Five Assessment. Hogrefe & Huber Publishers, Göttingen
DE RAAD B, DI BLAS L, PERUGINI M (1998) Two independently constructed Italian trait taxonomies: Comparisons among Italian and between Italian and Germanic languages. European Journal of Personality, 12, 19–41
DIGMAN JM (1990) Personality structure: Emergence of the five-factor model. In ROSENZWEIG MR, PORTER LW (Hrsg.) Annual Review of Psychology, 41: 417–440). Palo Alto, CA: Annual Reviews
DIGMAN JM (1996) The curios history of the Five-Factor Model. In Wiggins JS (Hrsg.) The Five-Factor Model of personality: theoretical perspectives, 1–20. The Guilford Press, New York
DOUGLAS KS, OGLOFF JR, NICHOLLS TL, GRANT I (1999) Assessing risk for violence among psychiatric patients: the HCR-20 violence risk assessment scheme and the Psychopathy Checklist: Screening Version. Journal of Consultive and Clinical Psychology, 67: 917–930
DYCE JA, O'CONNOR BP (1998) Personality disorders and the Five Factor model: A test of facet-level predictions. Journal of Personality Disorders, 12: 31–45
EYSENCK HJ (1967) The biological basis of personality. Thomas: Springfield
EYSENCK HJ, EYSENCK MW (1985) Personality and individual differences: A natural science approach. Plenum Press, New York
FONSECA AC, YULE W (1995) Personality and antisocial behavior in children and adolescents: an enquiry into Eysenck's and Gray's theories. Journal of Abnormal Child Psychology, 23: 767–781
FURNHAM A (1984) Personality, social skills, anomie and delinquency: a self-report study of a group of normal non-delinquent adolescents. Journal of Child Psychology and Psychiatry, 25: 409–420
GRAY NS, SNOWDEN RJ, MACCULLOCH S, PHILLIPS H, TAYLOR J, MACCULLOCH MJ (2004) Relative efficacy of criminological, clinical, and personality measures of future risk of offending in mentally disordered offenders: a comparative study of HCR-20, PCL:SV, and OGRS. Journal of Consulting and Clinical Psychology, 72: 523–530
HOLOCHER-ERTL S, KUBINGER KD, MENGHIN S (2003) Big Five Plus One Persönlichkeitsinventar (B5PO). Test: Software und Manual. Wiener Testsystem/Schuhfried: Mödling
JANG KL, LIVESLEY WJ (1999) Why do measures of normal and disordered personality correlate? A study of genetic comorbidity. Journal of Personality Disorders, 13: 10–17
KNYAZEV GG (2004) Behavioural activation as predictor of substance use: mediating and moderating role of attitudes and social relationships. Drug and Alcohol Dependency, 75: 309–321

McCrae RR, Costa PT (Jr.) (1991) The Personality Inventory: Using the Five-Factor Model in counselling. Journal of Counselling and Development, 69: 367–372

McCrae RR, John OO (1992) An introduction to the Five-Factor model and its applications. Journal of Personality, 60: 175–215

McCrae RR, Yang J, Costa PT (Jr.), Dai X, Yao S, Cai T, Gao B (2001) Personality profiles and the prediction of categorical personality disorders. Journal of Personality, 69: 155–174

Lynam DR (2002) Psychopathy from the perspective of the five-factor model of personality. In Costa PT (Jr.), Widiger TA(Hrsg.) Personality disorders and the five-factor model of personality (2nd edition, 325–348). American Psychological Association, Washington, DC

Lysaker PH, Davis LW (2004) Social function in schizophrenia and schizoaffective disorder: associations with personality, symptoms and neurocognition. Health and Quality of Life Outcomes, 2: 15

MacKenzie KR (2002) Using personality measurements in clinical practice. In Costa PT (Jr.), Widiger TA (Hrsg.) Personality disorders and the five-factor model of personality (2nd edition, 377–390). American Psychological Association: Washington, DC

Mak AS (1991) Psychosocial control characteristics of delinquents and nondelinquents. Criminal Justice and Behavior, 18: 287–303

Merenakk L, Harro M, Kiive E, Laidra K, Eensoo D, Allik J, Oreland L, Harro J (2003) Association between substance use, personality traits, and platelet MAO activity in preadolescents and adolescents. Addictive Behavior, 28: 1507–1514

Miller JD, Lynam DR (2003) Psychopathy and the Five-factor model of personality: a replication and extension. Journal of Personality Assessment, 81: 168–178

Miller JD, Lynam DR, Widiger T, Leukefeld C (2001) Personality disorders as extreme variants of common personality dimensions: Can the five-factor model adequately represent psychopathy? Journal of Personality, 69: 253–276

O'Connor BP (2005) A search for consensus on the dimensional structure of personality disorders. Journal of Clinical Psychology, 61: 323–345

Ostendorf F (1990) Sprache und Persönlichkeitsstruktur: Zur Validität des Fünf-Faktoren-Modells der Persönlichkeit (Language and personality structure: Towards the validity of the Five-Factor model of personality). Roderer-Verlag, Regensburg

Ostendorf F, Angleitner A (2004) NEO-PI-R. NEO-Persönlichkeitsinventar nach Costa und McCrae (revidierte Fassung). Hogrefe, Göttingen

Parker G, Barrett E (2000) Personality and personality disorder: current issues and directions. Psychological Medicine, 30: 1–9

Piedmont RL (2001) Cracking the plaster cast: Big Five personality change during intensive outpatient counselling. Journal of Research in Personality, 35: 500–520

Piedmont RL, McCrae RR, Riemann R, Angleitner A (2000) On the invalidity of validity scales: Evidence from self-reports and observer ratings in volunteer samples. Journal of Personality and Social Psychology, 78: 582–593

Reynolds SK, Clark LA (2001) Predicting dimensions of personality disorder from domains and facets of the five-factor model. Journal of Personality, 69: 199–222

Romero E, Luengo MA, Sobral J (2001) Personality and antisocial behavior: study of temperamental dimensions. Personality and Individual Differences, 31: 329–348

Ross SR, Lutz CJ, Bailley SE (2002) Positive and negative symptoms of schizotypy and the Five-Factor-Model: A Domain and Facet Level Analysis. Journal of Personality Assessment, 79: 53–72

Samuels J, Bienvenu OJ, Cullen B, Costa PT (Jr.), Eaton WW, Nestadt G (2004) Personality dimensions and criminal arrest. Comprehensive Psychiatry, 45: 275–80

Sanderson C, Clarkin JF (2002) Further use of the NEO-PI personality dimensions in differential treatment planning. In Costa PT (Jr.), Widiger TA (Hrsg.) Personality disorders and the five-factor model of personality, 351–375). American Psychological Association, Washington, DC

Sauslman LM, Pace AC (2004) The five-factor model and personality disorder empirical literature: A meta-analytic review. Clinical Psychological Review, 23 (8): 1055–85

Scheurer H, Kröber HL (1998) Einflüsse auf die Rückfälligkeit von Gewaltstraftätern. In Kröber HL, Dahle KP (Hrsg.) Sexualstraftaten und Gewaltdelinquenz, 39–46. Kriminalistik – Wissenschaft und Praxis

Stone MH (2002) Prediction of violent recidivism. Acta Psychiatrica Scandinavia Supplement, 412: 44–46

Trull TJ, Widiger TA, Burr R (2001) A structured interview for assessment of the Five-Factor Model of personality: facet-level relations to the Axis II personality disorders J Person, 69: 175–198

Widiger TA, Trull TJ, Clarkin JF, Sanderson C, Costa P T (Jr.) (1994) A description of the DSM-III-R and IV personality disorders with the five-factor model of personality. In Costa PT (Jr.), Widiger TA (Hrsg.) Personality disorders and the five-factor model of personality, 41–56). American Psychological Association, Washington, DC

Widiger TA, Costa PT (Jr.), McCrae RR (2002) A proposal for Axis II: Diagnosing personality disorders using the five-factor model. In Costa PT (Jr.), Widiger TA (Hrsg.) Personality disorders and the five-factor model of personality (2nd edition, 431–456). American Psychological Association, Washington, DC

Widiger TA, Trull TJ, Clarkin JF, Sanderson C, Costa PT (Jr.) (2002) A description of the DSM-IV personality disorders with the five-factor model of personality. In Costa PT (Jr.), Widiger TA (Hrsg.) Personality disorders and the five-factor model of personality (2nd edition, 89–99). American Psychological Association: Washington, DC

Zigler E (1999) The individual with mental retardation as a whole person. In Zigler E, Bennett-Gates D (Hrsg.) Personality development in individuals with mental retardation, 1–16. Cambridge University Press: Cambridge

Zigler E, Bennett-Gates D, Hodapp RM (1999) Assessing personality traits of individuals with mental retardation. In Zigler E, Bennett-Gates D (Hrsg.) Personality development in individuals with mental retardation, 206–225. Cambridge University Press: Cambridge

Zuckerman M (2002) Zuckerman-Kuhlman Personality Questionaire (ZKPQ). In De Raad B, Perugini M (Hrs.). Big Five Assessment, 377–396. Hogrefe & Huber Publishers, Seattle

Anmerkung des Autors

Ich bedanke mich bei den Kollegen und Kolleginnen und der Leitung des Klinikum Bremen-Ost, ohne deren Unterstützung diese Studie nicht möglich gewesen wäre.

Korrespondenz bezüglich dieses Artikels bitte ich zu senden an: gebauer@rechtspsychologische-praxis.de

Welche Maßnahmen machen Sinn?

Auszug der Ergebnisse einer prospektiven Langzeitstudie mit dissozialen Jugendlichen in der Schweiz

Daniel Gutschner

Zusammenfassung

Dieser Beitrag ging der Fragestellung nach, welche Maßnahmen im Jugendstrafverfahren Sinn machen. Die Ergebnisse stellen einen Teil einer prospektiven Langzeitstudie mit dissozialen Jugendlichen dar.

Die Daten beziehen sich auf 90 Jugendliche (87 % männlich und 13 % weiblich) im Alter von 12 – 20 Jahren. Alle Jugendlichen wurden im Rahmen eines Jugendstrafverfahrens begutachtet und einer standardisierten testpsychologischen Batterie unterzogen. Die Testbatterie umfasste: standardisierte Intelligenz-, Aufmerksamkeits- und Wahrnehmungstests (Hamburg-Wechsler, CFT 20, FAIR und Rey-Complex-Figure) und standardisierte Selbst- und Fremdbeurteilungsverfahren zur Beschreibung psychopathologischer Phänomene (Achenbach CBCL, YSR, TRF), zu Persönlichkeitsvariablen (Giessen-Test; JTCI, FAF). Sozioökonomische Daten wurden standardisiert, außerdem wurde Psychopathologie mittels eines strukturierten Interviews (DIPS) und dem Strukturierten Klinischen Interview für DSM-IV (SKID-II) erfasst.

Beim zweiten Erhebungszeitpunkt zwei Jahre später wurden alle Jugendlichen erneut mit einer standardisierten Testbatterie untersucht. Mittels eines selbst entworfenen Fragebogens wurden Informationen über deren weiteren Verlauf (Rückfall, berufliche Integration etc.) bei der Jugendstrafbehörde eingeholt.

Diese Ergebnisse beziehen sich auf die Rückfallrate und Zusammenhänge mit verschiedenen Variablen wie psychischen Störungen, Delikten und strafrechtlichen Maßnahmen. Weitere und vertiefte Analysen werden zu einem späteren Zeitpunkt publiziert.

Schlüsselwörter

Dissoziale Jugendliche, Psychopathologie, Rückfall, prospektive Langzeitstudie, Risikofaktoren, strafrechtliche Maßnahmen

Das Schweizerische Jugendstrafrecht

Für das Verständnis der weiteren Ergebnisse ist es von erheblicher Wichtigkeit, auf das Jugendstrafrecht der Schweiz, insbesondere die Maßnahmen und das Strafsystem einzugehen. Abgesehen von den rechtlichen Grundlagen gibt es zwischen Deutschland, der Schweiz und anderen europäischen Staaten hinsichtlich des Vorgehens der forensischen Begutachtung im Kindes- und Jugendalter wenige Unterschiede.
Die rechtlichen Grundlagen der betreffenden Staaten differieren jedoch sehr. Zu den Grundlagen bei der Begutachtung straffälliger Kinder und Jugendlicher wird auf die Ausführungen von REMSCHMIDT (1997), LEMPP et al. (1999), NEDOPIL (2000) oder SCHEPKER (1995) verwiesen, die sehr systematisch und detailliert das Vorgehen in der forensischen Kinder- und Jugendpsychologie und -psychiatrie beschreiben.
Das Schweizerische Jugendstrafrecht besteht erst seit 1934 und ist speziell und differenziert für Kinder und Jugendliche ausgestaltet. Das Jugendstrafrecht blieb in seinen Grundzügen bis heute erhalten und wurde anlässlich einer größeren Revision 1971 verfeinert und ergänzt.
In erster Linie ist das Schweizerische Jugendstrafrecht ein Täterstrafrecht, das mit einem eigenständigen Katalog überwiegend spezialpräventiver Sanktionen ausgestattet ist und der Fürsorge und Erziehung jugendlicher Straftäter dient (REHBERG 1994). Für dessen Anwendung wird ein tatbestandsmäßiges, rechtswidriges und, je nach drohender Sanktion, schuldhaftes Verhalten des Täters vorausgesetzt, ähnlich dem Erwachsenenstrafrecht (BOEHLEN 1975). Der Schwerpunkt liegt hier jedoch in der Erziehung und der Besserung und weist Strafe und Vergeltung eine untergeordnete Bedeutung zu.
Das Jugendstrafrecht ist kein eigenständiges Strafrecht, sondern ist integriert in den 4. Titel des allgemeinen Strafgesetzbuches. Man unterscheidet das Kinderstrafrecht, dies ist anzuwenden bei denjenigen Personen, die das 7. Lebensjahr, aber noch nicht das 15. Lebensjahr erreicht haben (Art. 82 StGB; in weiterer Folge bis Art. 88 StGB), und das Jugendstrafrecht, welches anzuwenden ist bei Jugendlichen, die das 15. Lebensjahr, aber noch nicht das 18. Lebensjahr erreicht haben (Art. 89 StGB, in weiterer Folge bis Art. 99 StGB). Es wird kurz das Jugendstrafrecht genannt.
Ein neues überarbeitetes Jugendstrafrecht wird voraussichtlich 2007 eingeführt.
Im Allgemeinen ist die Persönlichkeit des Täters für die Sanktion ausschlaggebend und nicht, wie im Erwachsenenstrafrecht, die Schwere der Tat. Im Laufe des Verfahrens muss der Richter den straffälligen Jugendlichen entweder bestrafen oder aber eine Maßnahme und/oder eine besondere Behandlung verfügen.
Wenn die Beurteilung des Jugendlichen/Kindes das erfordert, hat die zuständige Behörde neben der Untersuchung zum Sachverhalt auch »*Erhebungen über das Verhalten, die Erziehung und die Lebenssituation des Jugendlichen*« zu machen

und »*Berichte und Gutachten über dessen körperlichen und geistigen Zustand*« in seine Beurteilung einzubeziehen (Art. 83 StGB oder Art. 90 StGB).

Eine Erziehungsmaßnahme (Art. 91 StGB) wird dann durchgeführt, wenn »*der* »*Jugendliche« (bzw. das »Kind« im Art. 84) namentlich dann einer besonderen erzieherischen Betreuung bedarf, wenn er schwer erziehbar, verwahrlost, erheblich gefährdet oder besonders verdorben*« ist (REHBERG 1994).

Der Richter hat die Möglichkeit, eine besondere erzieherische Betreuung wie eine Erziehungshilfe, die Unterbringung bei einer geeigneten Familie oder in einem Erziehungsheim anzuordnen. Diese angeordnete Erziehungsmaßnahme kann mit einer Einschließung bis zu 14 Tagen oder einer Buße verbunden werden.

Wichtig ist hier, dass die Anordnung einer solchen Maßnahme kein schweres Delikt voraussetzt. Es reicht schon eine bloße Übertretung. Vom Richter ist zu untersuchen, ob dem Kind/Jugendlichen allenfalls mit einer Maßnahme geholfen werden kann. Die Untersuchung dazu wird durch einen Sozialarbeiter unter der Leitung des Jugendrichters, der Jugendrichterin geführt. Wenn sich der Jugendliche als maßnahmefähig erweist, verfügt der Richter/die Richterin eine Maßnahme und keine Strafe. Voraussetzungen für eine besondere Behandlung (Art. 92 StGB) sind dann gegeben, wenn »*der Zustand des ›Jugendlichen‹ (›Kind‹ nach Art. 85) eine besondere Behandlung erfordert, namentlich wenn der Jugendliche geisteskrank, schwachsinnig, blind, erheblich gehör- oder sprachbehindert, epileptisch, trunksüchtig, rauschgiftsüchtig oder in seiner geistigen oder sittlichen Entwicklung erheblich gestört oder ungewöhnlich zurückgeblieben ist*« (REHBERG 1994, Art. 92 StGB).

Die besondere Behandlung kann jederzeit auch neben den Maßnahmen des Art. 84 angeordnet werden.

Eine Bestrafung nach Art. 95 StGB (beim Kind nach Art. 87 StGB) kann ausgesprochen werden, wenn aufgrund der Persönlichkeitsabklärung weder eine erzieherische noch eine besondere Behandlung beim straffälligen Jugendlichen notwendig ist und es sich hier um einen so genannten normalen Delinquenten handelt. Das Bundesgericht hat die Gruppe der normalen Delinquenten als Gelegenheitsdelinquenten, welche aus Unwissenheit, Sorglosigkeit, Leichtsinn und dergleichen einen Fehltritt begehen (BGE 95 IN 12), umschrieben.

Zur Untersuchung:

Als Stichprobe für die vorliegende Untersuchung wurden 90 delinquente Jugendliche herangezogen. Diese waren vom Jugendgericht aufgrund von begangenen Delikten dem »Institut für forensische Kinder- und Jugendpsychologie-, -psychiatrie und -beratung« (IFB) in Bern zur psychologisch/psychiatrischen Begutachtung überwiesen worden. Alle Begutachtungen fanden im Zeitraum zwischen 2000 und 2002 statt, und die Nachuntersuchung wurde 2004 beendet.

Die Begutachtungen wurden ambulant im IFB oder, falls die Jugendlichen platziert worden waren oder sich in Haft befanden, in Jugendheimen oder Gefängnissen nach den üblichen Standards durchgeführt.

Mit den Eltern wurde wie mit den Jugendlichen ein detailliertes anamnestisches Interview durchgeführt und die Lehrpersonen wurden telefonisch zum Verhalten der Jugendlichen befragt. Weiter mussten die Jugendlichen bei der Gutachtenerstellung eine Standard-Testbatterie durchlaufen, die durch Fremdeinschätzungen der Eltern bzw. Bezugspersonen und womöglich Lehrer ergänzt wurde, um eine objektivere Einschätzung zu erhalten. Angaben über Rückfälligkeit und zur beruflichen und schulischen Integration wurden vom Jugendgericht eingeholt. Eine Platzierung in einem Heim oder Ähnlichem genügte jedoch nicht, um Integration als gegeben anzunehmen.

Ergebnisse

Das durchschnittliche Alter lag bei 16 Jahren (SD = 1,60). Die jüngsten Probanden waren zwölf und die ältesten 21 Jahre alt. Der Anteil der männlichen Jugendlichen lag bei 88 % und der Anteil weiblicher Jugendlicher betrug 12 % (Abbildung 1). Diese Verteilung entspricht den Ergebnissen internationaler Studien und denen, wie sie aus der Literatur bekannt sind (Resch, 1999; Remschmidt, 1990; Rutter, 1998; Raine, 1997).

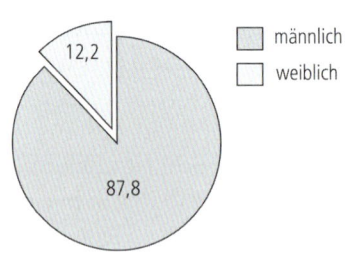

Abbildung 1: Geschlechtsverteilung

Betrachtet man die Nationalität, stellt man fest, dass der größte Anteil der Probanden Schweizer sind (57 %.). Daneben waren Probanden aus Ex-Jugoslawien 21 %, Asien 7 %, Türkei 7 % etc. (Abb. 2).

Abbildung 3 zeigt die begangenen Straftaten. Körperverletzung (21 %) war die häufigste Straftat, gefolgt von Diebstahl (19 %), Verstoß gegen das Betäubungsmittelgesetz (18 %), Sachbeschädigung (11 %), Raub (9 %), Sexualdelikt (7 %), Einbruch (6 %), Nötigung (6 %), Irreführung der Rechtspflege (2 %) und Verstoß gegen das Straßenverkehrsgesetz (2 %). Irreführung der Rechtspflege waren vorgetäuschte Vergewaltigungen, die in der Regel strafrechtlich geahndet werden.

```
       Schweiz |████████████████████████████████| 58 %
  Ex-Jugoslawien |███████████| 21 %
         Asien |████| 7 %
        Türkei |████| 7 %
       Albanien |██| 3 %
         Afrika |█| 2 %                    N = 90
    Deutschland |░| 1 %
         Italien |░| 1 %
   Lateinamerika |░| 1 %
   übriges Europa |░| 1 %
         0    10    20    30    40    50    60
```

Abbildung 2: Herkunftsverteilung

```
    Körperverl. |████████████████████| 21 %
      Diebstahl |███████████████████| 19 %
    Drogendelikt |██████████████████| 18 %
     Sachbeschäd. |██████████| 10 %
           Raub |█████████| 9 %
     Sexualdelikt |███████| 7 %        N = 90
        Einbruch |██████| 6 %
        Nötigung |██████| 6 %
      Irreführung |██| 2 %
    Verkehrsdelikt |██| 2 %
         0      5      10     15     20     25
```

Abbildung 3: Deliktverteilung

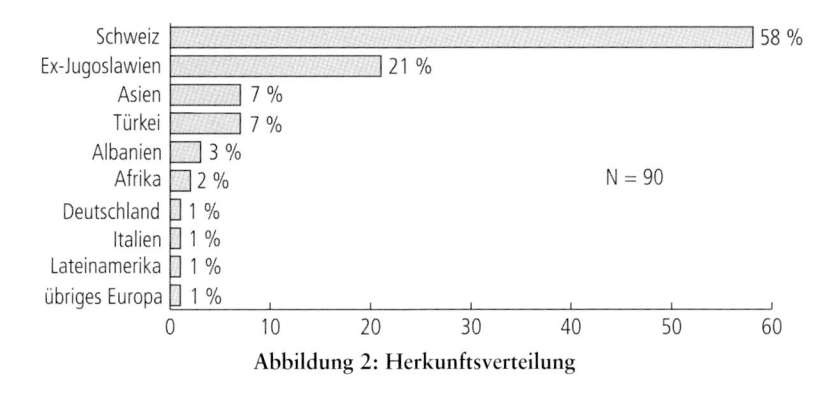

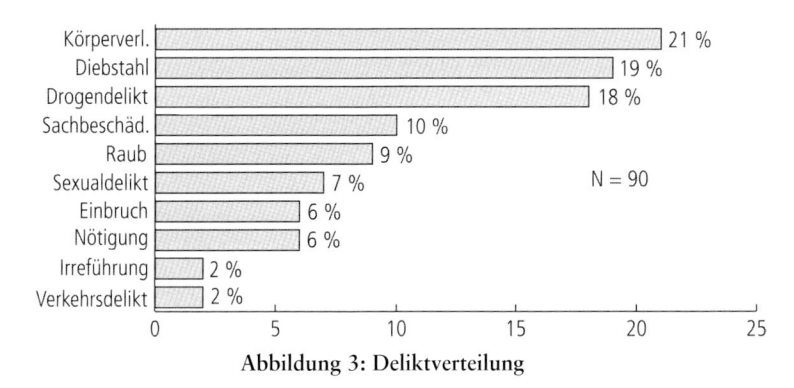

Die Prävalenz psychischer Störungen betrug 99 %. Bei 12 % der Jugendlichen wurde »nur« Missbrauch von Cannabinoiden diagnostiziert. Diese Zahl ist doch bedenklich, da wir hier von jugendlichen Straftätern sprechen.

Die Rückfallrate betrug 64 % und steht in einem signifikanten Zusammenhang mit dem Vorhandensein einer psychischen Störung (Abbildung 4).

Betrachtet man die genaue Verteilung der einzelnen Diagnosen mit der Rückfallquote, wird ersichtlich, dass die Persönlichkeitsstörungen und die Störung des Sozialverhaltens in einem hoch signifikanten Zusammenhang mit der Rückfallrate stehen (Abb. 5).

Die Betrachtung der einzelnen Delikte und der Rückfallrate zeigt, dass Raub in einem hohen und Körperverletzung, Einbruch, Sexualdelikte und Verkehrsdelikte in einem sehr hohen Zusammenhang mit dem Rückfall in Verbindung stehen (Abb. 6).

Nun kommen wir zu den Maßnahmen und der Rückfallrate. Wir sprechen nachfolgend von ambulanter, stationärer oder keiner Maßnahme. Ambulante Maßnahmen sind »Erziehungshilfe oder Familienbegleitung durch einen Sozialarbeiter«. Stationäre Maßnahmen bedeuten, dass der Jugendliche sich in einem Erziehungsheim

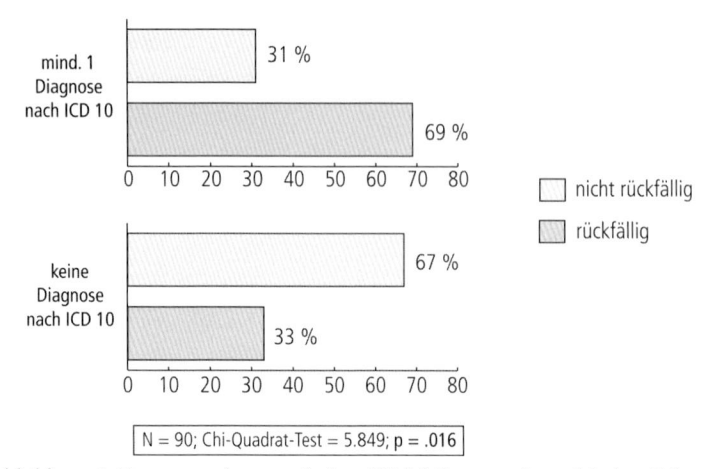

Abbildung 4: Zusammenhang zwischen Rückfallrate und psychischer Störung

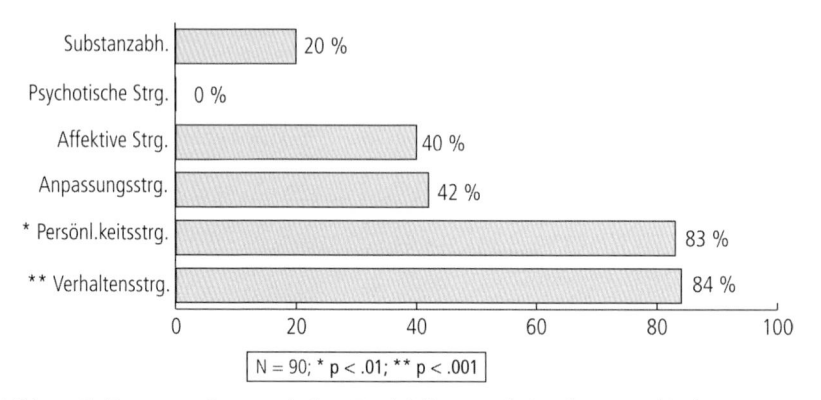

mind. 1 Diagnose nach ICD 10: nicht rückfällig 31 %, rückfällig 69 %
keine Diagnose nach ICD 10: nicht rückfällig 67 %, rückfällig 33 %
N = 90; Chi-Quadrat-Test = 5.849; p = .016

Abbildung 5: Zusammenhang zwischen Rückfallrate und einzelnen psychischen Störungen

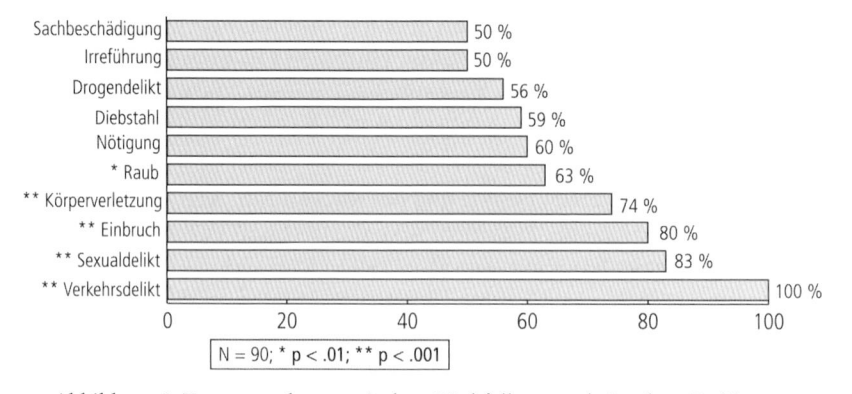

- Substanzabh.: 20 %
- Psychotische Strg.: 0 %
- Affektive Strg.: 40 %
- Anpassungsstrg.: 42 %
- * Persönl.keitsstrg.: 83 %
- ** Verhaltensstrg.: 84 %

N = 90; * p < .01; ** p < .001

Abbildung 6: Zusammenhang zwischen Rückfallrate und einzelnen Delikten

- Sachbeschädigung: 50 %
- Irreführung: 50 %
- Drogendelikt: 56 %
- Diebstahl: 59 %
- Nötigung: 60 %
- * Raub: 63 %
- ** Körperverletzung: 74 %
- ** Einbruch: 80 %
- ** Sexualdelikt: 83 %
- ** Verkehrsdelikt: 100 %

N = 90; * p < .01; ** p < .001

oder Ähnlichem befindet. Die berufliche oder schulische Integration ist dahingehend zu verstehen, dass es gelungen sein muss, den Jugendlichen in einer stabilen Tagesstruktur unterzubringen, sei es in beruflicher oder schulischer Hinsicht.

Zur besseren Übersicht wurden die Delikte auf drei Gruppen zusammengefasst: Gewaltdelikte, Eigentumsdelikte und eine Gruppe, die den Verstoß gegen das Betäubungsmittelgesetz, den Verstoß gegen das Straßenverkehrsgesetz und die Irreführung der Rechtspflege beinhaltet.

Die Tabelle 1 zeigt die strafrechtlichen Maßnahmen, die durch das Jugendgericht verordneten wurden. Hierbei wird ersichtlich, dass die Verteilung der strafrechtlichen Maßnahmen, also einer stationären oder ambulanten Maßnahme, nicht mit dem begangenen Delikt im Zusammenhang steht. Auch das Vorhandensein einer psychischen Störung beeinflusst die Verteilung nicht. Auf den ersten Blick mag das erschreckend anmuten, jedoch könnte dies dahingehend interpretiert werden, dass bei der Zuweisung der strafrechtlichen Maßnahmen die Persönlichkeit des Straftäters und das Umfeld stark mitberücksichtigt werden.

Tab. 1: Veranlasste Maßnahmen bei Vorhandensein einer psychischen Störung im Vergleich

		Psychische Störung vorhanden	
		Ja	Nein
Gewaltdelikte	Ambulante Maßnahme	48 %	47 %
	Stationäre Maßnahme	48 %	47 %
	Keine Maßnahmen mit Bestrafung	4 %	6 %
BtmG/SVG/Irreführung d. Rechtspflege	Ambulante Maßnahme	50 %	53 %
	Stationäre Maßnahme	44 %	40 %
	Keine Maßnahmen mit Bestrafung	6 %	7 %
Eigentumsdelikte	Ambulante Maßnahme	50 %	52 %
	Stationäre Maßnahme	50 %	48 %
	Keine Maßnahmen mit Bestrafung	*	*

* bei dieser Gruppe waren keine Probanden dabei

Der nächste Schritt der Analyse war die Bestimmung der Rückfallrate im Vergleich zu den durchgeführten strafrechtlichen Maßnahmen (Tab. 2). Hierbei wird ersichtlich, dass bei allen angeführten Delikten die ambulanten Maßnahmen bessere Erfolge versprechen als die stationären Maßnahmen.

Wurde keine Maßnahme veranlasst, wenn also die Jugendlichen bestraft wurden, lag die Rückfallrate bei den Gewaltdelikten bei 100 %, beim Verstoß gegen das Betäubungsmittelgesetz, dem Verstoß gegen das Straßenverkehrsgesetz, der Irreführung der Rechtspflege und bei den Eigentumsdelikte bei 0 %.

Generell muss darauf hingewiesen werden, dass dies die ersten Analysen sind, ohne Berücksichtigung wichtiger sozioökonomischer oder testpsychologischer etc. Variablen.

Dennoch ist ein Trend dahingehend zu erkennen, dass die ambulanten Maßnahmen gute Ergebnisse in der Behandlung straffälliger Jugendlichen vorweisen.

Tab. 2: Rückfallrate bei den Delikten im Vergleich zu den veranlassten strafrechtlichen Maßnahmen

		Rückfallrate
Gewaltdelikte	Ambulante Maßnahme	60 %
	Stationäre Maßnahme	80 %
	Keine Maßnahmen mit Bestrafung	100 %
BtmG/SVG/Irreführung d. Rechtspflege	Ambulante Maßnahme	50 %
	Stationäre Maßnahme	71 %
	Keine Maßnahmen mit Bestrafung	0 %
Eigentumsdelikte	Ambulante Maßnahme	56 %
	Stationäre Maßnahme	63 %
	Keine Maßnahmen mit Bestrafung	0 %

Beim nächsten Schritt wurde das Vorhandensein einer psychischen Störung mitberücksichtigt und die Rückfallrate in Prozent ermittelt. Hier wird ersichtlich, dass das Vorhandensein einer psychischen Störung die Rückfallrate erheblich beeinflusst. Die Jugendlichen mit einer psychischen Störung wurden mit wenigen Ausnahmen eher rückfällig (Tab. 3).

Von Interesse war, als Nächstes zu erfahren, wie sich die berufliche oder schulische Integration auf die Rückfallrate auswirkt. Die Tabelle 4 zeigt einen positiven Zusammenhang zwischen der gelungenen Integration in Schule oder Arbeit und der Rückfallrate.

Ausnahmen sind bei den ambulanten Maßnahmen die Deliktgruppe mit dem Verstoß gegen das Betäubungsmittelgesetz, dem Verstoß gegen das Straßenverkehrsgesetz und der Irreführung der Rechtspflege, bei welchen die Rückfallrate bei den Jugendlichen, die integriert waren, bei 75 % lag und bei denjenigen, die nicht integriert werden konnten, bei 25 %. Bei den Gewaltdelikten war kein Unterschied betreffend die Rückfallrate zu erkennen. Dies könnte als Hinweis auf die Schwere der Störung bei den Jugendlichen mit einer Gewaltproblematik verstanden werden.

Generell kann jedoch gesagt werden, dass die Integration, sei sie beruflicher oder schulischer Art, sich sehr positiv auf die Rückfallrate auswirkt.

Tab. 3: Rückfallrate bei den Delikten im Vergleich zu den veranlassten
strafrechtlichen Maßnahmen und dem Vorhandensein einer psychischen Störung

		Rückfallrate in % Diagnose	
		Ja	Nein
Gewaltdelikte	Ambulante Maßnahme	61 %	50 %
	Stationäre Maßnahme	83 %	50 %
	Keine Maßnahmen mit Bestrafung	100 %	*
BtmG/SVG/Irreführung d. Rechtspflege	Ambulante Maßnahme	50 %	50 %
	Stationäre Maßnahme	66 %	100 %
	Keine Maßnahmen mit Bestrafung	75 %	25 %
Eigentumsdelikte	Ambulante Maßnahme	69,2 %	0 %
	Stationäre Maßnahme	75 %	25 %
	Keine Maßnahmen mit Bestrafung	*	100 %

* bei dieser Gruppe waren keine Probanden dabei

Tab. 4: Rückfallrate der veranlassten Maßnahmen bei gelungener
oder nicht gelungener Integration im Vergleich

		Rückfallrate Integration gelungen	
		Ja	Nein
Gewaltdelikte	Ambulante Maßnahme	25 %	83 %
	Stationäre Maßnahme	80 %	80 %
	Keine Maßnahmen mit Bestrafung	0 %	100 %
BtmG/SVG/Irreführung d. Rechtspflege	Ambulante Maßnahme	75 %	25 %
	Stationäre Maßnahme	50 %	100 %
	Keine Maßnahmen mit Bestrafung	20 %	*
Eigentumsdelikte	Ambulante Maßnahme	0 %	37 %
	Stationäre Maßnahme	0 %	81 %
	Keine Maßnahmen mit Bestrafung	*	*

* bei dieser Gruppe waren keine Probanden dabei

Diskussion

Die Frage, welche Maßnahmen im Jugendstrafverfahren Sinn machen, ist sehr schwer zu beantworten. Sie ist noch nicht allzu sehr erforscht und durchaus schwierig zu erforschen, da eine Erhebung einer großen Anzahl von individuellen Daten und Fremdangaben zu verschiedenen Zeitpunkten erforderlich ist. Die Untersuchung hat dieser Problematik Rechnung getragen und eine große Anzahl individueller Faktoren und Fremdangaben erhoben.

Die Darstellungen der Ergebnisse stellen ganz klar die *ersten* statistischen Analysen dar. Viele offene Fragen werden wenig oder nicht aufgenommen und nicht beantwortet. Weitere Analysen und inhaltliche Diskussionen sind geplant, werden zu einem späteren Zeitpunkt publiziert.

Dennoch können Trends erkannt werden, die doch interessant und wichtig für die weitere Forschung sind. Insbesondere die Justiz und die Politik sollten diese Ergebnisse für ihre weiteren Überlegungen mit einbeziehen. Diese Ergebnisse sollten zudem als Grundlage für neue Interventionsprogramme straffälliger Jugendlicher zur Verfügung stehen. Die hohe Rückfallrate sollte doch Besorgnis hervorrufen und dazu anregen, im Umgang und in der Behandlung dieser Jugendlichen Rahmenbedingungen zu schaffen, die den Straffälligen zugute kommen.

Die Rückfallrate betrug 64,4 %, wobei diese bei Gewaltdelikten (72 %) höher ausfiel, als bei Beschaffungskriminalität (56 %) und Drogendelikten (59 %). Bei 87 % wurde mindestens eine psychische Störung festgestellt. Es besteht ein signifikanter Zusammenhang zwischen externalen Störungen und der Rückfallrate (Chi^2 p = .001). Die Rückfallrate war bei Heimeinweisungen höher, als bei ambulanten strafrechtlichen Maßnahmen. Bei denjenigen Jugendlichen, bei welchen eine Integration (beruflich oder schulisch) gelungen ist, sank die Rückfallrate um die Hälfte.

Die Rückfallrate ist bei ambulanten und stationären strafrechtlichen Maßnahmen unterschiedlich. Hier scheint die schulische oder berufliche Integration als protektiver Faktor zu wirken und psychische Störung als Risikovariable.

Weitere Analysen und inhaltliche Diskussionen sind in Arbeit und werden zu einem späteren Zeitpunkt in verschiedenen Fachzeitschriften publiziert.

Literatur

ACHENBACH TM (1982) Developmental Psychopathology. Wiley
ACHENBACH TM, EDELBROCK CS (1981) Behavioral problems and competencies by parents of normal and disturbed children aged four through sixteen. Monograph of Society for Research in Child Development, 46, 188: 1–78
ACHENBACH TM, EDELBROCK C (1983) Manual for the Child Behavior Checklist and Revised Child Behavior Profile. University of Vermont, Department of Psychiatry, Burlington
ACHENBACH TM (1991a) Manual for the Child Behavior Checklist/4-18 and 1991 Profile. University of Vermont, Department of Psychiatry, Burlington
ARBEITSGRUPPE DEUTSCHE CHILD BEHAVIOR CHECKLIST (1994) Handbuch: Elternfragebogen über das Verhalten von Kindern und Jugendlichen, Forschungsergebnisse zur deutschen Fassung der Child Behavior Checklist. Bezug: Arbeitsgruppe Kinder-, Jugend- und Familiendiagnostik, c/o Klinik für Psychiatrie und Psychotherapie des Kindes- und Jugendalters der Universität Köln, Robert-Koch-Straße 10, 50931 Köln
ARBEITSGRUPPE DEUTSCHE CHILD BEHAVIOR CHECKLIST (1998), Elternfragebogen über das Verhalten von Kindern und Jugendlichen – Deutsche Bearbeitung der Child Behavior Checklist (CBCL/4-18), Einführung und Anleitung zur Handauswertung. Bezug: c/o Klinik für Psychiatrie und Psychotherapie des Kindes- und Jugendalters der Universität Köln, Robert-Koch-Straße 10, 50931 Köln
BOEHLEN M (1975) Kommentar zum Schweizerischen Jugendstrafrecht. Haupt, Bern
LEMPP R et al. (1999) Forensische Psychiatrie und Psychologie des Kindes- und Jugendalters. Steinkopff Verlag, Darmstadt
NEDOPIL N (2000) Forensische Psychiatrie. Klinik, Begutachtung und Behandlung zwischen Psychiatrie und Recht (unter Mitarbeit von DITTMANN V, FREISLEDER FJ, HALLER R). Thieme, Stuttgart u. a.
RAINE A (1997) Antisocial behavior and psychophysiology: A biosocial perspective and a prefrontal dysfunction hypothesis. In STOFF DM (Hrsg.) Handbook of antisocial behavior. Wiley, New York, 289–304
REHBERG J (1994) Strafrecht II; Strafen und Maßnahmen Jugendstrafrecht. 6. Aufl. Schulthess, Zürich
REMSCHMIDT H, SCHMIDT MH, STRUNK P (1990) Ursachen und Prävention von Gewalt. Zeitschrift für Kinder- und Jugendpsychiatrie, 18: 99–106
REMSCHMIDT H (1997) Forensische Kinder- und Jugendpsychiatrie. Huber, Bern
RESCH F et al (1999) Entwicklungspsychopathologie des Kindes- und Jugendalters: Psychologie Verlags Union, Weinheim
RUTTER M et al. (1998) Antisocial Behavoir by Joung People. Cambridge University Press, Cambridge
SCHEPKER R (1995) Zur Indikationsstellung jugendpsychiatrischer Gerichtsgutachten. Eine vergleichende Untersuchung zu § 43 (2) JGG: Habilitationsschrift. Universität-Gesamthochschule, Essen

Wie teuer kommen Patienten des Maßregelvollzugs?

Zu den Kosten der Gefährlichkeit und der Steuerungsmöglichkeit der staatlichen Aufwendungen für krankheitsbedingt gefährliche Täter nach § 63 StGB

HEINZ KAMMEIER & WOLFGANG BENKERT

Zusammenfassung

In den vergangenen Jahren haben die Einweisungszahlen in den Maßregelvollzug zugenommen, während gleichzeitig weniger Patienten als vorher entlassen wurden. Die Folgen dieser Entwicklung zeigen sich unter anderem in zunehmenden Überbelegungen der Einrichtungen und in signifikanten Verlängerungen der Aufenthaltsdauern. Nun ergibt sich hieraus jedoch nicht nur ein Platzproblem.

Es stellt sich inzwischen nämlich auch die Frage nach den gesellschaftlichen Kosten des Maßregelvollzugs. Wenn sich beispielsweise allein in Rheinland-Pfalz die Patientenzahlen im Maßregelvollzug in den letzten zehn Jahren verdoppelt haben, während sich im gleichen Zeitraum die hierfür aufzubringenden Kosten verdreifachten, ist vielmehr auch zu fragen, wie lange die öffentlichen Haushalte bereit und in der Lage sind, die mit dieser Entwicklung einhergehenden Kostensteigerungen zu tragen. Der Ruf nach Wirtschaftlichkeitsoptimierungen im Maßregelvollzug klingt bereits durch die Lande.

Kammeier hat im Jahre 2002 eine erste vergleichende Untersuchung zu Patientenzahlen, Aufenthaltsdauern und Kosten des Maßregelvollzugs der Jahre 1997 bis 2000 in den Ländern der Bundesrepublik vorgelegt. Hieraus ist inzwischen eine validierende Untersuchung durch die »FAG Maßregelvollzug«, eine Gruppe von Wissenschaftlern der Privaten Universität Witten/Herdecke gGmbH, hervorgegangen, an der mehrere Bundesländer teilnehmen. Die Referenten Kammeier und Benkert stellen den Untersuchungsansatz vor.

Schlüsselwörter

Maßregelvollzug, Unterbringungskosten, § 63 StGB, Gefährlichkeit, Sanktionssystem

Seit rund zehn Jahren steigt die Zahl der in den Maßregelvollzug nach § 63 StGB eingewiesenen psychisch kranken Rechtsbrecher signifikant an. Zudem sind die Entlassungen deutlich rückläufig. Die eine Folge hiervon ist eine erhebliche Erhöhung der Bestandszahlen an Maßregelvollzugspatienten, zusätzlich verursacht durch eine Verlängerung der durchschnittlichen Unterbringungsdauer. Als weitere Folge wird eine überproportionale Anforderung an staatliche Finanzmittel in Form von Betriebskosten bzw. Aufwendungen für den Maßregelvollzug verzeichnet. Zusätzlich macht diese Entwicklung den Neubau weiterer Einrichtungen erforderlich, die mit einem erheblichen Aufwand zur Finanzierung der Investitionskosten für den Steuerzahler einhergehen.

Auf der Grundlage der gegenwärtig geltenden Rechtsnormen ist das Rechtsinstitut des psychiatrischen Maßregelvollzugs als einer schuldunabhängigen Gefahrenabwehr im Blick auf die skizzierten Entwicklungen, vor allem mit seinen finanziellen Belastungen des Fiskus, gesellschaftlich nicht steuerbar.

In dem Maße, in dem auch andere staatliche Ausgabenbereiche aufgrund ihrer Kostenentwicklung, wie zum Beispiel das Gesundheitswesen insgesamt oder die Pflegeversicherung, einer Effektivitäts- und Kostenprüfung unterzogen werden, erscheint eine solche Diskussion auch für den psychiatrischen Maßregelvollzug dringend erforderlich.

Mit den nachfolgenden Thesen werden einige bereits diskutierte Gesichtspunkte hierzu aufgegriffen. Weitere ergänzende Anregungen können zu einer vertiefenden Auseinandersetzung mit dieser drängenden Problematik und zu neuen Lösungsansätzen führen.

> 1. These: »Gefährlichkeit« ist kein in der Natur vorkommendes Phänomen, sondern ein gesellschaftliches Konstrukt.
> In dem Maße, in dem politisches Handeln Einfluss auf die Bestimmung dieses Konstrukts »Gefährlichkeit« nimmt, folgen die Aufwendungen für ihre Eindämmung und für Präventionsmaßnahmen grundsätzlich diesen gesellschaftlich geprägten Vorgaben. Damit sind die Aufwendungen prinzipiell ebenso steuerbar wie es die Konstruktion von »Gefährlichkeit« ist.

Gefährlichkeit ist weder Krankheitsmerkmal noch Charaktereigenschaft eines Menschen, sondern Ergebnis eines gesellschaftlichen Zuschreibungsprozesses. Eine solche Zuschreibung erfolgt im Wesentlichen auf der Grundlage normativer und verfahrensrechtlicher Vorgaben. Darüber hinaus übt das jeweilige kriminalpolitische Klima einer Zeit seinen Einfluss auf die an der Zuschreibung von Gefährlichkeit beteiligten Akteure aus.

Ebenso wie politisches Handeln beispielsweise zwischen Investitionen in Brandverhütungsvorschriften und Brandschutzmaßnahmen auf der einen Seite und Investitionen in die Feuerwehr auf der anderen Seite gewichten und entscheiden muss, bedarf es einer solchen Steuerung auch im Blick auf den Umgang mit Gefährlichkeit. Hierbei ist insofern ein gewisses Paradoxon auszugleichen, als das gewünschte Ergebnis eigener Sicherheit durch finanzielle Aufwendungen für andere Personen, nämlich für die »gefährlichen Täter«, zu finanzieren ist.

> 2. These: Einem staatlichen Gemeinwesen stehen auch für die Kriminalprävention prinzipiell nur begrenzte finanzielle Mittel zur Verfügung.
> Die dem Staat insgesamt zur Verfügung stehenden Finanzmittel werden in den staatlichen Haushaltsplänen ausgewiesen. Eine ungesteuerte Ausweitung der für den Zweck der Kriminalprävention eingesetzten staatlichen Finanzmittel erzwingt notwendigerweise Einsparungen in anderen Bereichen wie z. B. Bildung, Soziales oder Kulturförderung. Oder sie führt zu Steuererhöhungen und hat damit Einschränkungen des privaten Konsums zur Folge.

Verantwortlich handelnde Politik kann nicht zulassen, dass sich ein Bereich in ihrem Zuständigkeitsspektrum mit einer Eigendynamik entwickelt bzw. verselbstständigt und sich damit inhaltlichen und finanziellen Steuerungsvorgaben entzieht. Es ist Aufgabe verantwortlicher Politik, einer solchen Eigendynamik entgegenzuwirken und dabei in Abwägung mit anderen gesellschaftlichen Erfordernissen finanzielle Grenzen auch für die Kriminalprävention gegenüber psychisch kranken Rechtsbrechern festzulegen.

Um dies zu erreichen, sind die Effektivität des – weitgehend historisch so gewachsenen – kriminalrechtlichen Sanktionensystems und des ihm zugrunde liegenden Normensystems zu überprüfen und gegebenenfalls zu verändern. Warum sollte gerade dieser Bereich von allenthalben vorangetriebenen gesellschaftlichen Reformen oder »Umbauten« ausgenommen bleiben?

> 3. These: Die kriminalrechtliche Sanktion »Maßregelvollzug« ist die institutionell formalisierte Gestaltung des gesellschaftlichen Umgangs mit psychisch kranken Rechtsbrechern.
> Der normative Rahmen dieser Sanktion ist im Wesentlichen in den §§ 20, 21, 63, 67 d Abs. 2 StGB festgelegt. Das Rechtsinstitut der »Unabhängigkeit der Justiz«, Art. 92, 97 Abs. 1 GG, verhindert eine administrative Einflussnahme sowohl auf die Zuweisungen zum als auch auf die Aufenthaltsdauern im und erst recht auf die Entlassungen aus dem Maßregelvollzug. Aufgrund dieser normativen Strukturvorgaben ist gegenwärtig eine haushaltspolitisch verantwortliche Steuerung der Aufwendungen für den Maßregelvollzug unter Kosten- und Effektivitätsgesichtspunkten nicht möglich.

Bei nur unwesentlicher Veränderung des Normenbestandes hat sich zum Beispiel in Rheinland-Pfalz die Zahl der jährlich untergebrachten Personen in den letzten zehn Jahren verdoppelt, wobei sich die hierauf bezogenen Kosten des Maßregelvollzugs mehr als verdreifacht haben. Für andere Bundesländer dürfte bei genauerer Betrachtung eine ähnliche Entwicklung festzustellen sein (vgl. Saarland: Zahl der Untergebrachten hat sich von 1991 bis 2004 mehr als verdreifacht; vgl. Hamburg: Steigerung der Bestandszahlen von 1997 bis 2003 um 87 %).

Ob hierfür eine »neue Lust auf Strafe« (HASSEMER 2000) oder psychoanalytisch deutbare Durchbrüche von Hass und Racheempfinden (HAFFKE 2005) ursächlich sind, mag dahin stehen. Ebenso darf bezweifelt werden, dass die bundesdeutsche Bevölkerung in dem sich an diesen Zahlen spiegelnden Ausmaß kränker oder krimineller geworden ist (LEYGRAF, SCHALAST 2005). Fakt ist, dass weder Appelle von Wissenschaftlern und Politikern an die forensisch tätigen Psychiater und Psychologen als Sachverständige noch an die Richter der Straf- und Strafvollstreckungskammern bislang zu einer Verringerung der Zuweisungen und einer Zunahme der bedingten Entlassungen im Maßregelvollzug geführt haben. Im Ergebnis steigen die Zugangs- sowie die Bestandszahlen forensischer Patienten weiter an, und die durchschnittlichen Unterbringungsdauern nehmen ebenso weiter zu wie die fiskalischen Aufwendungen sich in Richtung eines überproportionalen Wachstums entwickeln. So stiegen die ausgewiesenen Haushaltsmittel aller 16 Bundesländer allein von 1997 bis 2000 von rund 775 Millionen DM auf deutlich über eine Milliarde DM, also um über 33 % an (KAMMEIER 2002).

Angesichts dieser Eigendynamik steht die Exekutive vor der verfassungsrechtlich zwar gebotenen, aber faktisch kaum lösbaren Aufgabe, jedem zum Maßregelvollzug verurteilten Täter einen adäquaten und mit der erforderlichen Sicherheit ausgestatteten Behandlungsplatz zur Verfügung zu stellen sowie eine am Verhältnismäßigkeitsgrundsatz und am Beschleunigungsgebot ausgerichtete Behandlung anzubieten.

4. These: Innerhalb dieses vorgegebenen Normensystems können administrative Bemühungen zu Einsparungen von Kosten im Maßregelvollzug allein nicht zu nachhaltigen Erfolgen führen.

So lassen auch Veränderungen an den gegenwärtig praktizierten Finanzierungssystemen nur unwesentliche Einspareffekte erwarten.

Ein entscheidender Grund liegt darin, dass die Administration keinen Einfluss auf die Logik des Einweisungsverhaltens und die Bestimmung der Unterbringungsdauer nehmen und allenfalls marginal auf die Behandlungsqualität einwirken kann. Damit bleibt ihr ein Einfluss auf die Grundsatzproblematik der gegenwärtigen Unsteuerbarkeit dieses Systems gänzlich versagt.

Unter den gegebenen gesetzlichen Vorgaben bleiben der Administration nur geringe Steuerungsspielräume. So bringt z. B. die Unterbringung von forensischen Patienten in Kliniken der Allgemeinpsychiatrie (in NRW Ende 2004 etwa 25 %) dann keine Kostenentlastung, wenn diesen Kliniken der in der Regel deutlich höhere Satz der forensischen Kliniken erstattet wird. Ob eine Unterbringung und Behandlung in der Allgemeinpsychiatrie infolge einer effektiveren Therapie oder aus sonstigen Gründen zu kürzeren Verweildauern und damit zu Kostenreduzierungen führen kann, bedarf noch empirischer Untersuchungen (vgl. Forschungsarbeitsgemeinschaft Maßregelvollzug/Uni Witten/Herdecke 2003).

Einige Kostenträger und Einrichtungen versprechen sich von Differenzierungen in den Behandlungs- und Sicherungsvorkehrungen (z. B. durch Schaffung von Long-stay-Units) ergänzende Bemühungen und Erfolge zur Kostendämpfung.

Zu denken wäre auch an die Bildung von Behandlungsschwerpunkten in bestimmten Institutionen der Bundesrepublik unter Aufgabe einer einigermaßen regional bezogenen Verteilung der Patienten. Hierdurch könnten möglicherweise Synergie-Effekte erzielt werden.

Ebenso sollen zunehmend Verlagerungen der Rehabilitation aus dem stationären Bereich in die ambulante Nachsorge zu nennenswerten Einsparpotenzialen führen. Finanzielle Erfolge hierbei sind bisher nicht erkennbar bzw. nicht wirklich nachgewiesen. Am ehesten noch dürften sich Einflussnahmen auf die Personalbemessung und den Personaleinsatz kostenrelevant auswirken. Wie weit solche Maßnahmen die Behandlungsqualität tangieren oder gar negativ beeinflussen, müsste dabei überprüft werden.

Einsparungen und Kostendämpfungen werden bisher im Rahmen des Systems auch dadurch zu erreichen versucht, dass die Erstattungen an die Träger der Einrichtungen des Maßregelvollzugs kritischer als bisher überprüft und/oder die Abrechnungsmodalitäten geändert werden (vgl. das Projekt »Kostenbegrenzung im Maßregelvollzug Rheinland-Pfalz« 2004). Offene und verdeckte Rationalisierungen und Rationierungen ergänzen diese Maßnahmen.

Und am Beispiel der Longstay-Units bleibt zu noch überprüfen, ob nicht eine geringe Reduzierung des rechnerischen Tagespflegesatzes sehr schnell aufgrund des ausgedünnten Behandlungsangebots durch eine signifikant längere Unterbringungsdauer der hiervon betroffenen Patienten nicht nur mehr als aufgezehrt würde, sondern im Gegenteil zu einer deutlichen Erhöhung der Fallkosten beitrüge.

5. These: Ebenso wenig sind von systemimmanent vorgenommenen normativen Änderungen, wie sie gegenwärtig diskutiert werden, nachhaltige Steuerungserfolge hinsichtlich der Anzahl der im Maßregelvollzug zu behandelnden Patienten und der hierdurch entstehenden finanziellen Aufwendungen der staatlichen Gemeinschaft zu erwarten.

Immerhin könnte man erwägen, den Normenbestand, der die Zuweisung zum Maßregelvollzug prägt und die Entlassungsbedingungen aus ihm regelt, unter der Vorgabe zu verändern, dass nach gegenwärtiger Erkenntnis dauerhaft mindestens 25 bis 50 % weniger psychisch kranke Rechtsbrecher dem Maßregelvollzug nach § 63 StGB zugeführt bzw. in ihm in Freiheitsentzug gehalten werden.

Zu denken wäre an eine Überprüfung der Merkmale des § 20 StGB, die die Schuldfähigkeit ausschließen. Insbesondere könnte erwogen werden, das Merkmal der »schweren anderen seelischen Abartigkeit« – durchaus historisch belastet (Rasch 1982) – zu präzisieren und im Ergebnis einzuengen.

Der § 21 StGB könnte seine Zuweisungsfunktion zur Maßregelunterbringung ganz oder weitgehend verlieren (Haffke 1991).

Im § 63 StGB könnte hinsichtlich der Unterbringung in einer mit einem hohen Tagessatz arbeitenden Klinik eine Behandlungsindikation und -fähigkeit sowie -willigkeit des Täters als zu überwindende Schwelle eingeführt werden. Soweit eine solche Voraussetzung nicht erfüllt ist, wären Täter, durchaus auch auf der Grundlage des § 136 StVollzG, einer vorwiegend bewahrenden und pflegenden Institution zuzuweisen.

In § 67 d Abs. 2 StGB könnte die Einführung einer gewissen »Öffnungsklausel« erwogen werden, die es den unteren Maßregelvollzugsbehörden erlaubt, in größerer Eigenverantwortlichkeit als bisher nach dem Prinzip »Sachnähe entscheidet« von Lockerungen und Erprobungen der Therapiefortschritte Gebrauch zu machen. Die Möglichkeiten langfristiger Beurlaubungen könnten erweitert werden.

Nicht zuletzt sollte an die Einführung einer zeitlichen Höchstgrenze der Unterbringungsdauer gedacht werden (vgl. Kaiser 1990, Frisch 1990, Kröber 2001).

Eine größere »Durchlässigkeit« aus dem Maßregelvollzug in Richtung Strafvollzug und/oder Sicherungsverwahrung dürfte sich kaum in nur diese Richtung allein semipermeabel gestalten lassen. Unerwünschte »Zuflüsse« in umgekehrter Richtung könnten die Folge sein. Das »Verschiebespiel« aus dem ersten Drittel des zwanzigsten Jahrhunderts erführe eine Neuauflage. Es würde die Steuerungsproblematik des Maßregelvollzugs eher vergrößern als verringern.

6. These: Eine politisch verantwortete Steuerung der Sanktion »Maßregelvollzug« und der Aufwendungen, die der staatlichen Gemeinschaft durch den Maßregelvollzug entstehen, kann am ehesten mithilfe eines Paradigmenwechsels erreicht werden.

Bisher herrscht eine »deduktive« Blickrichtung vor: Von der Norm über die Rechtsfolge zur Verwunderung über die überproportional steigenden Kosten und Aufwendungen.

Demgegenüber könnte ein »induktiver« Ansatz zu einer gezielten Steuerung führen: Gesellschaftlich bzw. politisch wird eine feste Quote der vom Fiskus im Rahmen der gesamten Staatsaufgaben zur Verfügung stehenden finanziellen Ressourcen für die maßregelrechtliche Gefährlichkeitsprävention (Maßregelvollzug) festgesetzt. Diese Quote begrenzt den Finanzeinsatz und die Mittel für die hier in Rede stehende Gefahrenabwehr.

Der Maßregelvollzug dient nicht einem rückschauend tatbezogenen Schuldausgleich.
Nimmt man seine Genese und seine eigentliche funktionale Aufgabe in der Gesellschaft, der präventiven Gefahrenabwehr, ernst, dann obliegt es verantwortlich handelnder Politik, im Rahmen der Gesamtverantwortung staatlicher Steuerung die Quote festzulegen, die an Finanzmitteln des Staates für die maßregelrechtliche kriminalpräventive Gefahrenabwehr von der Gesellschaft zur Verfügung gestellt wird. Das heißt, die Blick- und Handlungsrichtungen sind umzukehren: Das System normativer Vorgaben, das Folgekosten auslöst, die nicht steuerbar sind, ist zu verändern. Stattdessen sollte zu einem System übergegangen werden, bei dem zunächst die zur Verfügung stehenden Finanzmittel festgesetzt werden. Hieran haben sich die normativen Vorgaben und ihre Umsetzung in der Weise zu orientieren, dass mit den vorgegebenen Beträgen auszukommen ist – und das möglichst effizient.
Ein solcher Paradigmenwechsel in der Blick- und Handlungsrichtung bedeutet eine gewisse Abkehr von einer reinen strafrechtsdogmatischen Reaktion auf die Gefährlichkeit psychisch kranker Rechtsbrecher. An ihre Stelle hätte die Zielvorgabe der Einhaltung eines gesellschaftlich festgesetzten Finanz-Budgets für den Aufwand an Sicherung und Rehabilitation psychisch kranker und gefährlicher Täter zu treten, die im Rahmen dieses Budgets versorgt werden können. In diesem Sinne wären die erforderlichen Maßnahmen zur Sicherung und Behandlung nach dem Prinzip der »Triage« vorzunehmen: Es werden nicht mehr Personen zur Behandlung und/oder zur Sicherung ins System aufgenommen, als Finanzmittel für sie zur Verfügung stehen!
Natürlich stellt sich sofort die Frage: Und wo bleibt der Rest? Dem ist zunächst mit einer Gegenfrage zu antworten: Wer sagt denn, dass ein nennenswerter »Rest« entstehen wird, wenn die Zuweisungen zum Maßregelvollzug an den vorhandenen Finanzmitteln und Plätzen auszurichten sind?! In die Kurkliniken der Bundesversicherungsanstalt werden schließlich auch nicht mehr Rehabilitanden geschickt, als dort Plätze vorhanden sind – unabhängig vom Krankenstand der Bevölkerung.

7. These: Die grundlegende Steuerung der Zuweisungen sowie der Behandlungs- und Sicherungsmaßnahmen im Maßregelvollzug erfolgt dann auf Bundes- oder Landesebene mithilfe eines globalen Maßregelvollzugs-Budgets.

Um ein Global-Budget aufstellen zu können, das sich an den zurzeit anfallenden realen Kosten orientiert, ist zunächst eine umfassende empirische Datenerhebung erforderlich.

Eine solche Datenerhebung hat die absoluten Bestandszahlen der Patienten des Maßregelvollzugs an einem oder mehreren bestimmten Stichtagen zu erfassen. Diese sind nach Diagnosen und Delikte aufzuschlüsseln. Sie sind für jedes Bundesland und für jede Klinik, unter Umständen für jede Therapie-Einheit, gesondert darzustellen.

Ebenso sind die Daten der in einem oder in mehreren Bezugsjahren entlassenen Patienten festzustellen. Bei diesen entlassenen Patienten ist darüber hinaus die tatsächliche absolute Dauer der Unterbringung im Maßregelvollzug zu berechnen.

Stellt man diesen Daten die Aufwendungen gegenüber, die für die Patienten in den jeweiligen Bezugszeiträumen entstanden sind, lassen sich – wenn auch mit einigem Aufwand – durchaus durchschnittliche Tages- bzw. Jahres- und bei den entlassenen Patienten auch Gesamt- bzw. Fallkosten ermitteln. Diese können mindestens länderspezifisch, unter Umständen sogar klinikbezogen dargestellt werden. Stellt man diese Kosten einer gleichbleibenden Bezugsgröße von 100 000 Einwohnern gegenüber, lässt sich daraus auch die jeweilige fiskalische Belastung durch die Kosten des Maßregelvollzugs berechnen. Eine Vorstudie zu einer solchen umfassenden Erhebung wurde bereits vor einigen Jahren veröffentlicht. Sie hat bei einigen Parametern hochsignifikante Unterschiede zutage gebracht (KAMMEIER 2002). Mit der hier kurz skizzierten umfassenden Datenerhebung hat die »FAG Maßregelvollzug« von Wissenschaftlern der Privaten Universität Witten/Herdecke im vergangenen Jahr begonnen (Forschungsarbeitsgemeinschaft Maßregelvollzug/Uni Witten/Herdecke 2003).

Nebenbei bemerkt werden bei dieser Untersuchung im Sinne einer Effektivitätskontrolle auch die Ergebnisse des jeweiligen Maßregelvollzugs in einem Bundesland bzw. in einer Klinik erhoben. Hierfür wird die Legalbewährung bzw. die Rückfälligkeit anhand der Bundeszentralregister-Auszüge ermittelt.

Auf der Grundlage solchen Datenmaterials lassen sich mit politisch verantworteten Vorgaben Budgets festsetzen, die für die Behandlung und Sicherung psychisch kranker Täter in einem definierten Bereich zur Verfügung stehen. Aus diesen Festlegungen ergibt sich entweder die Höchstzahl aufzunehmender Personen insgesamt oder einer bestimmten Quote von Personen, die nach Delikt- oder Diagnose errechenbar ist, oder es wird ein Budget pro Behandlungseinrichtung prospektiv festgesetzt, das dieser Einrichtung die Möglichkeit bietet, in eigener Verantwortung Personal- und Sachmittel einzusetzen und nach eigenen Vorgaben Patienten zu behandeln und zu sichern.

8. These: Für jeden Täter wird – soweit normativ festgelegt und/oder erforderlich – ein »individuelles Sicherheits- und Rehabilitations-Budget« festgesetzt, das im Rahmen des Global-Budgets für die betreffende Person verwendet werden kann.

Auf der Grundlage der mittels oben beschriebener Datenerhebungen errechenbaren tatsächlichen Fallkosten für Täter mit definierten Diagnose-Delikt-Kombinationen lassen sich nunmehr so genannte »forensische DRGs« [Diagnosis Related Groups] entwickeln. So könnte in Anlehnung an das bzw. auf dem Hintergrund des fallgruppenorientierten, pauschalierten Abrechnungssystems, das zurzeit im Bereich der stationären somatischen Krankenhausbehandlung eingeführt wird, auch im Bereich der Prävention gegen gefährliche psychisch kranke Täter an die Festsetzung eines persönlichen, individuell »zugeschnittenen« Finanzbudgets gedacht werden. Dieses Budget hätte dann die für die Sicherung und Rehabilitation einer bestimmten Person voraussichtlich entstehenden Kosten prospektiv zu erfassen und als aus Steuermitteln aufzubringendes Leistungsangebot der Gesellschaft auszuweisen.

Außer den Bezugsgrößen bisheriger Aufwendungen für entsprechende Täter (siehe bei der vorhergehenden These) könnten zum Beispiel auch die Berechnungsmaßstäbe für Geldbußen und -strafen (Tagessätze x Tagesverdienst) bzw. die faktischen Kosten des Strafvollzugs in einer Justizvollzugsanstalt (Anzahl der Tage an Freiheitsstrafe x Tagessatz einer JVA: in NRW im Jahr 2003 ca. 90 Euro pro Tag) plus eines »Behandlungszuschlags« herangezogen werden.

Die Verwendung bzw. der Einsatz eines solchen »individuellen Sicherheits- und Rehabilitations-Budgets« ist für die für den Täter zuständige Institution flexibel. Das heißt es kann je nach erforderlichem und notwendigem Einsatz für Sicherheits- und/ oder Behandlungsmaßnahmen mit dem persönlichen Etat disponiert werden.

Ist die Sicherungs- und Rehabilitationsmaßnahme abgeschlossen, bevor das individuelle Budget ausgeschöpft ist, verbleibt der zuständigen Institution der nicht verbrauchte Betrag ganz oder wenigstens teilweise. Damit würde ein deutlicherer Anreiz zu einer zielgerichteten Behandlung gegeben als bisher bei der faktischen Erstattung des Aufwands – egal wie er als Kostenfaktor entstanden ist!

Reicht bei sich auch langfristig als besonders gefährlich erweisenden Tätern das individuelle, persönliche Budget nicht aus, so ist in einem geordneten Verfahren ein neues Budget (ein »Sicherungs-Nachschlag«) festzusetzen, es sei denn, der Täter würde nach jetzt geltendem Recht ohnehin in der Sicherungsverwahrung untergebracht.

9. These: Mit der Einführung eines solchen finanz-basierten Steuerungsmodells würden die Aufwendungen der Gesellschaft für den Maßregelvollzug steuerbar, – mindestens am gegenwärtigen Zustand gemessen steuerbarer und damit fiskalisch kalkulierbarer als bisher.

Ein solches neues Modell böte darüber hinaus den Maßregelvollzugseinrichtungen und ihren Administrationen finanzielle Anreize. Wenn sie die für den Patienten vorgesehene Rehabilitation zielorientiert durchführen, haben sie die Möglichkeit, Überschüsse zu erwirtschaften. Das heißt sie können über nicht verbrauchte Anteile der persönlichen Rehabilitationsbudgets der Patienten nach eigener Prioritätensetzung verfügen.

Die Effekte einer solchen Systemänderung wären in Folgendem zu sehen:
- Es gibt auf staatlicher und auf individueller Ebene klare Zielvorgaben zum Umgang mit gefährlichen psychisch kranken Personen durch die prospektive Festsetzung der genannten Budgets.
- Es bestehen für die Institutionen des Maßregelvollzugs Anreizmöglichkeiten zur Erwirtschaftung von Überschüssen durch effektiven Personal- und Mitteleinsatz, durch kostenbewusstes Handeln und eigenverantwortliches Entscheiden hinsichtlich der Erreichung des Maßregelvollzugsziels, nämlich dem Schutz der Gesellschaft vor gefährlichen Tätern.
- Das System Maßregelvollzug wird in der Wahrnehmung politischer Verantwortung für den Mitteleinsatz gegen psychisch kranke gefährliche Täter fiskalisch steuerbar und kalkulierbar.

Literatur

Forschungsarbeitsgemeinschaft Massregelvollzug (2003) Kosten und Ergebnisse des psychiatrischen Maßregelvollzugs nach § 63 StGB. Darstellung und Bewertung der Zusammenhänge von Unterbringungen, Mitteleinsatz und Legalbewährung als Beitrag zur kriminologischen Sanktionsforschung und zur Rechtstatsachenforschung, insbesondere im Blick auf ein mögliches Tätigwerden des Bundesgesetzgebers aufgrund von Art. 72 II GG (unveröffentlicht)
Frisch W (1990) Die Maßregeln der Besserung und Sicherung im strafrechtlichen Rechtsfolgensystem. ZStW 102: 343
Haffke B (1991) Zur Ambivalenz des § 21. R & P 9: 94
Haffke B (2005) Vom Rechtsstaat zum Sicherheitsstaat? In Rode I, Kammeier H, Leipert M (Hrsg.) Neue Lust auf Strafen. Schriftenreihe des Instituts für Konfliktforschung, Münster, Band 27, 35
Hassemer W (2000) Die neue Lust auf Strafe. Frankfurter Rundschau, 20.12.2000, 16
Kaiser G (1990) Befinden sich die kriminalrechtlichen Maßregeln in der Krise? Heidelberg
Kammeier H (2002) Der Preis der Sicherheit – Aufwendungen der Bundesländer für den Maßregelvollzug. R & P 20: 168
Kröber H-L (2001) Psychiatrische Beurteilung der unbefristeten Maßregel nach § 63 StGB bei verminderter Schuldfähigkeit. In Kröber H-L, Albrecht (Hrsg.) Verminderte Schuldfähigkeit und psychiatrische Maßregel. Baden-Baden, 147
Leygraf N, Schalast N (2005) Wodurch wird ein Maßregelpatient ›schwer entlassbar‹? In Rode I, Kammeier H, Leipert M (Hrsg.) Neue Lust auf Strafen. Schriftenreihe des Instituts für Konfliktforschung, Münster, Band 27, 85

Das Leipziger Selbstkontrolltraining

Grundlagen und Methoden

Torsten Klemm

Zusammenfassung

Die Forderung des Gesetzgebers, den Haftalltag so zu gestalten, dass er zur Resozialisation der Inhaftierten beiträgt, muss als bislang uneingelöst oder sogar gescheitert gelten. Dabei bildet die Kopplung von Therapie und Strafe bzw. Strafandrohung einen relativ jungen Ansatz, der erst in letzter Zeit durch im Zwangskontext anwendbare Interventionsmethoden zu nachweisbaren Effekten führt. In diesem Artikel werden die Konzeption, Evaluation, Rahmenbedingungen und einzelne Übungen eines curricularen Selbstkontrolltrainings vorgestellt. Darin wird Gewalttätern Gelegenheit gegeben, unter therapeutischer Anleitung in der Gruppe stufenweise soziale Basisfähigkeiten sowie Selbstmanagement zu erlernen. Theoretische Grundlage bietet die Selbstkontrolltheorie von Gottfredson & Hirschi und das daraus abgeleitete Zwei-Prozess-Modell der Selbstkontrolle. Zu den Inhalten des Trainings gehören: Entspannungsfähigkeit, Umgang mit Angst, Grenzklärung, Empathie-Übungen, Slow-Motion-Wechselfiguren, Aushalten von Provokationen und Humor, Lösen von Partnerkonflikten sowie die systemisch-strukturelle Zukunftsskulptur. Der therapeutische Stil ist handlungsorientiert. Einstellungen können anhand unmittelbarer Erlebnisse in der Gruppe erworben und verändert werden. Abschließend werden erste Evaluationsergebnisse berichtet.

Schlüsselwörter

Selbstkontrolle, Gewalt, Gruppentherapie, soziale Kompetenz

Einführung

Gruppentherapie mit Gewalttätern erscheint häufig als Methode der Wahl. Im Einzelsetting kann die individuelle Biografie thematisiert werden, es lassen sich Einsichten in die subjektiven Tathintergründe gewinnen. Handlungskompetenzen in sozialen Konflikten können auf diesem Wege aber nur schwer gewonnen werden. Es drängt sich sofort die Frage nach dem Transfer in den praktischen Vollzug des Alltags auf.

Ausgehend von traditionell soziologischen Gewalttheorien möchte ich hier einen Ansatz vorschlagen, der die Theorie der sozialen Bindungen und der Selbstkontrolle miteinander verbindet. Gewalt ist eine (extreme) Form der Kommunikation, die auf die Entwürdigung, Verletzung oder Ausschaltung des anderen abzielt. Oft folgt sie auf Desintegrationserfahrungen, sei es in der Familie (Trennung/Scheidung, Misshandlung) oder in Bezug auf Partizipationsgelegenheiten, die die Gesellschaft verweigert (Leistungsorientierung und berufliches Scheitern, Arbeitslosigkeit). Wenn Gewalt in diesem Rahmen durch einen Mangel an sozialen Fertigkeiten begründet ist (statt bei vorhandener sozialer Kompetenz strategisch für politische oder wirtschaftliche Ziele wie z. B. Schutzgelderpressung eingesetzt wird), kann Gruppentraining tatsächlich an den individuellen Ursachen ansetzen: im Miteinander Handlungsalternativen ausprobieren.

Es gibt keine »Diagnose« der Gewalt. Gewalt ist kein Personenmerkmal, sondern, wenn sie nicht selbstzerstörerisch ist, eine Interaktion. Sie kann Unbeteiligte treffen, durch Rücksichtslosigkeit an ihr Ziel kommen und einen kurzfristigen Erfolg bringen für den Angreifer (BANDURA 1977, 15). Auch eine einseitige Interaktion ist eine Interaktion. Menschen, die noch nie in ihrem Leben gewalttätig waren, können in bestimmten Situationen massiv in Gewalt ausbrechen. Gewalthandlungen lassen sich daher sowohl aus der Sicht des Täters (seinen Dispositionen, seinen Wunschvorstellungen und seiner Anstrengungsbereitschaft) als auch mit Blick auf den Kontext (Anreize, Konfliktsituationen, Familienmuster, Hierarchien, Verluste und Verführungsmomente) betrachten.

In der öffentlichen Diskussion zur Gewalt werden die verschiedenen Aspekte häufig vermischt. Aggressivität prinzipiell abzulehnen, hieße sie misszuverstehen. Sie übernimmt vielmehr sinnvolle psychische Funktionen, deren Unterdrückung oder Bekämpfung häufig erst in einem unerwarteten Gewaltausbruch mündet. Sie verhilft zum Aufgeben erstarrter Verhaltensmuster, erlöst von Minderwertigkeitsgefühlen und stellt nach Spielregelverletzungen das Gerechtigkeitsgefühl wieder her (OSWALD 1999, 181 ff.; VALTIN 1993, 192). Gewaltausübung ist von Aggressivität zu unterscheiden. Gewalt bezeichnet die Ausnutzung eines Machtgefälles. Gewalt geht häufig auch von Institutionen oder gesellschaftlichen Strukturen aus, ohne dass sie im Sinne körperlicher Auseinandersetzung sichtbar wird (auch Hierarchien des Maßregel- und Justizvollzuges sind gewaltförmig, das wird von den Protagonisten oft übersehen). Vielmehr stützt sie sich dann auf einen subtil verschachtelten, hierarchischen Apparat, der implizit Sanktionsmöglichkeiten gegen Abweichler legitimiert. Gegen strukturelle Gewalt mittels Einzel- oder Gruppentherapie vorzugehen, bedeutet gegen Windmühlen anzureiten. Vielmehr wäre es hier angezeigt, die Veränderung in und mit dem konkreten System zu suchen, das Gewalt hervorbringt, der Familie, dem Mobbing begünstigenden Arbeitsplatz, dem Milieu usw.

Aggressivität als Ausdruck eines emotionalen Zustandes (Ärger, Wut) kann sich blind austoben und Schaden auslösen. Der Umgang mit ungesteuerter Aggressivität, die sich an Kleinigkeiten entzündet und exzessiv steigert, lässt sich erlernen: Stärkung der Selbstkontrolle heißt keinesfalls, den »braven Bürger« heranzuziehen, sondern einen wirkungsvollen Ärgerausdruck zu vermitteln. Ich spreche lieber von »Selbstkontroll-« als von »Anti-Gewalt-Training«. Die Bezeichnung »Selbstkontrolltraining« führt die therapeutische Vision bereits im Namen, während »Anti-Gewalt-Training« suggeriert, man solle Gewalt bekämpfen – was wiederum nur Gewalt wäre.

Häufig ist die Eigenmotivation zur Teilnahme an einer Gruppe durch Gehemmtheit und entsprechende Abwehrversuche, Ausreden und Bagatellisierungen nur gering ausgeprägt oder blockiert. Selbst wenn gerichtliche Auflagen einen Kontext herstellen, der zur Teilnahme verpflichtet, wissen die Klienten – oder »Besucher« der Gruppe – oft nicht, worüber sie reden können (sollen). Mit kognitiven oder konstruktivistisch-verbalen Methoden zur Schuldaufarbeitung fällt es dann schwer, eine belebende Dynamik zu gestalten, die auch zu einer emotionalen Teilnahme beiträgt. Erlebnisorientierte Vorgehensweisen, die Gefühlswahrnehmung und Konfliktklärung am spielerischen Beispiel konkret werden lassen, eignen sich dagegen für einen kreativen, lösungsorientierten therapeutischen Umgang mit den Tätern. Nach meiner Erfahrung kann es für den Therapeuten hilfreich sein, sich das Selbstkontrolltraining in Form eines therapeutischen Rituals vorzustellen. Die Teilnahme an der Gruppe markiert eine »Übergangszeit«, die für Nachreifungsprozesse, Verbalisierung des Ungewohnten und die Entwicklung elementarer sozialer Fähigkeiten genutzt werden kann, um den eigenverantwortlichen Anschluss an die Gesellschaft vorzubereiten oder zu begleiten.

In der Regel weichen subkulturelle Gruppennormen von den bürgerlich akzeptierten Standards, mitunter auch von der Legalnorm, ab. HAFERKAMP (1976) bezeichnet die Abweichung als notwendige Phase im Individuationsprozess. Sobald dem Täter die Differenz zur Legalnorm bewusst ist, bedient er sich diverser Neutralisationstechniken (SYKES und MATZA 1963), um kognitive Dissonanzen zu reduzieren. Das Aufspüren der Ausreden und Bagatellisierungen bietet einen zweiten therapeutischen Ansatz. Zugleich stellt sich die Frage: Wenn ein Gewalttäter die Absurdität oder Brutalität seiner Überzeugungen erkennt, was soll an ihre Stelle treten? Wie kann er aus sich selbst heraus eine minimale ethische Haltung entwickeln, ohne dass ihm diese von außen – beispielsweise von einem Therapeuten oder Sozialarbeiter – oktroyiert wird?

Die Selbstkontrolltheorie

Standortbestimmung

Ist also die Gesellschaft schuld, die Familie, die Schule, der Freundeskreis, der Arbeitgeber? Ist der Gewalttäter, wie Dostojewski einst behauptete, willenloses Opfer seiner Situation oder, wie Gerhard Roth kürzlich einwarf, seines Gehirns? Die Tatsache, dass bei vergleichbaren ökonomischen Verhältnissen einige Menschen gewalttätig handeln und beispielsweise einen Raub begehen, und andere nicht, die Tatsache, dass einige Menschen in sozialen Konflikten, beispielsweise der Trennung von ihrem Partner, handgreiflich agieren, und andere nicht, lenkt den Blick auf den Einzelnen und seine Individualität zurück. Als gemeinsames Kennzeichen all dieser unterschiedlichen Anlässe und Erscheinungsformen krimineller Gewalt erscheint der Mangel an Selbstkontrolle:

>»A major characteristic of people with low-self-control is therefore a tendency to respond to tangible stimuli in the immediate environment, to have a concrete ›here and now‹ orientation. People with high self-control, in contrast, tend to defer gratification ... People who lack self-control will tend to be impulsive, insensitive, physical (as opposed to mental), risk-taking, short-sighted and nonverbal and they will therefore tend to engage in criminal and analogous acts.« (GOTTFREDSON und HIRSCHI 1990, 89)

Die Autoren fragen nicht nach den Ursachen von Gewalt, sondern nach den Faktoren, die den Einzelnen an der Gewaltausübung hindern. Damit lenken sie den Blick von den Defiziten auf die Ressourcen. Zumindest Systemikern dürfte dieser Perspektivwechsel vertraut erscheinen. Menschen mit der Fähigkeit zur Selbstkontrolle zeichnen sich durch eine Balance zwischen psychosozialer Anpassung und Autonomie aus. Geringe Selbstkontrolle definieren GOTTFREDSON und HIRSCHI (1990, 87) als »Empfänglichkeit für Verführungen des Augenblicks« und Resultat genetischer Dispositionen sowie der Sozialisation. Selbstkontrolle zu erwerben, sei vorrangig eine Aufgabe der Erziehung, die bis zum achten Lebensjahr abgeschlossen sein sollte. Selbstkontrolle bezeichnet damit eine Fähigkeit, die dem mittleren der drei Kohlbergschen Moralniveaus, der Fairness, noch vorgelagert ist. In den Augen von Gottfredson und Hirschi entsteht Kriminalität einschließlich physischer Gewalt als Funktion der Bedürfniskonstellation, der Gelegenheit und der Entdeckungswahrscheinlichkeit, begleitet von einem Mangel an Selbstkontrolle.

Charakteristika krimineller Handlungen sind vor allem:
- unmittelbare Bedürfniserfüllung, die keine Geduld erfordert,
- einfache Ausführbarkeit der Tat, die kaum Planung oder Ausbildung voraussetzt,
- Aufregung und Spannung (risk seeking),
- Ausblendung der langfristigen Folgen zugunsten des kurzfristigen Effekts,
- narzisstische Ignoranz gegenüber der Opferperspektive,
- Unfähigkeit, aus Fehlern zu lernen.

Zeichen für den kognitiven Charakter der Selbstkontrolle ist die Irrationalität, zu der ihr Mangel verleitet. Ein impulsiver Täter wählt Orte und Opfer für seine Übergriffe nicht vorrangig nach dem zu erwartenden Gewinn, sondern nach der Überwältigbarkeit der Lewinschen Barrieren, die ihn vom Objekt seiner Begierde trennen – er wählt den Weg des geringsten Widerstandes, das ihm am schwächsten erscheinende von den potenziellen Opfern. In dieser Hinsicht besitzt der Täter spezifische Kompetenz in der sekundenschnellen Abschätzung der körperlichen Stärke des anderen, der Stabilität von Türen, der Zuverlässigkeit von Dunkelheit und Verlassenheit gewisser Orte. Gemeinsam ist Tätern mit mangelnder Selbstkontrolle eine erhöhte Risikobereitschaft (vgl. Schwenkmezger 1977).

Ließe sich kriminelle Gewalttätigkeit lerntheoretisch erklären, so müsste zu beobachten sein, dass ein Täter nach einem gelungenen Coup diesen in gleicher Form wiederholt. Gerade dies ist in der Regel nicht festzustellen, Kriminalität äußert sich häufig multideliktisch (Gottfredson und Hirschi 1990, 72): Der Räuber ist zugleich Dieb und Junkie, der Schläger gleichzeitig Träger verbotener Symbole, Waffenbesitzer und Schwarzfahrer etc. Gestützt wird kurzatmiges, impulsgesteuertes Handeln durch Gesellschaftsformen, die sich in sozialer Desintegration befinden – insofern stimmen Selbstkontrollkonzept und Anomietheorie überein.

Selbstkontrolle und soziale Bindung: Das Zwei-Prozess-Modell

Aus der Umkehrung ihrer Beobachtung, dass delinquente Kinder zu wenig beaufsichtigt wurden, betonen Gottfredson und Hirschi die Bedeutung einer Erziehung, die effektiv die Fähigkeit zum Bedürfnisaufschub fördert. Erst die Beaufsichtigung der Kinder, so die Autoren, erlaube es, einen angemessenen Umgang mit devianten Verhaltensweisen zu finden. Stigmatisierung gilt Gottfredson und Hirschi nicht als mitverursachend, sondern als notwendiges Mittel der Erkennung und Bestrafung gewalttätigen Handelns – mit anderen Worten: Gottfredson und Hirschi leugnen den negativen Rückkopplungseffekt sozialer Sanktionen.

Kritisch ist darüber hinaus anzumerken, dass die Modellwirkung prosozial handelnder Bezugspersonen in der neuen Theorie von Gottfredson und Hirschi (1990) zu kurz kommt. Bereits 1969 legte Travis Hirschi eine Theorie vor, in der er behauptete, dass die Hemmschwelle zur Delinquenz desto höher liege, je wahrscheinlicher die Tatendeckung mit einem existenziellen Verlust, z. B. eines Arbeitsplatzes oder einer Lehrstelle, oder einem Gesichtsverlust gegenüber Freunden verbunden ist. Je stärker die sozialen Bindungen, desto geringer die Gewalt- und Delinquenzneigung. Hirschis Theorie der sozialen Bindungen wurde zu einem wichtigen Maßstab des US-amerikanischen Justizministeriums, um Präventionsmaßnahmen zu beurteilen. Er postulierte vier Stufen der Bindungsqualität:
- Freundschaftlichkeit und Intimität (attachment): Familie, Freunde;
- Verpflichtung (commitment): Beruf, Familie;
- soziale Einbindung (involvement): Schule, Arbeit, Sport, Vereine, Kirchen;
- ethische Überzeugung (belief): Rechtsbewusstsein, Ehrlichkeit.

Dies entspricht im Kern dem hierarchischen Loyalitätsmodell der systemischen Therapie (vgl. Bateson 1972, 553; Mücke 1998, 96 ff.) Tatsächlich schließen sich soziale Bindung und Selbstkontrolle nicht gegenseitig aus, sondern setzen einander voraus (AKERS 1994; ANDREWS und BONTA 1994). HIRSCHI und GOTTFREDSON (1995, 140) selbst räumen ein, schwache Bindungen seien »to some large degree products of low self-control«. Doch auch das Umgekehrte lässt sich beobachten. Jüngste Längsschnittbeobachtungen bei schwerkriminellen Drogenabhängigen, einer von der Selbstkontrollforschung vernachlässigten Klientel, zeigen, dass geringe Selbstkontrolle Freundschaften und Liebesbeziehungen schneller scheitern lässt. »The combination of self-control and social control perspectives shed some light on the causal process by which low self-control may influence later deviance.« (LONGSHORE et al. 2004, 559) Wenn Selbstkontrolle und soziale Bindung wechselseitige Mediatorvariablen bilden, wundert es nicht, dass sie hoch korrelieren. In einer funktionalen Sichtweise wäre es dennoch nicht sinnvoll, sie miteinander zu identifizieren. Herz- und Lungentätigkeit mögen eng aneinander gekoppelt sein. Kein Biologe käme jedoch auf die Idee, sie zu identifizieren. Vielmehr unterscheiden sie sich inhaltlich und stehen in einer reziproken zeitlichen Abhängigkeit (Abbildung 1).

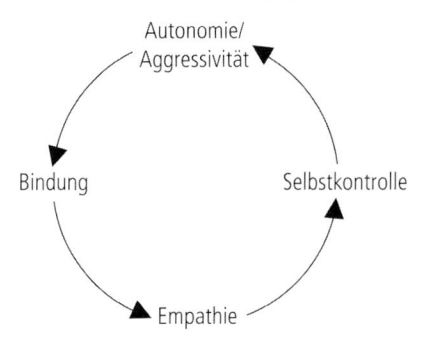

Abbildung 1: Kreisprozesse zwischen sozialer Bindung und Selbstkontrolle

Die primäre Bindung oder »emotionale Investition« der primären Bezugspersonen in das Kind (BOWLBY 1988) bildet die Voraussetzung für die spätere Einübung einer empathischen Sichtweise. Empathie – das Vorstellungsvermögen für langfristige Folgen, die Befindlichkeit und Situation anderer Menschen sowie die Funktionsweise von Institutionen und Systemen – wird benötigt, um Selbstkontrolle zu erwerben. Selbstkontrolle ist die minimale, notwendige, aber nicht hinreichende Bedingung einer selbstbestimmten Lebensform. Autonomie der Einzelnen gegenüber den jeweiligen Eltern gehört zu den bedeutsamen Voraussetzung einer gelingenden Partnerschaft.

Mit dem Übergang von der Herkunfts- in die Fortpflanzungsfamilie tritt der Kreislauf in einen zweiten Zyklus ein. »Such attachments – to a spouse, a workplace, or to co-workers – may occur later in life and repair the original attachment relationship. Only a limited number of studies take empathy into account in explaining criminality and most focus exclusively on sex offenders.« (KATZ 1999) Dieses Modell verdeutlicht, weshalb in der Adoleszenz die Gewalt- und Kriminalitätsneigung am höchsten ist, wenn es die Gesellschaft versäumt, der Übergangsphase des Adoleszenten in das Erwachsenenalter einen Rahmen zu geben. (Archaische Gesellschaften platzieren in dieser Phase starre Initiationsriten.) Der Jugendliche ist weder tatsächlich autonom noch genügend sozial gebunden.

Nicht jede soziale Bindung stärkt die Empathiefähigkeit und damit die Selbstkontrolle des Einzelnen. Bindungen an impulsive Eltern, Kontakte zu devianten Freunden fördern die Gewaltneigung eines Jugendlichen (AKERS 1994, MATSUEDA und ANDERSON 1998). Das zirkuläre Modell der Selbstkontrolle lässt sich umgekehrt auch für den Fall des Gewaltkreislaufs formulieren. Auch hier steigern sich die Effekte gegenseitig (Abbildung 2).

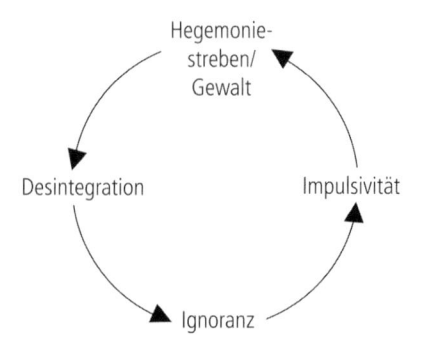

Abbildung 2: Kreisprozesse zwischen Desintegration und Gewalt

Der Kreisprozess kann an jeder Stelle selbstverstärkend einsetzen. Während der primären Sozialisation bilden Aufmerksamkeitsschwierigkeiten, selektive Wahrnehmung, Bedrohung durch harsche Erziehungsmethoden, Kindesmisshandlung sowie Vernachlässigung oder krisenhafte Trennungen der Eltern die Initialzündung zur Gewaltdynamik (WEST und FARRINGTON 1973, 1990, WADSWORTH 1979). Soziale Ausgrenzung, Hegemonie beanspruchende Ideologien, Empathie verhindernder Machismo oder Eifersucht setzen den Gewaltkreislauf nach Verlassen der Familie in Gang (MESSERSCHMIDT 1993). Das hier vorgestellte Modell der Selbstkontrolle ist weit davon entfernt, soziale Umstände der Gewaltentstehung zu psychologisieren. Der Mangel an Selbstkontrolle wird als Folge und Reaktion verstanden, er moderiert Gewaltausübung. Die Ausgrenzung impulsiver Kinder und Jugendlicher in der Schule führt oft dazu, dass sich diese in Gruppen wiederfinden, in denen Selbstkontrollmangel dominiert und als Modell wirkt. In diesem Sinne erlernen oder verstärken sie ihre Impulsivität durch »differenzielle Kontakte« (WRIGHT et al. 1999, 2001).

Hegemoniestreben drückt sich nicht in jedem Fall durch direkte Machtausübung oder einen vorderen Rang in der Cliquenhierarchie aus. Autoritätshörigkeit, die von einigen Forschern mit Rechtsradikalismus in Verbindung gesehen wird, delegiert den Dominanzanspruch der Mitläufer an eine Führungsfigur, in deren Schatten sie ihre eigene vermeintliche Überlegenheit wahrnehmen.

Auch Erwachsene, die längst Selbstachtung und Selbstkontrolle erworben haben, sind nicht vor ungeahnten Kontrollverlusten gefeit, wenn sie beispielsweise durch Krieg, finanziellen Ruin oder den Verlust des Partners in krisenhafte Situationen geraten. Das zirkuläre Modell betont die Entwicklungsdynamik der Selbstkontrolle bzw. des Selbstkontrollmangels. Während GOTTFREDSON und HIRSCHI (1990) die Ausbildung der Selbstkontrolle mit dem achten Lebensjahr als abgeschlossen und über den weiteren Lebensverlauf als konstant betrachten, streichen zahlreiche Autoren die Veränderbarkeit des »Trait« hervor (SAMSON und LAUB 1993, 7; GREENBERG 1994, 372; MOFFITT 1997; vgl. HIRSCHI und GOTTFREDSON 1995, 1996).

Zusammenfassend lässt sich eine Zwei-Komponenten-Theorie der Selbstkontrolle formulieren: Als äußere Barrieren, die Gewalttätigkeit verhindern, fungieren günstige Sozialisationsbedingungen wie Familienzusammenhalt, positive Identifikationsmöglichkeiten, demokratischer Erziehungsstil, als innere Barrieren dagegen Frustrationstoleranz, positive Selbstwahrnehmung und internalisierte Gewissensfunktion.

Rahmenbedingungen für ein effizientes Selbstkontrolltraining

Indikation, Kontraindikation und Alternativen

In den 70er- und 80er-Jahren glaubte man noch, gegen kriminelle Gewalttätigkeit sei kein therapeutisches Kraut gewachsen. Angesichts der Rückfallzahlen breitete sich geradezu Pessimismus aus, der in der Formel *Nothing works!* kulminierte (LIPTON et al. 1975). Die therapeutische Resignation hatte einen beispiellosen Anstieg der Inhaftierungen in den USA zur Folge. Dabei schlugen sich in den Statistiken vor allem erhebungsmethodische Mängel nieder.

In neueren Meta-Analysen finden sich signifikante Besserungseffekte durch therapeutische Behandlung (z. B. LIPSEY 1992). Nicht zuletzt ist diese Erkenntnis eine Folge differenzierterer Indikationen. Indem die Diagnostik des psychologischen und situativen Hintergrundes für Gewalthandlungen genauer wird, können auch die therapeutischen Methoden gezielter eingesetzt werden. Gewalttäter von vornherein für rückfällig zu erklären, zeugt von Verantwortungslosigkeit gegenüber potenziellen Opfern. Vielmehr stellt sich pragmatisch die Frage nach der im Einzelfall wirksamen Behandlungsform, mit anderen Worten: *What works?* (SHERMAN 1997).

Soziale Kompetenz lässt sich im Einzelsetting nur in geringem Maß üben. Die Teilnahme an einer Gruppe erscheint daher am sinnvollsten, wenn ein Mangel an sozialer Kompetenz zu den Gewalthandlungen des Klienten beigetragen hat. Das

Selbstkontrolltraining ist dann angezeigt, wenn der Täter konfliktbezogen oder impulsiv Gewalt anwendet. Strategischen Gewalthandlungen kann mithilfe des Selbstkontrolltrainings nicht vorgebeugt werden.

Nicht immer lassen sich beide Gewaltformen voneinander trennen. In diesen Fällen kann eine individuell zusammengestellte Kombination therapeutischer Maßnahmen hilfreich sein, unter denen das Selbstkontrolltraining einen Teil darstellt:
- faires Kräftemessen, Aufstellen und Beobachten von Spielregeln: bei eigentlich altersangemessener Aggressivität, die Jugendliche gegen jüngere oder schwächere zeigen;
- Schimpfwörter-Lexikon als paradoxe Intervention: bei verbaler Grenzverletzung Humor statt Provokation fördern, nur originelle Schimpfwörter werden in die Liste aufgenommen (das Verbot, Ausdrücke zu verwenden, bewirkt in der Regel das Gegenteil);
- Mediation: pragmatische Lösungen alltäglicher Konflikte statt Schuldzuweisungen, Konfliktlösungen als Chance zum sozialen Lernen nutzen;
- Täter-Opfer-Ausgleich: bei Sachbeschädigung und leichten Körperverletzungen sollten Entschuldigung und Wiedergutmachung die Gruppentherapie ergänzen;
- Änderung der Kontextbedingungen, Hierarchien, Mitbestimmungsmöglichkeiten, Entscheidungstransparenz: bei Wut als Reaktion auf strukturelle Gewalt, z. B. wenn Vorgesetzte ihre Macht zur Herabwürdigung nutzen oder wenn unfaire Wettbewerbsregeln (z. B. in Sportvereinen) gelten;
- (vorübergehende) räumliche Trennung: bei häuslicher oder familiärer Gewalt, da Paar- und Familientherapie in der Anfangszeit häufig mit der Gefahr einer anhaltenden Bedrohung des Opfers verknüpft ist, kann der gewaltausübende Partner zunächst an ein Selbstkontrolltraining überwiesen werden, bevor die Paar-, Familien- oder Trennungstherapie beginnt;
- Pharmakotherapie: bei akuten psychotischen Episoden oder drogeninduzierter Gewalt.

»Verwahrung«, »Abschreckung«, »boot camps« oder die Strafverbüßung allein erhöhen dagegen in erheblichem Maße die Rückfälligkeit (Lipsey 1992, Klemm 2003). Es kann nicht die Funktion des Maßregel- und Justizvollzugs sein, die Verurteilten gefährlicher aus dem System zu entlassen, als sie hineingekommen sind – dies wäre weder im Interesse der Öffentlichkeit, die sich mithilfe der Strafjustiz zu schützen sucht, noch im Interesse der Verurteilten selbst. Wie lässt sich der justizielle Druck therapeutisch sinnvoll nutzen?

Behandlungsmotivation ist keine Personenvariable!

Ohne justiziellen Druck erklären sich Gewalttäter nur selten zu einer Therapie, schon gar nicht zu einer Gruppentherapie bereit. Da sie häufig nur die angenehmen Folgen ihrer Gewalthandlungen wahrnehmen, den Schaden für andere jedoch ausblenden, wird ihnen die Behandlungsbedürftigkeit ihres Tuns von allein oft nicht bewusst. Anders verhält es sich bei gewaltsam ausgefochtenen Beziehungskonflikten. Hier kann es eher passieren, dass ein Partner, der Gewalt ausgeübt hat, unter seinem Kontrollverlust und der möglicherweise folgenden Trennung leidet. Täter, die an einem ambulanten Selbstkontrolltraining teilnehmen, werden in der Regel vom Gericht oder der Bewährungshilfe geschickt, wenn das Training nicht ganz und gar hinter Gefängnismauern oder Maßregelzäunen stattfindet.

Die Therapiemotivation in Zwangskontexten wird landläufig unterschätzt (DAHLE 1994). Gewalttäter gelten häufig ohne genaueres Hinsehen als therapieresistent, änderungsunwillig oder frühgestört. Ein Urteilsfehler, der zahlreichen Professionellen unterläuft, ist die Einschätzung der Therapiemotivation als Eigenschaft des Klienten. Tatsächlich stellt sich »Therapiemotivation« jedoch interaktionell her als Produkt des individuellen Leidensdruckes, der durchaus sekundär vom Zwangskontext erzeugt oder verstärkt sein kann, der Hoffnung auf Besserung, die die therapeutische Institution mit ihren Angeboten, Konzepten und nicht zuletzt mit ihrer Kultur der zwischenmenschlichen Begegnung weckt, der Änderungsbereitschaft des Klienten sowie den tatsächlichen Vorteilen, die die Teilnahme an der Therapie impliziert (z. B. Abschluss einer Bewährungsauflage). Auch intramural ist die Therapiemotivation keine Privatangelegenheit der Insassen. Die Rückfallzahlen der Jugendstraf-Anstalten schwanken erheblich, d. h. mit Unterschieden bis zu 30 %, in Abhängigkeit von der behandlerischen Konzeption und Atmosphäre (vgl. LÖSEL et al. 1987).

Leidensdruck und Änderungsbereitschaft der Klienten im Zwangskontext sind – das mag überraschen – bei der Mehrheit in hohem Maße vorhanden. Es mangelt vielmehr an klaren therapeutischen Angeboten, die durch nachgewiesene Wirksamkeit überzeugen, und an einer ausreichenden Implementierung therapeutischer Programme in die Gerichtsbarkeit. Damit bleibt die Eigenmotivation zum Nachteil für die Gesellschaft, für die Täter und die Betroffenen nur allzu häufig unerkannt und ungenutzt.

Neben der Hoffnung auf eine Verbesserung der Symptomatik (z. B. soziale Ängstlichkeit, Unsicherheit, Depressivität, Aggressivität, Zwanghaftigkeit) erhofft ein Großteil der Täter künftige Straffreiheit (vgl. BEIER und HINRICHS 1996, DAHLE 1998). Eine Rückkehr ins Gefängnis oder eine Verlängerung der Auflagen zu vermeiden, ermöglicht in den meisten Fällen ein wirkungsvolles pragmatisches Arbeitsbündnis zwischen Klient, Therapeut und Justiz. Ebenso kann ein vordergründig erscheinendes Interesse an Lockerungen des Vollzuges, strafrechtlichen Erleichterungen, an einer vorzeitigen Entlassung oder an Sanktionsvermeidung im Sinne von Bewährung eine legitime Sekundär-Motivation zur Initiation therapeutischer Arbeit liefern – vorausgesetzt, dass es die Therapie dem Täter nicht zu leicht macht, sondern ihm statt einer äußerlichen Einschränkung eine psychische Selbstveränderung abverlangt.

Lose in der Institution wie auch im Strafrechtssystem integrierte Programme, die einzelne Therapeuten in zugewiesenen Nischen und oft mit wenig theoretischer Stringenz ausführen, erweisen sich nachweislich als ineffektiver im Vergleich zu Programmen, die im Behandlungsmilieu und Sanktionssystem gut verankert sind. Bei verurteilten Gewalttätern mindert insbesondere eine therapeutische Begleitung wenigstens zwei Jahre über das Haftende hinaus die Rückfälligkeit wesentlich (ELDRIGE 1997, KURY 1998). Häufig verhindern dies jedoch Kompetenzstreitigkeiten auf ministerialer Ebene. Die Justiz sieht sich mit Haftende aus ihrer Verantwortung entlassen; die Fortführung der in Haft begonnenen Therapien durch im Vollzug angestellte Therapeuten wäre nicht finanzierbar. Am besten geeignet sind demnach ambulante Therapeuten, die unabhängig vom Justizapparat arbeiten, aber eine wohldefinierte Rolle bereits während der Haftverbüßung spielen (Kontaktaufnahme, Beziehungsgestaltung, Individualdiagnostik, Gruppen). Sie müssten ihren Auftrag von den Gerichten erhalten. Dies ist aber in der Regel nicht der Fall. Die legalprognostisch bedeutsame Nutzung des Druckes während und nach einer justiziellen Maßnahme wird damit regelmäßig versäumt.

Setting
Das Leipziger Selbstkontrolltraining findet *zweiwöchentlich* über jeweils etwa zwei Zeitstunden statt. Der Abstand zwischen den Sitzungen hat unter ambulanten Bedingungen den Sinn, dass die Klienten Gelegenheit finden können, die Umsetzung des Gelernten in ihrer Alltagsrealität zu erproben. Das Training ist als offene Gruppe konzipiert: d.h. für jeden der ausscheidet, rückt der Nächste von der Warteliste nach. Jedem neuen Teilnehmer werden in einer Art *Eingangsritual* Fragen gestellt zu seinen Erwartungen an die Gruppe, zu den Anzeichen, anhand derer er erkennen würde, dass ihm die Teilnahme etwas gebracht hat, woran es andere merken würden und was in der Gruppe passieren müsste, damit er das Gefühl hätte, es sei sinnlos, sich weiter zu beteiligen. Des Weiteren werden die »älteren« Gruppenmitglieder aufgefordert, dem Neuen zu erzählen, was bisher gelaufen sei und ihm die Gruppenregeln mitzuteilen.
Die Gruppenregeln werden in der ersten Stunde, wenn sich die Gruppe konstituiert von den Teilnehmern selbst gesammelt und diskutiert. Um zu verhindern, dass Subkulturnormen die Oberhand gewinnen, besitzen die Gruppenleiter ein Vetorecht, das sie wirkungsvoll für Begründungen nutzen können, wenn sie Vorschläge ablehnen oder alternative Regeln einbringen. Neben Verschwiegenheit, Gewaltfreiheit, Ausredenlassen gehört zu den Standards eine leicht nachvollziehbare Handhabung gestufter Verwarnungen wie im Fußball: Regelverletzungen werden zunächst mit einer »gelben Karte« registriert. Folgt vom selben Teilnehmer in der jeweiligen Stunde eine zweite Regelverletzung, erhält er die zweite gelbe Karte. Bei der dritten Regelverletzung ist damit Schluss: Er bekommt die »rote Karte«, muss die Gruppe für diese Trainingseinheit verlassen und sie am Ende des Kurses nachholen. Die

Gruppenleiter »vergessen« gelbe Karten am Ende der Stunde, merken sich aber die roten. Erhält ein Teilnehmer die zweite rote Karte, ein Mittel das äußerst sparsam eingesetzt werden sollte, wird er vom Training suspendiert und sollte in einem anderen Setting, z. B. zunächst einzeltherapeutisch, weiterbetreut werden.

Eine Gruppenstärke von sechs bis zehn Teilnehmern erweist sich meiner Erfahrung nach als günstig. Kleinere Gruppen bieten zu wenig Dynamik, Auseinandersetzung und Plattform. In größeren Gruppen fällt es schwerer, tatsächlich alle Teilnehmer einzubeziehen und mit ihrer Aufmerksamkeit an die Gruppe zu binden.

Nach Möglichkeit sollten ein männlicher und ein weiblicher Trainer als Co-Therapeuten-Team die Gruppe anleiten. Auf diese Weise können nicht nur flexibler »Störungen« des geplanten Ablaufs aufgegriffen und genutzt werden. Die Teilnehmer erhalten vielmehr implizit Gelegenheit, kooperative Kommunikationsformen zwischen Mann und Frau modellhaft wahrzunehmen (besonders angezeigt bei Selbstkontrollgruppen mit sexuellen Grenzverletzern oder häuslichen Gewalttätern).

Ein Curriculum erstreckt sich über zwanzig Sitzungen. Vor Beginn des Trainings, nach der Hälfte, am Ende und nach einem halben Jahr sollte eine testdiagnostische Evaluation des Veränderungsprozesses angesetzt werden, zum einen um die Fortschritte des Teilnehmers sichtbar werden zu lassen, zum anderen um die Nachhaltigkeit der Veränderungen dokumentieren zu können (u. a. Grundlage für die Abschlusseinschätzung).

Inhalte des Selbstkontrolltrainings

Nach meinen Erfahrungen erweist es sich als günstig, die Behandlung mit therapeutischen Mitteln durchzuführen, die auf der Ebene Handlungsregulation der Täter angesiedelt sind. Die Sprache des Therapeuten sollte von den Gruppenteilnehmern verstanden werden können. Dazu bleibt es nicht aus, sich gelegentlich des *Slang* zu bedienen, nicht um abzuwerten, sondern um zu verdeutlichen. Direktive, kognitiv-behaviorale, körperorientierte und situativ-systemische Interventionen eignen sich besser als non-direktive, einsichtsorientierte und ausschließlich verbale Methoden.

Vorrangig auf Einstellungsveränderungen abzielende Therapien können viel Zeit beanspruchen, in der die Teilnehmer lernen, sich eloquenter auszudrücken, ohne dass ein spürbarer Effekt in ihrer Handlungsregulation zu beobachten ist. Als ineffektiv stellt sich beispielsweise das monatelange »Aufarbeiten der Tat« heraus, indem immer wieder Anläufe unternommen werden, einen ausgewogenen Entschuldigungsbrief an das Opfer zu verfassen (der aber nicht abgeschickt wird, sondern allein der Herstellung von Täterbewusstsein dient). Anstelle eines solchen distanzierenden Verfahrens der Tatrekonstruktion halte ich Methoden für geeigneter, die die emotionale Beteiligung des Täters implizieren und Opfer-Empathie für ihn körperlich spürbar werden lassen – mit einem Wort: erlebnisbetonte Therapien, die zur Selbststeuerung beitragen, Rituale und den erweiterten sozialen Kontext (Angehörige, Betroffene, Justiz) nutzen.

Gerade die zu Kontrollverlusten führende Unsicherheit vieler Gewalttäter erfordert eine psychische Immunisierung gegen wahrgenommene Kränkung, Überforderung oder Kritik (Renwick et al. 1997), so dass neben stützenden Interventionen zur Verbesserung des Selbstmanagements provokative Techniken wie der »heiße Stuhl« (Weidner 1995) angezeigt sind. Stressimpfungs-Techniken zur Steigerung der Selbstkontrolle, die sich als Voraussetzung für verantwortungsbewusste Autonomie verstehen lässt, wurden von Goldfried (1973), Novaco (1975) und Meichenbaum (1979) entwickelt.

Das Selbstkontrolltraining, das ich seit 1998 in Leipzig (während der ersten beiden Jahre intramural in der JVA, danach ambulant in einer Erziehungsberatungsstelle) durchführe, hat einen gestuften Aufbau (ausführliche Beschreibung in: Klemm 2003): Es beginnt mit einem Partnerinterview zum »Teufelskreis der Wut« bzw. »der Unsicherheit« als kognitive Vorbereitung auf das Training. Dies ist die einzige ausschließlich kognitive Trainingseinheit, die nicht nur Stärken und Schwächen jedes Teilnehmers in der Gruppe als individuellen Ausgangspunkt offenbart, sondern, indem sich die Gesprächspartner wechselseitig in der Gruppe vorstellen, Einfühlen und Zuhören trainiert. Daran knüpfen Übungen an zur Wahrnehmungssensibilisierung, zum Gefühle-Erkennen und zur Selbstkontrolle im engeren Sinne (Entspannung, Aushalten von Provokationen, Humor) und zur Tatrekonstruktion (Laiengericht, Slow-Motion-Wechselfiguren, Alternativhandlungen). Erst in diesem Stadium beginnen komplexere Kommunikationsübungen (Partnerkonflikte, Eifersucht). Das Training wird abgeschlossen durch eine Rückfallprophylaxe in Form der so genannten »Zukunftsskulptur«, in der neben den bedeutenden Personen auch das Delikt, die Vergangenheit, die Zukunftserwartungen sowie die eventuellen Hindernisse (das Ungewisse) aufgestellt werden und in einem »lösungsgeometrischen Gespräch« hinsichtlich Ressourcen und Gefahren diskutiert werden.

Ablauf der Sitzungen

Jede Trainingssitzung gliedert sich in drei Teile: Zu Beginn werden blitzlichtartig Veränderungen und Beobachtungen der Teilnehmer besprochen. Tauchen substanzielle Probleme auf, so können sich die anderen Gruppenmitglieder im Sinne eines reflecting team an der Lösungssuche und -diskussion beteiligen. Daran schließt sich eine Diskussion zum Thema der Übung an, die für die jeweilige Sitzung im Mittelpunkt steht und von den Gruppenleitern vorgeschlagen wird. Einige kürzere, inhaltlich verwandte Übungen werden in einer Sitzung zusammengezogen (z. B. »Videokonfrontation« und »Zeitungsspiel«, »persönlicher Schutzraum« und »Vertrauenspendel«). Der dritte Teil beinhaltet ein Biofeedbacktraining zum Üben körperlicher Entspannung, anfangs zur Unterstützung und Festigung zuvor erlernter

Entspannungstechniken, später bei Konfrontation mit intrusiven Gedanken. Eine wichtige Regel für die Übungen besteht darin, dass niemand ausgelassen wird. (Damit vereinfacht sich übrigens das Problem, wer anfängt).

Nr.	Übung	Trainingsziel
(1)	»Teufelskreis der Unsicherheit bzw. Wut«	kognitive Vorbereitung der Übungen
(2)	kognitive Entspannungstechniken	individuelle Auswahl eines Verfahrens
(3)	Progressive Muskelrelaxation	Erfahren körperbezogener Entspannung
(4)	Qigong-Taiji: Vorbereitungsübungen	Selbstwahrnehmung und Selbstbeherrschung
(5)	»Geräuscheraten«	Wahrnehmungsdifferenzierung
(6)	»Wind im Wald«	Sensibilisierung für nonverbale Kommunikation
(7)	»Vertrauenspendel«	Vertrauen geben und empfangen
(8)	»der persönliche Schutzraum«	Zusammenhang von Annäherung und Bedrohung
(9)	Videokonfrontation	Erleben der eigenen Wirkung auf andere
(10)	»Gesten«	körperlicher Ausdruck von Respekt
(11)	»Gefühlstheater«	Sensibilisierung der Gefühlswahrnehmung
(12)	»Laiengericht«	Täter-Opfer-Perspektivenwechsel verbal
(13)	Slow-motion Wechselskulpturen	nonverbaler Rollentausch und Perspektivenwechsel
(14)	»heißer Stuhl«	Aushalten von Provokationen, Humor
(15)	kognitiv-motorische Mehrfachaufgaben	Stressimpfung
(16)	»Pro-und-Contra-Übung«	Argumentationsfertigkeiten, Empathie
(17)	»Kennenlernen«	Werben um Sympathie, Umgang mit Eifersucht
(18)	»Zeitungsspiel«	Umgang mit Partnerkonflikten
(19)	offene Themen	Nutzung des »reflektierenden Teams« für einzelne Teilnehmer
(20)	»Zukunftsskulptur«	Strukturierung der eigenen Position im sozialen Umfeld

Einige Beispiele für Übungsthemen seien hier näher beschrieben:
- *Perspektivenwechsel im Laiengericht:* Zur Einführung werden die Teilnehmer nach ihrem schwersten (bereits verurteilten) Delikt und den Umständen gefragt; anschließend wählen sie in geheimer Abstimmung einen Fall aus, der in einem Laiengericht verhandelt werden soll. Dabei tritt der reale Täter als Opfer, d. h. als Zeuge, auf, die übrigen Rollen, Verteidiger, Staatsanwaltschaft, Richter, Schöffe, Presse etc. sind frei besetzbar. Die Rolle des Journalisten lässt sich im Übrigen gut mit Beobachtungsaufgaben verbinden.
- *Slow-motion-Wechselskulpturen:* Jeweils zwei Teilnehmer positionieren sich zu einer Skulptur, die Täter und Opfer darstellen, um dann in einer langsamen, fließenden Bewegung die Rolle zu wechseln, der Täter nimmt die Körperhaltung des Opfers ein, das Opfer die Haltung des Täters. Wiederholung zu den Konstellationen »Mann« und »Frau«, »Erwachsener« und »Kind«, »Angeklagter« und »Richter«.
- *Der heiße Stuhl:* Verbale Abwertung als therapeutische Methode anzuwenden, ist nicht nur fragwürdig, sondern kann auch gefährlich werden. Für mich liegt

im Unterschied zu Jens Weidners Vorgehen der Fokus auf einem Realitätstraining: verbale statt tätliche Schlagfertigkeit zu üben. Dazu können in einer ersten Runde auch vorbereitete Karten genutzt werden, auf denen verbale Provokationen stehen. (Gerade unsicheren Tätern fehlt oft die Fantasie zur verbalen Beleidigung.) Der Teilnehmer auf dem heißen Stuhl hat die Aufgabe, pfiffig zu kontern. Bei sexuell Übergriffigen kann der heiße Stuhl die Verleugnungshaltung des Täters auflockern, indem er einen humorvoll-distanzierten Umgang mit perversen Fantasien einübt.

- Die »*Internationale Mutprobe*« (bei rechtsorientierter Gewalt): Die Teilnehmer skalieren ihren Mut zwischen 0 und 10. Der nach seiner Einschätzung Mutigste setzt dann als Erster eine bunt gefärbte Perücke auf und geht damit eine Runde durchs Haus, wo er einige vorbereitete Anlaufpartner, den Stationsbeamten, einige rechtsorientierte »Kameraden« und ausländische Mitgefangene, kurz besuchen soll. Die Übung wird als große Herausforderung zur Selbstüberwindung empfunden. (Sie geht auf eine Anregung meiner Dresdner Kollegin Kallab-Welzel zurück.)
- *Zukunftsskulptur als Verabschiedungs-Ritual:* Wenn ein Teilnehmer aus der Gruppe regulär ausscheidet, erhält er die Möglichkeit, seine Vorstellung über die Zukunft und die Nützlichkeit vergangener Erfahrungen zu strukturieren, indem er sich selbst als »Fokus« sowie den Rollen »Vater«, »Mutter«, »Vergangenheit«, »Zukunft«, »Delikt«, »das Unbekannte, das dazwischen kommen kann« Repräsentanten aus der Gruppe zuordnet. Die Repräsentanten werden vom Aufstellenden durch den Raum geführt und an den Ort gestellt, der ihnen seiner Meinung nach zukommt. Danach setzt sich der Aufstellende als Beobachter an den Rand, während die Repräsentanten vom Kursleiter um ein Feedback gebeten und teilweise umgestellt werden. Danach nimmt der Gruppenteilnehmer, der verabschiedet wird, den Platz des Fokus ein. Während die Teilnehmer nun in der Position des Schlussbildes sitzen, initiiert der Gruppenteilnehmer ein »lösungsgeometrisches Interview« (Sparrer und Varga von Kibéd 2000). Es umfasst neben der Wunderfrage weitere Themen: Auf welche Weise kann das Delikt für die Zukunft nützlich sein? Was kann bei der Realisation von Wünschen (an die Zukunft) dazwischenkommen? Wie kann der Vater, wie die Mutter in Zukunft Unterstützung geben? Welche Formen der Abgrenzung von den Eltern sind geeignet? In der Regel kommt durch diese Fragen ein spontaner, lösungsfokussierter Dialog zwischen den Repräsentanten und dem Fokus in Gang.

Gruppentherapeutische Nutzung von Ritualen

Rituale kanalisieren das Destabilisierungspotenzial in Übergangsphasen. Therapeutische Rituale bieten die Möglichkeit, durch körpersprachliche, einprägsame Handlungen, Übergängen Bedeutung zuzuschreiben. Innerhalb eines festen, stereotypen Ablaufs schaffen Rituale Raum für innere Prozesse, die das Ritual als Trancezustand und Symbolhandlung kennzeichnen (KLEMM 2003).

Im Zusammenhang mit der therapeutischen Nutzung von Ritualen können anstelle einer ekstatischen Schwellenphase durchaus andere Erlebnisweisen stehen, die etwas Besonderes symbolisieren: Trance- oder Aha-Erlebnisse, Wertschätzung, Zweifel. Gerade im Zwangskontext kann nicht davon ausgegangen werden, dass allein die formale Durchführung einer Ritualhandlung bereits tiefe Spuren hinterlässt. Umso bedeutsamer erscheint die feinfühlige Synchronisation zwischen Therapeut und Klient, die ein tatsächlich emotionales Durchschreiten des Übergangsprozesses begleitet. Kognitiv kann diese Methode durch die berühmte Frage »Woran merken Sie, dass ...?« vorbereitet werden. Im Prozess selbst genügen oft »kleine Winke« oder interessiert-fragende Kommentare zur Bewusstmachung körperlicher Empfindungen. Beispielsweise genügt es, bei den Slow-Motion-Wechselfiguren nach Veränderungen im körperlichen Empfinden zu fragen (»Wo haben Sie den Unterschied zwischen der Körperhaltung des Täters und des Opfers gespürt? Was hat sich anders angefühlt? etc.). Ein sich ritualmäßig wiederholender Rahmen im Ablauf kann den Teilnehmern die nötige Sicherheit geben, sich in der Gruppe zu offenbaren, und die aktive Beteiligung der Klienten sicherstellen.

Evaluationsergebnisse

Das hier vorgestellte Selbstkontroll-Training wurde mit Gewalttätern im Leipziger Gefängnis stationär durchgeführt und in einer ersten Auswertung evaluiert (N = 87). Die Effizienz des Trainings wurde mithilfe des Fragebogens »Konfliktverhalten-situativ« (KV-S, KLEMM 2002) und des Inventars zur Ärgerverarbeitung (STAXI, SCHWENKMEZGER et al. 1992) gemessen und mit den Veränderungen einer Kontrollgruppe von Inhaftierten längsschnittlich verglichen, die nicht am Training teilnahmen (N = 40). (Beide Gruppen wurden nach Alter parallelisiert, die SKT-Gruppe hatte Delikte mit größerer Schwere begangen, die Vergleichsgruppe dagegen mit größerer Häufigkeit.) Eine ausführliche Beschreibung der Ergebnisse findet sich in KLEMM (2003). Mittlerweile existiert auch eine Evaluationsstichprobe für sexuelle Gewalttäter (N = 56). Deren Ergebnisse werden gesondert mitgeteilt.

Während sich die Persönlichkeitsauffälligkeiten der Inhaftierten, die nicht am SKT teilgenommen haben, unabhängig vom betrachteten Zeitraum lediglich marginal in einzelnen Werten änderten, konnten für die Teilnehmer am SKT signifikante Entwicklungen für die Gesamtheit der erfragten Konfliktsituationen beobachtet werden. Den stärksten Zuwachs erhielt die Skala Selbstkontrolle (ss), vor Empathie (es) und Problemlösebereitschaft (pw), während Aggressivität (sa), histrionische Verhaltensmuster (ah), Depressivität (id) und Somatisierung (sk) abnahmen. Auch die psychische Belastung ging signifikant zurück. Der Ressourcen-Defizite-Quotient

(RDQ) wuchs signifikant. Bestätigung fanden diese Tendenzen in den Wertentwicklungen des STAXI: Gereiztheit (Trait Anger) und Ärgerausdruck (Anger Out) nahmen im Laufe des Trainings signifikant ab, während die Ärgerkontrolle signifikant anwuchs. Die Skala Anger In wie auch klassisch psychiatrische Dimensionen des KV-S (z. B. Schizoidie, emotionale Labilität, Abhängigkeit, Scham- und Schuldkomplexe) zeigten keine signifikanten Veränderungen an (Abbildungen 3 und 4).

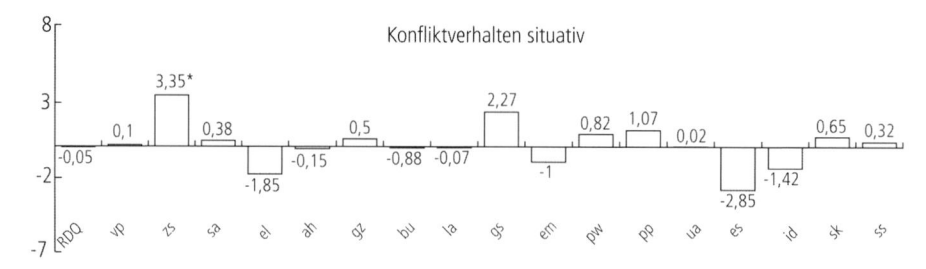

Abbildung 3: Post-Prä-Differenzen der Vergleichsgruppe
(Gewalttäter, die nicht am SKT teilnahmen)

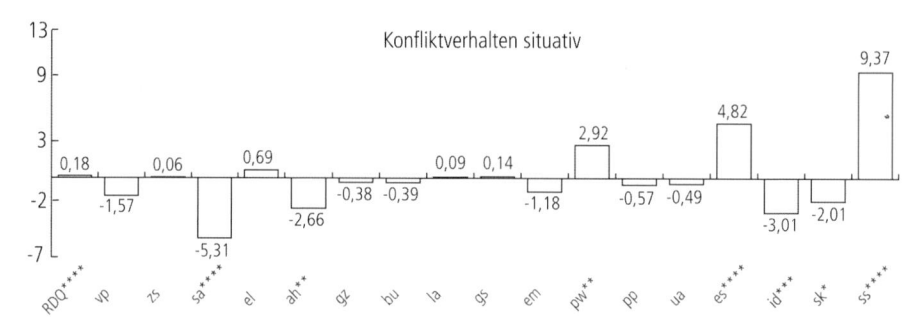

Abbildung 4: Post-Prä-Unterschiede der Teilnehmer am Selbstkontrolltraining

Die Analyse der Varianzunterschiede legte differenzielle Effekte auch für das Selbstkontrolltraining nahe: Nicht alle Teilnehmer haben in allen Skalen gleichmäßig profitiert. Augenscheinlich spaltete sich die Gruppe in Teilnehmer, deren Ressourcen-Defizite-Quotient (RDQ) wuchs, und in Teilnehmer, bei denen er sich nicht veränderte. In den Stärken-Schwächen-Werten war dieser differenzielle Effekt mit unterschiedlichen Gewinnen in der Skala Selbstkontrolle assoziiert. Umgekehrt bestanden vor Beginn des Trainings signifikante Unterschiede zwischen Gruppenmitgliedern hinsichtlich Musterübertragung (em), Aufmerksamkeitsproblemen (ua), Depressivität (id) sowie Paranoia (vp), Somatisierung (sk), Abhängigkeit (la), Unsicherheit (bu) und Aggressivität (sa). In diesen Bereichen haben sich die Kursteilnehmer im Laufe des Trainings angeglichen.

Ausblick

Selbstkontrolle in Verbindung zu sozialen Bindungen für trainierbar zu halten, bietet eine relativ neue und aussichtsreiche Perspektive im Umgang mit schwerer Gewalt, hauptsächlich in Ergänzung zu Maßnahmen des Gerichts und der Bewährungshilfe (Führungsaufsicht). Erste Evaluationsergebnisse deuten positive Veränderungseffekte an, die auch nach Beendigung des Trainings bestehen bleiben. Offen ist, inwieweit das Training tatsächlich die Zahl einschlägiger Rückfälle reduziert.

Konzeptionell untermauert die Synthese von Selbstkontroll- und Bindungstheorie die praktische Verbindung von Einzel-, Gruppen- und Familientherapie im Umgang mit Gewalttätern. Insbesondere nach Beendigung eines Selbstkontroll-Curriculums stellt sich die Frage, ob es das nun war oder ob weitere Angebote anknüpfen sollten. Erfahrungen zu sammeln, die über die Wirkung familien- und einzeltherapeutischer Fortsetzung von Gruppentherapien Auskunft geben, ist eine Herausforderung der Zukunft.

Literatur

AKERS RL (1994) Criminological theories: Introduction and evaluation. Roxbury, Los Angeles
ANDREWS DA, BONTA J (1998) The psychology of criminal conduct. Anderson, Cincinnati
BANDURA A (1977) Aggression: eine sozial-lerntheoretische Analyse. Klett-Cotta, Stuttgart, 1979
BATESON G (1972) Ökologie des Geistes. Suhrkamp, Frankfurt 1985
BEIER KM, HINRICHS G (1996) Die Sankelmarker Thesen zur Psychotherapie mit Straffälligen. Monatsschrift für Kriminologie und Strafrechtsreform, 79 (1): 25–37
BOWLBY J (1988) A secure base: Parent-child attachment and healthy human development. Basic Books, New York
DAHLE KP (1994) Therapiemotivation inhaftierter Straftäter. In STELLER M, DAHLE KP, BLASQUÉ M (Hrsg.) Straftäterbehandlung. Centaurus, Pfaffenweiler
DAHLE KP (1998) Therapiemotivation und forensische Psychotherapie. In WAGNER E, WERDENICH W (Hrsg.) Forensische Psychotherapie. Facultas, Wien
ELLIOTT D (2004) Blueprints – Modelle zur Gewaltprävention. Sonderdruck zum 26. Deutschen Jugendgerichtstag, Leipzig
GOLDFRIED MR (1973) Reduction of generalized anxiety through a variant of sytematic desensitization. In GOLDFRIED MR, MERBAUM M (Hrsg.) Behavior change through self-control. Holt Rinehart & Winston, New York
GOTTFREDSON MR, HIRSCHI T (1990) A General Theory of Crime. Stanford University Press
GREENBERG DF (1994) The historical variability of the age-crime relationship. Journal of Quantitative Criminology, 10 (4): 361–373
GRUBER T, ROTTHAUS W (1999) Systemische Therapie mit jugendlichen Sexualstraftätern in einer symptomhomogenen Gruppe. Zeitschrift für Strafvollzug und Straffälligenhilfe, 6: 341–348
HAFERKAMP H (1976) Soziologie als Handlungstheorie. Westdeutscher Verlag, Opladen
Hirschi T (1969) Causes of delinquency. University of California Press, Berkeley
HIRSCHI T, GOTTFREDSON MR (1995) Control theory and the life-course perspective. Studies on Crime and Crime Prevention, 4 (2): 131–142

HIRSCHI T, GOTTFREDSON MR (1995) Control theory and the stability assumption: Inherent or imposed? Paper presented at the Annual Meeting of the American Society of Criminology, Chicago
KATZ RS (1999) Building the foundation for a side-by-side explanatory model: A general theory of crime, the age-graded life-course theory, and attachment theory. Western Criminology Review, 1 (2)
KLEMM T (2002) Konfliktverhalten situativ. Handbuch zum Fragebogen. Erata, Leipzig
KLEMM T (2003) Delinquenz, Haftfolgen und Therapie mit Straffälligen. Erata, Leipzig
KLEMM T (2004) Situationsmuster. Wege zu einer systemischen Theorie der Persönlichkeit, psychischen Störung und Therapie. Erata, Leipzig
KLEMM T (2006, in press) Gewalttätige Jugendliche in der Gruppentherapie. Das Leipziger Selbstkontrolltraining. In: bke-Jahrbuch für Erziehungsberatung, Nürnberg
KURY H (1998) Zum Stand der Behandlungsforschung oder: Wie erfolgreich sind Behandlungsprogramme bei Straffälligen? Forensische Psychiatrie und Psychotherapie, 5 (2): 67–104
LEWIN K (1948) Die Lösung sozialer Konflikte. Christian-Verlag, Bad Nauheim 1953
LIPSEY MW (1992) The effect of treatment on juvenile delinquents: Results from meta-analysis. In LÖSEL F, BENDER D, BLIESNER T (Hrsg.) Psychology and law – International perspectives. de Gruyter, Berlin
LIPTON DS, MARTINSON R, WILKS J (1975) The effectiveness of correctional treatment. A survey of treatment evaluation studies. Praeger, New York
LONGSHORE D, CHANG E, HSIEH SC, MESSINA N (2004) Self-control and social bonds: A combined control perspective on deviance. Crime & Delinquency, 50 (4): 542–564
LÖSEL F, KÖFERL P, WEBER F (1987) Meta-Evaluation der Sozialtherapie. Enke, Stuttgart
MATSUEDA RL, ANDERSON K (1998) The dynamics of delinquent peers and delinquent behavior. Criminology, 36 (2): 269–307
MEICHENBAUM DW (1979) Kognitive Verhaltensmodifikation. Urban & Schwarzenberg, München
MESSERSCHMIDT JW (1993) Masculinities and crime: Critique and reconeptualization of theory. Rowman & Littlefield Publishers, Lanham
MOFFITT TE (1997) Adolescent-limited and life-course persistent offending: A complementary pair of developmental theories. In THORNBERRY TP (Hrsg.) Developmental theories of crime and delinquency. Transaction Publishers, New Brunswick und London
MÜCKE K (1998) Systemische Beratung und Psychotherapie. Ein pragmatischer Ansatz. Ökosysteme Verlag, Berlin
NOVACO RW (1975) Anger control: The development and evaluation of an experimental treatment. Heath, Lexington
OSWALD H (1999) Jenseits der Grenze zur Gewalt: Sanktionen und rauhe Spiele. In SCHÄFER M, FREY D (Hrsg.) Aggression und Gewalt unter Kindern und Jugendlichen, 179–199. Hogrefe, Göttingen
RENWICK SJ, BLACK L, RAMM M, NOVACO RW (1997) Anger treatment with forensic hospital patients. Legal Criminal Psychology, 2: 103–106
SCHWENKMEZGER P (1977) Risikoverhalten und Risikobereitschaft. Korrelationsstatistische und differentialdiagnostische Untersuchungen bei Strafgefangenen. Beltz, Weinheim
SCHWENKMEZGER P, HODAPP H, SPIELBERGER CD (1992) Das State-Trait-Ärgerausdrucksinventar (STAXI). Hogrefe, Göttingen
SHERMAN LW, GOTTFREDSON D, MACKENZIE DL, ECK J, REUTER P, BUSHWAY S (1997) Preventing Crime: What works, what doesn't, what's promising? A report to the United States Congress, Prepared for the National Institute of Justice Washington
SPARRER I, VARGA VON KIBED M (2000) Ganz im Gegenteil – Tetralemmaarbeit und andere Grundformen der systemischen Strukturaufstellungen für Querdenker und solche, die es werden wollen, Heidelberg: Auer Systeme Verlag

Sykes G, Matza D (1957) Techniques of neutralization, A theory of delinquency. American Sociological Review, 22: 664–670

Valtin R (1993) Streiten und Sich-vertragen. Eine Untersuchung zur Entwicklung sozialer Begriffe bei Kindern. In Balhorn H, Brügelmann H (Hrsg.) Bedeutungen erfinden – im Kopf, mit Schrift und miteinander, 192–198. Faude, Konstanz

Wadsworth M (1979) Roots of Delinquency. New York: Barnes, New York

Weidner J (1995) Anti-Aggressivitäts-Training für Gewalttäter. Forum Verlag Godesberg, Bonn

West DJ, Farrington DP (1973) Who becomes delinquent? Second report of the Cambridge Study in Delinquent Development. Cambridge studies in criminology, 34, Heinemann Educational London

Wright BR, Caspi A, Moffitt TE, Silva PA (1999) Low self-control, social bonds, and crime: Social causation, social selection, or both. Criminology, 27: 479–514

Wright BR, Caspi A, Moffitt TE, Silva PA (2001) The effects of social ties on crime very by criminal propensity: A life-course model of interdependence. Criminology, 39 (2): 321–351

Die Tatortanalyse auf dem empirischen Prüfstand

Ergebnisse einer Pilotstudie zur Validität tatortanalytischer Hypothesen und Konstrukte bei jungen Straftätern

Denis Köhler, Silvia Müller & Günter Hinrichs

Zusammenfassung

Die kriminalpsychologische Methode der Tatortanalyse (TOA) bzw. Tathergangsanalyse (THA) hat in den letzten Jahren zunehmend mehr Beachtung gefunden und wird in der forensischen Forschung und Praxis sehr kontrovers diskutiert. Im Folgenden werden einzelne tatortanalytische Hypothesen empirisch überprüft. Zunächst wird die TOA definiert und die theoretischen Grundannahmen der Methode vorgestellt. Dabei wird die TOA den persönlichkeitspsychologischen Ansätzen zugeordnet und ein Überblick über den empirischen Forschungstand gegeben. In der vorliegenden Pilotstudie wurden N = 31 forensische Gutachten der Klinik für Kinder- und Jugendpsychiatrie Kiel der Jahre 1993 bis 2003 untersucht. Neben dem Täterverhalten sind den Gutachtenakten soziodemographische und deliktspezifische Daten sowie testpsychologische Befunde (Persönlichkeit und Intelligenz) entnommen und hinsichtlich tatortanalytischer Hypothesen statistisch ausgewertet worden. Die Ergebnisse konnten keine Beziehung zwischen dem Planungsniveau und der Persönlichkeit bestätigen. Jedoch ergaben sich signifikante Koeffizienten in den Bereichen »Kontaktaufnahme und Persönlichkeit« sowie »spezifische Tatbegehungsmerkmale und Persönlichkeit«. Nach eingehender kritischer Betrachtung der Befunde folgt ein Ausblick auf die zukünftige Forschung.

Schlüsselwörter

Tatortanalyse, Tathergangsanalyse, Täterverhalten, Persönlichkeit, Profiling, Rechtspsychologie

Einleitung

Die kriminalpsychologische Methode der Tatortanalyse (TOA) bzw. Tathergangsanalyse (THA) hat in den letzten Jahren in der deutschsprachigen Forensischen Psychologie und Psychiatrie zunehmend mehr Beachtung gefunden und wird durchaus sehr kontrovers diskutiert (z. B. Hoffmann und Musolff 2000, Osterheider 2003 a/b). Auch Print- und Fernseh-Medien greifen Prinzipien der TAO in Profiling-Sendungen unter polarisierenden und populistischen Gesichtspunkten auf. Diese geteilte Meinung zur TOA findet sich unter anderem in forensischen Fachkreisen wieder: Viele Kritiker (oft selbst ohne Ausbildung in der Methode) bezeichnen die TOA als »Kaffeesatz-Leserei«. Bei den Befürwortern der TOA handelt es sich dagegen oft um ehemalige FBI-Agenten, selbst ernannte »Profiler« oder »Fachleute«, die ohne (oder ausreichendes) forensisches und empirisches Wissen auf diese Methode »schwören«. Die Forschung hat sich hingegen mit der empirischen Überprüfung bislang kaum systematisch befasst (MOKROS 2001). Zwar liegen aus dem kriminalistischen Bereich einige Studien oder Beiträge vor (z.B. FINK 2001, HARBORT 1997, 1998, 1999 a/b, RESSLER et al. 1988), diese weisen jedoch deutliche theoretische und methodische Mängel auf. In der Rechtspsychologie und der Forensischen Psychiatrie wurden einige empirische Untersuchungen zur Verbindung von Persönlichkeitsmerkmalen und Täterverhaltensweisen durchgeführt (vgl. Tab. 1), doch eine von der TOA ausgehende hypothesengeleitete Forschung fand nicht statt. Erst seit dem Jahr 2001 findet eine Begegnung der Kriminalpsychologie und der Forensischen Psychologie/Psychiatrie statt. Michael OSTERHEIDER (2003 a/b) und Thomas MÜLLER (2004 a/b) können wahrscheinlich als die Begründer des interdisziplinären Ansatzes bezeichnet werden, die sozusagen alle forensisch beteiligten Wissenschaften (Psychologie, Psychiatrie, Rechtsmedizin, Jurisprudenz und Kriminalwissenschaften) an einen Tisch geholt haben, um so zu einem größtmöglichen Verständnis von schweren Gewaltverbrechen zu gelangen. Während in der Kriminalistik die TOA aktuell hauptsächlich zur Ermittlungsunterstützung eingesetzt wird (vgl. DERN 2000, FÖHL 2001, HOFFMANN und MUSOLFF 2000), soll sie in der Forensik zu einer verbesserten Therapieplanung sowie als Instrument zur Risikoeinschätzung und Begutachtung angewendet werden (vgl. OSTERHEIDER 2003 a/b).

Vor diesem skizzierten Hintergrund hat die Klinik für Kinder- und Jugendpsychiatrie des Zentrums für Integrative Psychiatrie (ZIP) Kiel mit Unterstützung des Justizministeriums Schleswig-Holstein im Jahr 2004 begonnen, das Forschungsprojekt »Täterverhalten und Persönlichkeit« zu initiieren. Ziel ist es dabei, tatortanalytische Konstrukte und Hypothesen empirisch zu überprüfen, um eine Grundlage für eine seriöse wissenschaftliche Bewertung dieser Methode vornehmen zu können. Im vorliegenden Beitrag werden neben einer theoretischen Beschäftigung mit der TOA vor allem die Ergebnisse der Pilotstudie präsentiert und kritisch diskutiert.

Definition, Annahmen und theoretische Einordnung der Tatortanalyse

Die Grundannahme der TOA besteht darin, dass (bestimmte) Verhaltensweisen eines Gewalt- und Sexualstraftäters vor, während und nach der Tatbegehung Rückschlüsse auf dessen Bedürfnisstruktur und Persönlichkeit zulassen (FÖHL 2001, RESSLER et al. 1986). Diese Prämisse liegt dem genannten Forschungsprojekt zugrunde und soll empirisch überprüft werden. Die Methodik der TOA besteht nun darin, dass unter ganzheitlicher Berücksichtigung sämtlicher verfügbarer Fallinformationen der vermutliche Tatverlauf rekonstruiert und dabei von objektiven Tatbestandsmerkmalen (z.B. Spuren, rechtsmedizinische Befunde) auf Verhaltensweisen geschlossen wird (SCHRÖER et al. 2004). Auf diese Weise werden – den spezifischen Handlungssequenzen vorausgehend – Rückschlüsse auf Täterentscheidungen, Bedürfnisse sowie die Persönlichkeit gezogen (vgl. HOFFMANN 2001 a/b, MUSOLFF 2001 a/b, ROBAK 2004). Die grundlegenden theoretischen Annahmen sind in Tabelle 1 zusammenfassend dargestellt.

Es ist ersichtlich, dass die TOA den persönlichkeitspsychologischen Ansätzen zuzuordnen ist (vgl. AMELANG und BARTUSSEK 2001, ASENDORPF 2004). Diese postulieren Generalität und Konsistenz des Verhaltens und legen den Schwerpunkt in der Erklärung von Verhalten auf internale Merkmale einer Person (Verhalten = f [Person]). Nach ASENDORPF (2004) sind gemäß dieser Auffassung primär die Eigenschaften für das Erzeugen von stabilen Beziehungen zwischen den Situationen und Reaktionen einer Person verantwortlich. Die eigenschaftstheoretischen Konzepte beschreiben das menschliche Erleben und Verhalten in Form von »traits« (Eigenschaften), die als relativ breite und zeitlich stabile Dispositionen aufgefasst werden und sich durch konsistente Verhaltensweisen in verschiedenen Situationen manifestieren sollen. Die Betonung von stabilen Persönlichkeitseigenschaften zur Erklärung von menschlichem Erleben und Verhalten hat zu vielfältiger Kritik geführt, die an dieser Stelle nicht erschöpfend dargestellt werden kann (mehr dazu u. a. AMELANG und BARTUSSEK 2001, ASENDORPF 2004). Die Trait-Orientierung bei der theoretischen Einordnung der TOA impliziert jedoch keinesfalls, dass der Einfluss von situativen Variablen gänzlich verneint wird, insbesondere da kriminelles Verhalten nach Ansicht der Autoren/-in als ein bio-psycho-soziales Phänomen zu verstehen ist (vgl. KÖHLER 2004, KÖHNKEN und BLIESENER 2002). Vielmehr bedeutet die Orientierung an Eigenschaften, dass die Persönlichkeit statistisch (varianzanalytisch) gesehen mehr zur Aufklärung des Verhaltens beiträgt als Umweltvariablen. Somit mündet die persönlichkeitspsychologische Einordnung der TOA in die Formel: Verhalten = f [Person x Umwelt]. Menschliches (hier kriminelles) Verhalten ist demnach eine Funktion sowohl von der Person als auch der Umwelt. Diese beiden Variablen sind multiplikativ miteinander verbunden, wobei den Eigenschaften der Person (Persönlichkeit) eine höhere Wertigkeit zugeordnet wird. Gerade dieser letzte Aspekt wird hinsichtlich der Plausibilität durch die Studien zur Häufigkeit von psychischen Störungen bei Straftätern belegt (vgl. ANDERSON 2004, FAZAL und DANESH 2002, KÖHLER 2004, KÖHLER und HINRICHS 2004, TEPLIN et al. 2002), welche bei inhaftierten Personen vor allem Persönlichkeitsstörungen feststellen.

Die Tatortanalyse sollte als kriminalpsychologische Methode nur bei bestimmten Straftaten angewendet werden und ist keine generell geeignete Vorgehensweise bei allen Gewaltverbrechen (HOFFMANN und MUSOLFF 2000, MÜLLER 2004 a/b, SCHRÖER et al. 2004, TURVEY 2002). Nach Angaben des Bundeskriminalamts erscheint die Tathergangsanalyse als zusätzliches kriminalpsychologisches Hilfsmittel (der Operativen Fallanalyse) vor allem im Rahmen von Tatserienanalysen, bei sexuellen Gewaltdelikten (Vergewaltigung, sexuelle Nötigung, sexuell motivierte Tötungen) sowie bei sonstigen (persönlich motivierten oder scheinbar motivationslosen) schwerwiegenden Gewaltdelikten verwendet zu werden (vgl. BAURMANN 2002, OSTERHEIDER 2003 a/b, SCHRÖER et al. 2004). Insbesondere kommen für die TOA Delikte in Frage, bei denen so genannte Personifizierungskennzeichen (oder eine Handschrift/Signature) festgestellt werden können (z.B. HOFFMAN und MUSOLFF 2000). Personifizierungen sind Verhaltensweisen des Täters, die über das eigentlich Notwendige für die Tatbegehung hinausgehen und die individuellen Motive bzw. Bedürfnisse des Täters widerspiegeln sollen. Sie sind vom Modus Operandi zu unterscheiden (RESSLER et al. 1988, TURVEY 2002). Beispielsweise ist das »Spurenverwischen« oder Vortäuschen eines anderen Motivs für die Tatbegehung (Bereicherungsdelikt statt eines sexuellen Motivs) eine Form der Personifizierung und wird als Inszenierung (»Staging«) bezeichnet (DOUGLAS et al. 1992, MÜLLER 1998, TURVEY 2002). Diese Täterverhaltensweisen (Personifizierung) stellen in Abgrenzung zum Modus Operandi quasi die interpretierbare Grundlage für eine seriöse TOA dar.

Tabelle 1: Grundlegende theoretische Annahmen der Tatortanalyse (TOA)[1]

- Verhalten ist entscheidungsgeleitet und bedürfnisorientiert.
- Das (sexuelle, physische oder verbale) Verhalten im Tatverlauf eines Täters reflektiert seine Persönlichkeit.
- Der Modus Operandi bleibt weitgehend ähnlich, kann sich aber auch moderiert über Lernprozesse verändern.
- Die Handschrift bleibt gleich.
- Die Täterpersönlichkeit bleibt weitgehend konstant und unterliegt keinem grundlegenden Wandel.

Forschungsstand zur Beziehung von Täterverhalten und Persönlichkeit

Die empirische Forschung hat sich – abweichend von der Meinung vieler Kritiker der TOA – recht intensiv mit den Beziehungen zwischen spezifischen Verhaltensweisen von Straftätern und der Persönlichkeit sowie soziobiografischer oder deliktspezifischer Parameter beschäftigt. In Tabelle 2 sind einige ausgewählte Studien zur Thematik kurz aufgeführt. Nach MOKROS (2001) haben sich bisher keine statistischen Belege für eine Verbindung von soziobiografischen Variablen und Täterverhaltensweisen ergeben. Möglicherweise ist dieses Ergebnis auch durch Moderatoreinflüsse der Persönlichkeit bedingt. Hingegen liegen diverse Studien zu tatortanalytischen Variablen vor, die hauptsächlich das Planungsverhalten,

---

[1] Literatur (FÖHL 2001, HOFFMANN und MUSOLFF 2000, HOLMES und HOLMES 1996, MÜLLER 1998, RESSLER et al. 1988, ROBAK 2004, TURVEY 2002).

die Kontakt-/Kontrollaufnahme, die Täter-Opfer-Beziehung, das Täterrisiko und Personifizierungsmerkmale untersuchten und vielfältige signifikante Beziehungen zur Persönlichkeit feststellen konnten (vgl. Tab. 2; MOKROS 2001, MÜLLER 2005). Auch liegen einige Arbeiten an Sexualstraftätern vor, die Zusammenhänge zwischen dem Tatverhalten und der Persönlichkeitspathologie fanden (u. a. NEUWIRTH und EHER 2003). Bei den verwendeten Persönlichkeitsmerkmalen handelte es sich jedoch zumeist um faktorisierte Variablen oder ausgewählte Eigenschaften mit unklarer Definition. Eine systematische und hypothesengeleitete Überprüfung der tatortanalytischen Annahmen erfolgte jedoch bislang nicht. Dieses empirische Defizit griff MOKROS (2001) auf und forderte, dass sich die zukünftige Forschung mit der Untersuchung psychologischer und klar definierter Persönlichkeitseigenschaften hinsichtlich des Zusammenhangs zum Täterverhalten beschäftigen sollte. An diese Forderung schließt die vorliegende Studie an und versucht, mithilfe eines entsprechenden Forschungsdesigns diese empirische Lücke ein wenig aufzufüllen.

Tabelle 2: Ausgewählte Studien zur Verbindung von Täterverhalten und Persönlichkeit

Thema	Autoren
Täterverhalten und soziodemografische Merkmale	Davies et al. (1998); House (2000)
Tätermerkmale und Verhalten	Steck und Pauer (1992)
Grad der Gewaltanwendung und Persönlichkeitsstörungen	Proulx et al. (1994)
Grad der Gewaltanwendung, Persönlichkeitsstörungen und Psychopathologie	Langevin et al. (1985)
Tatbegehungsvariablen und motivationale Eigenschaften der Täter	Knight et al. (1998)
Modus Operandi und Persönlichkeitsstörungen	Proulx et al. (1999)
Täterverhalten & Tätereigenschaften	Salfati (2000); Salfati und Canter (1999)
Täterverhalten bei Brandstiftung und Eigenschaftsvariablen	Canter & Fritzon (1998)
Klassifizierung von Vergewaltigern und Persönlichkeitsstörungen/Persönlichkeit	Neuwirth und Eher (2003)

Ableitung der Fragestellungen und Hypothesen

Ausgehend von dem kurz skizzierten theoretischen Rahmen und den empirischen Befunden sollen in der vorliegenden Pilot-Studie vor allem die folgenden drei zentralen Fragen untersucht werden.

1. Unterscheiden sich Täter mit einem hohen Planungsgrad von Personen mit einem geringen Planungsniveau hinsichtlich ihrer Persönlichkeitseigenschaften?
   Ausgehend von den theoretischen Annahmen sowie empirischen Befunden (DOUGLAS et al. 1986, 1992, MÜLLER, 1998, RESSLER et al. 1988, TURVEY 2003) sollten sich hier signifikante Beziehungen zwischen dem Planungsgrad und der Persönlichkeit bzw. hinsichtlich einer kategorialen Zuordnung Unterschiede in der Persönlichkeit

von »Planenden« und »Nicht-Planenden« Tätern ergeben. So sind Differenzen in oder Beziehungen zu den Eigenschaften, wie z. B. Extraversion, Emotionale Instabilität, Erregbarkeit oder Offenheit zu erwarten. Für die Variable Intelligenz ist zu erwarten, dass Täter mit einem höheren Planungsniveau intelligenter sind als Personen mit einer geringen Tatplanung. Daher ist ein positiver Zusammenhang zwischen Intelligenz und Planungsniveau anzunehmen.

2. Unterscheiden sich Personen mit einem »Con-Approach« (»betrügerische Kontaktaufnahme«) von Tätern mit einem »Blitz«- oder »Suprise-Attack« hinsichtlich ihrer Persönlichkeitseigenschaften?
   Es wird erwartet, dass Personen, die einen »Con-Approach« durchführen, sich signifikant in der Persönlichkeit von Personen mit einem »Blitz«- oder »Surprise-Attack« unterscheiden. Ausgehend von den zitierten Forschungsarbeiten (z. B. MÜLLER 1998, RESSLER et al. 1988) sollten Erstere extravertierter und emotional-stabiler sein. Zudem wäre inhaltlich anzunehmen, dass sie weniger erregbar, spontan-aggressiver und weniger offen sind.

3. Lassen sich spezifische Tatbegehungsmerkmale (Verhaltensweisen) ermitteln, die einen statistisch relevanten Zusammenhang (oder Unterschied) zur Persönlichkeit oder der Psychopathologie aufweisen?
   Diese Frage dient vor allem dem Gesichtspunkt der Hypothesengenerierung, spezifische Annahmen liegen nicht vor. Jedoch sind beispielsweise Persönlichkeitsdifferenzen für Personen mit und ohne Personifizierung bei der Tatbegehung zu erwarten. Auch ist ein solcher Unterschied beispielsweise bei den Variablen Waffengebrauch, Ausmaß der Gewalt, Inszenierung und Anwendung von verbaler Gewalt anzunehmen (vgl. BOON 2000, JACKSON und BEKERIAN 2000, MOKROS 2001). Aufgrund der eingeschränkten Stichprobengröße wird jedoch vermutlich nicht jeder tatspezifischen Variable statistisch nachgegangen werden können.

Methode und Durchführung

Durchführung

Es wurden über den Zeitraum 1993 bis 2003 alle forensischen Gutachten der Klinik für Kinder- und Jugendpsychiatrie und -psychotherapie hinsichtlich in Frage kommender Delikte gesichtet. Dabei sind alle Gutachten mit personenbezogenen Gewaltdelikten in Verbindung mit einer unklaren Motivlage (§§ 223 ff., 211 f. StGB) und sexuell motivierten Gewaltdelikten (§ 177 StGB) ausgewählt worden. Ausschlaggebend für die Selektion war neben Delikt und Motiv auch das Vorliegen von so genannten Personifizierungskennzeichen (vgl. OSTERHEIDER 2003 a/b, SCHRÖER et al. 2004). Ausschlusskriterium waren neben dem Motiv der Bereicherung auch die Deliktkategorie des innerfamiliären Missbrauchs. Weiter sind die Gutachten hinsichtlich der verfügbaren Daten betrachtet worden. Infolgedessen wurde als zusätzliches Kriterium eine ausreichende Datenlage festgelegt. Beispielsweise mussten das Freiburger-Persönlichkeits-Inventar (FPI; FAHRENBERG et al. 1989) durchgeführt worden sowie genügend forensische und soziobiografische Angaben vorhanden sein.

Operationalisierung

Die Datenerhebung erfolgte unter Anwendung der *Checkliste zur Erfassung von Täterverhalten* (ChET; vgl. MÜLLER 2005). Weiter sind den Gutachten die Ergebnisse des *Freiburger-Persönlichkeits-Inventars* (FPI; FAHRENBERG et al. 1989) und der *Standard Progressive Matrices* (SPM; HELLER, KRATZMEIER und LENGFELDER 1998) entnommen worden.

Die *Checkliste zur Erfassung von Täterverhalten (ChET)* von MÜLLER, KÖHLER und HINRICHS (2004; vgl. hierzu MÜLLER 2005) ist eine auf der kriminalpsychologischen Methode der Tatortanalyse aufbauende strukturierte Checkliste, die eine systematische Erfassung soziobiografischer, forensischer und tatortanalytischer Variablen ermöglicht. Im Bereich des Tathergangs können z. B. Tatplanung, Art der Kontaktaufnahme des Täters und Personifizierungsformen (z. B. »Over-Kill«, »Emotionale Wiedergutmachung«, »Inszenierung«) standardisiert festgestellt werden. Durch die Anwendung der *ChET* ist eine reliable und objektive Datenerhebung gewährleistet.

Das *Freiburger-Persönlichkeits-Inventar* (FPI; FAHRENBERG et al. 1989) ist ein in der deutschsprachigen forensischen Praxis weit verbreitetes Selbstbeurteilungsverfahren zur Erfassung der Persönlichkeit, welches neben einer sehr guten Reliabilität auch über eine gute Validität verfügt. Mithilfe von 138 zweipoligen Items werden die beiden Persönlichkeitsdimensionen Extraversion/Introversion und Emotionale Stabilität/Instabilität (Neurotizismus) sowie zehn weitere ausgewählte Persönlichkeitseigenschaften erfasst: Lebenszufriedenheit, soziale Orientierung, Leistungsorientierung, Gehemmtheit, Erregbarkeit, Aggressivität, Beanspruchung, körperliche Beschwerden, Gesundheitssorgen und Offenheit. Einen kritischen Überblick zur Anwendung in der Forensik geben u. a. SCHWAIGER et al. (2004).

Die nonverbale Intelligenz wurde mit den *Standard-Progressive Matrices* (SPM; HELLER, KRATZMEIER und LENGFELDER 1998) gemessen. Dieses Verfahren ist ein international weit verbreitetes Instrument zur Erfassung des logisch-schlussfolgernden Denkens, hierzu liegen für den deutschen Sprachraum Normen für den Altersbereich von sieben bis > 40 Jahren vor.

Statistische Auswertung

Die statistische Auswertung wurde mit dem Computerprogramm SPSS in der Version 11.5 durchgeführt. Da es sich bei der untersuchten Stichprobe um eine extreme Population von geringer Größe handelt, konnte nicht von einer Normalverteilung der psychischen Merkmale sowie dem Vorliegen der statistischen Voraussetzungen für die Verwendung von parametrischen Verfahren ausgegangen werden (vgl. BORTZ 1999, BORTZ und LIENERT 1998). Daher ist zur Untersuchung der gerichteten Unterschiedshypothesen der Mann-Whitney-U-Test (Zentrale Tendenz) durchgeführt und ein einseitiges Signifikanzniveau ($p = 0.05$) festgelegt worden. Aufgrund des Hypothesen generierenden Charakters einiger Fragestellungen dieser Pilotstudie ist das Signifikanzniveau bei einigen Variablen auf $p = 0.10$ erhöht worden. Diese Koeffizienten sind also nur eingeschränkt und vorsichtig interpretierbar.

Störeinflüsse

Bei einer klinischen Studie mit einer geringen Anzahl von Versuchspersonen sind natürlich eine Vielzahl von Störeinflüssen möglich oder denkbar, die an dieser Stelle nicht erschöpfend aufgeführt werden können. Deshalb werden im Folgenden nur die aus Sicht der Autoren(in) wichtigsten Faktoren genannt. Zunächst ist immer ein Effekt der Stichprobe zu erwarten, z. B. im Sinne einer Selektivität oder einer eingeschränkten Varianz bei den untersuchten psychologischen Variablen. Auch ist von einer geringen Repräsentativität oder Generalisierbarkeit auszugehen. Da es sich bei den Daten um eine Gutachtenanalyse handelt, lag keine einheitliche und standardisierte Datenerhebung vor. Darüber hinaus haben die Probanden im Rahmen des Gutachtenprozesses möglicherweise sozial erwünscht geantwortet (vgl. hierzu SCHWAIGER et al. 2004).

Hinsichtlich der Fragestellungen ist auch zu berücksichtigen, dass es sich bei der untersuchten Stichprobe um Straftäter geringen Alters handelt, bei denen noch nicht von einer stabilen und zeitüberdauernden Persönlichkeitsstruktur ausgegangen werden kann (u. a. SRIVASTAVA et al. 2003). Ebenfalls wurde nur ein Delikt analysiert, so dass diese beiden Faktoren möglicherweise zu einer Unterschätzung des Zusammenhangs zwischen Persönlichkeit und Täterverhalten beitragen.

Beschreibung der Stichprobe
Soziobiografische Daten der Täter

Alle Probanden waren männlichen Geschlechts, das Durchschnittsalter lag bei 18.33 Jahren (SD = 1.70; Range 14 bis 23). Dabei verteilte sich das Alter wie folgt: 32,7 % waren dem Bereich der Jugendlichen (Alter = 14.0 bis 17.11 Jahre) zuzuordnen, 64,5 % sind als Heranwachsende zu bezeichnen (Alter = 18.0 bis 20.11), lediglich ein Proband (3,2 %) war zum Zeitpunkt der Begutachtung bereits 23 Jahre alt und damit erwachsen. Der überwiegende Teil der Stichprobe hatte eine deutsche Staatsangehörigkeit (90,8 %). Die meisten Täter lebten vor der Straftat in der Familie bzw. bei Verwandten (51,6 %), gefolgt von allein lebenden Probanden (25,8 %). In einer WG wohnten hingegen nur 12,8 % (N = 4) und lediglich 9,7 % (N = 3) lebten gemeinsam mit einer Partnerin. Hinsichtlich der schulischen Qualifikation ergab sich, dass die meisten Täter entweder die Hauptschule (ohne zwingend einen Abschluss erreicht zu haben) oder die Förderschule (19,4 %) besuchten. Ein Schulabbruch oder der Besuch einer Realschule kamen deutlich seltener vor (vgl. Tab. 3). Die Mehrzahl der Probanden war im Vorfeld der Tat(en) arbeitslos (58,8 %) oder in einer Berufsausbildung (25,8 %).

Tabelle 3: Schulbildung

Schulbildung	Häufigkeit	Prozent (%)
Förderschule ohne Abschluss verlassen	1	3.2
Förderschule	6	19.4
Hauptschule ohne Abschluss verlassen	4	12.9
Volks-/Hauptschule	16	51.6
Realschule	4	12.9
Gesamt	31	100.0

Deliktspezifische Variablen

Hinsichtlich der deliktspezifischen Parameter ergab sich, dass 25,8 % (N = 8) der Probanden wegen eines personenbezogenen Gewaltdeliktes (§§ 223 ff., 211 f. StGB) und dementsprechend 74,2 % (N = 23) wegen eines sexuellen Gewaltverbrechens (§ 177 StGB) angeklagt waren. Dabei haben knapp 90 % der Straftäter ihre Delikte alleine durchgeführt. Nur bei N = 3 Probanden (9,7 %) lag eine gemeinschaftliche Tatbegehung vor. Betrachtet man die vordeliktische Belastung, so waren lediglich 9,7 % bereits zuvor inhaftiert. Diese geringe Zahl ist vor allem insofern erstaunlich, als 58,1 % (N = 18) der Täter mindestens eine Vorstrafe aufwiesen (Range: 1 bis 21). 41,9 % (N = 13) der Taten wurden innerhalb einer Räumlichkeit durchgeführt, so genannte »indoor attacks« (vgl. CANTER 1994, 1995). Dementsprechend sind 58,1 % (N = 18) der Taten als »outdoor attacks« zu klassifizieren, also Delikte, die außerhalb von Räumlichkeiten, auf offenen Plätzen stattgefunden haben.

Aus der ChET (MÜLLER et al. 2005) ließen sich tatortanalytische/tathergangsanalytische Daten zum Tatverhalten und dem Opfer entnehmen. Zunächst kann festgehalten werden, dass bei 58,1 % (N = 18) der Indexdelikte eine gezielte Opferauswahl vorlag (zur Operationalisierung vgl. MÜLLER 2005). Hinsichtlich des Bekanntschaftsgrades zwischen Täter und Opfer ergab sich, dass es sich zumeist um »fremde« (41,9 %, N = 13) oder »flüchtig bekannte« (29,0 %, N = 9) Opfer gehandelt hat. Die Opfer waren durchschnittlich 24 Jahre alt (SD = 17.8; Range 9 bis 75 Jahre). Bei 77,4 % (N = 24) war die Relation zwischen dem Alter des Opfers und dem des Täters ungefähr gleich (± 5 Jahre). Lediglich bei 6,5 % (N = 2) war das Opfer signifikant jünger als der Täter oder umgekehrt (16,1 %; N = 5). Die Täter verletzten die Opfer zum Teil erheblich physisch: leicht verletzt = 9,7 % (N = 3), mittelmäßig verletzt = 22,6 % (N = 7), schwer verletzt = 16,1 % (N = 5) und tödlich verletzt = 16,1 % (N = 5). Nur 35,5 % (N = 11) der Opfer erlitten keine körperlichen Verletzungen. Dabei fand die Gewaltausübung bei den sexuell motivierten Gewalttaten (N = 23) entweder direkt nach der Kontaktaufnahme zum Opfer (52 %, N = 12) oder nach der Kontaktaufnahme, aber vor der/den sexuellen Handlung(en) statt (26,1 %, N = 6).

Forensische Variablen

Die forensisch begutachteten Straftäter weisen zumeist eine durchschnittliche Intelligenz auf (N = 20; 64,5 %). Allerdings ergab sich eine leichte linksschiefe Verteilung hinsichtlich der kognitiven Fähigkeiten, so erreichten 29,0 % (N = 9) einen unterdurchschnittlichen und nur 6,5 % (N = 2) einen überdurchschnittlichen Wert in den standardisierten Testverfahren. Eine differenzierte Betrachtung war aufgrund der variierenden diagnostischen Instrumente nicht möglich. Bei 58,1 % (N = 18) Probanden wurde eine psychische Störung nach ICD-10 festgestellt, wobei am häufigsten Störungen im Bereich der Persönlichkeitsentwicklung (F6 32,3 %; N = 10), Psychische und Verhaltensstörungen durch psychotrope Substanzen (25,8 %; N = 8), Neurotische-, Belastungs- und Somatoforme Störungen (25,8 %; N = 8) sowie Verhaltens- und emotionale Störungen mit Beginn in der Kindheit und Jugend (32,2 %; N = 10) diagnostiziert wurden. Trotz dieser psychischen Störungen und der begangenen schweren (sexuellen) Gewaltstraftaten wurde nur bei einem der begutachteten Täter auf eine verminderte Schuldfähigkeit nach § 21 StGB, also eine forensisch relevante Beeinträchtigung der Einsichts- und/oder Steuerungsfähigkeit zum Tatzeitpunkt aufgrund einer psychischen Störung, erkannt.

Ergebnisse

Tatplanung und Persönlichkeit

In der Tatortanalyse wird anhand der Betrachtung diverser objektiver Tatbestandsmerkmale auf die Tatplanung geschlossen (vgl. Douglas et al. 1992, Müller 1998, Ressler et al. 1988). So wird beispielsweise angenommen, dass die Anzahl der Tatorte oder das Mitbringen und Mitnehmen von Waffen Hinweise auf eine Tatplanung darstellen. In der vorliegenden Studie weisen über zwei Drittel der Taten nur einen Tatort (N = 22; 71,0 %) und lediglich 29 % (N = 9) zwei Tatorte auf. Damit konnten zumindest bei jungen Straftätern hoch geplante Straftaten (vgl. Ressler et al. 1988) mit drei Tatorten (Kontakt-/Kontrollaufnahme, Tathandlung/Tötung, Ablage des Opfers) nicht gefunden werden. Möglicherweise ist dies auch auf die geringe Anzahl von Tötungsdelikten in der Stichprobe oder auf das Alter der Täter zurückzuführen. Von den untersuchten Tätern haben 41,9 % (N = 13) eine Waffe mit zum Tatort genommen, jedoch nur 29,0 % der Täter, welche eine Waffe bei der Tat benutzten, haben diese auch vom Tatort entfernt.

Mithilfe der ChET (MÜLLER et al. 2004) ist die Tatplanung über verschiedene Variablen (Anzahl der Tatorte, Art der Kontaktaufnahme, Zwangsmittel zur Kontrolle, Mitführen/Entfernen von Waffen, Spurenbeseitigung, Inszenierung, Art der Opferauswahl, Opferrisiko) erfasst worden. Diese kann anhand einer vierstufigen Skala abgebildet werden. In Abbildung 1 ist die Verteilung der Tatplanung dargestellt. Es ist ersichtlich, dass eine linksschiefe Verteilung vorliegt und somit die untersuchten Täter hauptsächlich eine sehr geringe bis geringe Tatplanung aufwiesen.

Die inferenzstatistische Analyse (Rang-Korrelationen nach Spearman) ergab hinsichtlich der Beziehung zwischen Persönlichkeit, Intelligenz sowie Psychopathologie (FPI-R und forensische Daten) und der Tatplanung keine signifikanten Koeffizienten. Auch für die Untersuchung von Differenzen in der zentralen Tendenz (Mann-Whitney U-Test) unter einer dichotomisierten Auswertung des Planungsniveaus (geplant vs. ungeplant) konnten keine signifikanten Unterschiede für die Variablen Persönlichkeit, Intelligenz und Psychopathologie festgestellt werden. Somit deuten diese Ergebnisse darauf hin, dass eine statistisch relevante Beziehung (oder Differenz) zwischen dem Planungsniveau und der Persönlichkeit, der Intelligenz sowie der Psychopathologie empirisch nicht bestätigt werden kann.

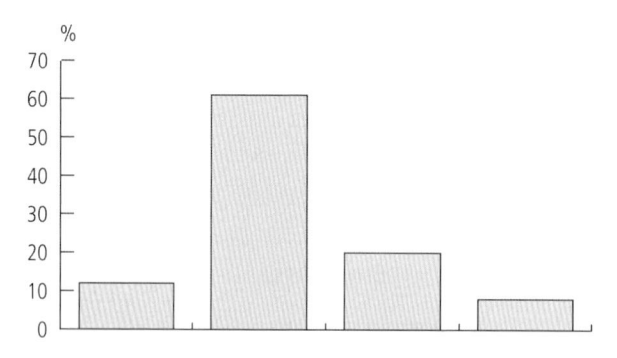

Abbildung 1: Verteilung des Planungsniveaus (N=31)

Kontakt-/Kontrollaufnahme und Persönlichkeit

Aufgrund der geringen Stichprobe und der daraus resultierenden geringen Anzahl von Personen in den Zellen sowie der methodisch-theoretisch unklaren Zuordnung bzw. Differenzierung der Kontakt-/Kontrollaufnahme-Strategien (KKS) des »Blitz«- und »Surprise-Attack« (vgl. hierzu TURVEY 2002) wurde die Variable der KKS zweipolig operationalisiert. Der Kategorie »Blitz-/Surprise-Attack« wurden insgesamt 22 Personen zugeordnet, dementsprechend wurde bei neun Tätern ein »Con-Approach« (betrügerisch-manipulativer Angriff) klassifiziert (vgl. Tab. 4). Betrachtet man die Differenzen in der zentralen Tendenz, so ergeben sich bei sieben der zehn Skalen des FPI signifikante Koeffizienten (p < 0.05/einseitig; vgl. Tab. 4). Personen mit einem »Con-Approach« sind signifikant lebenszufriedener, leistungsorientierter, weniger gehemmt, geringer erregbar, extravertierter und weisen mehr Gesundheitssorgen auf als Täter mit einer der beiden anderen KKS. Legt man unter dem Gesichtspunkt der Hypothesengenerierung ein Signifikanzniveau von p = 0.10 (einseitig) fest, so werden zusätzlich die Differenzen in den Skalen Neurotizismus (p = 0.08), Beanspruchung (p = 0.06) und Offenheit (p = 0.08) statistisch relevant. Täter mit einem »Con-Approach« beschreiben sich demnach zusätzlich emotional stabiler, weniger beansprucht und weniger offen als die aufgeführte Vergleichsgruppe. Auch wenn die Erhöhung des Signifikanzniveaus natürlich statistische Schwierigkeiten mit sich bringt (z. B. β-Fehler) und nur eine sehr limitierte Aussagekraft besitzt, so ergeben sich in dieser kleinen Stichprobe zumindest Trends im Sinne der Hypothesen.

Tabelle 4: (Signifikante) Unterschiede zwischen der Kontaktaufnahme und der Täterpersönlichkeit

Persönlichkeit	Kontaktaufnahme zum Opfer		Mann-Whitney U-Test	
	Blitz/Surprise (N = 22)	Con-Approach (N = 9)		
FPI-R Skalen	Mittlerer Rang		Mann-Whitney U	Sig. (einseitig)
Lebenszufriedenheit	13.43	22.28	42.50	0.01
Leistungsorientierung	14.16	20.50	58.50	0.04
Gehemmtheit	17.98	11.17	55.50	0.03
Erregbarkeit	17.86	11.44	58.50	0.04
Beanspruchung	17.64	12.00	63.00	*0.06*
Gesundheitssorgen	13.98	20.94	54.50	0.03
Offenheit	17.41	12.56	68.00	*0.08*
Extraversion	13.48	22.17	43.50	0.01
Neurotizismus	17.50	12.33	66.00	*0.08*
SPM	15.77	20.28	78.50	0.12 (n.s.)

Anmerkungen: kursiv: p = 0.10; SPM = Standard Progressive Matrices (HELLER et al. 1998); FPI-R = Freiburger Persönlichkeitsinventar (FAHRENBERG et al. 1989)

Spezifische Tatbegehungsmerkmale und Persönlichkeit

Durch die geringe Stichprobengröße war es statistisch nicht möglich, alle mit der ChET (MÜLLER et al. 2004) erfassbaren Tatbegehungsmerkmale zu untersuchen. Deshalb werden im Folgenden exemplarisch die Ergebnisse für die dichotomisierten Variablen Täter-Opfer-Beziehung, Verwendung verbaler Gewalt und Opferauswahl präsentiert.

Täter, die ihr Opfer »zufällig« auswählen, sind im Vergleich zu Tätern, die eine gezielte Opferwahl treffen, signifikant gehemmter, erregbarer, offener (p = 0.06!)

und emotional instabiler (neurotischer). Zudem sind sie weniger intelligent und berichten eine höhere subjektive Belastung sowie mehr körperliche Beschwerden (vgl. Tab. 5).

Tabelle 5: Opferauswahl und Persönlichkeitsdifferenzen

Persönlichkeit	Opferauswahl		Mann-Whitney U-Test	
	Zufällig (N = 13)	Gezielt (N = 18)		
FPI-R Skalen	Mittlerer Rang		Mann-Whitney U	Sig. (einseitig)
Gehemmtheit	19.19	13.69	75.5	0.05
Erregbarkeit	19.35	13.58	73.5	0.04
Beanspruchung	19.69	13.33	69.0	0.03
Körperliche Beschwerden	19.73	13.31	68.5	0.03
Offenheit	19.00	13.83	78.0	*0.06*
Extraversion	13.77	17.61	88.0	n.s.
Neurotizismus	20.88	12.47	53.5	0.01
SPM	13.64 (N = 14)	19.47 (N = 19)	86.0	0.04

Anmerkungen: kursiv: p = 0.10; SPM = Standard Progressive Matrices (I ELLER et al. 1998); FPI-R = Freiburger Persönlichkeitsinventar (GAHRENBERG et al. 1989)

In Tabelle 6 sind die Unterschiede der zentralen Tendenz für die Variable »Verwendung verbaler Gewalt« dokumentiert. Es zeigt sich, dass Personen, die verbale Gewalt bei ihren Taten einsetzen, signifikant weniger sozial orientiert, geringer gehemmt, erregbarer und weniger intelligent sind als Täter, die keine verbale Gewalt anwenden.

Tabelle 6: Verbale Gewalt und Persönlichkeitsdifferenzen

Persönlichkeit	Verbale Gewalt		Mann-Whitney U-Test	
	Nein (N = 18)	Ja (N = 13)		
FPI-R Skalen	Mittlerer Rang		Mann-Whitney U	Sig. (einseitig)
Soziale Orientierung	18.08	13.12	79.5	*0.07*
Gehemmtheit	18.08	13.12	79.5	*0.07*
Erregbarkeit	12.92	20.27	61.50	0.02
SPM	19.92 (N = 19)	13.04 (N = 14)	77.50	0.02

Anmerkungen: kursiv: p = 0.10; SPM = Standard Progressive Matrices (I ELLER et al. 1998); FPI-R = Freiburger Persönlichkeitsinventar (GAHRENBERG et al. 1989)

Mithilfe der ChET (Müller et al. 2004) kann die Täter-Opfer Beziehung als fünfstufige Kategorie und als zweipolige Variable (bekannt vs. fremd) erfasst werden. Die Ergebnisse für die Persönlichkeitsunterschiede dieser letztgenannten Variable sind in Tabelle 7 aufgeführt. Kennt der Täter sein Opfer, so ist er signifikant extravertierter und intelligenter. Die Täter, welche ein ihnen fremdes Opfer auswählten, waren hingegen signifikant gehemmter und erregbarer.

Tabelle 7: Täter-Opfer-Beziehung und Persönlichkeitsdifferenzen

Persönlichkeit	Täter-Opfer-Beziehung		Mann-Whitney U-Test	
	Bekannt (N = 18)	Fremd (N = 13)		
FPI-R Skalen	Mittlerer Rang		Mann-Whitney	Sig. (einseitig)
Gehemmtheit	13.92	18.88	79.5	*0.07*
Erregbarkeit	13.33	19.69	69.00	0.03
Extraversion	18.08	13.12	79.5	*0.06*
SPM	19.60	13.00	73.00	0.03
	(N = 20)	(N = 13)		

Anmerkungen: kursiv: p = 0.10; SPM = Standard Progressive Matrices (Iller et al. 1998); FPI-R = Freiburger Persönlichkeitsinventar (Fahrenberg et al. 1989)

Diskussion

Bei dem vorliegenden Beitrag handelt es sich um eine Pilotstudie, die dem Forschungsprojekt »Täterverhalten und Persönlichkeit« vorausging, um einerseits die ChET (Müller et al. 2004) bezüglich der forensischen Anwendbarkeit zu evaluieren und andererseits das gewählte Forschungsdesign hinsichtlich der Durchführbarkeit zu überprüfen. Die untersuchte Gutachten-Stichprobe ist natürlich hoch selektiv und von geringem Umfang. Zusätzlich sind jugendliche Straftäter betrachtet worden, bei denen noch nicht von einer abgeschlossenen Persönlichkeitsentwicklung im Sinne von stabilen und zeitlich überdauernden Eigenschaften ausgegangen werden kann (vgl. Asendorpf 2004, Fiedler 2001, Srivatava et al. 2003). Da es sich in dieser Studie um eine Gutachtenanalyse handelt, musste sich die Datenerhebung auf die in den Akten dokumentierten psychologischen Testverfahren beschränken (Selbstbeschreibungsverfahren); eine methodische Ergänzung durch z. B. strukturierte Interviews konnte nicht durchgeführt werden. Weiter können durch den Prozess der Begutachtung auch Antworttendenzen im Sinne der sozialen Erwünschtheit nicht ausgeschlossen werden. All diese beschränkenden Aspekte müssen bei der Bewertung und Diskussion hinsichtlich der Aussagekraft der Ergebnisse berücksichtigt werden. Auf eine detaillierte methodische Kritik wird an dieser Stelle aufgrund der offensichtlichen Einschränkungen verzichtet.

Zunächst wird anhand der Beschreibung der Stichproben deutlich, dass die untersuchte Population eindeutig in das Spektrum zur Anwendbarkeit der TOA fällt (vgl. Föhl 2001, Hoffmann und Musolff 2000).

Betrachtet man die erste Fragestellung »Tatplanung und Persönlichkeit«, kann für die vorliegende Stichprobe festgestellt werden, dass die untersuchten jungen (sexuell motivierten) Gewaltstraftäter insgesamt nach tatortanalytischen Gesichtspunkten ein eher geringes Planungsniveau aufwiesen. Beispielsweise wurden bei keinem Delikt mehr als zwei Tatorte in die Tatbegehung einbezogen. Dieses könnte einerseits an dem geringen Alter der Probanden liegen (z. B. wenig elaborierte Gewaltfantasien, eher impulsive kriminelle Verhaltensweisen). Andererseits liegt es wahrscheinlich auch an der Deliktverteilung in der Stichprobe; so weist nur ein geringer Prozentsatz der Probanden ein Tötungsdelikt auf, bei dem dann auch eher die Möglichkeit besteht z. B. mehrere Tatorte in den Verlauf zu involvieren. Die linksschiefe Verteilung des Planungsniveaus hat eine eingeschränkte Varianz zur Folge und erschwert damit die statistische Überprüfung der ersten Fragestellung. Es ergaben sich weder hinsichtlich der Persönlichkeitsdifferenzen noch bezüglich des korrelativen Zusammenhangs (Spearman) signifikante Koeffizienten im Sinne der Hypothesen. Das gilt sowohl für die kategoriale als auch dimensionale Auswertung der ChET (Müller et al. 2004). Dieses Ergebnis stützt nicht die Annahme, dass das Planungsniveau von (sexuellen) Gewaltstraftätern einen Rückschluss auf Persönlichkeitsmerkmale zulässt. Weder unterscheiden sich planende Täter in ihrer Persönlichkeit von gering planenden Tätern noch ergibt sich irgendeine signifikante Beziehung zwischen diesen beiden Variablen. Dieser Befund bedeutet jedoch nicht, dass die Tatplanung kein kriminalistisch, kriminalpsychologisch oder forensisch relevantes Merkmal darstellt. Ein Beleg für die Bedeutsamkeit dieser Variable findet sich bspw. in der Prognose-Forschung. So spielt die Tatplanung bei Sexualstraftätern eine wichtige Rolle zur Vorhersage von Rückfälligkeit (vgl. Rehder 2001). Einen Rückschluss auf Persönlichkeitsmerkmale oder gar die Psychopathologie lässt die Tatplanung den vorliegenden Befunden zufolge aber anscheinend nicht zu. Dieses Ergebnis weicht deutlich von den Praktiken und Forschungsbefunden des FBIs ab (vgl. Douglas et al. 1992, Ressler et al. 1988) und entspricht den Anmerkungen von Turvey (2002), der unter anderem die Dichotomisierung von »organized vs. disorganized« als methodisch fragwürdig beurteilt. Anhand der vorliegenden Befunde kann zusätzlich angefügt werden, dass diese vereinfachende Herangehensweise des FBIs auch empirisch nicht gestützt werden kann.

Die Ergebnisse zur Fragestellung 2 aus Tabelle 4 belegen eindrücklich die diskriminative Fähigkeit der Variable »Kontaktaufnahme des Täters« hinsichtlich der Persönlichkeit von Gewaltstraftätern. Täter mit einem betrügerisch-manipulativen Kontaktverhalten («Con-Approach«) sind nicht nur extravertierter, sondern sie unterscheiden sich auch in einigen anderen Eigenschaften von Tätern mit einer anderen Annäherungsstrategie. Das sich durch diese Analyse abzeichnende Persönlichkeitsbild dieser Tätergruppe erscheint inhaltlich plausibel bzw. nachvollziehbar und spricht somit für die Validität der Ergebnisse. Aufgrund der hohen Differenzierungsfähigkeit dieses Merkmals verwundert es, dass eine statistische Überprüfung bislang international ausgeblieben ist.

Betrachtet man die Ergebnisse zum Bereich »Tatspezifische Merkmale und Persönlichkeit« so zeigt sich, dass die Variablen »Opferauswahl«, »Verbale Gewalt« und »Täter-Opfer-Beziehung« geeignet sind, um statistsch Persönlichkeitsdifferenzen bei Gewaltstraftätern herauszuarbeiten. Die aus den Analysen ableitbaren Persönlichkeitsbilder sind ebenfalls als inhaltlich gut nachvollziehbar zu bezeichnen und sprechen für die Validität.

Abschließend kann festgehalten werden, dass zwei der drei Fragestellungen empirisch bestätigt werden konnten. Erstaunlicherweise konnte die in der Täterprofilerstellung oft verwendete Variable »Planungsniveau« nicht belegt werden, so dass weitere Studien an erwachsenen Straftätern mit einer größeren Varianz in der Tatplanung durchgeführt werden sollten. Nur dadurch erscheinen den Autoren validere Aussagen bzgl. der statistischen Beziehungen bzw. Differenzierungsfähigkeit möglich. Die Ergebnisse der vorliegenden Studie sprechen für die Anwendbarkeit der ChET von MÜLLER et al. (2004) und zeigen, dass eine empirische Überprüfung der TOA/THA methodisch möglich sowie viel versprechend ist. Im nächsten Schritt sollten Probanden aus dem Bereich Maßregelvollzug und Strafvollzug untersucht werden. Dieses ist im Rahmen des Forschungsprojektes »Täterverhalten und Persönlichkeit« geplant und wird zurzeit von der Klinik für Kinder- und Jugendpsychiatrie und Psychotherapie des Zentrums für Integrative Psychiatrie Kiel in Kooperation mit anderen Einrichtungen durchgeführt.

Literatur

AMELANG M, BARTUSSEK D (2001) Differentielle Psychologie und Persönlichkeitsforschung (5. Aufl.). Kohlhammer, Stuttgart
ANDERSEN HS, SESTOFT D, LILLEBAEK T, MORTENSEN EL, KRAMP P (1999) Psychopathy and psychopathological profiles in prisoners on remand. Acta Psychiatrica Scandinavia 99: 33–39
ANDERSEN HS, SESTOFT D, LILLEBAEK T, GABRIELSEN G, HEMMINGSEN R, KRAMP P (2000) A longitudinal study of prisoners on remand: psychatric prevalence, incidence, and psychopathology in solitary vs. non-solitary confinement. Acta Psychiatrica Scandinavia 102: 19–25
ANDERSON HJ (2004) Mental Health in Prison Populations. A review – with special emphasis on a study of Danish prisoners on remand. Acta Psychiatrica Scandinavica Supplementum. 424
ASENDORPF JB (2004) Psychologie der Persönlichkeit (3. Aufl.). Springer, Berlin
BAURMANN MC (2002) Fallanalyse, Operative Fallanalyse (OFA). In BANGE D, KÖRNER W (Hrsg.) Sexueller Missbrauch – Handwörterbuch (78–90). Hogrefe, Göttingen
BOON JC (2000) The contribution of personality theories to Psychological Profiling. In JACKSON JL,

BEKERIAN DA (Hrsg., 2nd ed). Offender Profiling. Theory, Research and Practice (43–59). John Wiley & Sons, Chichester
BORTZ J (1999) Statistik für Sozialwissenschaftler (5. Aufl.). Springer, Berlin
BORTZ J, LIENERT GA (1998) Kurzgefasste Statistik für die klinische Forschung. Springer, Berlin
CANTER DV (1994) Criminal Shadows. HarperCollins, London
CANTER DV (1995) Psychology of Offender Profiling. In: BULL R, CARSON D (Hrsg.) Handbook of Psychology in Legal Contexts (343–355). John Wiley & Sons, Chichester
CANTER DV, FRITZON K (1998) Differentiating arsonists: A model of firesetting actions and characteristics. Legal and Criminological Psychology, 3: 73–96
CANTER DV, Heritage R (1990) A multivariate model of sexual offence behavior: Developments in ›offender profiling‹. Journal of Forensic Psychiatry, 1: 185–212
DAVIES A, WITTEBROOD K, JACKSON JL (1998) Predicting the criminal record of a stranger rapist (Special interest series paper 12). Home Office Policing and Reducing Crime Unit, London
DERN H (2000) Operative Fallanalysen bei Tötungsdelikten. Oder: Eine notwendige Abgrenzung zum »Täter-Profiling«. Kriminalistik 54 (8): 533–541
DOUGLAS JE, BURGESS AW, BURGESS G, RESSLER RK (1992) Crime classification manual: A standard system for investigating and classifying violent crimes. John Wiley & Sons, San Francisco
DOUGLAS JE, RESSLER RK, BURGESS AW, HARTMANN CR (1986) Criminal Profiling from Crime Scene Analysis. Behavioral Sciences & the Law, 4 (4): 401–421
FAHRENBERG J, HAMPEL R, SELG H (1989) Das Freiburger Persönlichkeitsinventar-revidierte Fassung. FPI-R. Handanweisung. Hogrefe, Göttingen
FAZAL S, DANESH J (2002) Serious mental disorder in 23000 prisoners: a systematic review of 62 surveys. The Lancet, 359: 545–548
FIEDLER P (2001) Persönlichkeitsstörungen (5. Aufl.). Psychologie Verlags Union, Weinheim
FINK P (2001) Immer wieder töten. Serienmörder und das Erstellen von Täterprofilen (2. Aufl.). Verlag Dt. Polizeiliteratur, Hilden/Rhld
FÖHL M (2001) Täterprofilerstellung. Ein methodenkritischer Vergleich aus rechtspsychologischer Perspektive. Verlag für Polizeiwissenschaft, Clemens Lorei, Frankfurt
HARBORT S (1997) Empirische Täterprofile. Ein Raster für die Ermittlung sexuell motivierter Mehrfach- und Serienmörder. Kriminalistik, 51 (8–9): 569–572
HARBORT S (1998) Ein Täterprofil für multiple Raubmörder. Zum Täter-Profiling auf empirischer Grundlage. Kriminalistik, 52 (7): 481–485
HARBORT S (1999a) Kriminologie des Serienmörders – Teil 1. Forschungsergebnis einer empirischen Analyse serieller Tötungsdelikte in der Bundesrepublik Deutschland. Kriminalistik, 53 (10): 642–650
HARBORT S (1999b) Kriminologie des Serienmörders – Teil 2. Forschungsergebnisse einer empirischen Analyse serieller Tötungsdelikte in der Bundesrepublik Deutschland. Kriminalistik, 53 (11): 713–721
HELLER KA, KRATZMEIER H, LENGFELDER A (1998) SPM. Matrizen-Test-Manual zu den Standard Progressive Matrices von J.C. Raven. Beltz, Göttingen
HOFFMANN J (2001a) Auf der Suche nach der Struktur des Verbrechens. Theorien des Profilings. In MUSOLFF C, HOFFMANN J (Hrsg.) Täterprofile bei Gewaltverbrechen. Mythos, Theorie und Praxis des Profilings (89–125). Springer, Berlin
HOFFMANN J (2001b). Fallanalyse im Einsatz. In MUSOLFF C, HOFFMANN J (Hrsg.) Täterprofile bei Gewaltverbrechen. Mythos, Theorie und Praxis des Profilings (305–330). Springer, Berlin
HOFFMANN J, MUSOLFF C (2000) Fallanalyse und Täterprofil. Geschichte, Methoden und Erkenntnisse einer jungen Disziplin. Bundeskriminalamt Kriminalistisches Institut, BKA-Forschungsreihe, Bd. 52, Wiesbaden

HOLMES RM, HOLMES ST (1996) Profiling Violent Crimes: An Investigative Tool (2nd ed.). Sage Publications, Thousand Oaks, CA

HOUSE JC (2000) Towards a practical application of offender profiling: The RNC's criminal suspect prioritization system. In Jackson JL, BEKERIAN DA (Hrsg., 2nd ed). Offender Profiling. Theory, Research and Practice (177–190). John Wiley & Sons, Chichester

JACKSON JL, BEKERIAN DA (2000) Does Offender Profiling have a role to play ? In JACKSON JL, BEKERIAN DA (Hrsg., 2nd ed). Offender Profiling. Theory, Research and Practice (1–7). John Wiley & Sons, Chichester

KNIGHT RA, WARREN JI, REBOUSSIN R, SOLEY BJ (1998) Predicting rapist type from crime scene characteristics. Criminal Justice and Behavior. 25 (1): 46–80

KÖHLER D (2004) Psychische Störungen bei jungen Straftätern. Verlag Dr. Kovac, Hamburg

KÖHLER D, HINRICHS G (2004) Die Prävalenz psychischer Störungen bei jugendlichen und heranwachsenden Gefangenen im Regelvollzug. Darstellung des aktuellen Forschungsstands in Deutschland. In OSTERHEIDER M (Hrsg.). Forensik 2003. Krank und/oder kriminell. 18. Eickelborner Fachtagung (174–182). PsychoGenVerlag, Dortmund

KÖHNKEN G, BLIESENER T (2002) Psychologische Theorien zur Erklärung von Gewalt und Aggression. In OSTENDORF H et al. (Hrsg.) Aggression und Gewalt (71–94). Peter Lang, Frankfurt a.M.

LANGEVIN R, PAITICH D, RUSSON AE (1985) Are rapists sexually anomalous, aggressive, or both? In LANGEVIN R (Hrsg.) Erotic preference, gender identity, and aggression in men: New research studies (17–38). Lawrence Erlbaum, Hillsdale, New Jersey

MOKROS A (2001) Facetten des Verbrechens. Entwicklungen in der akademischen Täterprofilforschung. In MUSOLFF C, HOFFMANN J (Hrsg.). Täterprofile bei Gewaltverbrechen. Mythos, Theorie und Praxis des Profilings (181–211). Springer, Berlin

MÜLLER S (2005) Täterverhalten und Persönlichkeit. Eine empirische Untersuchung zur Überprüfung tathergangsanalytischer Hypothesen. Unveröffentlichte Diplomarbeit an der Christian-Albrechts-Universität zu Kiel. Psychologisches Institut

MÜLLER S, KÖHLER D, HINRICHS G (2004) Checkliste zur Erfassung von Täterverhalten (ChET). Unveröffentlichtes Manuskript der Klinik für Kinder- und Jugendpsychiatrie und -psychotherapie des Zentrums für Integrative Psychiatrie Kiel

MÜLLER T (1998) IMAGO 300 – Excerpt from the Preliminary Report. In BUNDESKRIMINALAMT, CASE ANALYSIS UNIT (Hrsg.) Methods of Case Analysis. An International Symposium (175–198). Bundeskriminalamt. BKA-Forschungsreihe. Vol. 38.2, Wiesbaden

MÜLLER T (2004a) Bestie Mensch. Tarnung – Lüge – Strategie. ecowin Verlag, Salzburg

MÜLLER T (2004b) Kriminalpsychologische Beiträge zur interdisziplinären Fallanalyse. Vortrag auf der Arbeitstagung des Interdisziplinären Forums Forensik (iFF) ›Macht-Fantasie-Gewalt (?). Täterfantasien und Täterverhalten in Fällen von (sexueller) Gewalt‹. Nov., Bremen

MUSOLFF C (2001a) Täterprofile und Fallanalyse. Eine Bestandsaufnahme. In MUSOLFF C, HOFFMAN J (Hrsg.) Täterprofile bei Gewaltverbrechen. Mythos, Theorie und Praxis des Profilings (1–33). Springer, Berlin

MUSOLFF C (2001b) Tausend Spuren und ihre Erzählung. Hermeneutische Verfahren in der Verbrechensbekämpfung. In MUSOLFF C, HOFFMANN J (Hrsg.) Täterprofile bei Gewaltverbrechen. Mythos, Theorie und Praxis des Profilings (151–180). Springer, Berlin

NEUWIRTH W, EHER R (2003) What differentiates Anal Rapists from Vaginal Rapists? International Journal of Offender Therapy and Comparative Criminology, 47 (4): 482–488

OSTERHEIDER M (2003a) »Tatortanalyse« – Ein Beitrag der Kriminalpsychologie zur forensischen Prognosefindung? In OSTERHEIDER M (Hrsg.). Forensik 2002. Wie sicher kann Prognose sein? 17. Eickelborner Fachtagung (157–165). PsychoGenVerlag, Dortmund

Osterheider M (2003b) »Tatortanalyse« als integraler Bestandteil Forensischer Psychiatrie. extracta psychiatrica/neurologica, 11: 18–23

Proulx J, Aubut J, Perron L, McKibben A (1994) Troubles de la personnalité et viol: Implications théoriques et cliniq. Criminologie, 27 (2): 33–53

Proulx J, St-Yves M, Guay J-P, Ouimet M (1999) Les aggresseurs sexuels de femmes: Scénarios délictuels et troubles de la personnalité. In Proulx J, Cusson M, Ouimet M (Hrsg.) Les violences criminelles (157–185). Les Presses de l'Université Laval, Quebec

Rehder U (2001) Rückfallrisiko bei Sexualstraftätern. Kriminalpädagogischer Verlag, Lingen

Ressler RK, Burgess AW, Douglas JE (1988) Sexual Homicide. Patterns and Motives. Lexington Book, New York

Robak M (2004) Profiling: Täterprofile und Fallanalysen als Unterstützung strafprozessualer Ermittlungen. Polizeiliche Methoden und deren kriminalpolitische Bedeutung. Kölner Schriften zur Kriminologie und Kriminalpolitik, Bd. 6. LIT Verlag, Münster

Salfati CG (2000) The nature of expressiveness and instrumentality in homicide. Implications for offender profiling. Homicide Studies. 4 (3): 265–293

Salfati CG, Canter DV (1999) Differentiating stranger murders: Profiling offender characteristics from behavioral styles. Behavioral Sciences & the Law. 17: 391–406

Schröer J, Kukies H, Gehl A, Sperhake J, Püschel K (2004) Neue Ermittlungsansätze durch fallanalytische Verfahren. Deutsches Ärzteblatt. 101 (33): 1882–1887

Schwaiger K, Hosser D, Enzmann D (2004) Die Validität des Freiburger Persönlichkeitsinventars im Strafvollzug. 44. Kongress der Deutschen Gesellschaft für Psychologie. 20. Papst Science Publishers, Lengerich

Srivastava S, John OP, Gosling SD, Potter J (2003) Development of personality in early and middle adulthood: Set like plaster or persistent change ? Journal of Personality and Social Psychology. 84 (5): 1041–1053

Steck P, Pauer U (1992) Verhaltensmuster bei Vergewaltigung in Abhängigkeit von Täter- und Situationsmerkmalen. Monatszeitschrift für Kriminologie und Strafrechtsreform. 75 (4): 187–197

Straub U, Witt R (2003) Polizeiliche Vorerkenntnisse von Vergewaltigern. Ein Projekt zur Optimierung der Einschätzung von polizeilichen Vorerkenntnissen im Rahmen der Erstellung eines Täterprofils bei operativen Fallanalysen. Kriminalistik. 57 (1): 19–30

Teplin LA, Abraham KM, McClelland GM, Dulcan MK, Mericle AA (2002) Psychiatric Disorders in Youth in Juvenile Detention. Archievs of General Psychiatry. 59: 1133–1143

Turvey BE (2002) Criminal Profiling. An introduction to behavioural evidence analysis (2nd ed.). Academic Press, Amsterdam

Täterhotline

JOACHIM LEMPERT

Zusammenfassung

Mit dieser neuen Einrichtung bietet der soziale Bereich eine große Bandbreite an: Vom Maßregelvollzug, der mit eingewiesenen Tätern arbeitet, der Psychiatrie, den niedergelassenen Psychiatern, Psychotherapeuten, Täterberatungsstellen und seit neuestem einer Täterhotline. Wie können diese Angebote miteinander verzahnt arbeiten? Welche Möglichkeit bietet in diesem Spektrum die Täterhotline? Das Angebot und seine Arbeitsweise und die Erfahrungen nach einem Jahr EU-Projekt Täterhotline werden vorgestellt und für eine Zusammenarbeit auch mit psychiatrischen Einrichtungen geworben.

Hintergrund: Täter nehmen kaum Beratung und Hilfe in Anspruch, es sei denn, sie werden dazu gezwungen – das ist die allgemeine Meinung. Daraus zu schließen, dass sie beratungs- und therapieresistent seien, keinen Leidensdruck hätten oder nur Macht ausüben wollten, ist sehr kurz gegriffen.

Die Erfahrung zeigt: Existiert ein attraktives Angebot für Täter und haben Fachpersonen gelernt, mit diesen zu arbeiten, dann entsteht eine große Nachfrage.

Schlüsselwörter

Häusliche Gewalt, Täterangebote, Gewaltkreislauf, Telefonberatung

Die Idee

95 % der häuslichen Gewalt findet im Dunkelfeld statt. Opfer häuslicher Gewalt sind oftmals nicht in der Lage den Gewaltkreislauf aus eigener Kraft zu beenden. Stattdessen halten sie aus und erleiden immer wieder Gewalt. Wenn das Opfer doch aus dem Gewaltkreislauf ausbricht, übt der Täter häufig gegen die nächste Partnerin oder deren Kinder Gewalt aus. Nur wenn es gelingt, die Täter zu erreichen und sie zur Beendigung ihrer Gewalttätigkeit zu bewegen, kann zukünftige Gewalt sicher und dauerhaft verhindert werden. Sowohl für körperlich, als auch für sexualisiert gewalttätige Männer gilt: Nur die Täter können Gewalt beenden.

Ohne Unterstützung gelingt es Tätern allerdings nur selten den Gewaltkreislauf zu beenden.

Gewalt innerhalb der eigenen Familie ist ein schambesetztes Delikt, das auf geschlechtsspezifischen Verhaltensmustern beruht. Deshalb liegt die Schwelle, sich Unterstützung zu holen, bei männlichen Tätern außerordentlich hoch.

Bislang gibt es kaum Untersuchungen dazu, wie Täter effektiv zur Kontaktaufnahme zu einer Gewaltberatungseinrichtung und somit zu einer Veränderung ihres gewalttätigen Verhaltens bewegt werden können.

Über die Entwicklung eines an die Erfordernisse der Zielgruppe angepassten Angebotes – Telefon-Hotline – werden Täter effektiver erreicht und zur Aufnahme einer Gewaltberatung bewegt. Damit wird die Gewalt dort beendet, wo sie ihren Ursprung hat, nämlich beim Täter.

Projektziele

Nur Täter können dauerhaft die Gewalt beenden. Opfer können ihr nur ausweichen. Deshalb sind Täter primäre Zielgruppe des Projekts.

Erste Arbeitshypothese: Gewalttäter aus dem Dunkelfeld nehmen Beratung und Therapie in Anspruch sofern sie angeboten werden

Bisherige beraterische und therapeutische Angebote erfassen jedoch in erster Linie Gewalttäter im Hellfeld und damit nur die Spitze des Eisbergs. Zum Hellfeld gehören Täter, die der Polizei und der Justiz bekannt sind. Darüber hinaus existiert ein Graufeld von Tätern, die Hilfeeinrichtungen wie Jugendämtern, Ordnungsämtern oder psychosozialen Einrichtungen bekannt sind.

Täter aus dem Hell- und Graufeld prägen das Bild des Gewalttäters in der Öffentlichkeit. Auch die Fachöffentlichkeit ist von diesem Bild beeinflusst, denn sie hat vorwiegend Kontakt zum Hell- und Graufeld.

Jedoch sind nur etwa 5 % der Täter im Hell- und Graufeld anzutreffen. Das Bild suggeriert, dass Täter aus abgegrenzten Milieus und Gesellschaftsschichten stammen, dass meist Alkohol im Spiel ist und die Frau durch Provokationen ihren Anteil zur Gewalt beiträgt, gemäß dem Motto: »Pack schlägt sich, Pack verträgt sich.« Wohlsituierte gesellschaftliche Schichten, gebildete und kultivierte Täter existieren in diesem Bild nicht – in der Realität allerdings schon: Familiäre Gewalt ist das einzig demografisch gleich verteilte Verbrechen, dass wir in unserer Gesellschaft kennen. Deshalb wird die Arbeit mit den Tätern aus dem Dunkelfeld vernachlässigt, obwohl sie 95 % der Täter ausmachen.

Die Hotline beruht erstens auf der Annahme, dass Täter im Dunkelfeld bei einer zielgruppengerechten Ansprache und einem entsprechenden Angebot Beratung in Anspruch nehmen. Zweitens führen nach Erfahrungen aller angeschlossenen und assoziierten Beratungsstellen von EuGeT telefonische Anfragen von Tätern mit hoher Wahrscheinlichkeit zur Aufnahme einer sechs- bis zwölfmonatigen ambulanten Gewaltberatung. Der kritische Moment ist die Kontaktaufnahme der Täter aus dem Dunkelfeld. Wenn es hier gelingt, kreative und erfolgreiche Arbeitsansätze zu finden, dann kann diesen Tätern ein professionelles Beratungsangebot gemacht werden.

Zweite Arbeitshypothese: Die Telefon-Hotline ist ein niedrigschwelliger Ansatz. Deshalb ist er zur Ansprache gerade der Zielgruppe von Gewalttätern aus dem Dunkelfeld geeignet

Der Anruf bei einer Hotline fällt einem Gewalttäter relativ leicht, weil er wenig voraussetzungsvoll ist: Der Anrufer kann anonym und unverbindlich bleiben. Er benötigt keinen großen Zeit-, Kosten- oder Reiseaufwand. Damit stellt eine Hotline eine niedrigschwellige Möglichkeit für einen Erstkontakt dar.

Beratung versus Weitervermittlung

Eine intensiv diskutierte Frage war, ob die Anrufer am Telefon beraten werden oder weiterverwiesen werden sollten. Wie umfangreich kann Täterberatung am Telefon sein? Ab wann wird ein Anrufer durch eine intensive Telefonberatung demotiviert, eine weitergehende persönliche Beratung in Anspruch zu nehmen? Wie umfangreich muss sie sein? Ab wann ist ein Täter überhaupt motiviert, Beratung aufzusuchen? Aus dieser Diskussion entwickelten wir eine Zielehierarchie, an deren erster Stelle die Vermittlung in einer Beratungsstelle steht. Das zweite Ziel, sofern das erste Ziel nicht erreicht werden kann, ist die Aufnahme eines Beratungsprozesses in wöchentlichen Abständen am Telefon. Diese Telefonberatung findet nicht unter der Hotlinenummer statt, um sie nicht zu blockieren.

Chatroom

Wir kreierten eine neue Idee: Einen Täterchatroom. Gespannt bereiteten wir diese Idee für die Diskussion mit den Kooperationspartnern vor.

Der Ablauf

Länderübergreifende Organisation (Netzwerk)

Die Hotline war als ein länderübergreifendes EU-Projekt konzipiert, deshalb, aber auch um die Kosten gering zu halten, wollten wir ein länderübergreifendes Netzwerk entwickeln. Die Hotline hat nicht nur eine gemeinsame Organisation, sondern alle Anrufe aus den verschiedenen Erprobungsregionen werden auf eine zentrale Nummer und damit an den jeweils diensthabenden Telefonberater geschaltet.
Kooperationspartner und Telefonberater sind über verschiedene Regionen und Länder verstreut. Gleichzeitig sollen sie ein gemeinsames, differenziertes und spezialisiertes Angebot machen. Dazu müssen wir eine umfangreiche Logistik vorhalten, um zum Beispiel alle Telefondienste abzudecken oder bei dem Ausfall eines Telefonberaters umgehend einen Ersatz sicherzustellen.
Hervorzuheben ist eine Erfahrung beim Aufbau der Datenbank: Als wir uns an den deutschen Bundesverband der Frauenberatungsstellen wandten, um Adressen von Hilfeeinrichtungen für Opfer zu erhalten, stießen wir auf sehr positive Resonanz.

Uns wurde umgehend eine umfangreiche und detaillierte Adressdatei zur Verfügung gestellt, so dass wir anrufende Opfer sofort an qualifizierte Stellen weiterverweisen können. Die Sinnhaftigkeit der Täterhotline im Sinne von Opferschutz war unserem Gegenüber ohne Erklärung sofort klar.

Wie sich leider herausstellte, war eine europaweit einheitliche Service-Nummer nicht möglich. Somit war es erforderlich – entsprechend der ausgewählten Erprobungsstandorten – jeweils eine länderspezifische Servicenummer für Österreich, Deutschland und Luxemburg schalten zu lassen. Die Rufnummer sollte leicht merkbar sein. Deshalb entschieden wir uns für eine Vanity-Nummer. Die Rufnummer 439258 entspricht der Buchstabenfolge G-E-W-A-L-T auf der Tastatur des Telefons: Einem Bereitschaftsplan folgend werden alle Nummern auf die jeweils diensthabenden Telefonberater geschaltet. Einen Bereitschaftstag (10–20 Uhr) teilten wir in zwei Schichten zu je fünf Stunden auf. Pro Tag sollten sich zwei Berater die Bereitschaft an der Hotline teilen. Jeder Telefonberater ist mit einem Handy und zusätzlichem Headset ausgerüstet, so dass er auch während des Telefonats problemlos in der Lage ist, eine Telefonnummer zur Weiterverweisung nachzuschlagen oder den Erhebungsbogen auszufüllen. Beim Aufbau des Telefonnetzwerks über die Staatsgrenzen hinweg stießen wir auf große Schwierigkeiten, angefangen damit, dass es in der EU immer noch nicht möglich ist, eine europaweit einheitliche Nummer zu bekommen. Die Kosten für die Einrichtung einer Hotlinenummer divergieren je nach Land zwischen Null und 10 000,- Euro. In Österreich konnten wir die gewünschte Nummer nur nach monatelangen Verhandlungen freischalten lassen.

Auswahl der Hotlineberater; Aus- und Fortbildung

Die Hotline wendet sich an Gewalttäter, die sich auch in akuten Gewaltsituationen Hilfe suchend melden. Sollte der Telefonberater eine falsche Intervention setzen, kann das zur Gefährdung des oder der Opfer führen. Wir haben es mit einer gefährlichen Problematik zu tun. Die gewalttätige Klientel weist ein hohes Gefährdungspotenzial auf.

Daraus folgt die Forderung nach einer hohen Qualifikation der Berater. Die Berater müssen für die Beratungsarbeit mit gewalttätiger Klientel ausgebildet sein. Aufbauend auf einem Grundberuf aus dem sozialen Bereich haben sie eine dreijährige berufsbegleitende Weiterbildung speziell für die Arbeit mit dieser Problematik absolviert. Außerdem müssen sie Erfahrungen in der beraterischen Arbeit mit dieser Klientel vorweisen können.

Telefonberatung als eigenständige Beratungsform

Aus der Zielehierarchie ergibt sich, dass die Beratungen zielorientiert geführt werden. Der Anrufer sollen nach dem Telefonat optimalerweise eine face-to-face Beratung aufsuchen. Dazu wird dem Anrufer nicht einfach nur eine Telefonnummer genannt, bei der er sich erneut melden müsste. Unsere Erwartung und inzwischen belegte Erfahrung ist, dass viele Anrufer nicht ein zweites Mal den Mut aufbringen anzurufen. Deshalb präferieren wir ein anderes Vorgehen: Der Telefonberater bietet dem Anrufer an, die Vermittlung an einen Berater zu übernehmen. Er bittet um Namen und Telefonnummer des Anrufers und gibt diese Daten mit weiteren Informationen aus dem Gespräch an den zuständigen Berater vor Ort weiter, so dass dieser sich innerhalb von maximal zwei Tagen mit dem Klienten in Verbindung setzt.

Dieses völlig neue Vorgehen hat bei den Telefonberatern zu großer Irritation geführt. Für den sozialen Bereich ist dieses offensive Zugehen auf den Klienten ungewöhnlich. Eine Reihe von Telefonberatern konnte dieses Vorgehen bis zum Ende der Erprobungsphase nicht umsetzen. Sie verwiesen die Anrufer an eine Beratungsstelle. Die Vermittlungsquote war bei dieser Vorgehensweise sehr viel niedriger. Da der Anrufer jederzeit sehr leicht den Kontakt durch einfaches Auflegen des Hörers beenden kann, müssen die Telefonberater nicht nur einen Kontakt herstellen können. Sie müssen ihn auch halten und bei drohendem Kontaktabbruch wieder festigen können. Da nicht für jeden anrufenden Mann regional eine Beratungsstelle oder ein niedergelassener Berater erreichbar ist, entwickelten wir eine Alternative: Die Telefonberater machen den anrufenden Männern das Angebot eines persönlichen Beratungsprozesses am Telefon. Diese Gespräche erfolgen nicht an der Hotline, um diese nicht für weitere Anrufer zu blockieren. Im Erprobungszeitraum wurde dieses Angebot von vier Klienten genutzt.

Täterberatung am Telefon verfolgt nach Möglichkeit ein eindeutiges Ziel: Der Anrufer soll eine face-to-face Beratung aufnehmen. Diese Zielorientierung während des Telefonats erfordert andere Interventionen seitens des Beraters. Damit erfordert Täterberatung am Telefon eine ganz eigene Qualifikation, sie schafft eine eigenständige Qualität von Beratung. Wir erreichen mit dieser neuen Qualität sehr viel besser unser Ziel, als wir ursprünglich dachten. Im Laufe der Erprobung konnten wir damit erfolgreich Täter zu Beratungsstellen vermitteln.

Werbung

Im psychosozialen Bereich werden neue Angebote vorwiegend im eigenen, d. h. dem psychosozialen Bereich bekannt gemacht. Für Klienten aus dem Hellfeld und dem Graufeld wird gesorgt. Vorwiegend bereits bekannte Klienten erhalten Angebote von sozialen Einrichtungen. Um Täter kümmern sich die Strafverfolgungsbehörden. Bisherige Werbekonzepte zeichnen sich durch einen gravierenden Nachteil aus: Sie erreichen keine Täter aus dem Dunkelfeld. Die Akquisition von Klientel, die dem psychosozialen Bereich fremd ist, ist auf diesem Weg kaum möglich. Unserer Einschätzung nach ist dies ein zentraler Grund, warum gewalttätige Männer keine Klientel in Beratungsstellen sind. Um diese Männer zu erreichen, sind neue Strategien erforderlich. Um sie zu entwickeln arbeiteten wir mit einer Werbeagentur zusammen und entwarfen ein Werbekonzept.

Bisherige Werbekonzepte für Täter

Werbung zum Thema häusliche Gewalt folgt meist drei Grundkonzepten:
1. *Gewalt wird skandalisiert.* Gewalt wird als etwas Verachtenswertes dargestellt, das nicht stattfinden darf. Dem würden die meisten Täter ohne Probleme zustimmen, aber sie stellen keinen Bezug zu sich her. Sie üben ja keine Gewalt aus, ihnen »rutscht nur mal die Hand aus«.
2. *Die Täter werden geächtet.* Damit wird die Welt in gute und böse Menschen – eben Gewalttäter – unterteilt. Weil kaum jemand zu den »Bösen« gehören möchte, distanziert er sich nicht von seiner Gewalt, sondern davon, dass er zu denen gehört, die Gewalt ausüben. Das sind »Schläger«, »Sadisten«, was er wirklich nicht ist.
3. *Opfer in der Täterwerbung.* Täter sollen darüber angesprochen werden, dass man Opfer thematisiert. Nach dem Selbstverständnis des Täters hat er sich »nur gewehrt«, nur »berechtigte Gegengewalt« ausgeübt.[1] Kurz zusammengefasst sind die Täter die »eigentlichen« Opfer. Sie wurden »gereizt«, »provoziert«, die anderen haben sie »so weit getrieben«. Aber selbstverständlich gilt das nur für sie selbst. Damit hat die Darstellung von Opfern mit ihrem gewalttätigen Verhalten nichts zu tun.

Mit diesen Strategien werden Täter nicht erreicht.

Werbung!!!

In der Werbung für die Hotline sprechen wir Täter zum ersten Mal direkt an. Das ist völlig neu. Er als handelnde, aktive Person wird benannt. Das neue Werbekonzept spricht den Täter bei der Diskrepanz zwischen seiner Sehnsucht nach einer glücklichen Beziehung und seinem gewalttätigem Verhalten an. Diese Diskrepanz erzeugt in ihm eine Spannung, die ihn zu Handlungen, zur Veränderung treibt. Nicht ein von außen auferlegter Druck bewegt ihn. Äußerer Druck führt eher zu Ausweichbewegungen. Aber inneren Spannungen kann man kaum ausweichen. Diese trägt man – im Gegensatz zu externen Strafinstanzen – immer mit sich. Die große Anzahl von »Erklärungen« von Gewalt, die Täter vorbringen, zeigen, wie sehr die inneren Spannungen bereits die Täter umtreiben und ihnen keine innere Ruhe lassen. Mit unserer Werbung thematisieren wir diese innere Diskrepanz und bieten mit der Hotline einen gangbaren Ausweg an.

Dass die Hotline von gewalttätigen Männern in Anspruch genommen wird, stellten wir fest und erlebten es. Der Umfang der Inanspruchnahme hängt dann vom

---

1 LEMPERT J (2003) »Therapie als Strafe?« In Handbuch der Gewaltberatung, Männer gegen Männer-Gewalt (Hrsg.), Hamburg

Umfang der Werbung ab. Die Qualität der Hotline und auch der Werbung konnten wir herstellen. Für eine flächendeckende Nutzung ist jetzt Quantität notwendig. Das allerbeste Plakat, der überzeugendste Werbespot kann nur wirken, wenn sie veröffentlicht und gezeigt werden. Wenn ein neues Angebot bekannt gemacht werden soll, ist ein großer – auch finanziell – Werbeaufwand nötig.[2]

Forschungsergebnisse

Das Projekt wurde durch eine externe Begleitevaluation beforscht. Das Institut Evolog aus Köln führte sie durch. Hier stelle ich nur Auszüge aus dem Forschungsbericht vor.

Anrufer

Mit 119 Anrufen stammte mehr als die Hälfte der Anrufer von Männern (57 %). 80 Anrufe (39 %) stammten von Frauen. In acht Fällen (4 %) konnte kein Geschlecht des Anrufers ermittelt werden (z. B. weil sofort aufgelegt wurde). Neben den entgegengenommenen Anrufern wurden noch 88 Anrufe auf dem Anrufbeantworter aufgezeichnet, von denen nur ein einziger eine Nachricht hinterlassen hat.

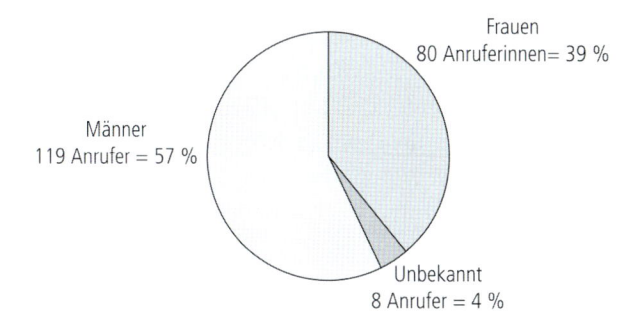

Täterprofil

79 Täter riefen im Erprobungszeitraum an der Hotline an. Der durchschnittliche Täter lässt sich mit den folgenden Merkmalen beschreiben:
- Er ist 36 Jahre alt.

---

[2] Eine Empfehlung der Werbeagentur zur Einführung der Hotline war, landesweit Plakatwände zu buchen: Erforderlicher Etat für Deutschland hierfür etwa 1,8 Mio. Euro.

- Er lebt gemeinsam mit seiner (Ehe-)Partnerin (und Kindern) (52 %).
- In 11 % der Fälle (N = 8) fand eine Wegweisung statt.
- Das Opfer ist die (Ehe-)Partnerin (79 %).
- Der Täter übt leichte bis mittelschwere (80 %) körperliche (65 %) Gewalt aus.
- Die Gewalt findet überwiegend im Dunkelfeld (89 %) stattfindet.

In 11 Prozent der Fälle fand eine Wegweisung statt. Dies war überdurchschnittlich in Österreich. Die Gewalt wurde zu 89 Prozent im Dunkelfeld ausgeübt – also bei unserer primären Zielgruppe.

Art der Gewalt

Körperliche Gewalt wurde von den Anrufern am meisten ausgeübt (in 40 Fällen oder 65 %). An zweiter Stelle stand angedrohte Gewalt (in 20 Fällen oder 32 %) bei den Anrufern. In 3 % der Fälle (bei zwei Anrufern) wurde sexualisierte Gewalt thematisiert.

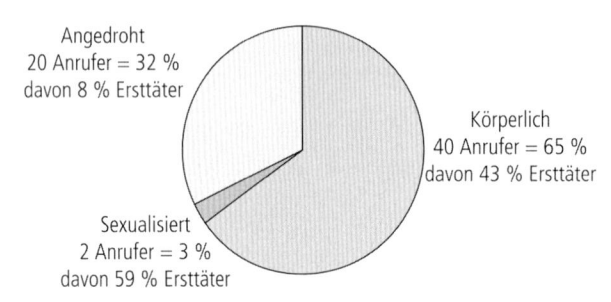

Angedroht
20 Anrufer = 32 %
davon 8 % Ersttäter

Körperlich
40 Anrufer = 65 %
davon 43 % Ersttäter

Sexualisiert
2 Anrufer = 3 %
davon 59 % Ersttäter

Opfer

In 62 Fällen (79 %) war das Opfer die (Ehe-)Partnerin. In jeweils vier Fällen (5 %) war der (Stief-)Sohn und/oder die (Stief-)Tochter das Opfer. In jeweils drei Fällen (4 %) waren Männer (z. B. der Vater, aber auch Formen öffentlicher Gewalt) und Frauen (z. B. die Mutter) das Opfer. In zwei Fällen (3 %) von sexualisierter Gewalt waren Mädchen das Opfer.

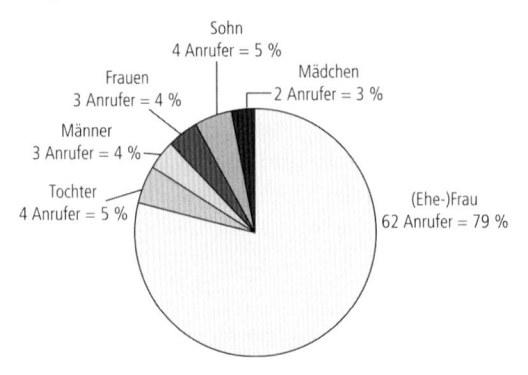

Sohn
4 Anrufer = 5 %

Frauen
3 Anrufer = 4 %

Mädchen
2 Anrufer = 3 %

Männer
3 Anrufer = 4 %

Tochter
4 Anrufer = 5 %

(Ehe-)Frau
62 Anrufer = 79 %

Beratungsergebnisse

Von den 79 Tätern, die bei der Hotline angerufen haben, wurden 36 Klienten (46 %) an Beratungsstellen in ihrer Region verwiesen, d. h. ihnen wurde die Kontaktadresse bzw. die Telefonnummer einer Gewaltberatungsstelle in ihrer Nähe genannt. 28 Klienten (35 %) bekamen ein Rückrufversprechen durch eine Beratungsstelle, d. h. sie gaben ihren Namen und ihre Telefonnummer bei der Hotline an, so dass eine regionale Beratungsstelle die Klienten direkt zurückrufen und einen Beratungstermin vereinbaren konnte. Mit vier Klienten (5 %) wurden weitere Telefontermine zur Beratung vereinbart, z. B. weil es keine Beratungsmöglichkeit in der Nähe des Klienten gab. In fünf Fällen (6 %) konnte die Beratung abgeschlossen werden. Lediglich in vier Fällen (5 %) wurde die Beratung durch den Anrufer abgebrochen.

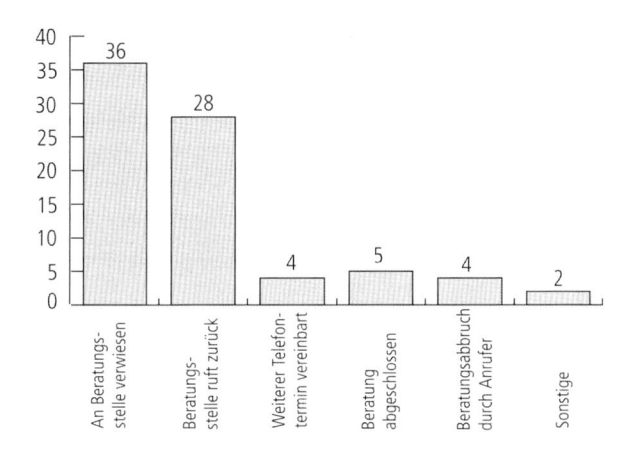

Wirksamkeit der Telefonberatung

Von den insgesamt 62 Tätern (alle, die an Beratungsstellen verwiesen oder denen Rückrufversprechen gegeben wurde) haben 15 Klienten (24 %) eine Beratungsstelle zu einem »Zweitgespräch« aufgesucht.

Zehn der 15 Klienten, die eine Beratungsstelle aufgesucht haben, konnten eindeutig in den Erfassungsbögen der Telefonberater identifiziert werden. Davon wurden neun Klienten direkt von den Beratungsstellen zurückgerufen und nur einer bekam lediglich die Empfehlung, eine Beratungsstelle aufzusuchen. Das heißt wenn eine aktive Vermittlung durch den Telefonberater stattfindet, ist die Wahrscheinlichkeit zehnmal so hoch, dass dieser Klient auch eine Beratung aufnimmt.

Ergebnisse

Erfahrungen der Telefonberater

Die Interaktion am Telefon unterscheidet sich deutlich von dem den Beratern vertrauten Beratungssetting. Einerseits muss der Telefonberater mehr Kontaktarbeit leisten, damit ein Kontakt überhaupt entsteht und dann nicht abreißt. Nur deshalb fühlt sich der Anrufer an der richtigen Stelle. Hier findet er ein kompetentes Gegenüber. Erst dann ist er bereit, sich mit seinem ihm peinlichen Problem zu öffnen. Auf diesem Boden kann der Telefonberater daran arbeiten, ihn erfolgreich zu einer persönlichen Beratung zu motivieren. Das umfangreiche Wissen der Berater über die Dynamik der Struktur von gewalttätigen Menschen ermöglicht es ihnen, innerhalb von kurzer Zeit auf den Punkt zu kommen. So ist die durchschnittliche Dauer der Anrufe von Tätern nur acht Minuten. Klare Interventionen mit hoher Kompetenz zur Problematik ist der Schlüssel zu einer weiterführenden Beratung.

Weitervermitteln der Anrufer bedeutet mehr als ihm eine Telefonnummer zu nennen. Im Laufe der Zeit übernahmen die Telefonberater immer mehr die Kontaktarbeit zum Berater bzw. der Beratungsstelle. Die Übergabe muss gut gelingen, der Berater vor Ort sich umgehend beim Klienten melden und schnell einen Termin vereinbaren. Von diesen Faktoren hängt entscheidend der Vermittlungserfolg ab.

Chatroom

Der Chatroom war eine interessante Idee, die mit relativ geringem Aufwand realisiert werden konnte. Leider mussten wir feststellen, dass der Chatroom während der ersten drei Monate von keinem Besucher genutzt wurde. Aus diesem Grund haben wir den Chatroom bereits nach drei Monaten wieder geschlossen.

Auf den neuen Plakaten haben wir ihn wieder – und diesmal offensiver – angeboten. Aktuell diskutieren wir, wie man den Chatroom bewerben könne.

Gründung neuer Beratungsangebote

Für den Kooperationspartner in Luxemburg war eine Motivation am Projekt teilzunehmen, der Täterarbeit neue Impulse zu geben. Die begleitenden Veranstaltungen und die Werbung für die Hotline haben maßgeblich zur Einrichtung der ersten Gewaltberatungsstelle in Luxemburg beigetragen.

Drei Berater aus dem Raum Innsbruck lernten sich auf dem Telefonberaterseminar kennen und entwickelten in der Folge die Idee einer gemeinsamen »Praxis für Gewaltberatung«. Diese Praxis nahm ihre Arbeit auf und gehört heute zum psychosozialen Angebot Tirols. Die Akquisition für diese Einrichtung erfolgt maßgeblich über die Hotline.

Im Zuge des Aufbaus erhielten diese Berater – zum ersten Mal in Österreich – eine staatliche Anerkennung für ihre Qualifikation als Gewaltberater.

Einzelberater und Therapeuten haben sich mithilfe der Hotline zu Angeboten für Täter niedergelassen. Mit den Werbematerialien der Hotline und ihrer Erreichbarkeit haben sie ideale Bedingungen für den Aufbau einer Praxis für Gewaltberatung gefunden. Die zentralen Fragen der Gründungsphase – Öffentlichkeitsarbeit und Akquise von Klientel – werden von der Hotline beantwortet. Langfristig ist darüber zum ersten Mal ein flächendeckendes Netz von Beratungsangeboten für Täter überhaupt realisierbar geworden.

Integration des Angebots in die Arbeit von Beratungsstellen

Die Hotline stellt ein noch nicht da gewesenes niedrigschwelliges Angebot in der Täterarbeit dar. Es fällt Tätern leichter, eine Hotline anzuwählen als sich in einer Beratungsstelle zu melden. Mit einer Beratungsstelle wird immer die Notwendigkeit eines persönlichen Erscheinens verbunden und damit das Heraustreten aus der Anonymität. Diese Hürde verhindert oft genug bereits die Kontaktaufnahme.

Keine Beratungsstelle und schon gar kein einzelner Berater kann eine solche umfangreiche persönliche Erreichbarkeit leisten. Üblicherweise greifen sie auf das Hilfsmittel des Anrufbeantworters zurück. Die Hotline ist täglich von 9.00 Uhr bis 17.00 Uhr erreichbar. Außerhalb dieser 40 Stunden persönlicher Erreichbarkeit pro Woche stand Anrufern ein Anrufbeantworter zur Verfügung.[3] Nur ein einziger Anrufer hinterließ in der Erprobungsphase eine Nachricht. Das belegt, wie wichtig die persönliche Erreichbarkeit für diese Klientel ist.

Durch die hohe Erreichbarkeit wurde die Hotline – für uns überraschend – auch für Beratungsstellen und Berater eine attraktive Einrichtung. Hilft sie doch ein typisches Beratungsstellenproblem zu lösen: Weil Berater im Gespräch sind, sind sie für Anrufer persönlich nicht erreichbar. Eine Verwaltungskraft, die dann bestenfalls Telefondienst macht, ist nicht in der Lage, das notwendige motivierende Erstgespräch mit Gewalttätern zu führen. Bis Ende 2004 hatten sich 15 Beratungsstellen in D, A und Lux entschieden, den Service der Hotline für sich zu nutzen. Insbesondere wenn Beratungsangebote neu entstehen oder wenn Beratungsstellen sich der Thematik Akquisition von Tätern neu zuwenden, ist die Hotline für sie sehr attraktiv; damit ist eine Ausweitung des Netzwerks zu erwarten.

Und nun? Die Zukunft

Die Erprobungsphase war ursprünglich für sechs Monate vorgesehen. Schon während dieser Zeit erkannten wir, dass wir unser Ziel, Männer aus dem Dunkelfeld zu erreichen, erfüllen würden. Deshalb entschieden wir uns, den Erprobungszeitraum

---

3 In der Erprobungsphase war die Hotline täglich von 10.00–20.00 Uhr sieben Tage also 70 Stunden die Woche erreichbar. Aus finanziellen Gründen mussten wir diese Zeiten leider einschränken.

bis zum Ende des Projekts auszudehnen. Die Werbung musste natürlich in der verlängerten Erprobungsphase fortgesetzt werden. Ebenso mussten die Telefonberater weiter bezahlt werden. Nach Rücksprache mit der EU Kommission war es möglich, dass wir noch nicht verbrauchte Mittel dafür verwenden konnten.

Dadurch, dass die Hotline Werbematerial entwickelte und sie die Erreichbarkeit sicherte, wurden ganz neue Angebote denkbar und inzwischen sogar in der Praxis umgesetzt: Ausgebildete Gewaltberater können auch nur mit einem geringen Stundenkontingent Beratung in einer eigenen Praxis anbieten. Dadurch können neue Angebote für Täter aufgebaut werden, obwohl eine Finanzierung von ganzen Beratungsstellen heute kaum noch denkbar ist. Die Kosten für die Beratung werden von den Männern, die über die Hotline akquiriert wurden, in den meisten Fällen selbst erbracht. Gewaltberatung findet nicht mehr nur für soziale Randgruppen statt, sondern für den Durchschnittsbürger.[4]

Das Einzugsgebiet

Mit der zeitlichen Verlängerung des Hotlinebetriebs ging auch eine räumliche Ausweitung des Einzugsgebiets einher: Nach und nach kommen immer mehr Interessenten auf uns zu, um am Netzwerk teilzunehmen und sie in ihrer Region, in ihrer Stadt zu bewerben. Wir stellen die Werbematerialien zur Verfügung und gestalten den ersten Kontakt, das Erstgespräch am Telefon. Wir geleiten den Täter zu ihrer Einrichtung vor Ort. Sie übernehmen dann die Beratung vor Ort. Ziel des Projekts ist, ein flächendeckendes Angebot für die Arbeit mit Tätern aufzubauen.

Gründung der EuLine, Dauerbetrieb der Täterhotline

Schon die Werbeagentur machte uns darauf aufmerksam, dass die Initiativphase der Werbung mehr als sechs Monate benötigt. Eine halbjährliche Erprobungsphase war von uns zu kurz gedacht. Auch die Unterstützer signalisierten, dass sie nur dann werben würden, wenn die Hotline nicht bereits nach einem halben Jahr wieder eingestellt werden würde.

Die zweite maßgebliche Erfahrung war der Erfolg der Hotline: Täter aus dem Dunkelfeld riefen an und waren zu einer Beratung motivierbar.

Deshalb entschieden wir uns, die Erprobungsphase bis zum Ende des Projekts zu verlängern.

Die Erfahrung der Telefonberater, dass es beispielsweise wirklich gelingt, einen anrufenden Täter zur Beratung zu bewegen oder dass ein Zeitungsartikel über die Hotline direkt Anrufe von Tätern nach sich zieht, ließ bei allen Beteiligten den Wunsch wachsen, die Täterhotline fest zu etablieren. Da die EuGeT ein Dach-

---

4 Siehe dazu den Bericht »Männerarbeit in Österreich« des Bundesministeriums BMGS, Wien, 2004. Darin wurde festgestellt, dass die Klientel in öffentlichen Beratungsstellen über unterdurchschnittliche Einkommen verfügt.

verband ist und nicht Träger von Einrichtungen sein will, gründeten wir einen eigenen Träger – die EuLine – und nahmen am 01.01.2005 den Dauerbetrieb der Hotline auf.

Einknüpfen ins Netzwerk

Die Hotline vermittelt Täter an Berater und Beratungseinrichtungen. Je mehr Einrichtungen beteiligt sind, umso leichter und erfolgreicher gelingt die Vermittlung von Tätern in Beratung. Die Hotline ist ein Netzwerk.

Die Verdichtung dieses Netzwerks innerhalb der bereits beteiligten Länder und die Ausweitung auf neue Länder sind relativ leicht realisierbar. So kann jede qualifizierte Einrichtung binnen kürzester Zeit in das Netzwerk integriert werden.

Werbemedien können Sie sich anschauen und bei uns bestellen unter www.euline.net. Dort erhalten Sie auch weitere Informationen über die Hotline.

Zusammenfassung

In dem zweijährigen Projekt wurde eine Hotline für Gewalttäter entwickelt, erprobt und optimiert. Zielgruppe waren Männer aus dem Dunkelfeld, die häusliche Gewalt ausüben und damit etwa 95 % der Gewalttäter abbilden.

Die Grundannahmen des Projekts waren, dass Gewalttäter aus dem Dunkelfeld Beratung und Therapie in Anspruch nehmen, sofern diese angeboten werden und dass die Telefon-Hotline ein niedrigschwelliges Angebot ist, das zur Ansprache dieser Zielgruppe besonders geeignet ist.

Beide Hypothesen konnten belegt werden: Männer aus dem Dunkelfeld riefen an und konnten zu einer Beratung motiviert werden. Aufgrund der positiven Erfahrungen wurde die sechsmonatige Erprobungsphase auf 13 Monate verlängert. Schließlich wurde die Hotline nach Auslaufen als EU-Projekt zu einer Dauereinrichtung unter einem eigenen Träger, der EuLine.

Die Hotline bietet für den Aufbau und Betrieb von Beratungsangeboten für Gewalttäter ein

- ausgereiftes Werbungskonzept und Netzwerk zur Akquisition von Tätern,
- kompetente Erstgespräche am Telefon zur Motivation von Gewalttätern und
- Weiterleitung in eine face-to-face Beratung.

In dieses Netzwerk können relativ leicht weitere Einrichtungen und Regionen integriert werden. Die EuLine hat sich die Aufgabe gesetzt, die Hotline aktiv in Europa zu verbreiten. Dazu laden wir Sie herzlich ein.

Kinder und Jugendliche als Sexual(straf)täter – Ergebnisse eines Modellprojekts

Sabine Nowara & Ralph Pierschke

Zusammenfassung

Ein nicht unerheblicher Teil erwachsener Sexualstraftäter zeigt bereits im Jugend- oder gar Kindesalter sexuell übergriffiges Verhalten. Welche dieser Kinder und Jugendlichen später einschlägig straffällig werden, ist bislang unbekannt. Dieser Mangel an empirischem Wissen über junge Sexual(straf)täter und spiegelt sich u. a. in noch weitgehend fehlenden therapeutischen Angeboten für diese Klientengruppe wider.

In einem Forschungsprojekt – gefördert durch das Ministerium für Gesundheit, Soziales, Frauen und Familie des Landes Nordrhein-Westfalen – zur Evaluation ambulanter therapeutischer Maßnahmen für jugendliche Sexualtäter sollten der Bedarf an Maßnahmen ermittelt und die zur Verfügung stehenden Behandlungsangebote untersucht werden. Daneben wurden biografische Daten der Kinder und Jugendlichen ausgewertet sowie erhoben, in welcher Form sie mit Sexual(straf)taten in Erscheinung getreten sind.

Schlüsselwörter

Junge Sexualstraftäter, Sexualtätertherapie, ambulante Sexualstraftätertherapie, Biografien von jugendlichen Sexualstraftätern

Einleitung

Schwere Sexualdelikte erwachsener Täter erregen immer wieder mediales und öffentliches Aufsehen. Bei Betrachtung der Lebensläufe dieser Täter ist in den meisten Fällen festzustellen, dass es sich bei diesem Täterkreis selten um Erstdelinquenten handelt. Ihre (strafrechtliche) Vorgeschichte reicht meist weit zurück, außerdem finden sich in den meisten Biografien dieser Klientel besondere Auffälligkeiten. Obwohl anhand der Daten der Verurteiltenstatistik (STATISTISCHES BUNDESAMT 2003) nachzuzeichnen ist, dass es sich nicht um eine kleine Gruppe von Tätern handelt, wird abweichende Sexualität von Kindern und Jugendlichen selbst in anerkannten Lehrbüchern der Kinder- und Jugendpsychiatrie (vgl. LEMPP et al. 1999) nur allgemein diskutiert (BEIER 1999). Ein Aufriss dieser Problematik findet sich bei NOWARA et al. (2002).

Werden sexuell auffällige Kinder und Jugendliche in Erziehungsberatungsstellen vorgestellt, stehen diese der Problematik häufig ambivalent gegenüber. Sie kümmern sich meist um die Opfer und sie wollen und müssen für diese einen Schutzraum bereitstellen. Gleichzeitig erkennen sie sehr wohl die Probleme der Täter, fühlen sich aber meist mit der Beratung/Behandlung überfordert, und/oder es fehlt an den notwendigen Ressourcen. Daneben kommt es häufig zu dem Konflikt, dass – gerade in der heutigen, finanziell angespannten Situation – eben diese Mittel gestrichen werden, so dass die Beratungsstellen lange Wartelisten haben, die Arbeit mit Tätern aber möglichst ohne Verzug beginnen muss, damit sie therapeutisch erreichbar sind. Außerdem ist diese Arbeit im Vergleich zur üblichen Beratungsarbeit ausgesprochen zeit- und kostenintensiv (NOWARA 2005).

Darstellung des Modellprojekts

Die Arbeit mit den Kindern und Jugendlichen erfolgt, soweit es aufgrund der Taten der Jungen und der Einschätzung des Risikos verantwortbar ist, in zunächst sechs Beratungsstellen, die über das Land Nordrhein-Westfalen verteilt sind und sich sowohl im großstädtischen Ballungsraum wie auch in ländlicheren Regionen befinden (NOWARA und PIERSCHKE 2005). Die Mitarbeiter, die sich ausschließlich um die jungen Sexual(straf)täter kümmern, sind in funktionierende Beratungsstellen integriert oder denen angeschlossen. Damit wird das Ziel verfolgt, den Tätern separate Behandlungsmöglichkeiten zu schaffen, ohne sie jedoch zu stigmatisieren. Die Behandlung erfolgt in eigenen Behandlungsräumen, um auf diese Weise ein Zusammentreffen mit Opfern sexueller Übergriffe, die ebenfalls in den Beratungsstellen behandelt werden, zu vermeiden.

Die Besonderheit in der Evaluation des Projektes lag neben der wissenschaftlichen Auswertung und der Erfolgskontrolle in der inhaltlich-fachlichen Begleitung der Beratungsstellen. Da die Mitarbeiter in den Projekten sehr unterschiedliche Erfahrungen mitbrachten, wurden regelmäßige Treffen zum Austausch untereinander, aber auch zur Fortbildung über spezielle Aspekte durchgeführt. Darunter fielen u. a. die Erhebung von Sexualanamnesen, Persönlichkeits- und Leistungsdiagnostik wie auch prognostische Fragestellungen. Außerdem wurden Anregungen und Hilfestellung gegeben, wo dies nötig war. Zusätzliche Inputs zu verschiedenen Themen erfolgten aus den Erfahrungen der Autoren mit der therapeutischen Arbeit und aus Begutachtungen erwachsener Sexualstraftäter.

Statistische Daten von Kindern und Jugendlichen, die mit Sexual(straf)taten auffällig werden

Betrachtet man die Tatverdächtigenstatistik des Bundeskriminalamtes bezogen auf Kinder und Jugendliche in den Jahren 1987 bis 2001, so fällt auf, dass der Anteil von tatverdächtigen Kindern in diesem Zeitraum von ca. 200 auf über 700 ange-

stiegen ist. Im gleichen Zeitraum hat sich die Anzahl tatverdächtiger Jugendlicher fast verdreifacht von 870 auf 2300 (Polizeiliche Kriminalstatistik 2002).
Die tatverdächtigen männlichen Kinder wurden insgesamt am häufigsten des sexuellen Kindesmissbrauchs verdächtigt. Dabei stieg die Anzahl von 174 im Jahre 1987 auf 505 im Jahre 2001.
Bei den tatverdächtigen wie bei den verurteilten männlichen Jugendlichen zeigte sich der deutlichste Anstieg beim Tatvorwurf einer Vergewaltigung. Im Jahre 1970 wurden 170 Jugendliche wegen einer Vergewaltigung verurteilt. Nach einem Absinken der Zahlen in den 90er-Jahren, das im Übrigen für alle Sexualstraftatbestände – begangen durch Jugendliche – zu beobachten ist, stieg die Zahl im Jahre 2002 auf 274 an. Bezüglich der Gesamtzahl ist zu berücksichtigen, dass diese noch etwas höher liegen dürfte, da bei Jugendlichen – ohne dass dies zahlenmäßig erfasst wäre – nicht selten Verfahren im Rahmen einer Diversion eingestellt werden.

Die Beschreibung der Stichprobe

Das Projekt richtete sich ausdrücklich an Kinder und Jugendliche. Vor Vollendung des 14. Lebensjahres sind Kinder jedoch noch nicht strafmündig, obwohl sie zum Teil bereits sexuell aggressive Sexualtaten begehen. Deshalb galt es, die Taten von Kindern eindeutig zu definieren und von sog. »Doktorspielen« abzugrenzen. In Anlehnung an Romer (2002) und de Jong (1989) sowie Freund und Riedel-Breitenstein (2004) wurden nur die Kinder in eine Behandlung übernommen, bei deren Taten die folgenden Kriterien vorlagen:
- Unfreiwilligkeit auf Seiten des Opfers,
- der Einsatz von Manipulation, Einschüchterung und Drohungen,
- eine Verletzung des Opfers
- und ein großer Altersunterschied (ab ca. fünf Jahren) bzw. ein großes Machtgefälle zwischen den Beteiligten, z. B. aufgrund unterschiedlicher intellektueller Entwicklungsvoraussetzungen.

Die Besonderheit in der untersuchten Stichprobe liegt auch darin, dass nicht nur Kinder erfasst wurden, sondern auch die Jugendlichen, bei denen es nicht zu einer strafrechtlichen Verfolgung gekommen war, weil entweder im Rahmen einer Diversion von einer Strafverfolgung abgesehen wurde oder strafrechtliche Verfahren unter der Maßgabe einer Behandlung zunächst ausgesetzt wurden. Hierbei handelt es sich um eine Klientel, die in den üblichen retrospektiven Studien über erwachsene Straftäter nicht auftaucht, wenn sie nämlich später nicht mehr strafrechtlich in Erscheinung getreten ist.
40 % der behandelten Probanden waren unter 14 Jahre alt. 57 % waren 14 Jahre bis unter 18 Jahren alt und 3 % waren 18 Jahre und älter. Das recht junge Alter vieler Täter ist insofern von Bedeutung, als sich bei umfangreichen Rückfallstudien über

erwachsene Sexualstraftäter (ELZ 2001, 2002, NOWARA 2001) gezeigt hat, dass für Täter mit dem Delikt sexueller Kindesmissbrauch ein erhöhtes Rückfallrisiko besteht, wenn sie das erste Sexualdelikt vor dem 21. Lebensjahr begangen haben.

Knapp 14 % aller Jungen hatten bereits zuvor eine Sexual(straf)tat begangen. Betrachtet man das Alter zum Zeitpunkt der ersten Sexual(straf)tat, so ist festzustellen, dass 48 % – also fast die Hälfte der Jungen – die erste derartige Tat vor Vollendung des 14. Lebensjahres begangen hatten.

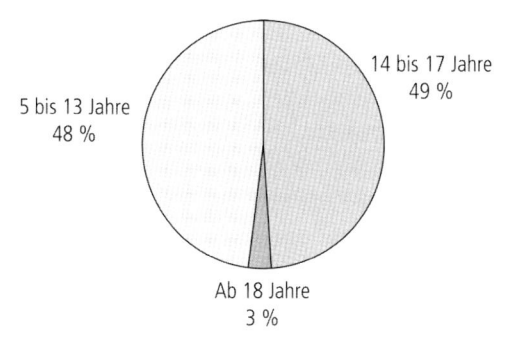

Abbildung 1: Alter bei erster Sexual(straf)tat

Die meisten Täter waren zum Zeitpunkt des Bezugsdelikts, also des Delikts wegen dem sie in die Behandlung gekommen waren, zwischen zwölf bis 16 Jahren alt. Genau die Hälfte der Probanden (50 %) wurde des sexuellen Missbrauchs an Kindern (§ 176 StGB) beschuldigt. Bei einem Viertel (25 %) lagen Vergewaltigung oder sexuelle Nötigung (§§ 177, 178 StGB) vor. In zehn Prozent der Fälle lag Beischlaf zwischen Verwandten vor (§ 173 StGB). Zwölf Prozent hatten sonstige Taten verübt. Unter diese Kategorie fielen das Drängen auf sexuelle »Spiele« mit deutlich Jüngeren, das Verfassen von sadistischen oder sodomitischen Erzählungen etc.

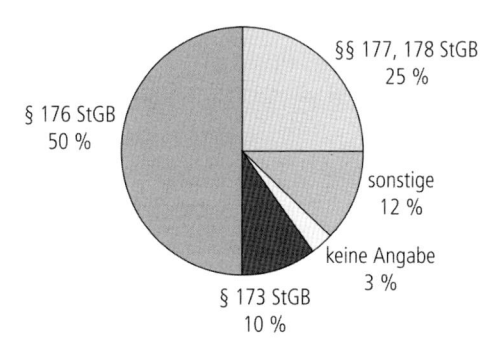

Abbildung 2: Art des Bezugsdelikts

Fast die Hälfte der Jungen hatten zuvor außerdem bereits andere Delikte verübt. In den weitaus meisten Fällen (60 %) handelte es sich hierbei um Eigentumsdelikte. Zu 15 % waren Körperverletzungen begangen worden, in jeweils 5 % war es zu Verstößen gegen das BtMG gekommen bzw. zu Sachbeschädigungen.

Das Alter der Opfer lag zwischen zwei und 80 Jahren. 45 % waren zwischen sechs und zehn Jahren alt, ein Viertel zwischen elf bis 13 Jahren.

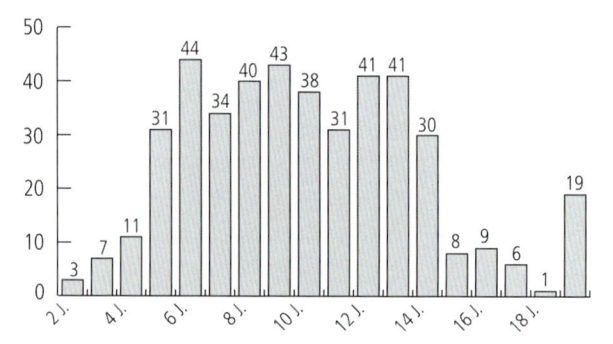

Abbildung 3: Alter der Opfer (bekannt bei N = 437)

Bei 67 % der Täter waren die Opfer weiblichen Geschlechts, bei 22 % männlichen Geschlechts und 10 % hatten Opfer beiderlei Geschlechts. In 1 % der Fälle handelte es sich um Taten ohne direkten Opferbezug, wie z. B. das Abfassen sadistischer pornografischer Schriften.

Bezüglich der Anzahl der Opfer ist festzustellen, dass 55 % der Täter lediglich ein Opfer hatten, 21 % hatten zwei Opfer. Bei den übrigen war es zwischen drei bis zu mehr als zehn Opfern gekommen. Dabei waren Personen bzw. Kinder aus dem näheren Umkreis besonders gefährdet. Lediglich 5 % der Opfer waren ihren Tätern nicht bekannt. 30 % der Opfer waren Familienmitglieder. In 36 % der Fälle waren die Opfer ihren Tätern aus einem Heim oder der Schule bekannt.

Hinsichtlich familiärer Belastungen fällt auf, dass bei fast 30 % der Jungen bei mindestens einem Elternteil ein Suchtmittelmissbrauch vorlag. 20 % der Jungen zeigten selbst erhebliche psychiatrische Auffälligkeiten. Die häufigste gestellte Diagnose war dabei Depression, gefolgt von ADHS (Aufmerksamkeitsdefizit-Hyperaktivitäts-Syndrom) und Bindungsstörungen.

Die schulischen Leistungen der Jungen waren in 21 % der Fälle mangelhaft, in jeweils ca. 30 % ausreichend bzw. befriedigend. Die schlechten schulischen Leistungen waren aber weniger auf die fehlende intellektuelle Leistungsfähigkeit der Jungen zurückzuführen als vielmehr darauf, dass viele häufig die Schule schwänzten bzw. zu Hause keine Unterstützung erhielten.

Aus retrospektiven Studien über erwachsene Täter ist bekannt, dass sie häufiger eigene körperliche Misshandlung erlebt haben (z. B. KNIGHT und PRENTKY 1993, RYAN et al. 1996). Von den hier betreuten Jungen hatten 40 % innerhalb ihrer Familie selbst Gewalt erlitten. Diese wurde bei einem Viertel durch beide Elternteile ausgeübt sowie in gut 40 % der Fälle ausschließlich durch den Vater. In 9 % der Fälle kam es zu Gewaltausübung nur durch die Mutter.

Über die Hälfte der Jungen (56 %) zeigten sozial auffälliges Verhalten. Dieses äußerte sich in einem knappen Drittel in Aggressionen sowie in 11 % der Fälle in dissozialem Verhalten.

Während der Projektzeit wurden 137 Behandlungen regulär abgeschlossen. Die Anzahl der Abbrüche lag bei knapp 19 %. Allerdings war die Definition, was unter Abbruch zu verstehen war, recht weit. Sie reichte von der fehlenden Behandlungsbereitschaft bis dazu, dass sich kein Kostenträger für die Behandlung fand.

Die Anzahl der Rückfälle während der Behandlung betrug je nach Projekt zwischen 0 und 6,6 %. Bezogen auf alle behandelten Jungen lag der Anteil bei 2,7 %.

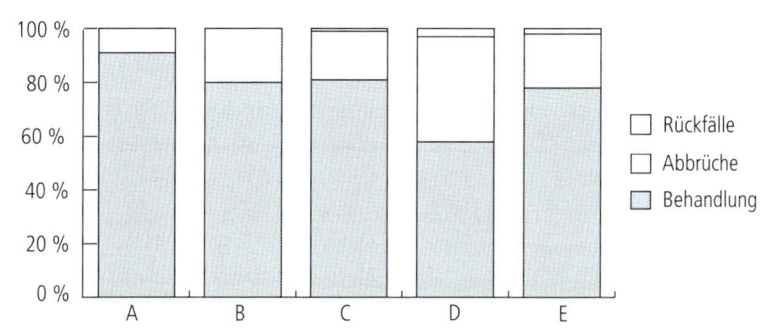

Abbildung 4: Anteil der Behandlungen, Abbrüche und Rückfälle aufgegliedert nach den einzelnen Projekten (A bis E)

Besondere Auffälligkeiten der Kinder und jugendlichen Sexual(straf)täter und deren Taten

Zusammenfassend lässt sich feststellen, dass
- ein großer Teil der Sexual(straf)taten von Kindern und Jugendlichen im familiären Rahmen bzw. im sozialen Nahraum begangen werden,
- über die Hälfte der Täter mehrere Taten begangen haben,
- ein Viertel der Täter zu zweit oder in einer Gruppe gehandelt hat,
- über die Hälfte der Delikte durch die Täter angebahnt bzw. vorbereitet waren,
- ein Drittel der Täter zuvor bereits andere Delikte begangen hatte,
- 14 % bereits Sexual(straf)taten begangen hatten,

- der materielle familiäre Hintergrund eher schlicht war,
- ein Viertel der Eltern eine Suchtproblematik hatten,
- 40 % der Jungen körperliche Gewalt erlitten hatten,
- 11 % sexuelle Gewalt erlitten hatten,
- die Täter häufig eher sozial isoliert waren und sich in ihrer Freizeit vor allem mit ihrem Computer und dabei nicht selten mit dem Konsum von Pornografie beschäftigten.

Ausblick

Im Rahmen des Projektes konnte gezeigt werden, dass es absolut notwendig ist, ein Behandlungsangebot für jugendliche Sexual(straf)täter vorzuhalten. In einem Zeitraum von drei Jahren wurden in NRW allein 333 Täter diagnostisch erfasst, ohne dass das Angebot als flächendeckend zu bezeichnen wäre. Bei 137 von ihnen konnte die Behandlung bereits während der Projektlaufzeit regulär abgeschlossen werden. Bezüglich der Gesamtzahl der Jungen ist zu berücksichtigen, dass lediglich zwei der Projekte vor Beginn der Modellphase für diese Arbeit bekannt waren, so dass die übrigen Projekte erst in die jeweilige Region integriert werden und sich bekannt machen mussten. Deshalb ist zu vermuten, dass der Bedarf an Betreuungsplätzen noch höher ist.

Es hat sich aber auch gezeigt, dass es sich bei jungen Tätern um eine sehr heterogene Gruppe handelt. Dementsprechend ist der Betreuungsbedarf darauf abzustellen. Einerseits ist die Bereitstellung eines möglichst niederschwelligen Angebots wichtig, damit ein erster Schritt in eine Behandlung getan wird, andererseits ist eine fundierte Eingangsdiagnostik notwendig, um entscheiden zu können, ob ein ambulantes Betreuungssetting unter dem Gesichtspunkt des Rückfallrisikos zu verantworten ist. Daneben ist zu prüfen, ob es sich überhaupt um einen Sexualtäter handelt oder es sich lediglich um Abweichungen oder entwicklungsbedingte Auffälligkeiten handelt, um frühzeitige Stigmatisierungen zu vermeiden.

Die Behandlung muss einerseits an den Auffälligkeiten und Taten orientiert sein, andererseits aber auch an den Ressourcen ausgerichtet sein. Dabei sind auch die Bezugspersonen der Jungen mit einzubeziehen. Dies erfordert ein flexibles Behandlungssetting und ein Team, das möglichst interdisziplinär zusammenarbeitet und aus Diplom-Psychologen, Sozial-Pädagogen und Diplom-Pädagogen zusammengesetzt sein sollte. Daneben ist auch eine Kooperation mit medizinischen und psychiatrischen Fachleuten notwendig, wenn zusätzlich entsprechende Auffälligkeiten oder Störungen bestehen bzw. die Frage einer stationären Behandlung abzuklären ist.

Die konstruktive und erfolgreiche Arbeit, die in den Projekten geleistet wurde, dokumentiert sich nicht zuletzt in den sehr geringen Rückfallzahlen. Angesichts der Tatsache, dass viele der Jungen Mehrfachtäter waren, ist dies als besonderer

Erfolg zu werten. So bleibt zu hoffen, dass die – wenn auch recht kostenintensive – Betreuung weiterhin Förderung erfährt und ein möglichst flächendeckendes Angebot eingerichtet wird. So können auf diese Weise ein wertvoller Beitrag zum präventiven Opferschutz geleistet und eventuell beginnende »Täterkarrieren« verhindert werden.

Literatur

Beier KM (1999) Sexualität und Sozialisation bei Jugendlichen. In Lempp R, Schütze G, Köhnken G (Hrsg.) Forensische Psychiatrie und Psychologie des Kindes- und Jugendalters, 255–261. Steinkopff, Darmstadt

Elz J (2001) Legalbewährung und kriminelle Karrieren von Sexualstraftätern – Sexuelle Missbrauchsdelikte. Schriftenreihe der Kriminologischen Zentralstelle e. V., Bd. 33. Kriminologie und Praxis, Wiesbaden

Elz J (2002) Legalbewährung und kriminelle Karrieren von Sexualstraftätern – Sexuelle Gewaltdelikte. Schriftenreihe der Kriminologischen Zentralstelle e. V., Bd. 34. Kriminologie und Praxis, Wiesbaden

Freund U, Riedel-Breitenstein D (2004) Sexuelle Übergriffe unter Kindern. Handbuch zur Prävention und Intervention. mebes & noack, Köln

Jong AR de (1989) Sexual interactions among siblings and cousins: experimentation or exploitation? Child Abuse & Neglect, 13: 271–279

Knight RA, Prentky R (1993) Exploring Characteristics for Classifying Juvenile Sex Offenders. In Barberee HE, Marshall WL, Hudson SM (Hrsg.). The Juvenile Sex Offender. New York

Lempp R, Schütze G, Köhnken G (1999) (Hrsg.) Forensische Psychiatrie und Psychologie des Kindes- und Jugendalters. Steinkopff, Darmstadt

Nowara S, Pierschke R & Hutwelker E (2002) Modellprojekt zur Behandlung jugendlicher Sexual(straf)täter. Praxis der Rechtspsychologie. 12: 203–208

Nowara S (2005) Ergebnisse und Perspektiven aus dem Modellprojekt. Tätertherapie ist Opferschutz. Ambulante erzieherische Hilfen für jugendliche Sexual(straf)täter. Dokumentation einer Fachtagung. Ministerium für Gesundheit, Soziales, Frauen und Familie des Landes Nordrhein-Westfalen, Düsseldorf

Nowara S, Pierschke (2005) Abschlussbericht des Forschungsprojekts »Erzieherische Hilfen für jugendliche Sexual(straf)täter«. Ministerium für Gesundheit, Soziales, Frauen und Familie des Landes Nordrhein-Westfalen, Düsseldorf

Polizeiliche Kriminalstatistik des Bundeskriminalamtes. Zeitreihen von 1987 bis 2001

Statistisches Bundesamt (2001) Verurteiltenstatistik, Zeitreihen 1962–2002

Romer G (2002) Kinder als »Täter«. In Bange D, Körner W (Hrsg.) Handwörterbuch Sexueller Missbrauch, 270–277. Hogrefe, Göttingen

Ryan G, Miyoshi TJ, Metzner JL, Krugmann RD, Fryer GE (1996) Trends in an national sample of sexually abusive youths. J. Am. Acad. Child Adolesc. Psychiatra, 35: 17–25

Medienkompetenz –
ein weiteres Präventionskonzept

Ulrich Pätzold

Zusammenfassung

Medien erzeugen in hohem Maße Bilder und Vorstellungen über die Zustände in einer Gesellschaft. Die selektive Wahrnehmung der Medien führt einerseits zu unzulässigen Schuldzuweisungen und Ursachenvermutungen nach dem Motto: Ohne die Medien wäre die Welt besser. Andererseits können selektive Wahrnehmungen dazu beitragen, Gewaltbereitschaft zu festigen und Möglichkeiten der Kriminalisierung zu inszenieren nach dem Motto: Angepasst bist du chancenlos, also riskiere was. Medien ersetzen bei manchen Menschen Sozialität. Die Kenntnis der Medienwelt sowie ein sinnvoller Einsatz der Medien sollte zu einem modernen Konzept der Prävention, der Behandlung und Rehabilitation gehören.

Schlüsselwörter

Medienforschung und -kompetenz, Kriminalberichterstattung, Kriminalprävention, Opferschutz, Medienarbeit und Forensik

Gliederung

In meinem Vortrag möchte ich folgende Überlegungen mitteilen:
- Dank meiner wissenschaftlichen Arbeit an der Universität bin ich mit den alltäglichen Problemen der Einrichtung einer Forensik in Berührung gekommen. Dabei habe ich viel gelernt.
- Das Dreiecksverhältnis zwischen Medien und Publikum und Experten in einem gesellschaftlichen Teilbereich ist traditionell voller Missverständnisse. Besonders ausgeprägt sind solche Missverständnisse im Bereich der Kriminalität.
- Die Erkenntnisse in der Medienforschung über die Berichterstattung krimineller Tatabläufe und ihrer juristischen Folgen sind in Teilen anders als die kolportierten Vorstellungen der Öffentlichkeit und manche Wahrnehmung von Experten.
- Prävention ist ein Schlüsselwort, das in Medien aktiver behandelt werden kann als in der politischen Gestaltung der Gesellschaft.
- Medien müssen differenziert diskutiert werden. Sie ähneln der Vielfalt in unserer Gesellschaft. Wir fördern mehr Kompetenz in den Medien, wenn wir von ihnen mehr fordern.

- Medien sind viel mehr als Reiz-Reaktionsmaschinen. Sie sind vor allem große und kleine Instrumente zur Aneignung von Identifikation des Einzelnen in seiner Lebensumwelt und zur Konsensbildung vieler über Werthaltungen und Zielsetzungen in fortschreitenden, meistens nicht zu überschauenden Entwicklungsprozessen.
- Medien müssen in der Forensik interessieren, in ihrer Außenwirkung auf die Öffentlichkeit und in ihrer Innenwirkung auf die Möglichkeiten der Auseinandersetzung der Patienten mit sich selbst und ihrer Umwelt.

Motive für die Problemstellung

Meine Wissenschaft heißt Journalistik. Wir beschäftigen uns mit den Fragen, was Medienredaktionen unter welchen Voraussetzungen für aktuell wichtig halten und mit welchen Vermittlungseigenschaften Ereignisse und Themen von Journalisten in die Öffentlichkeit getragen werden. Wir wissen natürlich auch, dass Journalisten extrem abhängig von öffentlichen Meinungen und Stimmungen arbeiten, die sie zum Teil selbst erzeugen. Und sie unterliegen dem Gesetz von Medien, Präsentationen zu erzeugen, die eine optimale Verbreitung ermöglichen. Insofern arbeite ich in einer Fachdisziplin, die zumindest reflexiv enge Kontakte zur Soziologie und auch zur Psychologie hält. Wahrscheinlich kann die Journalistik in ihrer Zusammenführung der Leitkategorien Aktualität, Relevanz und Publizität immer dann eine besonders hohe Energie medialer Produktionen feststellen, wenn Themenfelder der Berichterstattung dem Katalog der sozialen Pathologie angehören. Öffentliche Meinungen, so können wir es verkürzt sagen, entstehen stets aus einem Gemisch von stereotypen Vorstellungen und aktuellen Informationen. Deshalb neigen Journalisten dazu, in ihrer Aufbereitung von Informationen stets auch die öffentlichen Vorstellungs- und Vorurteilswelten zu berücksichtigen oder sie gar zu aktivieren.

So kann ich durchaus verstehen, wenn aus Empörung oder aus intellektuell-diskursiver Redlichkeit gerne die Medienwelt und ihre Zuarbeiter, die Journalisten, als Quelle und als Verstärker von viel Bösem auf dieser Welt wahrgenommen und gebrandmarkt werden. Gäbe es die Medien nicht, wäre dann die Welt besser? Wir wissen es nicht, haben aber Grund zu der Hypothese, dass sie zwar anders wäre, aber nicht unbedingt besser. Aus der Sicht der Journalistik kann man auf die Frage, was wäre, gäbe es keine Medien, nur antworten: Diese Frage ist ohne Relevanz. Sie taugt nicht für eine Auseinandersetzung. Der Journalismus ist nicht Ursache für Krankheiten. Ebenso wenig ist er ein Therapieinstrument für Krankheiten. Er ist ein jeweils sehr spezifischer Spiegel der Wahrnehmungen von Merkmalen und Störungen in der Gesellschaft. In der Bandbreite solcher Wahrnehmungen werden Probleme der Gesellschaft deutlicher als in jedem anderen Vermittlungssystem, das gesellschaftliche Relevanz hat.

Vor drei Jahren wurde ich Mitglied des Planungsbeirats für die Errichtung einer forensischen Einrichtung, einer Klinik im Rahmen des forensischen Strafvollzugs in Dortmund. In dieser Zeit habe ich viel gelernt und nehme für mich in Anspruch, aufrichtig und überzeugend für das Engagement einzustehen, möglichst viele solcher klinischen Einrichtungen aufzubauen. Für mich ist die Forensik ein Paradigma, das Sicherheit und Therapierbarkeit soweit irgend möglich zusammenführt. Das ist aus meiner Sicht ein realisierbares Projekt einer Zivilgesellschaft, in der die Verpflichtung gegenüber Menschen an keiner Stelle eines Lebenslaufes zu einem Ende kommen kann. Ich weiß auch, dass dadurch Menschen nicht besser, Motive für Straftaten nicht unwahrscheinlicher werden. In dem Dreiklang »Prävention, Behandlung, Rehabilitation« ist das Prinzip Hoffnung mit den engen Grenzen des Möglichen zu einer ständigen Aufgabe des Sisyphos verschmolzen. Als Sisyphos sollten wir nicht resignieren. Das Werk der Forensik, ihr Konzept und ihr Erfahrungswissen sind zu groß, als dass es je ganz und gar in die Praxis umgesetzt werden kann. Jeder Anfang, jeder Schritt in ihre Richtung ist ein Wert für die Gesellschaft. Das sollte diejenigen motivieren, die unter den Begrenzungen des Anfangs, unter den Schwierigkeiten und Lasten der Schritte eher leiden.

Überzeugt, dass die Forensik aller Mühen wert ist, bin ich aus journalistischer Perspektive ebenso überzeugt, dass eine erfolgreiche Aufklärung der Öffentlichkeit nie zu einem Ende kommen kann und nur in Teilen gelingen wird. Ich will nur zwei Symptome für die eingeschränkte Akzeptanz forensischer Einrichtungen nennen: Die Angst der Menschen und die daraus entstehenden Vorstellungen von Sicherheitsrisiken ist ein Symptom. Dieses Symptom verweist in die Pathologie des kollektiven Bewusstseins, das gegen die Rationalität von Argumenten resistent ist. Das andere Symptom ist hingegen rationalistisch und ökonomisch. Es steckt hinter der Frage: Wie viel Forensik kann sich die Gesellschaft kostenmäßig leisten? Mit diesem Symptom werden öffentliche Güter in ihren Nutzwerten gegeneinander aufgerechnet und in ihren Belastungen für die Steuerzahler miteinander verglichen. Ein Gefängnishäftling ist kostengünstiger, so die Vorhaltungen, als ein Forensikpatient. Dieses Argument verbunden mit den Sicherheitsängsten fügt sich trefflich zu der Haltung: Straftäter haben die Gesellschaft geschädigt und sollen dafür büßen, ohne dass unnötige zusätzliche Kosten für diese Menschen erzeugt werden. Eine solche Haltung enthält alle wesentlichen Merkmale, aus denen politische Haltungen mit intensiven Wählerwirkungen geformt werden können. Deshalb befürchte ich, dass wir mit der Forensik erst am Anfang einer Politisierung stehen.

Medienschelte trifft ins Leere

Straftaten zu verhindern, gehört nicht zu den Aufgaben der Massenmedien. Die Aufgabe der Journalisten ist es, Informationen öffentlich zu verbreiten, die Menschen benötigen, um sich in eigenen Angelegenheiten und solchen von allgemeiner Bedeutung sachgerecht eine Meinung bilden zu können. Ethische und rechtliche Grenzen ergeben sich im Journalismus aus den schutzwürdigen Interessen Einzelner oder der Allgemeinheit, sofern diese verletzt werden. Der Bereich der Kriminalität ist für den Journalismus nicht nur wegen der Dramatik des Gegenstandes von stets hoher Bedeutung. Er ist auch wegen seiner ständigen Grenzhaftigkeit dessen, was Journalisten dürfen und sollen ein Spielfeld voller professioneller Reize. Zumindest aus der Tatsache, dass die öffentliche Sicherheit zu den geschützten Rechtsgütern gehört, lässt sich das Postulat ableiten, dass die Berichterstattung die Kriminalprävention zumindest nicht behindern, sondern im Rahmen ihrer Aufgaben nach Möglichkeit fördern sollte.

Die hohe Aufmerksamkeit, die Kriminalberichterstattung im Publikum genießt, verbunden mit den vielfältigen fiktionalen Film- und Fernsehproduktionen, in denen Kriminalität und der Umgang mit ihr in der Gesellschaft im Mittelpunkt stehen, haben einen intensiven öffentlichen Diskussionsprozess ausgelöst, in dem folgende Fragen im Mittelpunkt stehen:

Leistet Kriminalberichterstattung einen Beitrag zur Verhinderung von Straftaten? Löst sie unerwünschte Folgetaten durch Vorbildvorlagen aus?

Erzeugt sie Nebenwirkungen, die Verfolgung und strafprozessuale Behandlung von Straftätern erschweren?

Hinzuzufügen ist eine Fragestellung, die aus der Journalismusforschung abgeleitet werden kann: Lassen sich für Journalisten praktische Regeln beschreiben, deren Beachtung die kriminalpräventive Wirkung der Berichterstattung stärken würde?

Form und Inhalt der Bedeutung des Thema Journalismus und Kriminalprävention waren bislang stärker durch Konfrontation als durch das Bestreben nach Kooperation geprägt. Ein paar Zitate:

»Medien sind keine Kriminalitätsfotografen, sondern Kriminalitätsschöpfer, sie produzieren Medienkriminalität.« (Michael Walter, DJV-Journal 4/1999)

»Der Mehrfach- und Intensivtäter ist eine Erfindung der Medien.« (Ebenda)

»Kriminalberichterstattung ist eine mediale Ausbeutung von Tätern und Opfern.« (Ebenda)

»Dämonisierung des Bösen« überschrieb die FAZ am 5. März 2004 einen Artikel von Christian Pfeiffer. Darin schreibt er: »Über spekulative Mordtaten und die polizeiliche Verbrecherjagd auf Bankräuber oder Einbrecherbanden berichten die Massenmedien weit intensiver und zunehmend emotionaler als über Alltagskriminalität oder gar normale gesellschaftliche Vorgänge. Dieser Trend zur Dramatisierung des

Kriminalitätsgeschehens ist besonders ausgeprägt, seit die öffentlichen und privaten Fernsehanbieter um die Gunst der Zuschauer rivalisieren.«

Pfeiffer beruft sich auf Studien aus den USA und aus Deutschland und fährt in seiner Analyse fort: »Wenn man weiter berücksichtigt, dass diese Entwicklung vor allem die spektakulären Straftaten wie etwa Sexualmorde betrifft, können zwei weitere Ergebnisse ... nicht überraschen. Erstens: Je mehr Zeit die Bürger nach eigenen Angaben täglich vor dem Fernseher verbringen und je häufiger sie dabei kriminalitätshaltige Sendungen einschalten, umso gravierender fallen ihre Fehleinschätzungen zum Kriminalitätsgeschehen aus. Und zweitens: Je mehr aber die Menschen unterstellen, dass die Kriminalität und hier insbesondere die schweren Straftaten stark zugenommen haben, umso deutlicher sprechen sie sich für härtere Strafen aus. Es liegt auf der Hand, welche Folgen daraus erwachsen. Die Politiker geraten angesichts der aufgeregten Gemüter zunehmend in die Rolle, sich mit populistischen Forderungen als Kämpfer gegen das Böse zu profilieren.«

Ähnliche Statements können in großer Zahl vorgestellt werden und werden nicht zuletzt mit Vorliebe auf Tagungen von Kriminologen und vor allem auch auf Präventionstagen vorgetragen. Ich halte solche Medienschelte für falsch. Der Eindruck, die Berichterstattung im Fernsehen oder in »Revolverblättern« des Boulevard trage dazu bei, eine wirksame Prävention zu behindern, mag diejenigen entlasten, die in diesem Feld arbeiten, beschreibt aber nicht annähernd richtig den Zusammenhang von Medien und Kriminalität und verstellt den Blick auf die Bedeutung der Medien für die Kriminalprävention. Gerade die wissenschaftlichen Arbeiten, auf die sich z.B. Christian Pfeiffer beruft, stellen andere Aussagen als Ergebnis der Studien in den Vordergrund und behandeln den Zusammenhang von Medien und Kriminalität anders als ihre publizistischen Interpreten. Ich möchte folgende Kette an Feststellungen für ein differenzierteres Bild anbieten:

Zunächst die vielen fiktionalen Krimifilme im Fernsehen. Nicht die Menge ist entscheidend, vielmehr ihre Inhalte. Das Bild, das durch sie erzeugt wird, entspricht fast durchgehend geltenden Normen und dem sozial Gewünschten. Straftaten werden in Kriminalfilmen so gut wie immer aufgeklärt. Oft wird nachvollziehbar erläutert, wie es zur Tat gekommen ist. Fast immer wird die Tat aus der Opferperspektive geschildert. Man könnte als Maßstab sehr gut das forensische Prinzip setzen: Je stärker Persönlichkeitsmerkmale in der Kriminalität deutlich werden, desto weniger desorientierend und irreführend sind solche Filme.

Aber was da gezeigt wird, so der Einwand, habe doch mit der Wirklichkeit meistens wenig zu tun. Dieser Einwand ist ausgesprochen kulturfeindlich. Auch unsere klassische Literatur, Romane, Gedichte, Theaterstücke haben mit der unmittelbaren Realität so wenig zu tun wie die fiktionalen Programme heute im Fernsehen. Das Publikum weiß, dass Medien kein repräsentatives Abbild der Wirklichkeit liefern. Das wollen sie vermutlich auch gar nicht geliefert bekommen. Das Publikum erwartet, dass Tatsachenbehauptungen stimmen, nicht aber dass die Tatbestände, die ausgewählt werden, der statistischen Häufigkeitsverteilung entsprechen. Dann müssten nämlich Zeitungen und Programme gefüllt sein mit Beiträgen über Verkehrsübertretungen, Falschparken oder Geschwindigkeitsüberschreitungen. Die Hypothese von Pfeiffer – Glaubensgut von vielen Menschen –, wonach die Bevölkerung die Häufigkeit schwerer Gewalttaten überschätze, weil sie in den Medien überproportionalen Raum einnehmen, kann trotz ihrer Beliebtheit wissenschaftlich nicht belegt werden.

Ebenso wenig ist wissenschaftlich zu belegen, dass die Furcht vor Kriminalität durch Ausmaß und Nutzung der Medienberichterstattung über Kriminalität und die Täter gesteigert werde. Aus anderer Perspektive kann sogar die Hypothese aufgestellt werden, dass Kriminalitätsfurcht durchaus auch präventiv sein kann, sofern sie veranlasst, angemessene Schutzmaßnahmen zu ergreifen. So hat der Medienwissenschaftler Hans Dieter Schwind in seiner Studie »Bochum III« (1999) einen positiven statistischen Zusammenhang zwischen Unsicherheitsgefühlen, Viktimisierungserwartungen und Vermeidungsverhalten konstatiert, den er als Folge von Kausalbeziehungen zwischen Medienberichterstattung und Kriminalität interpretiert.

Sehr kritisch muss aber – wie das Beispiel Pfeiffer zeigen soll – auf den unkritischen, ja bewusst falsch interpretierenden Umgang mit wissenschaftlichen Studien hingewiesen werden. Mit Statistik zu lügen, das lernt jeder Journalistikstudierende im ersten Semester. Schlimmer aber noch, als Zahlen unzulässig zu interpretieren, ist es, eine Argumentation aufzubauen, in der man sich auf Studien beruft, die im Kern zu ganz anderen Ergebnissen kommen. Dieses hier im Einzelnen zu belegen, fehlt die Zeit. Es soll zudem nicht der Eindruck erweckt werden, Journalisten bräuchten sich mit Kritik in der Sache nicht auseinander zu setzen. Mir liegt aber sehr daran, den tatsächlichen wissenschaftlichen Erkenntnislinien zu folgen. Nur dann ist zu klären, ob und inwieweit Kriminalberichterstattung zur Prävention beitragen kann, um ihre potenziellen Leistungen auf diesem Feld zu erhalten und zu stärken. Dazu bedarf des einer möglichst emotionsfreien Bestandsaufnahme, um Gefahren einseitiger Wahrnehmungen zu mindern. Bei einer solchen Bestandsaufnahme möchte ich folgende Annahmen aus meiner Wissenschaft anbieten:

Zwischen Information und Unterhaltung – zwischen Ratio und Emotionen

Medien richten ihre Angebote nach den Informations- und Unterhaltungsbedürfnissen ihres Publikums aus. Verfehlen sie Ansprüche in der sachgerechten Sammlung, Auswahl und Präsentation entsprechender Stoffe, sind sie – jedenfalls mittel- und langfristig – auf den Märkten des Publikums nicht überlebensfähig. Die Auffassung, dass jede Information möglichst unterhaltsam verpackt sein soll, hat sich inzwischen in nahezu allen Medien durchgesetzt, so unterschiedlich ihre Konzepte und Angebote im Einzelnen auch sein mögen. In der Prognose der weiteren Entwicklung des Mediensystems sind sich die Wissenschaftler einig. Der Prozess führt zu einer weiteren Ausdifferenzierung der Angebote und zu einer zunehmenden Fraktionierung der Öffentlichkeit in verschiedene Öffentlichkeitskulturen mit sehr unterschiedlichen Informations- und Diskussionsstandards.

Inhaltsanalysen der Kriminalberichterstattung wurden vor allem in Zeitungen in größerer Zahl durchgeführt und haben stark homogene Ergebnisse. Danach werden deutlich am häufigsten Straftaten behandelt, an denen wegen ihrer politischen Bedeutung ein besonderes öffentliches Interesse besteht. Das mag Sie wundern. Aber tatsächlich nennt das Ranking der Straftaten a) Korruptionsvorwürfe und andere Amtsdelikte, b) Wirtschaftskriminalität, c) organisierte Kriminalität und d) politisch motivierte Rechtsbrüche. Danach kommen die viel beschworenen Fälle der Schwerkriminalität gegen Leib und Leben. Und in der Tat folgen ganz unten auf der Liste erst die Missstände in der Prävention, der Strafverfolgung und des Strafvollzugs (2004).

Wenn der Sexualtäter und der Eierdieb der Bilderbuchkriminelle in den Köpfen von Menschen ist, dann sind sie es jedenfalls nicht, die im Mittelpunkt der Kriminalberichterstattung stehen.

Aber es gibt dann eben doch ein weiteres Kriterium für die Karriere von Kriminalität in den Medien und die Art ihrer Berichterstattung. Dieses Kriterium verweist auf den dramatischen Charakter der unterhaltungsorientierten Informationsvermittlung in den Medien. Beachtet wird bei den Straftaten vor allem die Art ihrer Ausführung und der Grad ihrer Abscheulichkeit. Das bezieht sich auf Delikte wie Attentate, Brandstiftungen, Entführungen, Kinderschändungen, Mord, Kannibalismus. In solchen Fällen bleiben die Medien in der Regel dran am Fall, oft über lange Zeit. Wenngleich quantitativ solche Berichte nur einen kleineren Teil der Berichterstattung ausmachen, scheinen sie die Wahrnehmung der Medienfunktionen in diesem Bereich besonders zu prägen.

Welche präventiven oder verstärkenden Wirkungen Medien tatsächlich in Bezug auf Kriminalität haben, kann nicht gemessen werden und ist deshalb seriös nicht zu beantworten. Hypothesen über den Zusammenhang von Prävention und Medien sollten aber verschiedene Ebenen der Prävention berücksichtigen. Vereinfachend würde ich die Ebenen allgemeiner Sozialisationsmaßnahmen (primäre Prävention), spezielle Maßnahmen zur Kriminalitätsvorbeugung (sekundäre Prävention) und Maßnahmen des Strafvollzugs (tertiäre Prävention) unterscheiden. Mit solchen Vorgaben für die spezifischen Aufgaben in den einzelnen Präventionsfeldern ist am ehesten zu erschließen, was mit einer Förderung der Medienkompetenz zu erreichen ist. Medienkompetenz ist aus meiner Sicht nicht primär ein pädagogisches Programm. Ich verstehe darunter vielmehr die Möglichkeit, mit Wissen und mit klaren Zielvorgaben handlungsorientiert die Medienproduktionen zu beeinflussen und mit Experimenten und ihren Auswertungen Medien als Artikulationshilfen in soziale und therapeutische Konzepte einzubauen.

Medienkompetenzen auf den Ebenen der Prävention

Mit der primären Ebene der Prävention kann ich mich hier gar nicht beschäftigen. Zu der sekundären Ebene will ich nur wenige Verweise auf ihre Bedeutung für die Berichterstattung machen. Die dritte Ebene schließlich, die hier am stärksten interessieren sollte, kann ich nur mit meiner externen Expertise in die Diskussion einführen, ohne diese bereits mit dem Wissen und den Erfahrungen derer verbinden zu können, die auf dieser Ebene arbeiten.

In der Journalistik ist der Begriff der Generalprävention gebräuchlich. Er bezieht sich auf die Frage, welche Funktionen Berichte über Strafverfahren und Strafurteile haben. Diese Berichte füllen wie gesagt den größten Teil der Kriminalberichterstattung. In den entsprechenden Berichten wird gewöhnlich der Sachverhalt geschildert, wie er der Anklage zugrunde liegt. Das Verhalten des Angeklagten im Prozess sowie seine Verteidigung wird beobachtet und dann das Urteil mitgeteilt. Dabei spielt das Unterhaltungsinteresse, die Neugier des Publikums eine wichtige Rolle. Man vermutet in solchen Berichten einen doppelten Beitrag zur Generalprävention. Zum einen bestätigen und stärken sie die Gültigkeit und Verbindlichkeit von einschlägigen Normen. Zum anderen vermitteln sie die Botschaft, dass sich Straftaten nicht lohnen. Man spricht deshalb von positiver und negativer Generalprävention (Kerner und Feltes).

Klassisches Beispiel aus der Süddeutschen Zeitung vom 15.4.04: »Hausfriedensbruch im eigenen Haus. Vermieter wegen ungebetenen Besuchs auf Balkon verurteilt.« Soweit erfüllen die Medien – unabhängig von psychologischen Problemen der individuellen Verarbeitung von Informationen – durchaus ihre öffentliche Aufgabe. Sie informieren das Publikum über das, was Unrecht ist und über Sanktionen, die bei Rechtsverstößen drohen.

Im Kern enthält aber die Kritik an der journalistischen Wahrnehmung von Kriminalität den Vorwurf, dass die Journalisten nicht nur ein unzutreffendes Bild von Kriminalität durch die unproportionale Repräsentanz von Straftaten zeichnen, sondern dass sie Merkmale des Berichterstattungsfeldes systematisch vernachlässigen oder unterdrücken. Journalisten können diese Kritik nur akzeptieren, soweit berücksichtigt bleibt, dass Berichterstattung durch Relevanzkriterien gesteuert ist, die dem Journalismus inhärent sind, dem Berichterstattungsfeld aber nicht inhärent sein müssen. Veranschaulichen kann ich dieses durch den Vergleich mit einer Landkarte. Sie gibt nur die Merkmale wieder, die für die Nutzer wichtig sind. Die hebt sie hervor und andere vernachlässigt sie unter Umständen ganz. So ist es auch im Journalismus. Eine qualitativ hochwertige Berichterstattung filtert aus den Ereignisvorgaben die Informationen heraus, deren Verbreitung am ehesten die angestrebten publizistischen Ziele erreichen. Medienkompetenz, so das Ergebnis dieser Überlegung, hat also ein operatives Ziel: Durch sie sollen Merkmale in den Vordergrund der Wahrnehmungen gerückt werden, die für die publizistische Zielsetzung wichtig sein sollen.

Die Probleme liegen in der Ausdifferenzierung der Medien mit ihren jeweiligen Teilöffentlichkeiten oder Fraktionen der Öffentlichkeit. Dadurch geraten unterschiedliche Relevanzkriterien zunehmend in Konflikt. So kann die Befriedigung des Voyeurismus im Publikum in Widerspruch geraten mit dem Ziel, dem Einzelnen zu helfen, sich in der Gesellschaft zu orientieren und sich in Angelegenheiten von allgemeiner Bedeutung auf sachgerechte Weise eine Meinung zu bilden. Neugier und Unterhaltungsinteressen im Publikum lassen sich sehr gut mit Geschichten über Straftäter und Straftaten befriedigen. Sexualität schließlich ist nicht nur ein permanenter Aufmerksamkeitsköder der Medien geworden, sie ist vor allem auch ein fast grenzenloser Fantasieantrieb im Zusammenhang mit Kriminalität. Diese Umstände veranlassen Journalisten, solche Geschichten als Instrumente ihrer publizistischen Ziele jenseits der Relevanzprüfung einzusetzen. Nicht zufällig sind Neuigkeit und Ungewöhnlichkeit die stärksten Nachrichtenfaktoren. Diese Gefahren würden partiell entschärft, wenn die Berichterstattung der vordergründigen Ereignisabläufe durch hintergründige Berichterstattung über das Umfeld und die Genese der Ereignisse gestärkt würde. Auch in dieser Zielsetzung würde sich Medienkompetenz erweisen, die aus meiner Sicht folgende Kriminalitätsmerkmale in der öffentlichen Wahrnehmung herauszustellen hätte:

Die Entwicklung von Bedrohungspotenzialen – Wie häufig werden wo welche Straftaten begangen? Wie hoch ist die Wahrscheinlichkeit, selbst zum Opfer zu werden?

Möglichkeiten und Grenzen der Kriminalprävention – welche Aufgaben und Möglichkeiten haben der Staat, die Gesellschaft, die Einzelnen, Straftaten zu verhindern? Welche Maßnahmen sind geeignet, dieses Ziel auch im Strafvollzug, zum Beispiel durch Therapie der strafmotivierten Persönlichkeit zu verfolgen? Welche Maßnahmen sind für welche Personengruppen geeignet und welche nicht?

Maßnahmen des Opferschutzes – Neben den vielfältigen sozialpsychologischen Problemen interessiert hier die Öffentlichkeit vor allem die Frage, welche Möglichkeiten dem Einzelnen gegeben sind, durch sein eigenes Verhalten die Gefahr zu verringern, Opfer einer Straftat zu werden.

Wie gesagt, das sind nicht unbedingt die Merkmale, die im Vordergrund der Arbeit im Feld der Kriminologen, der Strafverfolgung und des Strafvollzugs stehen. Aber es sind publikumsrelevante Merkmale aus diesen Feldern, die – werden sie kompetent in die Öffentlichkeit getragen – die funktionalen Leistungen der Medien in der Krimalberichterstattung verbessern könnten.

Medienkompetenz in den gesellschaftlichen und staatlichen Arbeitsfeldern zu entwickeln, korrespondiert mit dem ausgeprägtesten methodischen Rüstzeug im Journalismus, der Recherche. Die Recherche, so kann man vereinfacht feststellen, ist in der Regel so gut, wie das Recherchefeld sich auf die Arbeitsweisen von Journalisten eingerichtet hat. Ausnahmen bestätigen auch hier die Regel, aber überwiegend ist die Regel der Alltag. Das Recherchefeld Polizei, Gericht und Strafvollzug lässt unschwer erkennen, dass der Straf- und Maßregelvollzug mit Abstand das verschlossenste dieser ohnehin nicht besonders offenen Recherchefelder ist. Bedenkt man, dass Inhalt und Umfang der Hintergrundberichterstattung fast ausschließlich davon abhängen, mit welchen Informationen die Medien versorgt werden, dann kann es nicht wundern, dass die Forensik im Journalismus trotz ihres enormen Veränderungspotenzials im Strafvollzug und in der Bewertung von Kriminalität nur eine marginale Rolle spielt.

Dieser Tatbestand sollte beunruhigen. Er sollte alle in der Forensik aufrufen, darüber nachzudenken, wie sie durch mehr Medienkompetenz eine höhere Wahrnehmung in den Medien erreichen kann, um über diesen Weg die Bilder zu differenzieren, die über sie in der Öffentlichkeit im Umlauf sind. Diese Aufgabe ist aus meiner Sicht für die Forensik zwingend, weil sie vor allem auf eine qualifizierte Hintergrundberichterstattung angewiesen ist. Allein die aus aktuellen Anlässen erfolgende vordergründige Berichterstattung ist für sie eher gefährlich und könnte sich auf das Stereotyp reduzieren: Der Ausbruch von Forensik-Patienten ist ein noch höheres Sicherheitsrisiko als der Ausbruch aus einer Justizvollzugsanstalt. Mein Fachwissen, das ich in diese Diskussion einbringen kann, lautet sehr schlicht: Die Qualität der Medienberichterstattung ist in hohem Maße abhängig von den Quellen, auf die sie zugreifen kann.

Unter dem Gesichtspunkt der Medienkompetenz gelten für den Aufbau eines Recherchefeldes Forensik Regeln, um die Gatekeeper, die Redaktionen als »Türhüter« passieren zu können. Die schwierigste Regel zu erfüllen, ist das Kunststück, Informationsinteressen und Rezeptionsgewohnheiten des jeweiligen Medienpublikums miteinander zu verbinden. Dieser Abstimmungsprozess misslingt nicht nur häufig gegenüber den Medien, er kann auch durchaus zu harten Auseinandersetzungen im eigenen Berufsfeld führen, der Forensik zum Beispiel. Kann diese Regel grundsätzlich von jedem erfüllt werden, der diese Zielsetzung für notwendig erachtet, erfordert die zweite Regel bereits professionelle Kenntnisse, gleichsam praktisches Wissen und Können in der aktiven Umsetzung von Medienkompetenz. Informationen müssen nämlich so strukturiert und geformt werden, dass sie in die Verwertungsbedingungen passen, unter denen die angesprochenen Medien arbeiten. So erfordert ein Zweiminutenstatement im Morgenmagazin eines Radioprogramms andere Darstellungsfähigkeiten als eine Pressemitteilung an die örtliche Presse oder die Vorbereitung eines Berichts in einer Fernsehsendung. Als dritte Regel und Anforderung würde ich die genaue Kenntnis über die Arbeit und das Rollenverständnis von Journalisten setzen. Journalisten wollen sich möglichst wenig vereinnahmen lassen. Es geht nicht darum, sie dafür zu gewinnen, »an einem Strang zu ziehen«. Ihre Rolle ist die des Beobachters, nicht die des Propagandisten. Journalisten geht es darum, in der Berichterstattung und mit der Auseinandersetzung in einem Themenfeld einen individuellen Nutzen für den einzelnen Medienrezipienten ausfindig zu machen und die Bedeutsamkeit ihres Gegenstands für die politische Meinungs- und Willensbildung herauszuarbeiten. Dabei haben sie auf Dauer nur Erfolg, wenn sie als Vermittler glaubwürdig bleiben, wenn sie das Aktualitätsprinzip ihrer Arbeit berücksichtigen und wenn sie ihre Informationen so verpacken können, dass sie optimal in die vorgegebenen Medienformate passen.

Medien und Publikum – Leitlinien der Nutzungsforschung

Bisher habe ich über Medien als Brücken in der Gesellschaft gesprochen, über die Außenwelten zum Individuum transportiert werden und in ihrer Vielfalt und Intensität soziales Verhalten mitprägen. In dieser Perspektive ist die Medienwelt eine nicht regierbare, letztendlich auch nicht kontrollierbare Bühne unserer Wahrnehmungen, die kognitiv ebenso wie affektiv Sozialisation und Verhalten der Menschen in der Gesellschaft beeinflussen. Wissenschaftlich gibt es keinen Zweifel, dass diese Medienwelt ein wichtiger Faktor für die geistig-seelische Entwicklung des Individuums ist. Das Problem liegt nur darin, dass die Dimensionierung dieses Faktors nur schwer zu bestimmen ist. Die sozialisierende Bedeutung der Medien ist bei Menschen unterschiedlich stark und entwickelt seine Stärken in unterschiedlichen Entwicklungsgeschichten. Wurde in der Wissenschaft lange gefragt, was machen die Medien mit den Menschen, so gilt seit längerer Zeit das andere Paradigma: Was machen die Menschen mit den Medien? Welche »uses« veranlassen Menschen zum Konsum welcher Medienangebote, und welche »gratifications« ziehen sie aus der vielen Alltagszeit, die sie mit den Medien verbringen?

So müssen wir annehmen, dass in sozial schwachen, bildungsresistenten Bevölkerungsgruppen affektive Funktionen der Medien besonders stark ausgeprägt sind. Diese Menschen nutzen auffallend viele Medienangebote, indem sie wie Slalomfahrer möglichst jede Beanspruchung der Vernunft durch Informationen und Analysen umgehen. Stattdessen suchen sie die starken Reize von Medienpräsentationen und »zappen« sich gesteuert von ihren emotionalen Bedürfnissen durch die Medien. Diese Gruppe der Mediennutzer wird je nach Analyse der Messkriterien auf 20 bis 30 Prozent der Bevölkerung geschätzt.

Ganz anders verläuft die Mediennutzung auf der anderen Seite der Skala in den sozial erfolgreichen und durch Bildungsaktivitäten ausgezeichneten Bevölkerungsgruppen. Auch in ihr ist Selektivität wesentliches Merkmal der Mediennutzung.

Aber sie nutzen Medien primär nach zwei rationalen Selektionsgesichtspunkten: Zum einen suchen sie in den Medien Informationen, die ihnen persönlich nützlich sind und die sie für gesellschaftlich wichtig halten. So gesehen liefern für sie Medien ständige updates des aktuell notwendigen und allgemein vorteilhaften Wissens. Zum anderen nutzen sie die Medien, um ihren eigenen Status in Politik, Wirtschaft, Kultur und Ästhetik oder in anderen Handlungsfeldern, in denen sie aktiv sind, zu bestätigen. Selbstbestätigung ist eine der auffallendsten Medienfunktionen überhaupt. Für diese Gruppe, die wir gerne als Opinionleaders bezeichnen, überwiegen die kognitiven Funktionen von Medienangeboten. Sie erweisen sich anderen gegenüber auf der Höhe der Zeit und reden in allen einschlägigen Themenfeldern mit, die gerade auf der Tagesordnung stehen. Ihren prozentualen Anteil an der Bevölkerung setzen wir etwa mit 10 Prozent.

Beide Nutzergruppen sind in Bezug auf die eine Medienwelt extrem unterschiedlich, und wir haben für ihr Verhältnis zueinander den Begriff des knowledge gap als Kennzeichen der Nutzungsunterschiede geprägt. Zahlreiche Studien deuten darauf hin, dass Medien, die ja nicht Ursache dieser Unterschiede sind, diese Unterschiede noch verstärken. In unserer Theorie sind wir davon überzeugt, dass die Medien – übrigens nicht nur das Fernsehen – im Sinne des uses and gratification approach gesellschaftliche und soziale Segmentionen verstärken, statt sie wie erhofft durch integrative Leistungen abzubauen. In diesem Sinne sprechen wir vom increasing knowledge gap, der wachsenden Wissenskluft als dem allgemeinen Effekt eines sich immer weiter differenzierenden Mediensystems.

Diese Diagnose unterstellt, dass es keine an sich passive Mediennutzung gibt. Ansätze, die zwischen aktiver und passiver Mediennutzung unterscheiden, haben eine wertorientierte Perspektive, indem sie die aktive Mediennutzung mit Sinn der Wahrnehmungsaneignung verbinden, während sie hingegen passive Mediennutzung ausschließlich als escape folgenlosen Zeitvertreibs begreifen. Gerade Psychologen und Forensiker können sich mit einer solchen Teilung kaum zufrieden geben. Ein solches theoretisches Konstrukt ist wenig hilfreich, weil es die kritische Prüfung verstellt, warum die Menschen auf bestimmte Medienangebote zugreifen, und was sie mit diesen Angeboten machen. Wir müssen uns von dem aufklärerischen Wunschdenken lösen, wonach Menschen Informationen ausschließlich nach den Vorstellungen der gemeinwohlorientierten Rationalität suchen, um ihre eigene Identität diesen Vorstellungen anpassen zu können. Statt die Medien nur im Zusammenhang der Entfaltung von bürgerlichen Persönlichkeiten in einer demokratischen Gesellschaft zu sehen, muss der Blick soweit reichen, dass Medien auch eine nützliche Rolle für die Überlebensstrategien des Einzelnen jenseits des gesellschaftlich Gewollten spielen.

Das Kaleidoskop medialer Vermittlungen von Augenblicken und Geschichten des Glücks, des Kriminellen, der Süchte und Flüchte, der Einzelgänger, der Moden,

Cliquen und Irrationalitäten von Oben und Unten, des Schrillen, Temporeichen, Prickelnden und Riskanten hat für sie eine hohe Anziehungskraft und kann sich bis zur existenziellen Anziehungskraft verdichten. Was wir für den aufgeklärten Menschen annehmen können, nämlich einigermaßen sicher zwischen Faktizität und Fiktion, zwischen Realität und Konstrukt zu unterscheiden, fällt solchen Menschen schwerer, die ihre individuelle Realität mehr mit den Medienkonstrukten verbinden als mit ihrem eigenen Lebensumfeld, die Medienangebote für spannender halten als das, was sie im Alltag erleben, die lieber Teil der wahrgenommenen Medienkonstrukte sein wollen als Teil der Gesellschaft, in der sie leben. Ihre Realität, so die Annahme, ist in den Medien bunter, näher und opulenter repräsentiert als in den übrigen Teilsystemen der Gesellschaft, so falsch oder so entstellt diese Realität im einzelnen auch konstruiert sein mag.

Medienkompetenz als Ziel für die Mediennutzung ist Prävention

Diese Perspektive der Medien und ihrer Wirkungen werfen die Frage auf, was sie für diejenigen bedeuten können, die in anderen Handlungszusammenhängen mit Menschen als Mediennutzern zu tun haben, also auch in der Forensik. Ich verlasse damit den sicheren Boden meiner eigenen Wissenschaft und werde entsprechend vorsichtig formulieren müssen. Besser: Ich kann keine Handlungsempfehlungen wie im ersten Teil geben, in dem es mir darum gegangen war, in der Forensik ein besseres und effektiveres Recherchefeld für Journalisten aufzubauen. Fragen wir nach Möglichkeiten von Medienkompetenz aus der Perspektive der Mediennutzung, dann muss ein interdisziplinärer, ein transdisziplinärer Dialog eröffnet werden. Als Fachwissenschaftler kann ich dafür zunächst immer nur Informationen aus dem Gegenstandsbereich meines Faches geben. Am Paradigma der journalistischen Rolle und Medienberichterstattung hatte ich nahe gelegt, das eine oder andere Vorurteil über Medienjournalisten zu revidieren und deren berufliche Merkmale im eigenen Berufsfeld stärker zu berücksichtigen. Ist die Forensik auf Öffentlichkeit angewiesen, dann muss sie in ihrer Vermittlung Anpassungen an die Merkmale jener Kanäle finden, über die Öffentlichkeit hergestellt werden. Im Ausleuchten von Hintergründen, so meine Hypothese, können die präventiven Qualitäten im Journalismus gestärkt werden.
Aus der Perspektive der Mediennutzung werden hingegen Segmentierungen in der Öffentlichkeit sehr deutlich, die jenseits optimistischer Annahmen über den Wert einer nachhaltigen öffentlichen Diskussion über die Forensik liegen. Die affektiven Rezeptionsbedürfnisse sind vor allem dadurch gekennzeichnet, dass sie sich als resistent gegen rationale Informationsfunktionen der Medien erweisen. Die daraus zu ziehenden Schlussfolgerungen stehen aber nicht mehr im Mittelpunkt meiner Wissenschaft. Ich kann lediglich darauf verweisen, dass auch diese Art der

Mediennutzung auf eine aktive Rolle des Rezipienten hinweist, indem dieser den Medienangeboten Bedeutungen zuweist, die nur aus seiner Persönlichkeitsentwicklung verständlich sind. Ein Konzept der Medienkompetenz aus der Perspektive der Medienrezeption müsste wohl vor allem an dieser aktiven Rolle ansetzen und danach fragen, wie durch eine andere Aneignung der Medien eine präventive, vielleicht sogar therapeutische Wirkung erzielt werden kann.

Die beiden unterschiedlichen Perspektiven, unter denen ich Medienkompetenz in der Forensik zur Diskussion stelle, haben einen inneren Zusammenhang. Ihn möchte ich kurz andeuten, bevor ich abschließend die Diskussion einleite, welche praktischen Möglichkeiten einer Medienkompetenzförderung es vielleicht im engeren Alltagsgeschehen der Forensik, in der Zusammenarbeit mit den Patienten als Medienrezipienten geben mag. Zusammenhänge zwischen beiden Perspektiven der Medienkompetenz entwerfe ich mit zwei Hinweisen, die wiederum Grundbestandteile meiner Wissenschaft sind. Der erste Hinweis lenkt die Aufmerksamkeit auf die Möglichkeiten, Einfluss darauf zu nehmen, was veröffentlicht wird. Dieser Vorgang wird in den Theorien zum Agenda Setting umschrieben. Der andere Hinweis bezieht sich auf Möglichkeiten, Medien als Ausdrucksformen und Äußerungsplattformen zu nutzen jenseits der redaktionellen Formate und unternehmerischen Organisationen der Massenmedien. Dafür gibt es zahlreiche Beispiele in den Bereichen der Wirtschaft, der Bildung und des Sozialen. Soweit daraus publizistische Initiativen geworden sind, werden sie gemeinhin als Bürgermedien in den öffentlichen Nischen wahrgenommen.

Zunächst zum Agenda Setting. Aus Sicht der Fachleute ist die forensische Psychiatrie sicher schon längst aus der Nische in das Rampenlicht breiter Fachdiskussion getreten. In der Öffentlichkeit dürften hingegen noch die Vorstellungen überwiegen, die Forensik sei das Tätigkeitsgebiet der Gerichtsmediziner, die uns vornehmlich als Spurensucher an Tatorten und in der Pathologie begegnen oder als Gutachter vor Gericht. Die öffentliche Vorstellung ist also durch Merkmale der kriminalistischen Diagnostik bestimmt, nicht jedoch durch das erfolgreiche Konzept der Therapie und des Maßregelvollzugs. Dieses öffentliche Bild, so hat sich in der Dortmunder Diskussion während der Ansiedlung und des Baus der Forensischen Einrichtung gezeigt, überhöht kontraproduktiv Fantasien und Sicherheitsängste in der Bevölkerung, welche Gefahren und Risiken entstehen können, wenn solche Tätermenschen, die man aus den bildhaften Vorstellungen der Gerichtsmedizin wahrgenommen hat, in der eigenen Nachbarschaft zusammengefasst werden. Ich halte es für eines der eindrucksvollsten Ergebnisse der Öffentlichkeitsarbeit in Dortmund, dass während des langen Planungs- und Aufbauprozesses die Akzeptanz für die Forensik ganz offensichtlich gestiegen ist. Eine empirische Studie würde zu dem Ergebnis kommen müssen, dass die Medien in Dortmund dabei eine wichtige positive Rolle gespielt haben. Dennoch bin ich mir nicht sicher, ob dieser öffentliche Status lange halten wird, wenn die Forensik wieder aus den Schlagzeilen fällt oder gar irgendwo ein

Ausbruch vermeldet wird. Die Bevölkerung benötigt einfache und überzeugende Argumente, warum die Forensik ein gutes Konzept ist, und warum besondere Sicherheitsängste ihr gegenüber nicht gerechtfertigt sind.

Diese Argumente müssen stets als »objektive« Informationen abrufbar sein, wann immer Forensik in die Aktualitätswahrnehmung der Medien gerät. Es bleibt davon auszugehen, dass die Forensik primär in den Sicherheitsemotionen der Menschen angesiedelt bleibt. Das ist nicht zu verwerfen, sondern ernst zu nehmen. Die vielen Schlagzeilen im Falle der Standortentscheidungen in Nordrhein-Westfalen oder früherer Ausbrüche hier in Eickelborn sprechen ihre eigenen Sprache und sind Indikatoren eines emotional agierenden Langzeitgedächtnisses der Menschen. Einfache Informationsmuster sehen, journalistisch gesprochen etwa so aus: Sind die forensischen Einrichtungen ebenso so sicher oder gar sicherer als die Justizvollzugsanstalten? Ist die Rückfallquote forensischer Straftäter höher als die der Justizvollzugsanstalten? Deutet das Täterprofil eines forensischen Patienten bei Ausbruch auf ein höheres öffentliches Gefahrenpotenzial als das aus einem üblichen Gefängnis bei ähnlichen Straftatbeständen? Das mögen für einen Forensiker Fragen sein, die seine Arbeit kaum berühren, für die öffentliche Vermittlung sind sie elementar, weil im Falle der Forensik alle Möglichkeiten der Fantasie von Menschen auf die Täter und ihre Krankheiten projiziert werden, die der einzelne Mensch als »Abartigkeiten« empfindet.

Medienarbeit als Therapie

Nur sehr kurz und mit aller Vorsicht will ich den zweiten Aspekt von Medienkompetenz ansprechen, der im Grunde schon in das therapeutische Feld der Klinikarbeit und der Nachbetreuung der Forensik reicht. Schon immer ist der Zusammenhang zwischen Kunst und Psychiatrie gesehen worden. In den Ausdrucksmöglichkeiten der Patienten mit künstlerischen Mitteln ist oft auch eine Vermittlungsebene für Patienten geschaffen worden, über die Kommunikation gefördert und der Zugang zur Patientenpersönlichkeit verbessert wurde. Als jüngstes Beispiel ging vor wenigen Tagen durch die Presse, dass Patienten in Mülheim a. d. R. mit dem dortigen experimentierfreudigen Theater an einem Projekt arbeiten. Habe ich die Informationen richtig verstanden, wird zunächst sehr eng in der Gruppe an einem theatralischen Stück gearbeitet. Dabei geht es ausschließlich darum, dass die Patienten es lernen, mit ihren Persönlichkeitsmerkmalen die Merkmale einer Rollendarstellung zu erarbeiten. Erst wenn dieser Prozess erfolgreich abgeschlossen werden kann, soll das »Spiel« kommunikativ nach außen eingesetzt werden. Es soll dann anderen gezeigt und präsentiert werden, zunächst in der eigenen Einrichtung, dann in anderen und schließlich – wenn alles gut geht – auch »draußen«, also öffentlich.

Als Außenstehenden überzeugt mich das Experiment, weil es den Einzelnen in eine aktive Rolle führt, in der er zu Artikulationen findet, die zunächst nicht seine Sprache und Artikulation sind. Ich kann mir vorstellen, dass sich in solchen Transaktionsprozessen eine Menge abspielt, die den Therapeuten herausfordern muss. Ist diese Annahme richtig, dann ist der dahinter stehende Grundgedanke auch übertragbar auf Konzepte, die ich als aktive Medienarbeit bezeichnen möchte, die im weitesten Sinne aus den Konzepten der Medienkompetenz entlehnt werden können. Es geht darum, die Patienten als aktive Medienrezipienten ernst zu nehmen, sie in eine Auseinandersetzung mit dem zu führen, was ihre Anschauungen und Vorstellungswelten maßgebend mit geprägt hat. Mediensprachen sind allen Menschen geläufige Sprachen. Sie aktiv zu lernen, wie zum Beispiel in Videoprojekten, in Radiosendungen, in Formaten einer Zeitschrift und Zeitung und in multimedialen Plattformen online im Internet, ist viel Arbeit, macht aber den meisten Menschen auch viel Spaß. Der große Motivationsvorteil einer solchen Arbeit besteht darin, dass eigentlich jeder weiß, wie diese Sprache aussehen soll, wie sie klingen kann, wie sie empfunden werden soll. Lediglich der Weg, diese Ziele zu erreichen, bedarf der intensiven Hilfe und der Bereitstellung von Hilfsmitteln.

Entscheidend für das Konzept einer aktiven Medienarbeit ist die Erwartung, dass Patienten zu einer Ausdruckform, zu Präsentationen finden, die sie mit ihrer eigenen Persönlichkeit verbinden können, die sie aber auch bis zu einem gewissen Maße in Distanz zu ihrem eigenen Ich versetzen. Nur durch diesen Distanzierungsprozess sind Formen des Ausdrucks möglich. Umgekehrt erlauben solche Ausdrucksformen Rückschlüsse auf die Produzenten, auf die Individuen. In entsprechenden Projekten werden Produkte geschaffen, die eigene soziale und kommunikative Funktionen aufbauen. Nicht der Monolog, nicht der Dialog mit dem Therapeuten sind Merkmale medialer Ausdrucksformen, sondern ihre Eigenschaft, eine Mitteilung zu produzieren, die von anderen rezipiert und akzeptiert werden kann. Das zwingt die Teilnehmer an derartigen Projekten, ihre Monade zu verlassen und sich auf einer Plattform zu bewegen, auf der die anderen, die Rezipienten immer mitgedacht, berücksichtigt werden müssen. Dabei kann die Entdeckung gemacht werden, dass es einfacher ist, sich auf solchen Plattformen zu artikulieren als sein Ich in all seiner Komplexität in Sprache zu fassen. Indem von vielem dieses Ichs abstrahiert wird, wird über ein Medium eine Sprache möglich, die sich als vermittelbar für andere erweist. Sozialisation wird erfahrbar.

An dieser Stelle beende ich meine experimentelle Reflexion über die Anregung für einen interdisziplinären Dialog. Ihn weiter zu führen, macht nämlich nur Sinn, wenn seine Grundannahmen in ihrer Konsensfähigkeit geprüft sind.

Pesso-Psychotherapie in der Behandlung persönlichkeitsgestörter Rechtsbrecher

Andrea Radandt

Zusammenfassung

PessoBoydenSystemPsychomotor (Pesso-Psychotherapie) ist ein körper-orientiertes Verfahren, in dem Empfindungen und Wahrnehmungen des Klienten in den therapeutischen Prozess wesentlich mit einbezogen werden. Die Methode – Pesso nennt sie auch Technologie – hilft den Klienten, im Detail die Organisation ihres Bewusstseins zu untersuchen. Sie lernen, den Erinnerungen nachzugehen, welche die Grundlage ihres gegenwärtigen Komplexes von Wahrnehmung, Emotionen, Verhalten und Gedanken bilden. PBSP ist eine Gruppentherapie, in welcher der Einzelne in den Übungen und Strukturen im Mittelpunkt steht. Elemente der Pesso-Psychotherapie lassen sich jedoch auch in der Einzeltherapie anwenden.

Kennzeichnend für die Pesso-Psychotherapie ist, dass die individuellen, idiosynkratischen Bedeutungen körperlicher Phänomene innerhalb einer therapeutischen Umgebung untersucht werden, in der mit Aktion und Interaktion experimentiert werden kann. In leiblichem Erleben und Handeln erfährt der Klient den ihm eigenen Zusammenhang zwischen verbaler und nonverbaler Sprache und zwischen Aktualität und Lebensgeschichte. Die Bewusstheit und Selbststeuerungsfähigkeit des Klienten wird dabei durch sehr klare Strukturen und deutliche Absprachen zu jeder Zeit unterstützt. Das fördert die Autonomie und führt zu einer energetischen Entlastung der therapeutischen Arbeit. Dieser Vortrag fokussiert die Anwendung der einer so genannten Strukturgruppe vorausgehenden vorbereitenden Übungen.

Schlüsselwörter

Forensik, Körperpsychotherapie, Persönlichkeitsstörungen, Pesso-Psychotherapie, Behandlung

Einleitung

Es ist mehr Vernunft in deinem Leib als in deiner besten Weisheit!
Friedrich Nietzsche[1]

Was von dem Gefühl der Furcht übrig bliebe, wenn ich weder das Empfinden von beschleunigtem Herzschlag noch von flacher Atmung, weder von zitternden Lippen noch von weichen Knien, weder von Gänsehaut noch von revoltierenden Eingeweiden hätte, vermag ich mir beim besten Willen nicht vorzustellen. Kann man sich einen Zustand der Wut ausmalen, bei dem man nicht zugleich an die Aufwallungen in der Brust, die Gesichtsrötung, die bebenden Nasenflügel, das Zähneknirschen und den Impuls zu heftigem Handeln denkt, sondern stattdessen an entspannte Muskeln, ruhige Atmung und ein friedliches Gesicht?
William James[2]

Die unausweichliche und bemerkenswerte Eigenschaft dieser drei Phänomene – Emotion, Gefühl, Bewusstsein – ist ihre Körperbezogenheit. (...) all diese Prozesse (...) sind auf Repräsentationen des Organismus angewiesen. Ihr gemeinsames Wesen ist der Körper.
Antonio R. Damasio[3]

Emotionale Reaktionen empfinden können hat Vorteile: Wissen erweitert sich und kann verallgemeinert werden; man wird vorsichtiger und beginnt zu planen. Das führt zu einer Flexibilität der Reaktionsfähigkeit, die auf der besonderen Geschichte der Interaktionen einer Person mit der Umwelt beruht. Dabei sind primäre Gefühle (angeboren, präorganisiert) und die sekundären Gefühle (zusammengesetzt) zu unterscheiden. Letztere bedienen sich des Apparats der primären Gefühle, die auf Schaltkreisen des limbischen Systems beruhen. Sie treten auf, sobald wir Empfindungen haben und systematische Verknüpfungen zwischen Kategorien von Objekten und Situationen einerseits und primären Gefühlen andererseits herstellen. Von Bedeutung ist dabei auch die Aktivierung zahlreicher präfrontaler Rindenfelder.[4] Gleichzeitig werden aktuelle Ereignisse über ständiges Abgleichen mit dem Langzeitgedächtnis wahrgenommen. Aktuelles Verhalten ist also ein komplexer Prozess, in dem unterschiedliche Hirnzentren eine Rolle spielen. Die Amygdala ist der Sitz des impliziten Gedächtnis. Dort werden unbewusste automatisierte

---

1 NIETZSCHE F, zitiert nach: SCHLECHTA K (Hrsg.) (1954–6) Werke in drei Bänden. Hanser, München.
2 JAMES W (1920) Psychologie.
3 DAMASIO AR (1997) Descartes' Irrtum. DTV, München.
4 ebd.

Verhaltens- und Bewegungsmuster und unbewusste, emotionale Erfahrungen (als Körperzustände und motorische Impulse), gespeichert. Es ist schon bei der Geburt gut ausgebildet und speichert auch früheste, nicht bewusst erinnerbare Ereignisse. Dort wird emotionales Verhalten bestimmt, von dort gehen Impulse direkt an die motorischen Kerne im Hirnstamm. Sichtbar werden diese Reaktionen als spontane, emotionale, mimische Bewegungen im Gesicht.[5] Das explizite Gedächtnis mit Sitz im Hyppocampus reift später und prozessiert Bilder und Erinnerungen emotionaler Ereignisse langfristig. Der cerebrale Kortex schließlich ist für das bewusste Wahrnehmen zuständig. Erkenntnis geht nicht ohne ein Zusammenwirken der unterschiedlichen kortikalen Abschnitte.

PBSP macht sich das Wissen um diese Zusammenhänge in besonderer Weise zunutze. Emotionale Konflikte, die in der Pathogenese psychisch kranker und gestörter Rechtsbrecher eine zentrale Position einnehmen, lassen sich unter Einbeziehung von Therapieverfahren, in denen Körperwahrnehmung und Körperausdruck eine wesentliche Rolle spielen umfassender behandeln. Die Ergänzung vieler traditioneller Psychotherapieverfahren um körperorientierte Module ist Ausdruck davon.

Neben Rückfallprävention ist in der Täterbehandlung die Förderung sozialer Fertigkeiten und Bindungskompetenzen von Bedeutung.[6] Soziale Fertigkeiten und Bindungsstile sind jedoch wesentlich von dem Was und Wie unseres Erlebens, vor allem in der Kindheit und Jugend, geprägt. Wie wir gelebt haben bestimmt unsere Wahrnehmung und unser Gefühl für die Gegenwart (unser Bewusstsein)[7] und bildet die Basis für unsere Gedanken und Ideen darüber, wie wir in Zukunft leben wollen.

> »We believe that our real, deficit-ridden memories influence our perceptions in the present. Thus we take the further route of providing clients with the tools to create interactive events, structures in the therapy setting, out of which they can create new, symbolic, deficit-satisfying memories. This is not something that we do casually or incidentally. It requires much the same specificity and control as I imagine delicate brain surgery requires.«[8]

Die Methode – Pesso nennt sie auch Technologie – hilft den Klienten, im Detail die Organisation ihres Bewusstseins zu untersuchen. Sie lernen den Erinnerungen nachzugehen, welche die Grundlage ihres gegenwärtigen Komplexes von Wahrnehmung,

---

5 Das ist der Grund, warum das sog. Micro-tracking – die therapeutische Technik, die physischen, motorischen Botschaften, besonders des Gesichtsausdrucks des Klienten zu beobachten und zu benennen – in dieser Therapieform so wichtig ist. Vgl. dazu PERQUIN L (2004) Neuroscience and its significance for psychotherapy. www.pbsp.com.
6 FIEDLER P (2004) Was hilft in der Täterbehandlung? In Psychotherapie im Dialog, 5. Jahrg, Heft 2.
7 DAMASIO A R (2000) Ich fühle also bin ich. List-Verlag, München.
8 PESSO A (2000) Memory and Consciousness: In the Mind's Eye, in the Mind's Body«. Lecture for the Conference of the Nederlandse Vereniging voor Pesso-Psychotherapie. www.pbsp.com.

Emotionen, Verhalten und Gedanken bilden. Kennzeichnend für die Pesso-Psychotherapie ist, dass die individuellen, idiosynkratischen Bedeutungen körperlicher Phänomene innerhalb einer therapeutischen Umgebung untersucht werden, in der mit Aktion und Interaktion experimentiert werden kann. In leiblichem Erleben und Handeln erfährt der Klient den ihm eigenen Zusammenhang zwischen verbaler und nonverbaler Sprache und zwischen Aktualität und Lebensgeschichte.

Der therapeutische Prozess in der Pesso-Psychotherapie findet in der Regel in der Gruppe im Rahmen einer Struktur statt, in der andere Gruppenmitglieder als Akkommodatoren (Rollenspieler) für den zentral stehenden Klienten (Protagonist) zur Verfügung stehen.[9] Gegenstand dieses Vortrags sind nicht die Strukturen, sondern die Übungen, die Pesso entwickelt hat, um eine Gruppe auf die sehr intensive und die Präzision aller Beteiligten erfordernde Arbeit in den Strukturen vorzubereiten.

Theoretische Grundlagen von PBSP

Historische Entwicklung

Die Therapieform wurde in den 60er-Jahren von Albert Pesso und Diane Boyden Pesso entwickelt, die zu jener Zeit als Trainer für Ballet und modernen Tanz arbeiteten. Dabei fiel ihnen immer wieder auf, dass manche Schüler Probleme hatten, bestimmte Emotionen tänzerisch stimmig auszudrücken. Entweder blieb der Ausdruck seltsam leer oder die Tänzer erschienen emotional blockiert. Erst als sie begannen, den Tänzern eine zu ihrem emotionalen Ausdruck passende, korrespondierende Antwort-Figur gegenüberzustellen kam es zu einer Auflösung der Blockade und der tänzerische Fluss kam wieder in Bewegung. Gleichzeitig traten bei den Tänzern oft kathartische Emotionen auf und damit verbundene Erinnerungen an frühere Ereignisse ihrer Lebensgeschichte. Das Prinzip von shape-countershape, zu deutsch Form-Passform, ist ein zentraler Baustein von PBSP.[10] Mit der Zeit entwickelte sich ein System von Übungen, mit dem Ziel die Wahrnehmungs- und Bewusstseinsfähigkeit der Klienten zu fördern. Welche war die passende Antwort auf das, was sich in der Interaktion und dem emotionalen Ausdruck eines Klienten zeigte?

Relationales Körper/Menschenbild

In der Pesso-Psychotherapie wird von einer optimistischen Sichtweise des Menschen ausgegangen. Jeder Mensch kommt auf die Welt mit dem Ziel, ein Leben in Wohlbefinden, Bedeutung und Verbundenheit zu leben. Unsere Vorstellungen von einem gelungenen Leben – oder auch unsere Zweifel daran, dass es gelingen kann

---

9 Siehe dazu ausführlicher SCHRENKER L und FISCHER-BARTELMANN B (2003) PessoBoydenSystem-Psychomotor. Pesso-Therapie – ein in Deutschland neues ganzheitliches Verfahren einer körperorientierten Form der Gruppentherapie. In Psychotherapie, 8. Jahrg. (2003) Heft 2.
10 Ebd.

– bilden sich auf der Grundlage der Beziehungen und der verbalen wie extraverbalen Interaktionen in unserem primären Umfeld (in der Regel die Ursprungsfamilie) vor allem in den ersten fünf Lebensjahren. Es prägt sich unter anderem durch die Art der Körperkontakte, durch den Umgang mit Gesundheit, Krankheit und Sexualität, durch Attributierungen. Das Bild und Gefühl von uns selbst und anderen bleibt aber ein Leben lang veränderbar und beeinflussbar.

Grund(entwicklungs)bedürfnisse

Eine wesentliche Annahme Pessos bezieht sich auf das, was er evolutionäres bzw. genetisches Gedächtnis nennt – im Gegensatz zu dem autobiografischen Gedächtnis, das bei der Geburt eine Tabula rasa ist.

»… but our evolutionary memory is not. It is full of what one could call a passion for existence. Under its influence we seek and selectively attend to those elements in the word that will lead to the continuity of our individua existence. (…) … to arrive at that generative phase of life, we first have to experience appropriate and stable parenting interactions that naturally lead us to maturation and individuation.«[11]

Seine genetische Natur drängt den Menschen dazu, seine grundlegenden Entwicklungsbedürfnisse zu befriedigen. Pesso unterscheidet dabei fünf Aspekte: (1) Platz, (2) Nahrung, (3) Schutz, (4) Grenzen und (5) Unterstützung. In allen fünf Bereichen geht es primär um die konkrete, tatsächliche Befriedigung: Den Platz bei den Eltern, die Ernährung durch die Eltern, den Schutz, den sie bieten, wenn sie uns in den Armen halten, die Grenzen, die sie uns setzen und die Art und Weise, wie sie ganz konkret unsere Entwicklung unterstützen, unsere Fähigkeiten erkennen und wertschätzen. Es geht aber auch um die symbolische und emotionale Befriedigung: Wissen, dass wir einen Platz im Herzen unserer Eltern haben; erlebt haben, dass sie uns emotional genährt haben, in dem sie auf unsere Gefühle wohlwollend, anerkennend und wenn notwendig auch begrenzend eingegangen sind; ihren Schutz und ihre Unterstützung nicht nur erfahren haben, sondern auch wissen, dass wir darauf zurückgreifen können, wenn wir es brauchen. Diese Erfahrungen zu verinnerlichen bildet unser Selbstvertrauen. So werden wir in die Lage versetzt, unseren Platz im Leben zu finden, selbstständig zu leben, unsere Grenzen zu kennen und zu wissen, wann wir Unterstützung brauchen und woher wir sie erhalten können.

Neben der Befriedigung der basalen Entwicklungsbedürfnisse geht es darüber hinaus um (1) die Integration der Polaritäten des Seins (männlich-weiblich, linke-rechte Hemisphäre, Abhängigkeit-Autonomie), (2) Bewusstsein zu entwickeln für die Bedeutung unseres Lebens (Sinnfindung), (3) den »inneren Piloten« zu entwickeln (Koordination von Fühlen, Denken, Handeln und Entscheiden) und nicht zuletzt darum, (4) unsere Einzigartigkeit und Möglichkeiten zu erkennen.

---

11 Pesso A (2000) Memory and Consciousness: In the Mind's Eye, in the Mind's Body«. Lecture for the Conference of the Nederlandse Vereniging voor Pesso-Psychotherapie. www.pbsp.com.

Werden diese Bedürfnisse nicht ausreichend befriedigt, kommt es zu einer Neigung, die Welt in einem schlechten Licht zu sehen. Das Leben wird unbefriedigend erlebt, die Zukunft wenig viel versprechend. Fehlende Begrenzung z.B. starke Gefühle wie Wut und Ärger betreffend kommt es häufig zum »acting out«. Die betreffende Person hat nur eine Art, um mit Aggression umzugehen: durch konkreten körperlichen Ausdruck und grenzüberschreitende Handlungen im täglichen Leben. Die definitive Grenze kann schließlich die Limitierung durch das Gefängnis sein. Diese Menschen äußern manchmal auch die Erfahrung, dass der Verbleib in der Zelle ein Gefühl von Sicherheit für sie mit sich bringt, wodurch die Angst abnahm und sie manchmal sogar zum ersten Mal erfahren haben, was es heißt, einen eigenen Platz zu haben.

Energie – Aktion – Interaktion – Bedeutung

Mit Energie umschreibt Pesso das Selbst und die Gesamtheit seiner Entwicklungsmöglichkeiten. Aktion ist dann das Umsetzen dieser Möglichkeiten mittels sprachlicher wie nichtsprachlicher Formen des Ausdrucks. Die Aktionen sind nach außen gerichtet. Infolge der Aktion kommt es zu einer Interaktion mit einer Bezugsperson. Ist die Interaktion befriedigend kommt es zu einer Entspannung und die Handlung kann als gelungen integriert werden. Ist die Interaktion unbefriedigend, wird die Energie blockiert. Es kommt zu Muskelspannung, somatischen Beschwerden, Handlungsunfähigkeit und negativen Handlungsmustern. Die Bedeutung der Interaktion wird verinnerlicht, was nichts anderes bedeutet, als dass auch die damit verbundenen Gefühle im prozessualen Gedächtnis gespeichert werden, die wiederum zur Orientierung und Koordinierung unserer kognitiven Prozesse erforderlich sind.[12]

Mutter-Kind-Interaktionen sind dort von Geburt an gespeichert, besonders im Fall der Prozesse, die mit primären Emotionen, wie z.B. Angst zu tun haben. Ein Beispiel: Mutter geht, Kind schreit, Mutter kommt zurück, Kind beruhigt/entspannt sich, Interaktion wird als gelungen abgespeichert. Ein anderes Beispiel: Ein Kind wird wütend, fängt an zu schreien, will seinen Willen durchsetzen und vielleicht die Mutter oder den Vater boxen. Die Eltern bleiben dabei ruhig, erkennen die Wut des Kindes an, begrenzen haltend die Boxattacken des Kindes. Das Kind spürt dann, dass es gerade keine grenzenlose Macht hat, die Mutter/der Vater hält das Wutgefühl des Kindes aus. Die Energie kann sich ausdrücken und findet ein Ziel (darf sein) und nach einer Weile beruhigt sich das Kind. Verinnerlicht hat es dann die Erfahrung, dass seine Wut und Kraft nicht überwältigend sind. Die unbefriedigende Variante wäre, dass die Wut des Kindes nicht angenommen und begrenzt wird. Das Kind schreit solange, bis sein eigener Körper es durch erschöpfendes und es nahezu ohne Atem lassendes Schreien begrenzt. Die eigene Wut wird dann als lebensbedrohlich erlebt

---

12 DAMASIO AR (1997) Descartes' Irrtum. DTV, München.

und es internalisiert die Erfahrung, dass Wut zu äußern unmöglich ist, denn sie ist größer als das, was der Körper bewältigen kann. In der Folge kann es, bei wiederholten ähnlichen Erfahrungen dazu kommen, dass aggressive Impulse unterdrückt werden und ein allgemeines Verbot internalisiert wird, Aggressionen zu äußern. Die Angst vor der Aggressivität/Destruktivität führt dann zu Selbstlimitierung (körperlichen Kontrollmechanismen wie z. B. erhöhter Muskeltonus). Damit einhergehende Mechanismen können sich entwickeln: Verdrängung, emotionale Abspaltung, Projektion, projektive Identifikation oder Ausagieren in Destruktivität.[13]

Herr A. erlebte seit seiner Kindergartenzeit extreme Gewalt seiner Mutter, zunächst als Zeuge der Misshandlungen der Schwester, später selbst. Darüber hinaus wurde er Opfer sexuellen Missbrauchs durch die Mutter. Mit elf Jahren begann er, Brände zu stiften. Nach kurzer Unterbringung in einer Jugendhilfeeinrichtung ging er zurück ins Elternhaus. Mit 14 Jahren schlug er das erste Mal auf eine ihm fremde, ältere Frau ein. Nach dem dritten einschlägigen Delikt wurde er in einer Einrichtung des MRV untergebracht.

Strukturierte Übungen als therapeutisches Mittel[14/15]

Therapeutische Grundhaltung und Gruppenregeln

Die therapeutische Grundhaltung in der Pesso-Psychotherapie ist die anhaltender Neugierde. Alle Prozesse, die bei den Klienten sichtbar werden – als mimischer und gestischer Ausdruck, als Bewegung und Körperhaltung, in der Stimme – werden benannt. Diese Rückmeldungen helfen den Klienten, sich über ihre affektiven Zustände bewusst zu werden. Dabei wird die Genauigkeit der benannten Affekte immer wieder mit dem Klienten überprüft: »Stimmt das so? – Nein, es ist eher wie ...« Dadurch bleibt der Klient in Kontrolle. Das Nachfragen ermuntert zu tiefergehender Auseinandersetzung.

Gruppendynamische Prozesse entstehen kaum in der Übungsgruppe. Zum einen liegt es daran, dass in den Übungen jeweils ein Klient zentral steht. Zum anderen daran, dass jeder Klient sich in seinem sharing auf seine Empfindungen und seine Gedanken und Assoziationen beschränkt. Die anderen Klienten werden nicht kommentiert oder gar bewertet – darauf wird sehr genau geachtet. Gerade für forensische Patienten, die auf körperbezogene Therapie zunächst mit Angst, Hemmungen und mit Scham reagieren, sind diese Prinzipien sehr wichtig. Auf diese Weise entsteht relativ schnell ein Klima von Sicherheit. Jeder kann sich mitteilen, kann mitmachen.

---

13 Perquin L (2004) Omnipotenz und Limitierung in der Pesso-Psychotherapie. (In Druck)
14 Perquin L (19??) Structured Exercises as Therapeutic Tools in PBSP. In Pesso A, Crandell J (Hrsg.). Moving Psychotherapy. Brookline.
15 Ausführliche Beschreibungen aller Übungen finden sich in Pesso A, Boyden Pesso D (1969) Movement in Psychotherapy. University Press, New York.

Keiner muss. Trotzdem kommt es zu einem regen Austausch. Auch das eher passive Teilnehmen kann eine Wirkung haben.

Herr H. hat als Erster die Limitierungsübung gemacht. Obwohl er um die Möglichkeit weiß, nicht nur seine ganze körperliche Kraft einzusetzen, sondern auch die Stimme, bleibt er schweigend, wirkt noch sehr kontrolliert. Seine Entscheidung, es genau so zu probieren, wird jedoch respektiert. Die Patienten, die die Übung nach ihm machen, haben weniger Hemmungen und setzen auch die Kraft ihrer Stimme ein. Die Atmosphäre ist heiter und spielerisch. Bevor die folgende Übung eingeführt wird, meldet sich Herr H. Er möchte die Übung noch einmal machen und erfahren, wie es ist, die Stimme mit einzusetzen. Die Kontrolle verschwindet. Herr H. gibt wirklich alles, setzt seinen gesamten Körper ein und fällt am Ende erleichtert und laut lachend zur Seite.

Kognitive Unterstützung

Klienten im Detail über die angewandte Methode zu informieren, ist eher ungewöhnlich und unüblich. Noch ungewöhnlicher ist sicherlich, dass es in der Pesso-Psychotherapie absichtlich geschieht. In der Übungs-Gruppe werden alle Übungen genau vorgestellt: im Kontext der Therapietheorie, mit ihren Zielen und, was besonders wichtig erscheint, mit ihrem genauen Ablauf. Klienten aufzuklären, fördert ihr Vertrauen in die Methode, ermöglicht ihnen Kontrolle, Selbststeuerungsfähigkeit und Bewusstsein. Darüber hinaus macht es Unterschiede erfahrbar und ermöglicht mit der Zeit, etwas Kontrolle aufzugeben.

So lernen die Patienten z. B. zu unterscheiden zwischen drei unterschiedlichen Bewegungsmodalitäten. Reflexhafte Bewegungen werden im Rahmen einer Übung ausgelöst, in dem sie den Kopf einfach nach vorne fallen lassen. Patienten spüren dann, wie andere Muskelgruppen sich automatisch anspannen und die Abwärtsbewegung auffangen, den Körper stabilisieren. Noch deutlicher wird es spürbar, wenn sie sich trauen, den Körper in seiner ganzen Länge nach vorne fallen zu lassen. Unweigerlich kommt der Punkt, an dem *reflexhaft* ein Schritt nach vorne gemacht wird, um nicht zu fallen.

Diese Übung erhöht das Vertrauen in den eigenen Körper. Bewusst kontrollierte (willentliche) Bewegungen werden erlebbar gemacht, in dem man die Patienten bittet, den Kopf langsam und willentlich zu neigen. Dies ist gleichzeitig auch schon eine Hinführung auf die bewussten, kontrollierten Bewegungen, die sie in anderen Übungen für den jeweils zentral stehenden Mitpatienten ausführen (sich dem anderen zur Verfügung stellen). Die emotionale Bewegungsqualität lernen sie zu unterscheiden, in dem sie den Kopf nach unten nehmen und dann spüren und sich vergegenwärtigen, welches Gefühl bei dieser Haltung aufkommt. Wahrnehmung emotionaler Bewegungen oder Haltungen werden Patienten immer dann brauchen, wenn sie in den Übungen (später in den Strukturen) an der Reihe sind, im Mittelpunkt stehen, wenn sie ihre Verhaltensmuster untersuchen und die Verbindung zwischen Aktualität und Lebensgeschichte erforschen.

Von den Klienten kommen immer wieder Fragen, nachdem eine Übung erklärt wurde. Sie sind oft schon während der Einführung vor ihrem inneren Auge so in Bewegung geraten, dass sie Unklarheiten und Befürchtungen sofort benennen können. Gleichzeitig sind sie, bei hoher Motivation etwas auszuprobieren, sehr kreativ, was Abwandlungen von Übungen betrifft.

Herr K. hört aufmerksam und mit fast staunendem Blick der Einführung der Idealen Eltern-Übung[16] zu. Nachdem auch der Ablauf der Übung genau erläutert wurde, kann er präzise seine Befürchtungen und Ängste angeben und gleichzeitig alternative Vorgehensweisen vorschlagen, die es ihm ermöglichen, die Übung dennoch zu machen. Während des ganzen Gruppenverlaufs hatte er Schwierigkeiten mit emotionalen Berührungen und konnte sie nicht zulassen. Dass in der Übung nun Körperkontakt eine Rolle spielte machte ihm Angst, was er sehr differenziert beschreiben konnte. Gleichzeitig bat er aber darum, die Übung mit Kissen machen zu dürfen und den emotionalen Kontakt auf das Hören der Stimmen der Idealen Eltern zu beschränken. Das stellte für ihn eine sichere Variante der Übung dar, die ihn darüber hinaus eigenverantwortlich handeln ließ.

Selbstdiagnose

Die Informationen vor der tatsächlichen Durchführung der Übung erhöht die Aufmerksamkeit für das Geschehen. Die Klienten lernen, die Körpererfahrung als Informationsquelle zu nutzen. Zusammen mit der nicht interpretierenden Beobachtung des Therapeuten bilden Selbstdiagnose/Selbstbewertung einen von gegenseitigem Respekt und Wertschätzung geprägten interaktiven Prozess und damit die Grundlage für eine stabile, vertrauensvolle therapeutische Beziehung.

Herr T. stellt in der Übung »Kontrollierte Annäherung« fest, dass er mit geringer werdender Distanz den Blick nicht mehr direkt auf den Übungspartner richtet, sondern an ihm vorbei schaut. Gleichzeitig stellt er ein Unwohlsein in der Bauchgegend fest und unruhige Füße. Am liebsten wäre er weggegangen, sagt er hinterher. In einem zweiten Durchgang gelingt es ihm, den Partner auf genau der Distanz zu halten, mit der es ihm gut geht und die einen Blickkontakt ermöglicht. Der Klient hat in dieser Übung erkannt, dass er eine Tendenz hat, andere über seine Grenze – also das, was für ihn körperliche Nähe bedeutet – gehen zu lassen. (Und gleichzeitig erlebt, wie es sich anfühlt, wenn es ihm gelingt »Stopp« zu sagen.)

Die Beobachtungen des Therapeuten sind dabei nicht unwichtig, sie haben jedoch stets einen hypothetischen, provisorischen Charakter. Neue Informationen kön-

---

16 Diese Übung ist die letzte Übung der Gruppe. In den vorherigen Übungen haben die Klienten Erfahrungen mit positiver Akkommmodation machen können, d.h. sagen können welche Form unterstützenden, positiven Körperkontakts sie bedürfen.

nen zu einer neuen Hypothese führen. Der interaktive Prozess besteht also aus (1) dem, was der Klient bei sich beobachtet, (2) was er darüber berichtet, (3) was der Therapeut beobachtet, (4) der Diskrepanz zwischen der Beobachtung des Therapeuten und dem was der Klient berichtet und (5) wie er mit den Beobachtungen des Therapeuten umgeht.

Förderung der Gruppenkohäsion

Die Übungen werden zu individuellen Experimenten. Die Gruppenmitglieder stehen sich gegenseitig zur Verfügung. Es gibt kein Falsch und kein Richtig. Die Übungen sind keine Experimente in Gruppendynamik. Es geht um Respekt, Kooperation und Solidarität und das Schaffen einer Atmosphäre von Möglichkeiten. Die oft sehr unterschiedlichen Schilderungen der persönlichen Erlebnisse im Rahmen einer Übung fördern die Toleranz und lassen Erfahrungen auch auf den Alltag übertragen.

> Herr M. hatte in der Übung zur Wahrnehmung des eigenen Platzes, den jeder im Gruppenraum für sich gewählt hatte, mit Erstaunen zur Kenntnis genommen, nach welch unterschiedlichen Kriterien Plätze gewählt werden. Gleichzeitig wurde ihm bewusster, welche Eigenschaften sein Platz haben musste: Die Tür im Blick, die Therapeutin im Blick, einen vertrautes Gruppenmitglied an seiner Seite, bei generell nicht zu großer Nähe. In der folgenden Stunde berichtet er, wie er mehr auf den persönlichen Raum achte, den andere einnehmen.

Der Therapeut macht mit seiner Grundhaltung von Offenheit und Neugierde immer wieder deutlich, dass was auch immer geschieht von Bedeutung ist und nicht abgewiesen wird. Die vielen unterschiedlichen Erfahrungen unterstreichen die Individualität während gleichzeitig festgestellt werden kann, dass viele persönliche Erfahrungen auch von anderen geteilt werden. Das schafft ein Gefühl von Verbindung.

Direkter therapeutischer Effekt

Die therapeutischen Effekte der Übungen sind vielfältig:
- Klienten lernen, ihren physischen Erfahrungen mehr Aufmerksamkeit zu schenken.
- Die Wahrnehmung physischer Prozesse (sensations) werden von fremdartigen, störenden Symptomen zu wertvollen Informationsgebern über Bedürfnisse und Wünsche.
- Klienten lernen Gefühle besser zu unterscheiden.
- Die Übungen führen einen Klienten zu alten wie aktuellen Konflikten und die Verbindung zwischen ihnen.
- Es wird eine Möglichkeitensphäre geboten, in der (lange) unterdrückte Emotionen ausgedrückt werden können.
- Die Übungen dienen als Monitor des therapeutischen Prozesses.

Praktisches Beispiel: Limitierungsübung (Grenzen – Begrenzung)

Limitierungsübung »Kräfte messen mit dem Arm mit einer begrenzenden Figur«[17]
Im Folgenden wird die Übung so vorgestellt, wie sie auch tatsächlich in der Gruppe angewandt wird, damit sich der Leser ein besseres Bild machen kann. Die Hinweise für den Therapeuten stelle ich an dieser Stelle bewusst vor, um einen Eindruck davon zu vermitteln, wie präzise in den Übungen gearbeitet werden muss. Eine fundierte Ausbildung in der Methode ist unabdingbar für ihren wirkungsvollen Einsatz.[18]

Ziel der Übung

In der Limitierungsübung geht es darum, in Kontakt zu kommen mit den ursprünglichen Quellen der Vitalität, Spontaneität und Kreativität. In der Kindheit kann das Fehlen von Limitierung und die damit oft einhergehende Entwicklung von Omnipotenzgefühlen zur Entwicklung (auto-)destruktiver Impulse führen. Die Folgen können sowohl für das Individuum als auch die Gesellschaft schädigend sein. In dieser Übung kann der Klient in Kontakt kommen mit seiner archaischen Wut, seiner körperlichen Kraft, die er als unbegrenzt und unbegrenzbar und vielleicht auch als beängstigend erlebt (hat). In dem er diese Energien in einem sicher begrenzten körperlichen Kontakt auf einer symbolischen Ebene ausdrücken kann, erfährt er, oft zum ersten Mal, dass z. B. Aggression, die er lange als unbegrenzt und gefährlich wahrgenommen hat, für ihn in guter Weise limitiert wird. Wenn Impulse von Wut auf eine sichere Art in der Interaktion zum Ausdruck gebracht werden können, überschreitet die Emotion wie selbstverständlich ihren innewohnenden Höhepunkt. Ziel ist, dass der Klient/die Klientin diesen Punkt spürt und damit auch die danach einsetzende tiefe Entspannung und Auflösung der Wut.

Einführung für die Gruppe

Jedes Kind wird mit einer kräftigen genetischen Natur geboren. Es hat Fähigkeiten, auf seine Umwelt einzuwirken und wird ebenso von seiner Umwelt beeinflusst. Es muss durch liebevolle Interaktion lernen, dass diese Kräfte nicht unkontrollierbar, allmächtig oder grenzenlos sind. Das liebevoll begrenzte Kind kann sich zu einem freien, spontanen Erwachsenen entwickeln, der keine Angst haben muss, dass seine Kraft außer Kontrolle gerät.

---

17 Perquin L, Radandt A (2004) Unveröffentlichtes Manuskript; Perquin L (2004) Omnipotenz und Limitierung in der Pesso-Psychotherapie. (in Druck); Pesso A (1994) Slide Introduction to Pesso Boyden System Psychomotor. Franklin, New Hampshire: Psychomotor Institute. www.PBSP.com.
18 Informationen über weltweite Workshops und Ausbildungsseminare finden sich auf der Homepage: www.pbsp.com.

Das Fehlen guter, liebevoller Begrenzung kann in der Entwicklung eines Kindes dazu führen, dass es destruktive Impulse herausbildet, die sowohl individuelle wie soziale schädigende Folgen haben. Grenzen definieren das Mensch-Sein und die Identität. Das heißt nicht, dass Menschen nicht auch Grenzen ausweiten und überschreiten können, sonst würden wir wohl noch immer in Höhlen leben. Aber ohne Grenzen verlieren wir unser menschliches Maß, machen wir uns größer als wir sind, allmächtig, omnipotent, grandios. Diese Inflation des Selbst führt schließlich zu entgegengesetzten Erfahrungen: sich unwürdig, erniedrigt und machtlos fühlen.

In einer normal verlaufenden Entwicklung lernt das Kind durch die Einschränkungen, die das Leben stellt, seine Bedürfnisse nach Freiheit, Kreativität und Freude innerhalb dieser Grenzen zu genießen. In vertrauten körperlichen Interaktionen mit den Eltern oder Bezugspersonen – geknuddelt werden, Hautkontakt spüren, festgehalten und gewiegt werden – wird das erste vorsprachliche Verständnis erzeugt von der eigenen Kontur und Abgrenzung von der Umgebung. Sie haben vielleicht schon einmal beobachtet, dass ein Kind wütend wird, anfängt zu schreien, seinen Willen durchsetzen will und vielleicht einen körperlichen Kampf mit Vater oder Mutter angeht. Die Eltern bleiben dabei ruhig, erkennen die Wut des Kindes an, begrenzen haltend die Attacken des Kindes. Das Kind spürt dann, dass es gerade keine grenzenlose Macht hat, die Eltern halten das Wutgefühl des Kindes aus und lassen das Kind wissen und spüren, dass sie damit umgehen können. Die Energie darf sein, findet ein Ziel und nach einer Weile beruhigt sich das Kind. Verinnerlicht hat es dann die Erfahrung, dass seine Wut und Kraft weder für es selbst noch die Eltern überwältigend sind.

Anleitung für die Gruppe

Im ersten Schritt ist die Übung identisch mit dem bekannten »Armdrücken«, mit dem die Spielpartner sitzend, die Ellbogen auf dem Tisch, ihre Kräfte messen. In dieser therapeutischen Übung dagegen liegen die Übungspartner mit dem Bauch auf dem Boden, mit den Gesichtern einander zugewandt und die Ellenbogen auf dem Boden aufgestützt. In der uns allen vertrauten Spielform des Kräfte Messens läuft es darauf hinaus, dass die überlegene Figur gewinnt, aber dies hat einen anderen Stellenwert als gute Begrenzung. Wenn die überlegene Figur gewinnt, ist das Spiel vorbei. Er oder sie kann dann nicht länger den Gegenspieler austesten und damit auch nicht den vollen Umfang seiner Kraft erleben. Darum beinhaltet diese Übung für den akkommodierenden Rollenspieler die Instruktion, wenn nötig, die zweite Hand zur Unterstützung des eigenen begrenzenden Arms auf der Höhe seines Handgelenks zu nutzen, während die Hauptfigur nur eine Hand benutzen darf. Im ersten Schritt genießt es die Hauptfigur, zu spüren, dass es ihr gelingt, die begrenzende Hand der limitierenden Figur gegen ihren Widerstand langsam in Bewegung zu setzen und bekommt in sich den Geschmack der symbolischen

Möglichkeit, gewinnen zu können. Um dies zu verhindern, gibt es eine zweite Anweisung für die Übung: Bevor die Hand der limitierenden Figur den Boden berührt, muss die Hauptfigur angeben, an welchem Punkt in diesem Bewegungsablauf sie die definitive Grenze spüren möchte und diese muss im Bewegungsraum vor dem Aufkommen der Hände auf dem Boden sein (mindestens jedoch 20 cm vom Boden entfernt). Und diese Grenze muss gewährleistet sein, egal wie viel Kraft die Hauptfigur in die Bewegung legt. Diese Position symbolisiert, dass die begrenzende Figur ausreichend Gegenkraft bieten kann und nicht verlieren wird. Häufig wird erst kurz vor dem Moment, in dem dieser Punkt erreicht ist, alle verfügbare Kraft aktiviert. Oft reagiert die Hauptfigur zuerst frustriert: »Ja aber so kann ich nicht gewinnen.« Erst im weiteren Verlauf der Übung, wenn die akkommodierende Figur ihre Begrenzung verbal untermauert mit den Worten: »Du kannst bei mir all deine Kraft ausprobieren, ich halte dem stand«, reagiert die Hauptfigur meistens erleichtert. Ihre Kraft darf sein, sie wird wertgeschätzt, aber letztlich auch in einer guten Weise gehalten und sicher begrenzt.

Folgende Absprachen sind dabei sehr wichtig:
- Wenn der Therapeut STOPP sagt, gilt das!
- Der Klient, der in der Rolle der Hauptfigur ist, kann ebenfalls jederzeit STOPP sagen, so dass er sich auch zurücknehmen kann und Verletzungen vermeidet.
- Auch die Klienten, die Akkommodatoren oder Hilfsfiguren sind, können jederzeit STOPP sagen und dafür sorgen, dass sie sich nicht verletzen.

Hinweise für den Therapeuten

Mit einer ausführlichen Einleitung wird die Übung langsam aufgebaut.

Die Klienten müssen die symbolische Ebene verstehen: Die Hauptfigur ist wie das Kind, dass seine ganze Kraft gegen einen Erwachsenen einsetzt. Der Akkommodator ist der wertschätzende und begrenzende Erwachsene.

Eine spielerische Atmosphäre erleichtert die Übung, gleichzeitig müssen die Regeln allen klar sein.

Es muss ganz klar sein, dass es hierbei nicht um einen Kampf geht, der mit einem Sieger und einem Verlierer endet, sondern darum, seine ganze Kraft auszuüben und dabei Begrenzung zu erfahren.

Der Therapeut fungiert als Schiedsrichter und achtet besonders auf die Stabilität der Handgelenke. Eventuelle physische Probleme (Schmerzen in den Schultern, alte Verletzungen etc.) müssen vorher geklärt werden. Die Patienten sollen sich auch von selbst melden und damit Selbstverantwortung übernehmen.

Es ist ratsam, immer nur ein Paar zugleich die Übung machen zu lassen. Es ist wichtig, darauf zu achten, dass genügend Rollenspieler vorhanden sind. Die Hauptfigur kann auch mehrmals beginnen, sollte dann aber klar angeben, dass er/sie von vorne anfangen möchte.

Bei unterschiedlich langen Unterarmen müssen die Winkel so verändert werden, dass die Handgelenke auf gleicher Höhe sind.

Die Hauptfigur gibt an, bis wohin er den Akkommodator drücken möchte (der innere Pilot wird angesprochen) – meistens bis ca. 20 cm über dem Boden. Die Hauptfigur muss das Gefühl haben: Ich könnte vielleicht gewinnen. Gebraucht der Klient in der Rolle der Hauptfigur seine Muskelkraft in einer Art und Weise, dass daraus eine befriedigende Erfahrung resultieren kann? Oder hält er sich selbst dabei zurück? Ist der Ausdruck von Stimme dabei notwendig?

Der Akkommodator hat die Rolle des Haltgebenden. Er übt keinen Gegendruck aus, denn die Hauptfigur soll einen Effekt spüren. Er darf mit beiden Armen arbeiten. Sollte das nicht genügen, um die Hauptfigur zu halten, werden Hilfsfiguren eingesetzt, die den Anweisungen des Akkommodators und des Therapeuten folgen. Eventuell muss bereits von vornherein eine Hilfsfigur oder zwei hinzugenommen werden (wenn z. B. der Kräfteunterschied sehr deutlich ist). Es sollten aber auch nicht mehr als zwei sein, denn dadurch könnte die Hauptfigur das Gefühl bekommen, niemand könnte mit seiner/ihrer Kraft umgehen, bzw. dass sie so kräftig sind, dass mehrere Akkommodatoren gebraucht, werden ihn/sie zu begrenzen. Damit würde das Ziel der Übung verfehlt. Die Hilfsfiguren müssen darauf achten, nicht zu viel Widerstand zu geben, besonders dann, wenn die Hauptperson eine Pause macht. Dann müssen auch sie rechtzeitig pausieren.

Die Übung muss verbal gut begleitet werden. Ist die verbale und nonverbale Reaktion des akkommodierenden Rollenspielers *wertschätzend*? Passt sein stimmlicher Ausdruck zu dem des Klienten? Zeigen die Rollenspieler, dass sie die Kraft des Klienten genießen? Ist auch Platz vorhanden für Humor, spielerische Momente und Freude? Die Hauptfigur sollte konstant gefragt werden, was sie hören möchte, was der Akkommodator sagen soll, wie z. B. »Du kannst bei mir all deine Kraft ausprobieren. Ich halte dem stand.«

Wird das Bedürfnis nach Begrenzung ausreichend *befriedigt*, ohne damit einhergehende Schuld- oder Schamgefühle und ohne dass der Klient den Bezug dazu verliert? Die Hauptfigur sollte am Ende der Übung Erleichterung fühlen.

Ist beim Klienten sichtbar, dass er die Erfahrung in sich aufnimmt und in das Alter des Kindes *integriert*, in dem es diese Erfahrung zu wenig erlebt hat? Nimmt der Klient ab und zu eine Bedenkzeit? Gibt er selbst Anweisungen und übernimmt damit ausreichend Regie über das Geschehen? Blickt der Klient auf die begrenzenden Figuren, um auch eine visuelle Erinnerung in sich aufzunehmen? Ist die neue Erfahrung ein deutliches Gegengewicht (Antidot) zu den realen früheren Erfahrungen mit den Eltern seiner Geschichte?

Es sollte darauf geachtet werden, in dieser Übung nicht zu sehr auf ›Ideale Eltern/Figuren‹ einzugehen. Das gehört zu der ›Idealen Eltern-Übung mit begrenzenden Qualitäten‹. Die ›Arm-Übung‹ muss eine echte Übung bleiben.

Abschließend – und ein etwas ausführlicheres Fallbeispiel

Die bisherigen Erfahrungen mit der Pesso-Übungsgruppe für forensische Patienten mit Persönlichkeitsstörungen sind durchweg positiv. Bei genauerem Betrachten der Biografien und dem Zuhören, wenn sie – angeregt durch die Übungen – lebensgeschichtliche Details berichten, lassen erkennen, wie defizitär ihre Erfahrungen im Bezug auf die Grundentwicklungsbedürfnisse sind. Die Übungsgruppe bietet erste Möglichkeiten, alternative Erfahrungen zu machen. In kleinen Einheiten und vorsichtig dosiert! Das ist ganz wichtig, denn oft deutete sich bei den Patienten an, dass sie schon gar nicht mehr daran glauben, dass andere, positive Erfahrungen möglich sind. Viel wichtiger scheint mir aber nach den bisherigen Erfahrungen zu sein, dass der Aspekt Selbststeuerungsfähigkeit[19] in dieser Therapieform nicht nur auf dem Papier eine Rolle spielt, sondern, dass das ganze Therapieverfahren nicht *wirken* würde, wenn nicht zu jedem Zeitpunkt sehr genau darauf geachtet würde, dass die Patienten jedem Schritt zustimmten.

Ermöglicht wird das meines Erachtens durch die sehr klaren Strukturen und Regeln einerseits und die therapeutische Grundhaltung: authentisch neugierig sein und stets vermitteln können, das alles was geschieht einen Wert hat. Das sollte nicht als Freifahrtsschein missverstanden werden. Es kommt vor, dass Patienten sich verbal wie nonverbal wertend oder abwertend verhalten. Darauf wird eingegangen, indem gerade an so einem Beispiel die Regeln erläutert werden können. Patienten begreifen sehr schnell, dass ein Experimentieren im Rahmen der Übungen nur in einem Klima grundsätzlicher Akzeptanz möglich ist: sich nicht komisch fühlen, nicht denken, dass man sich lächerlich macht, albern ist. Eingebettet in die Theorie des entwicklungsgeschichtlichen Kontexts und den Bezug auf (früh-)kindliche Bedürfnisse erkennen die Patienten die Chance, die die Übungen auf einer symbolischen Ebene ihnen ganz persönlich bieten.

Fallbeispiel

Herr S. schaut mehrere Stunden lang zu, wie einer nach dem anderen die Übung »Ideale Eltern« bzw. »Idealer Vater/Figur« macht. Seine Rückmeldung zu seinem Erleben ist konstant gleich. Er habe sich das jetzt alles bei den anderen angeschaut. Aber er habe keine Bedürfnisse, Vorstellungen dazu. Das Thema Eltern sei schon lange abgehakt. Im genauem Nachfragen bez. der Grundbedürfnisse werden die Defizite deutlicher: Kein guter Platz, sich nicht wirklich angenommen gefühlt, keine Grenzen (es war egal, ob er mal für Tage verschwunden war), keine Unterstützung

---

[19] Wichtig wäre an dieser Stelle die Unterscheidung zum Psychodrama zu benennen: Die Akkommodatoren in der Pesso-Therapie handeln ausschließlich auf Anweisung der zentral stehenden Person. Nur so lässt sich die Selbststeuerungsfähigkeit glaubhaft und wirkungsvoll konstruktiv entwickeln.

(bez. Fähigkeiten, Schule, Beruf), Abgleiten in die kriminelle Szene, in der er sich immerhin zu Hause gefühlt hat. Darüber hinaus wird deutlich, dass er eine enorme Autonomität entwickelt hat, die ihm eine innere Freiheit verschafft: sich an nichts und niemanden hängen, keine Bindungen eingehen, nichts für wichtig und wertvoll erklären, alles ist egal.

Das geht einher mit scheinbarer Gefühllosigkeit. So kann selbstverständlich im Sinne der Übung keine Szene entwickelt werden, die auf einem Bedürfnis basiert. Es wird aber im Kontext des Gesprächs sehr wohl deutlich, was ein Bedürfnis ist: wirkliche, echte Aufmerksamkeit, echtes Interesse an ihm. Völlig unbewusst stellt er das her: alle hören zu, alle wollen ihn verstehen können. Nach einer Weile stellen nicht nur die Therapeutin und der Co-Therapeut Fragen, sondern auch die Mitpatienten. Gefragt, ob er mitbekommt, dass alle ganz aufmerksam zuhören, neugierig sind, ist für einen kurzen Moment eine Weichheit und Berührtheit in seinem Gesicht zu erkennen, doch sofort greift die vermutlich schon sehr früh (präverbal) erworbene Überlebensstrategie: nichts spüren, nichts merken, alles egal.

In der nächsten Stunde das gleiche Muster: Er habe noch immer keinen Bezug zu der Übung. Mit seinen Eltern habe er schon lange abgeschlossen, das sei ganz weit weg. Er könne zwar »historische Situationen« erinnern, aber trotzdem dazu keinen »idealen« Gegenentwurf entwickeln. Erneut kommt die enorme Autonomität von Herrn S. zum Ausdruck: Sich nicht binden, keine Beziehung entwickeln, sich nicht berühren lassen (innerlich).

Der Co-Therapeut stützt diese Fähigkeit als wertvolle Schutzmaßnahme:[20] Es ist gut, das Alte, sehr Negative weit hinter sich zu lassen. Die Therapeutin erinnert noch einmal daran, dass es Herrn S. in der letzten Stunde ja gelungen war, dass alle Anwesenden sehr aufmerksam zugehört hätten – etwas, das schon ganz anders ist, als das von zu Hause Bekannte. Spürbar wird da, dass es Herrn S. langsam unangenehm wird, solange im Focus zu sein. Er benennt, dass er ganz feuchte Hände bekomme. Und der Co-Therapeut schaue ihn so komisch an (er macht es nach; ein Blick mit Stirnrunzeln, fragend, Interesse zeigend). Herr S. ist erreichbar, die schwitzigen Hände sind die Reaktion auf das Neue, Unbekannte – ganz anders als »sachlich« über die Tatsituationen zu sprechen oder aus dem Leben zu erzählen. Der Blick des Co-Therapeuten berührt ihn und gleichzeitig schaut er die Therapeutin an, als verstehe er das alles nicht (Was ist das? Was mache ich damit?) und wolle es von ihr erklärt bekommen.

In der folgenden Stunde bleibt Herr S. zunächst zurückhaltend. Reste zur letzten Stunde habe er nicht. Als die Therapeutin dann zum abschließenden Programm-

---

20 Dass gerade diese Schutzfunktion gleichzeitig eine wichtige Voraussetzung bildete, im späteren Leben Frauen brutal vergewaltigen und ermorden zu können wird in dieser Situation bewusst nicht angesprochen. Thematisch und inhaltlich gehört es ganz klar in eine Deliktgruppe oder die Deliktbearbeitung in der Einzeltherapie.

punkt übergehen will, gibt er für sie nicht erkennbar, aber für den Co-Therapeuten, der neben ihm sitzt, zu verstehen, dass er die Übung doch machen wolle. Er habe auch mit seinem Bezugstherapeuten sehr ausführlich darüber gesprochen.

So entwickelt Herr S. eine Szene, in welcher der »ideale Vater« ihm sehr nah gegenüber sitzt (ca. ein Meter). Das allein ist schon ungewohnt. Dann fällt ihm zunächst nicht ein, was der Akkommodator sagen soll. Aber er weiß, dass er sanft und wohlwollend angeschaut werden möchte. Die Therapeutin schlägt vor, dass der Akkommodator zunächst sagt: »Ich habe ganz viel Zeit für dich. Du kannst in Ruhe überlegen. Ich warte.« Herr S. reagiert darauf mit Aufgeregtheit (feuchte Hände, Unruhe) und kann das auch klar benennen »… weil das so neu ist.« Nach einer Weile findet er einen Satz: »Wenn du Probleme hast, kannst du immer zu mir kommen. Ich bin für dich da.« Die Reaktion ist wie oben beschrieben. Nach mehrmaligem Hören lässt die Aufregung jedoch nach. Herr S. bekommt ein ganz weiches Gesicht, der Blick ist sanft. Der Vorschlag, dass der Akkommodator die Sätze spricht und ihn dabei an die Hände fasst, kann nicht angenommen werden. Diese Nähe ist vorläufig zu viel. In der letzten Gruppensitzung äußert er sich noch einmal dazu: »Durch die letzte Übung ist für mich das Thema Familie wieder aktuell geworden. Ich überlege, ihnen mal zu schreiben. Ich habe jetzt mehr Interesse für andere. Früher war es für mich so, wenn einer außen war, dann blieb er da auch. Jetzt lehne ich die Leute nicht mehr pauschal ab, ich suche die Kooperation, das Gespräch, will wissen, was den anderen bewegt.«

Und wissen zu wollen, was den anderen bewegt, ist nichts anderes als Empathiefähigkeit zu entwickeln, sich zu anderen in Bezug zu setzen, Perspektivenwechsel vollziehen zu können und die Wirkungen und Folgen eigenen Handelns bedenken zu können und gegebenenfalls zu kontrollieren. An diesen grundlegenden Fähigkeiten arbeiten alle Therapeuten im MRV. Das Konzept der Pesso-Übungsgruppe leistet einen sehr konstruktiven Beitrag dazu. Sein besonderer Wert liegt sicherlich in der konkret, leiblichen Erfahrbarmachung, der Verknüpfung der kognitiven mit der motorischen Ebene und der damit einhergehenden besseren neuronalen Verankerung (Speicherung).

Literatur

Damasio AR (1997) Descartes' Irrtum. DTV, München
Damasio AR (2000) Ich fühle also bin ich. List-Verlag, München
Fiedler P (2004) Was hilft in der Täterbehandlung? In Psychotherapie im Dialog, 5. Jahrg, Heft 2
James W (1920) Psychologie.
Moser T (1991) Strukturen des Unbewussten, Protokolle und Kommentare. Klett-Cotta, Stuttgart
Nietzsche F, zitiert nach: Schlechta K (Hrsg.) (1954–56) Werke in drei Bänden. Hanser, München.
Perquin L (1991) Structured Exercises as Therapeutic Tools in PBSP. In Pesso A, Crandall J (Hrsg.). Moving Psychotherapy. Brookline.

Perquin L, Radandt A (2004) Limitierungsübung. Unveröffentlichtes Manuskript
Perquin L (2004) Omnipotenz und Limitierung in der Pesso-Psychotherapie. (in Druck)
Perquin L (2004) Neuroscience and its significance for psychotherapy. www.pbsp.com
Pesso A (1973) Experience in action: a psychomotor psychology. (Chapters 4 & 6). New York University Press, New York. Erhältlich über: www.PBSP.com
Pesso A (1984) Touch and Action: The Use of the Body in Psychotherapy. Bewegen en Hulpverlening, 254–259
Pesso A (1990) Centre of Truth, True Scene and Pilot in PBSP. Pesso Bulletin, 6 (2): 13–21
Pesso A (1994) Slide Introduction to Pesso Boyden System Psychomotor. Franklin, New Hampshire: Psychomotor Institute. www.PBSP.com
Pesso A (2000) Memory and Consciousness: »In the Mind's Eye, in the Mind's Body«. Lecture for the Conference of the Nederlandse Vereniging voor Pesso-Psychotherapie. www.pbsp.com
Pesso A, Boyden Pesso D (1969) Movement in Psychotherapy. University Press, New York
Pesso A, Crandell J (Hrsg.) (1991) Moving Psychotherapy: Theory and Application of Pesso System Psychomotor Therapy. Cambridge, Massachussetts: Brookline Books
Schrenker L, Fischer-Bartelmann B (2003) PessoBoydenSystemPsychomotor. Pesso-Therapie – ein in Deutschland neues ganzheitliches Verfahren einer körperorientierten Form der Gruppentherapie. In Psychotherapie, 8. Jahrg., Heft 2

Was wirkt in der Behandlung von Persönlichkeitsstörungen?

Rainer Sachse

Zusammenfassung

In der Behandlung persönlichkeitsgestörter Patientinnen und Patienten spielen verschiedene Wirkfaktoren eine Rolle, insbesondere die der Beziehungsgestaltung, der Klärung der Ressourcenaktivierung und der Bewältigung. Der Einsatz dieser Wirkfaktoren sollte zeitlich aufeinander abgestimmt sein, um einen optimalen Behandlungsverlauf zu ermöglichen. Überlegungen und erste Ergebnisse dazu werden dargestellt.

Schlüsselwörter

Persönlichkeitsstörungen, Wirkfaktoren der Psychotherapie

Was sind Persönlichkeitsstörungen?

Nach dem Stand der augenblicklichen Konzeptentwicklung in der Psychologie werden Persönlichkeitsstörungen als Beziehungsstörungen oder Interaktionsstörungen verstanden (Benjamin 1993, Fiedler 1998, 2000, Sachse 2001, 2004): Der »Kern« der Persönlichkeitsstörung besteht in dominanten Beziehungsmotiven, dysfunktionalen Beziehungsschemata und ungünstigen interaktionellen Strategien. Persönlichkeitsstörungen sind »ich-synton«, d.h. Klienten mit Persönlichkeitsstörungen sind zu Therapiebeginn gar nicht änderungsmotiviert, da sie Aspekte ihrer Persönlichkeitsstörung gar nicht als problematisch oder änderungsbedürftig wahrnehmen. Die Klienten sind dagegen hochgradig beziehungsmotiviert, sie möchten, dass Therapeuten ihnen eine bestimmte Art von Beziehung anbieten.
Was in der Therapie wirksam ist, sind daher insbesondere Methoden der Beziehungsgestaltung, aber auch Methoden der Umstrukturierung von Schemata.

Das erste Wirkprinzip: Beziehungsgestaltung

Das absolut zentrale Wirkprinzip bei der Behandlung von Klienten mit Persönlichkeitsstörungen ist die Herstellung einer vertrauensvollen, tragfähigen Therapeut-Klient-Beziehung: Dies ist die erste Aufgabe, die ein Therapeut bewältigen muss und es ist das erste Therapieziel, das erreicht werden muss (Sachse 2002, 2004).

Bezüglich der Beziehungsgestaltung kann man zwischen allgemeiner und komplementärer Beziehungsgestaltung unterscheiden.

Allgemeine Beziehungsgestaltung

Solange der Therapeut den Klienten nicht kennt, kann er sich in seiner Beziehungsgestaltung nicht wirklich auf den Klienten einstellen. Es bleibt ihm dann nur die Möglichkeit, die Therapeut-Klient-Beziehung ganz allgemein so positiv wie möglich zu gestalten.

Dies kann der Therapeut tun, indem er
- den Klienten versteht und dem Klienten deutlich macht, dass er die Inhalte, die Konstruktionen und Schemata des Klienten nachvollziehen kann;
- den Klienten akzeptiert, also deutlich macht, dass er den Klienten und die vom Klienten geäußerten Inhalte nicht bewertet, sondern sie zunächst einmal als Aspekte des Klienten annimmt;
- den Klienten respektiert, also ihn nicht pathologisiert, respektvoll behandelt, ihm Aufmerksamkeit schenkt u. a.;
- sich selbst als kompetent darstellt, indem er den Therapieprozess steuert und strukturiert.

Diese therapeutischen Maßnahmen erweisen sich so gut wie immer als konstruktiv: Der Klient beginnt, dem Therapeuten persönlich und hinsichtlich seiner Kompetenz zu vertrauen (Genaueres dazu siehe SACHSE 2003, WENDISCH 2000).

Komplementäre Beziehungsgestaltung

Klienten mit Persönlichkeitsstörungen weisen zentrale Beziehungsmotive auf, wie
- das Motiv nach Akzeptierung, also das Bedürfnis, *als Person* anerkannt und positiv bewertet zu werden, Botschaften zu erhalten wie: »Du bist o. k.«, »Du bist liebenswert«, »Du hast Fähigkeiten« usw. Klienten mit so genannter narzisstischer Persönlichkeitsstörung weisen ein solches Motiv in besonders starker Ausprägung auf;
- das Motiv nach Wichtigkeit, also das Bedürfnis, im Leben einer anderen Person eine wichtige Rolle zu spielen und Botschaften zu erhalten wie: »Du erhältst Aufmerksamkeit«, »Ich interessiere mich für dich«, »Ich nehme dich ernst«, »Ich respektiere dich« o. Ä. Dieses Motiv spielt bei Klienten mit histrionischer Persönlichkeitsstörung eine zentrale Rolle;
- das Motiv nach verlässlicher Beziehung, also das Bedürfnis, dass eine Beziehung stabil ist, belastbar, berechenbar; man möchte Botschaften wie: »Ich bleibe bei dir«, »Konflikte stellen unsere Beziehung nicht in Frage« o. Ä. Klienten mit so genannter dependenter Persönlichkeitsstörung weisen dieses Motiv in besonders hoher Ausprägung auf;
- das Motiv nach solidarischer Beziehung: Das Bedürfnis, Unterstützung zu be-

kommen, wenn man sie braucht, Schutz zu bekommen, wenn man angegriffen wurde, nicht »im Stich gelassen zu werden«. Klienten mit paranoider Persönlichkeitsstörung weisen ein solches Motiv in sehr hoher Ausprägung auf;
- das Motiv nach Autonomie, das Bedürfnis, auch in einer Beziehung eine eigenständige Person zu bleiben und bleiben zu dürfen, eigene Entscheidungen treffen zu können, Freunde selbst zu wählen usw. Besonders extrem ausgeprägt ist dieses Motiv bei Klienten mit zwanghafter Persönlichkeitsstörung;
- das Motiv nach Grenzen und Territorialität: Das Bedürfnis, ein eigenes Territorium definieren zu können und bestimmen zu dürfen, wer dieses Territorium betreten darf und wer nicht. Klienten mit passiv-aggressiver Persönlichkeitsstörung weisen hier besonders hohe Ausprägungen auf.

Komplementäre (= bedürfnis-befriedigende) Beziehungsgestaltung bedeutet nun, dass Therapeuten aus der Interaktion mit dem Klienten erschließen, welches das oder die zentralen Beziehungsmotive eines Klienten sind *und sich dann gemäß dieses Motivs verhalten.*

Hat ein Klient z.B. ein starkes Wichtigkeitsmotiv, dann sollte der Therapeut
- den Klienten ganz besonders ernst nehmen;
- dem Klienten besondere Aufmerksamkeit schenken;
- dem Klienten signalisieren, dass er sich für den Klienten interessiert und dass er gerne mit dem Klienten arbeitet;
- alles vermeiden, was der Klient als Mangel an Aufmerksamkeit und Respekt interpretieren kann.

Hat ein Klient ein starkes Motiv nach Unverletzlichkeit eigener Grenzen, dann signalisiert der Therapeut,
- dass er versuchen wird, die Grenzen des Klienten zu respektieren;
- dass er aber wahrscheinlich unbeabsichtigt gelegentlich etwas sagen wird, was die Grenzen des Klienten verletzen könnte.
- Sollte das der Fall sein, dann bittet er den Klienten, das sofort zu signalisieren, woraufhin der Therapeut dann seine Intervention zurückziehen wird.

Der Therapeut räumt also dem Klienten ein extrem hohes Maß an Kontrolle und »Widerspruchsermöglichung« ein.

Durch komplementäre Beziehungsgestaltung stellt sich der Therapeut in maximaler Weise auf den Klienten ein und der Klient fühlt sich maximal gewertschätzt und erhält den Eindruck, nicht um die Befriedigung seiner zentralen Motive kämpfen zu müssen. Die erste Konsequenz ist, dass der Therapeut durch ein solches Verhalten ein extrem hohes Ausmaß an »Beziehungskredit« aufbaut: Der Klient vertraut dem Therapeuten und entwickelt die Überzeugung, dass der Therapeut loyal ist, auf der Seite des Klienten steht und dem Klienten »nichts will«. Dies ist eine wesentliche Voraussetzung dafür, dass der Therapeut »konfrontative Interventionen« realisieren kann, ohne dass der Klient sich angegriffen fühlt. Nur auf der Basis eines hohen

Beziehungskredits kann der Therapeut den Klienten auf Aspekte aufmerksam machen, die der Klient vermeidet, ohne dass der Klient den Eindruck hat, dass der Therapeut »gegen« den Klienten arbeitet.

Die zweite Konsequenz besteht darin, dass der Klient sein dysfunktionales Verhalten, mit dessen Hilfe er Interaktionspartner veranlassen will, sich komplementär zu verhalten (manipulatives Handeln, s. u.), dem Therapeuten gegenüber »herunterfahren« kann: Wenn er vom Therapeuten das, was er braucht, freiwillig bekommt, muss er nichts mehr tun, um es zu bekommen. Daher nimmt durch komplementäre Beziehungsgestaltung das manipulative Verhalten des Klienten in der Therapie nicht zu, sondern ab (vgl. GRAWE 1986).

Bestehen von Tests

Klienten mit Persönlichkeitsstörungen neigen dazu, Therapeuten (wie alle Interaktionspartner) zu testen (vgl. WENDISCH 2000): Sie wollen sehen, ob die Therapeuten sich auch in Krisen weiterhin zugewandt verhalten und man sich als Klient deshalb ein Stück weiter auf die Beziehung zum Therapeuten einlassen kann oder ob Therapeuten in Krisen aggressiv und ablehnend werden und man sich als Klient deshalb aus der Beziehung zurückziehen muss.

Klienten mit unterschiedlichen Persönlichkeitsstörungen testen sehr unterschiedlich: So testen Klienten mit histrionischer Persönlichkeitsstörung den Therapeuten meist dadurch, dass sie ihn und seine Arbeit kritisieren. Der Therapeut hat etwas übersehen, durch Interventionen den Zustand des Klienten verschlimmert u. a.

Therapeuten müssen solche Tests unbedingt bestehen, wenn sie eine vertrauensvolle Beziehung zum Klienten aufbauen wollen: Bei dem histrionischen Test ist es wichtig, dass Therapeuten auf die Kritik *zugewandt* reagieren, den Klienten bitten, genau zu sagen, was ihn verärgert hat, was der Klient braucht und versuchen, die relevanten Schemata zu klären. Dadurch macht der Therapeut deutlich, dass er sich für den Klienten und die Inhalte interessiert, dem Klienten Aufmerksamkeit gibt, ihn ernst nimmt, sich mit ihm auseinander setzt usw. Schafft er dies, besteht er den Test und erlangt so erneut Beziehungskredit. Reagiert der Therapeut jedoch auf das Test-Verhalten des Klienten genervt, ärgerlich oder gar aggressiv, dann fällt er durch: Der Klient zieht sich aus der Beziehung zurück und die Arbeit des Therapeuten wird erschwert oder sogar unmöglich gemacht.

Nicht-komplementär zur Spielebene verhalten

Klienten mit Persönlichkeitsstörungen entwickeln in ihrer Biografie intransparente, manipulative Strategien, mit deren Hilfe sie Interaktionspartner veranlassen oder zwingen wollen, sich doch komplementär zu verhalten.

Klienten mit histrionischer Persönlichkeitsstörung entwickeln z. B. positive Strategien wie
- unterhaltsam sein,
- gut aussehen,
- sexy sein,
- spannende Geschichten erzählen,
- dramatisch sein

oder negative Strategien wie:
- Angst äußern,
- jammern,
- körperliche Symptome produzieren u. a.,

um Interaktionspartner dazu zu veranlassen,
- ihnen Aufmerksamkeit zu schenken,
- sich um sie zu kümmern,
- ihnen zuzuhören u. Ä.

Diese Strategien sind jedoch dysfunktional, da sie Interaktionspartner manipulieren und diese langfristig nicht mehr positiv darauf reagieren: Die Klienten erzeugen damit langfristig meist hohe Interaktionskosten wie Ärger, Ablehnung, Meidung.

Die Klienten mit Persönlichkeitsstörungen setzen diese Strategien auch dem Therapeuten gegenüber ein und der Therapeut sollte sich nicht komplementär dazu verhalten! Denn täte er das, dann würde er
- sich nicht anders verhalten als »normale« Interaktionspartner,
- das dysfunktionale Handeln des Klienten bekräftigen.

Daher sollte sich ein Therapeut, wann immer möglich (manchmal ist es nicht möglich), nicht komplementär verhalten (falls er es doch tut, dann sollte er es so geplant wie möglich und so kurz wie möglich tun).

Bei Klienten mit histrionischer Störung bedeutet nicht-komplementäres Handeln z. B., therapeutische Regeln unbedingt einzuhalten:
- Eine Therapiestunde dauert 50 Minuten und wichtige Themen werden in der nächsten Stunde fortgesetzt.
- Es gibt keine Sondertermine oder sonder-lange Termine.
- Es wird keine private Telefonnummer des Therapeuten herausgegeben und der Klient kann auch nicht zwischen den Sitzungen anrufen u. a.

Konfrontation

Persönlichkeitsstörungen sind ich-syntone Störungen: Die Klienten haben nicht den Eindruck, dass ihre Schemata oder Strategien »gestört« sind und sie wissen meist nicht, dass sie die Kosten wie ›verlassen werden‹ oder ›Ärger in Beziehungen‹ durch ihr eigenes Handeln erzeugen. Daher sind die Klienten zu Therapiebeginn auch nicht änderungsmotiviert: Sie definieren dem Therapeuten gegenüber keinen Arbeitsauftrag.

Aus diesem Grund ist es das zweite Therapieziel, mit dem Klienten einen Arbeitsauftrag zu erarbeiten und das bedeutet: Die Störung muss aufhören, ich-synton zu sein. Dies kann aber nur geschehen, wenn der Therapeut den Klienten darauf aufmerksam macht,
- dass er Kosten hat,
- dass er die Kosten nicht will,
- dass er die Kosten durch sein eigenes Handeln erzeugt,
- dass sein Handeln intransparent und manipulativ ist,
- dass seine Schemata und Strategien dysfunktional sind.

Macht der Therapeut den Klienten jedoch darauf aufmerksam, dann arbeitet er gegen die Intentionen des Klienten, der dies nicht wahrnimmt und auch nicht wahrnehmen will; damit sind diese Interventionen aber *konfrontativ. Und konfrontative Interventionen buchen immer Beziehungskredit ab.* Wie viel Kredit sie jeweils abbuchen, hängt davon ab, als wie konfrontativ der *Klient* die jeweilige Intervention empfindet: Konfrontiert man einen histrionischen Klienten z. B. damit, dass er eigentlich die ganze Familie gut unter Kontrolle hat, kann dies schon recht viel Beziehungskredit kosten.

Konfrontative Interventionen sind einerseits extrem wichtig: Denn nur durch solche Interventionen kann der Klient dazu angeregt werden, ein *Problembewusstsein* zu schaffen und nur dadurch kann der Klienten sich dazu entscheiden, etwas an seinem System ändern zu wollen. Daher kann man sagen: *Bei Persönlichkeitsstörungen kann man Änderungsmotivation nur durch konfrontative Interventionen herstellen!*

Andererseits setzen aber konfrontative Interventionen Beziehungskredit voraus und zwar z. T. in erheblichem Ausmaß! Daher können solche Interventionen gar nicht zu Therapiebeginn realisiert werden, der Therapeut muss immer erst durch allgemeine oder komplementäre Beziehungsgestaltung Beziehungskredit aufgebaut haben, bevor er konfrontative Interventionen realisieren kann. Und er muss *nach* konfrontativen Interventionen, die Beziehungskredit »abbuchen«, immer wieder durch entsprechende Interventionen für Beziehungskredit sorgen.

Bearbeiten der dysfunktionalen Schemata

Klienten mit Persönlichkeitsstörungen weisen *immer* dysfunktionale Selbstschemata und dysfunktionale Beziehungsschemata auf. So weisen Klienten mit histrionischer Störung z. B. Selbstschemata auf wie:
- »Ich bin nicht wichtig.«
- »Ich habe anderen nichts zu bieten.«

Und Beziehungsschemata wie:

- »In Beziehungen wird man nicht respektiert.«
- »Von anderen bekommt man keine Aufmerksamkeit.«

Derartige negative Schemata müssen unbedingt therapeutisch bearbeitet und verändert werden, denn wenn nicht, entwickelt sich aufgrund derartiger Schemata eine neue Störung.

Zur therapeutischen Bearbeitung bieten sich Methoden der kognitiven Umstrukturierung an (Toschen und Fiegenbaum 1996) sowie Methoden des »working with emotions in psychotherapy« (Greenberg et al. 1993). Insbesondere das Ein-Personen-Rollenspiel, welches kognitive und emotionszentrierte Psychotherapiemethoden verbindet (Sachse 2003, 2004) ist hier besonders geeignet.

Training und Transfer

Die Schemata und Strategien, die Klienten mit Persönlichkeitsstörungen anwenden, sind in der Biografie gelernt und damit sehr lange geölt: Sie funktionieren damit hoch automatisiert. Selbst wenn Klienten die Schemata rekonstruiert haben, sie ändern wollen und schon an einer Umstrukturierung arbeiten, brechen die alten Schemata immer wieder im Verhalten durch.

Daher müssen die Klienten vom Therapeuten angeleitet werden, neue Verhaltensweisen systematisch im Alltag zu üben; sich vorzunehmen, kritische Situationen aufzusuchen und sich in vorher trainierter Weise zu verhalten. Die Klienten sollten auch wissen, dass eine ganze Zeit lang alte Verhaltensweisen immer wieder durchkommen. Sie sollten damit rechnen und auch auf frühe Indikatoren solcher Verhaltensweisen sensibilisiert werden, so dass sie schon in den Anfängen »gegensteuern« können.

Eine solche gezielte »Transferabsicherung«, also ein gezieltes Training im Alltag, ist in der Regel neben Maßnahmen der kognitiv-emotionalen Umstrukturierung erforderlich.

Literatur

Benjamin LS (1993) Interpersonal diagnosis and treatment of DSM personality disorders. Guilford, New York
Fiedler P (1998) Persönlichkeitsstörungen. Psychologie Verlags Union, Weinheim
Fiedler P (2000) Integrative Psychotherapie bei Persönlichkeitsstörungen. Hogrefe, Göttingen
Grawe K (1986) Schema-Theorie und heuristische Psychotherapie. Forschungsbericht aus dem Psychologischen Institut. Universität Bern, Bern
Greenberg LS, Rice LN, Elliott R (1993) Facilitating emotional change: The moment-by-moment process. Guilford, New York
Sachse R (2001) Psychologische Psychotherapie der Persönlichkeitsstörungen. Hogrefe, Göttingen
Sachse R (2002) Histrionische und narzisstische Persönlichkeitsstörungen. Hogrefe, Göttingen

SACHSE R (2003) Klärungsorientierte Psychotherapie. Hogrefe, Göttingen
SACHSE R (2004) Persönlichkeitsstörungen. Leitfaden für eine Psychologische Psychotherapie. Hogrefe, Göttingen
TOSCHEN B, FIEGENBAUM L (1996) Kognitive Verfahren. In MARGRAF J (Hrsg.) Lehrbuch der Verhaltenstherapie, Band 1, 387–400. Springer, Berlin
WENDISCH M (2000) Beziehungsgestaltung als spezifische Intervention auf vier Ebenen. Verhaltenstherapie und Verhaltensmedizin, 21 (4): 359–380

Differenzielle Konzepte zur Dissozialität, Therapieansätze und Grenzen

Nahlah Saimeh

Zusammenfassung

Ziel der nachfolgenden Ausführungen ist es, psychodynamische Hypothesen zur Entstehung einer dissozialen Persönlichkeitsstörung in Einklang zu bringen mit neurobiologischen Erkenntnissen und aufzuzeigen, dass sich beide Erkenntnissysteme synergistisch verstärken und aufeinander zubewegen. Das Wissen um neurobiologische Korrelate psychodynamischer Konstrukte und Bindungstheorien wird zukünftig wesentlich dazu beitragen, die Wirksamkeit psychotherapeutischer Methoden zu überprüfen und psycho- bzw. soziotherapeutische Maßnahmen zur Behandlung von Straftätern stringenter zu standardisieren. Interessant wird sein, den Begriff der Nachreifung sowohl psychotherapeutisch als auch durch neurobiologische Verlaufsdiagnostik fassbar machen zu können. Ferner könnten biologische Grenzen von Therapieverfahren diskutiert und begründet werden.

Schlüsselwörter

Dissozialität, sozio-emotionale Verwahrlosung, neurobiologische Korrelate, Trennungsangst-System

Vorkommen und Erscheinungsformen

Ein bis drei Prozent der Bevölkerung weisen eine dissoziale Persönlichkeitsstörung auf, wobei das Geschlechterverhältnis 1:4 zu Ungunsten des männlichen Geschlechts beträgt.
Im Straf- und Maßregelvollzug gleichermaßen findet sich mit rund 50 % eine besondere Akkumulation von Menschen mit erheblichen dissozialen Strukturanteilen. Allerdings weisen demgegenüber nur 20–30 % der Strafgefangenen eine Psychopathie entsprechend der Hare'schen Kriterien auf.
Die beiden nachfolgenden Beispiele, in denen jeweils Gutachtenprobanden sich zu ihrer Kindheit einlassen, verdeutlichen, dass es sich bei Dissozialität um ein klinisch heterogenes Phänomen handelt:

Herr A. (47):
Herr A. zeigte im Alter von zehn Jahren erste delinquente Verhaltensweisen und wies zum Begutachtungszeitpunkt ein langes Vorstrafenregister aus Verurteilungen wegen Sachbeschädigung, Diebstahls, Raubes, Körperverletzung, Körperverletzung

mit Todesfolge auf. Die Begutachtung erfolgte zuletzt wegen einer Serie aus fünf Vergewaltigungen, die ihm zur Last gelegt wurden. Herr A. ist dabei seit vielen Jahren verheiratet und hat zwei Kinder.
Er selbst kümmerte sich nach eigenen Angaben durchaus um seine Kinder, in dem er z.B. mit ihnen unter Verwendung gestohlenen Schmucks »Schatzsuche« spielte. Seine Familie ernährte er jeweils in den Phasen zwischen seinen Inhaftierungen ausschließlich von Wohnungseinbrüchen.
Zu den in seiner Kindheit erlittenen Demütigungen nahm er wiederholt mit äußerster emotionaler Erregung Stellung:
»Ich war das 7. Rad am Wagen gewesen, ein Stück Scheiße. Eigentlich war ich ein freundliches Kind. Ich bin bockig geprügelt worden. Mein Stiefvater hat mich mit Handschellen an der Garderobe festgemacht oder mich in den Keller gebracht. Meine Schwestern haben dann oben hilflos gewartet ... Ich bin mit 15 zur See gefahren, obwohl ich das eigentlich nicht wollte. Besser auf See als Prügel. Es gab nur Prügel, an etwas anderes kann ich mich nicht erinnern, auch im Heim war es nicht anders, egal wofür. Ich habe solange Schmerzen gehabt, bis ich keine mehr gespürt habe ... Mit 16 bin ich völlig ungerührt stehen geblieben, als er (der Stiefvater) mir mit der Faust ins Gesicht geschlagen hat. Ich habe dann gesagt, er soll es nie wieder tun, sonst schlage ich ihn tot. Dann hat er nur noch meine Schwestern und meine Mutter genommen. Ich empfinde keine Schmerzen mehr, ich kann auch nicht weinen. Das konnte ich nicht mal beim Tod meiner Mutter ...«

Herr B. (22):
Herr B. ist unverheiratet, ohne jegliche stabile menschliche Bindung und des schweren Raubes angeklagt. Er weist ebenfalls ein langes Vorstrafenregister aus Eigentumsdelikten, Betrugsdelikten und Körperverletzung sowie zahlreiche Delikte vor dem Erreichen der Strafmündigkeit auf. In der Exploration war er wortkarg und machte seine Angaben mit auffälliger emotionaler Indifferenz. Auffällig war, dass der Deutsche mit einem stark osteuropäischen Akzent sprach. Dies führte Herr B. selbst darauf zurück, dass er sich schon als kleines Kind osteuropäischen Kindern in Cliquen angeschlossen hatte und diese Cliquen im Vergleich zu deutschen Jugendbanden als weniger »verweichlicht« wahrnahm.
Herr B. wuchs zunächst mit zwei älteren Schwestern bei den Eltern auf, bis dass der Vater verstarb, als er zwölf Jahre alt war. Danach konnte seine Mutter ihn überhaupt nicht mehr erziehen. Die Erziehung war nicht von besonderer Inkonstanz oder körperlicher Züchtigung gekennzeichnet. Auf Befragen, wie er den Tod des Vaters empfunden habe, gab Herr B. lediglich an: »Da durfte ich alles machen, was ich wollte. Ich habe mir nie gerne was sagen lassen. Mein Vater war aber strenger und als der nicht mehr da war, konnte Mutter gar nichts mehr machen. Was sollte sie auch machen?! Ich habe mir sowieso nichts vorschreiben lassen.« Auf die Frage,

wie denn die Mutter reagiert habe, reagierte Herr B. verständnislos. Er habe z. B. auch die Mutter bestohlen, um das Geld mit Freunden zu vertrinken. Ein schlechtes Gewissen habe er dabei nie gehabt.

Die Schule habe er früh geschwänzt. Zum Lernen habe er nie Lust gehabt. Einen Beruf habe er nicht erlernt. »Ich habe viel Scheiße gebaut, Diebstähle, von Bankkonten Geld mit Geheimnummer geklaut, in der Turnhalle Geld aus der Umkleidekabinen gestohlen.« Triumphierend gab er an, damals noch nicht strafmündig gewesen zu sein. »Man konnte mir nichts anhaben. Ich habe nur Vorladungen bekommen, sonst nichts. Ich habe immer alles gemacht, was man umsonst machen kann. Ich will jeden Tag Spaß haben ... Mein Leben ist eigentlich bisher erfolgreich (!) verlaufen ... Ich bin immer mit Jugoslawen zusammengewesen, schon als Kind. Die verstehen zumindest Spaß. Da ist das normal, wenn man sagt *ich bring dich um*. Das ist witzig, die Deutschen nehmen das immer ernst. Mit denen ist nichts los.«

Die kurzen Skizzen verdeutlichen unterschiedliche klinische Erscheinungsformen und Entstehungsweisen von Dissozialität, auch wenn die spätere kriminelle Entwicklung Ähnlichkeiten aufweist.

Während bei Herrn A. eine schwere Milieuschädigung bedingt ist und dessen Delinquenz mehr der Spannungsabfuhr dient, erscheint Herr B. als ein primär affektarmer Mann ohne rezeptive Funktion für soziale Bindungen. Beide hingegen erfüllten nicht die Kriterien der Psychopathie nach Hare. Ihnen fehlte insbesondere das Manipulative, der oberflächliche Charme und die erhebliche narzisstische Verzerrung in der Selbstwahrnehmung. Es liegt nahe, Herrn A. eine primär unauffällige (neuronale) Entwicklung zu unterstellen, die durch die katastrophalen Milieubedingungen nachhaltig beeinträchtigt wurde, während Herr B. womöglich schon genuin eine veränderte Bereitschaft zur Generierung und Perzeption von Emotionen und emotional geleiteten Handlungsweisen aufweist.

Ich halte es daher für sinnvoll, klinisch von verschiedenen Dissozialitäten (pl.) zu sprechen, statt von Dissozialität. Sie unterscheiden sich nicht nur in ihrer Assoziiertheit zu anderen psychischen Störungen, vornehmlich narzisstischen Persönlichkeitsstörung oder Borderline-Störung, sondern dürften sich auch hinsichtlich des Ausmaßes genetischer Determiniertheit, neurobiologischen Faktoren und dem förderlichen oder schädlichen Ausmaß von Sozialisationseinflüssen unterscheiden.

Erst ein vertieftes Verständnis von den unterschiedlichen Bedingungs- und Erscheinungsformen von Dissozialität könnte zu einer genaueren diagnostischen Zuordnung und verbesserter therapeutischer Indikationsstellung führen.

Entstehungshypothesen

Benjamin RUSH (1812) benannte dissoziales Verhalten bei intakter Intelligenz als »moral alienation of the mind«. Der Kraepelin-Schüler BIRNBAUM (1909, in RAUCHFLEISCH 1999) definierte Psychopathen als Menschen mit anlagebedingter abnormer Persönlichkeit. Kraepelin selbst unterschied zwischen »originären Krankheitszuständen« und »psychopathischen Persönlichkeiten«, wozu er u. a. die pathologischen Lügner und Kriminellen zählte. CLECKLEY formulierte 1941, dass es sich bei der Psychopathie um eine Erkrankung handele, deren Schweregrad mit einer Psychose vergleichbar sei, wobei der Betroffene krankhaft unfähig sei, emotionale menschliche Erfahrungen nachzuvollziehen. Seine 14 Merkmale ähneln dem heutigen Kriterienkatalog von Hare und er betonte, dass es sich häufig um Verhalten ohne erkennbare, nachvollziehbare Motivation handele.
HARTMANN (1970) sah ungünstige Sozialisationsbedingungen jenseits eines psychiatrischen Krankheitsbegriffs als Ursache für fortgesetztes Sozialversagen.
Dabei begünstigen mangelnde Verbalisations- und Reflexionsfähigkeit, geringer Sozialstatus und Insuffizienserleben durch Scheitern an bürgerlichen Normen eine Kompensation dieses Insuffizienzerlebens durch Gewalt. Kurzfristig gelingt dem Gewalttäter, über den sozial Dominanten zu dominieren, sich seine Güter ohne Mühe, Arbeit und Verzicht anzueignen und sich soziale Anerkennung in subkulturellen Peer-Groups mit entsprechendem Regelwerk zu suchen. Sie ist eine soziale Unfähigkeit im Gewand trotziger Verweigerung, sich den Mühen, Beschwernissen und Enttäuschungen des individuellen Reifungsprozesses stellen zu können.
EYSENCK (1977) spricht von »Antisozialisation« als gelernte Form des dissozialen Verhaltens ohne eigentliches Vorliegen einer persönlichkeitsstrukturellen Auffälligkeit (in FIEDLER 2001).
Diese unterscheiden sich von den eigentlichen Dissozialen allerdings durch gute Konditionierbarkeit. Aus behavioraler Sicht besteht die Gewissensbildung aus der erlernten, bzw. konditionierten Fähigkeit, unerwünschtes Verhalten zu hemmen. Das Gewissen selbst wird als Summe bestimmter konditionierter Reaktionen gesehen, wobei zur gelungenen Konditionierung individuelle Prädisposition und Milieufaktoren hinzukommen.
Andere Modelle wie die Rational Choice Theory gehen davon aus, dass eine rationale Entscheidung getroffen wird zwischen den Vorteilen einer Straftat und den zu erwartenden Nachteilen und der Wahrscheinlichkeit, diese Nachteile zu erfahren.
Diese Theorie erscheint besonders passend in Bezug auf strukturell gut geplante, intelligent durchgeführte Kriminalität soziopathischer Genese (organisierte Kriminalität, Mafia, Wirtschaftskriminalität). Sie ist aber nur fraglich brauchbar für strafrechtlich relevante Handlungen bei psychischen Störungen.

Shapiro (1991) betont die leichtfertige Lügenhaftigkeit, die aus einer kognitiven Unschärfe heraus bestehe, bei der Dichtung und Wahrheit fließend und scheinbar widerspruchsfrei ineinander übergingen und leitet daraus die Wichtigkeit kognitiv-verhaltenstherapeutischer Behandlung ab.

Alle Störungsdefinitionen zeigen eine von emotionalen Beziehungen abgekoppelte Handlungsmaxime zum Nutzen kurzfristigen eigenen Vorteils.

Psychodynamische Betrachtungsweisen unterscheiden allerdings hinsichtlich der Über-Ich-Struktur der Betroffenen in solche mit Über-Ich-Defekt und solche mit rigidem, hostilem Über-Ich sowie hinsichtlich ihrer zugrunde liegenden Depressivität und ihrem Narzissmus.

Die in der Literatur beschriebenen, hirntraumatisch bedingten Wesensänderungen nach schweren Unfällen oder Tumorerkrankungen sind bekannt und sollen hier nicht Gegenstand der Betrachtungen sein, da sich in den vorliegenden Fällen die Kernsymptome Impulsivität, Enthemmung, Aggressivität, Planlosigkeit und Verlust von Moral bei Menschen entwickelten, die vorher eine ungestörte Entwicklung geboten hatten.

Eindeutige Risikofaktoren für die Ausbildung einer dissozialen Persönlichkeitsstörung sind broken-home-Situationen, überforderte Eltern mit chaotischem Erziehungsstil ohne Wertevermittlung, zahlreiche Heimaufenthalte, häufige Beziehungsabbrüche, antisoziales Verhalten des Vaters bzw. der Eltern, Alkoholabhängigkeit der Eltern, ein junges Alter der Mutter, körperliche Misshandlung in der Kindheit, Mangel an Disziplin in der Familie und fehlende Beaufsichtigung durch die Eltern. Es sind also emotionale Zuwendungsdefizite vergesellschaftet mit sozialen Strukturdefiziten.

Dabei verweist die Beziehung zwischen Dissozialität und Dissozialität der biologischen Eltern in Adoptionsstudien auf biologische Mitbedingtheit jenseits sozialer Faktoren.

Die Konkordanzraten werden bei eineiigen Zwillingen mit 50–60 %, bei zweieiigen Zwillingen mit 10–20 % angegeben (McGuffin und Thapar in Gaebel und Müller-Spahn 2002).

Verbindung von psychodynamischen Aspekten und neurobiologischen Erkenntnissen

Psychodynamik

Störungen einer emotional beständigen frühen Beziehung führen zur Kernerfahrung einer fundamentalen Verunsicherung, zu einer ständig sich ändernden Welt, der das Individuum hilflos ausgesetzt ist, die es nicht gestalten kann, in der die eigenen Handlungen keine zuverlässige und vorhersehbare Folge haben und in der ausschließlich die situative Aktualanpassung Gebot des Überlebens ist. Die emotionale

Kriterien der dissozialen Persönlichkeitsstörung, antisozialen Persönlichkeitsstörung und der Psychopathie (Hare)

ICD-10: F 60.2	DSM IV-TR: 301.7	Psychopath (Hare 1991)
Dickfelliges Unbeteiligtsein gegenüber Gefühlen anderer u. Mangel an Empathie	(Fehlende Reue)	Gefühllosigkeit Mangel an Empathie
Andauernde Verantwortungslosigkeit und Missachtung soz. Normen und Regeln	Tiefgreifendes Muster von Missachtung und Verletzung der Rechte anderer (seit 15. Lj.); Versagen in Bezug auf gesellschaftl. Normen; Verantwortungslosigkeit	Jugendstraffälligkeit Parasitärer Lebensstil Bewährungswiderruf
Unvermögen zur Beibehaltung längerfristiger Beziehungen	–	Promiskuität; viele kurze eheliche Beziehungen
Geringe Frustrationstoleranz Niedrige Schwelle f. aggressives Verhalten	Reizbarkeit und Aggressivität, die sich in Schlägereien/ Überfällen äußern	Geringe Verhaltenskontrolle
Unfähigkeit, Schuldbewusstsein zu erleben und aus Erfahrung zu lernen, insbes. Strafe	Fehlende Reue, die sich in Gleichgültigkeit und Rationalisierungen äußert	Fehlende Reue
Neigung zu vordergründigen Rationalisierungen für eigenes Fehlverhalten	Rationalisierungen	Keine Übernahme von Verantwortung für eigenes Handeln
Andauernde Reizbarkeit	Reizbarkeit und Aggressivität, die sich in Schlägereien/ Überfällen äußern	–
–	Missachtung der eigenen Sicherheit und der Sicherheit anderer	–
–	Falschheit, wiederholtes Lügen, Betrügen	Pathologisches Lügen
–	Impulsivität, Mangel an vorausschauendem Planen	Impulsivität, Mangel an realistischen Zielen
–	Mindest. 18 Jahre alt Störung bereits vor 15. Lj.	Frühe Verhaltensauffälligkeit
(keine psychische Krankheit)	Keine psychische Krankheit	
–	–	Manipulieren, Befehlen
–	–	Glätte, oberfl. Charme
–	–	Übersteigertes Selbstwertgefühl
–	–	Drang nach Stimulation Neigung zu Langeweile
–	–	Flacher Affekt
–	–	Polytope Kriminalität

Ablehnung im häuslichen Bereich durch überforderte oder selbst milieugeschädigte Eltern wie auch die ständig wechselnden Bezugspersonen signalisieren als konstante zwischenmenschliche Erfahrung die Ablehnung der eigenen Person, den Abschied, die Trennung und die Notwendigkeit, sich selbst emotional von mitmenschlichen Bindungen und Bedürfnissen zu verabschieden, um nicht vernichtendem Schmerz und Enttäuschung zu erliegen. Die später emotionale Beziehungslosigkeit zu Menschen ist Überbleibsel einer frühkindlich notwendigen Überlebensstrategie. Autoren wie Melanie KLEIN (1972) und Margaret MAHLER (1975) verstehen den psycho-

dynamischen Ursprung der dissozialen Entwicklung ebenfalls als »verinnerlichte pathologische frühkindliche Objektbeziehung«.
Die Störung kann dabei in verschiedenen Phasen der Individuation ablaufen:
In der ersten symbiotischen Phase, wenn aufgrund mütterlicher Feindseligkeit der Säugling keine positive Spiegelung erfährt und sich daraus eine psychopathische Dissozialität ableiten lässt oder nach ROHDE-DACHSER (1995) in der Kleinkindphase, in der die Autonomiebestrebung des Kindes bei gleichzeitig notwendiger Möglichkeit der Wiederannäherung erfolgen sollte. Wenn die Bezugsperson dem Kind weder eine der Entwicklung angemessene Autonomie zugestehen kann, noch für die Wiederannäherung des Kindes zur Verfügung steht, führt dies zu einer gestörten Autonomie-Entwicklung im Sinne einer neurotischen Dissozialität.
In dieser prädominant dysphorischen Dissozialität wird die Verbindung zur Depression deutlich, die sich später in unterliegenden depressiven Affekten, Insuffizienzgefühlen und Anhedonie zeigt.
Aus dem Umschlagen von früh empfundenem Schmerz in Wut und von Wut in Hass entsteht eine Beziehung zwischen dem gefährdeten Selbst und dem gehassten Objekt, welches aus Rache geschädigt bzw. zerstört werden muss.
Die fehlende Erfahrung gelungener Autonomieentwicklung führt dabei zu einer erheblichen narzisstischen Kränkung und Störung des Selbstwertes. Gleichzeitig ist sie verbunden mit dem Gefühl der Hilflosigkeit und Abhängigkeit.
Das Objekt der gewünschten Annäherung (gutes Objekt) ist gleichzeitig auch das versagende, böse Objekt. Daraus wird erklärlich, dass bei dissozialen Menschen, wie auch bei Borderlinern, stets eine Spaltung in »gut« und »böse« erfolgt und beides nicht zusammen in Einklang gebracht werden kann. Dabei ist diese Spaltung einerseits Ausdruck einer rudimentären Leistung der Ich- Struktur, allerdings auch ein Abwehrmechanismus gegen ein Gefühl der inneren Leere. Es ist leichter erträglich, sich an negativen Objekten zu orientieren, als ohne ein solches dazustehen.
SCHUMACHER (1990) sieht im ständig wiederholenden Inszenieren von Verurteilung und Bestrafung das klassische Störungsmuster des Borderliners.
Typischerweise betonen dissoziale Menschen in therapeutischen Kontexten immer wieder Zuverlässigkeit als höchsten Wert. Kleinste Unregelmäßigkeiten, Verspätungen oder Absagen werden brüsk mit Entwertung der Person beantwortet und stellen eine Reaktivierung der Grunderfahrung dar, dass sie in einer Welt leben, auf die kein Verlass ist und sie auf sich selbst allein zurückgeworfen sind.
Es ist sicher simplifizierend, von der Grunderfahrung der »Dschungelkampf-Existenz« auf die spätere Dauerwehrhaftigkeit Dissozialer zu schließen. Augenfällig ist jedoch die regelhafte Bewaffnung Dissozialer, die dies ungeachtet ihrer eigenen körperlichen Dominanz, stets mit der Notwendigkeit begründen, sich »gegen Provokationen« verteidigen zu müssen. Infolge der frühen traumatisierenden Erfahrungen von Beziehungsabbruch, Mangel an Schutz und Misshandlung entsteht

ein Ur-Misstrauen als Matrix aller Handlungsweisen. Das bedrohte, gefährdete, gewalttätige Selbst, begegnet stets einer gefährlichen, gewalttätigen Welt. Diese Welt spiegelt die Pathologie der internalisierten Objektbeziehungen wider. Gute Objekte fehlen hingegen. Sie sind schwach und unzuverlässig.

Es entstehen Wut und Hass, die auf die Umwelt projiziert werden. Darüber hinaus besteht nach Kernberg ein starker Neid auf andere, die offenbar nicht von einer inneren gewalttätigen Welt beherrscht werden. Dieser Neid führt zu den Abwehrmechanismen von Verachtung und Entwertung. Es entsteht eine paranoide Weltsicht vergesellschaftet mit dem mangelnden Interesse an anderen, der fehlenden Bereitschaft, sich auf andere zu verlassen und dem Mangel, Dankbarkeit empfinden zu können.

In der Notwendigkeit, symbolisch zu zerstören, was sie von anderen empfangen haben, kann auch eine Erklärung für Rückfalldelinquenz im Rahmen der Rehabilitationsplanung Dissozialer gesehen werden.

Von den durch MAIN (1995) beschriebenen vier Bindungsstilen »frei-autonom (sicher), beziehungsdistanziert (dismissing), verstrickt (entangled) und ungelöstes Trauma (unresolved trauma)« zeigen Kinder mit früher Vernachlässigung und Misshandlung einen verstrickten Bindungsstil und geringe Fähigkeit zur Selbstreflexion.

Kinder von Eltern mit einer hohen Selbstreflexion haben eine viermal höhere Wahrscheinlichkeit, selbst sichere Bindung zu entwickeln. FONAGY et al. (1995) beschreibt, dass das Kind auf eine feindselige Mutter mit Verleugnung seines seelischen Zustandes reagiert. Es entsteht ein besonderes Risiko für die Ausbildung narzisstischer, paranoider und zwanghafter Züge.

Kernberg unterscheidet zwischen dem infantilen Narzissmus, dem normalen Narzissmus des Erwachsen und drei Typen von pathologischem Narzissmus:

1) Leichteste Form: Regression zur infantilen Selbstwertregulation. Das Ich-Ideal wird von infantilen Sehnsüchten, Werten und Verboten kontrolliert.
2) Stärker ausgeprägt: Illustration der narzisstischen Objektwahl. Hierbei wird Selbst des Patienten mit Objekt identifiziert. Die Repräsentanz des infantilen Selbst des Patienten wird auf dieses Objekt projiziert.
3) Starke Form: Narzisstische Persönlichkeitsstörung, gekennzeichnet durch pathologische Eigenliebe, patholog. Objektliebe und pathologisches Über-Ich.

Die antisoziale Persönlichkeitsstörung stellt die schwerste Form des pathologischen Narzissmus dar. Während der maligne Narzisst noch eine geringfügige Idealisierung der Wertesysteme der Mächtigen aufweist und dies mit seinem grandiosen Selbst in Einklang zu bringen sucht, lehnt der Antisoziale mit seiner paranoiden Weltsicht und seinen psychopathischen Abwehrmechanismen jegliche Werte des potenziellen Aggressors ab.

Durch die Zerstörung primitiver und Internalisierung guter Repräsentanzen können später realistische Forderungen und Verbote nicht beurteilt werden, sondern werden unter dem Einfluss projizierter Aggression erlebt. Im Alltag zeigt sich dies immer wieder daran, dass selbstverständliche Anforderungen von Dissozialen als Angriff erlebt werden. Aufgrund der fehlenden Internalisierung ethischer und moralischer Gebote besteht andererseits eine andauernde Abhängigkeit von äußeren Hilfs- und Leitstrukturen (»No cure but control«).

Typisch für die unreife Entwicklung eines Über-Ich ist zudem ein stets unerfüllbares, unrealistisches Ich-Ideal. Da das Scheitern entlang dieses Ideals vorprogrammiert ist, ist die narzisstische Kränkung umso größer und die Omnipotenzvorstellung umso grandioser. In Situationen des sozialen Versagens reagiert der Dissoziale mit dominant-bedrohlichem, herrschendem Auftreten.

Neurobiologie

Schauen sich Mütter und Säuglinge gegenseitig an, reguliert die Mutter über diesen synchronisierten Blickaustausch das autonome Nervensystem des Kindes. Der frontale Blick der Mutter auf das Kind führt zur Stimulation des Corticotropin releasing factors (CRF) und erhöht damit die Ausschüttung von Noradrenalin (NA) und Dopamin (DA). Der Säugling wird hierdurch in eine positive Stimmung versetzt. Die aktivierten Dopamin-Rezeptoren im präfrontalen Cortex aktivieren ihrerseits Gedächtnis, Lernvermögen und andere kognitive Prozesse. GRAWE (2004) beschreibt hierzu folgende biologische Regelkreise bei früher Verlassenheit anhand von Tierversuchen:

Verlassene Küken oder Rhesusaffenjunge stoßen dem Weinen ähnliche Klagelaute aus und suchen verstärkt ihre Umgebung ab. Es werden dabei vermehrt Stresshormone ausgeschüttet und der Herzschlag beschleunigt sich. PANKSEPP (zit. nach GRAWE 2004) bezeichnet diesen neuronalen Schaltkreis als Panik-Schaltkreis. Durch die Nähe dieses Zentrums zum Schmerzzentrum wird auch von einem »Trennungsschmerz-System« gesprochen. Mit zunehmendem Alter nimmt die Aktivierung des Panik-Schaltkreises ab und kann durch Testosterongaben schon bei jungen Tieren reduziert werden. Bei Männern resp. bei männlichen Kindern scheint dieser Schaltkreis also rascher zu verstummen. Das könnte also dazu führen, dass sich bei männlichen Nachkommen das zeitliche Fenster zur Entwicklung eines gesunden Emotionshaushalts schneller schließt als bei weiblichen. Ob dies ein weiterer Erklärungsansatz für die deutliche Prädominanz des männlichen Geschlechts beim Phänomen Dissozialität ist, muss gegenwärtig offen bleiben.

Eine beruhigende Wirkung auf dieses Trennungsangstsystem haben Oxytocin und Prolactin sowie (körpereigene) Opiate. Diese werden in einer intakten Mutter-Kind-Beziehung reichlich ausgeschüttet, insbesondere auch dann, wenn das Kind Schutz bei der Mutter sucht. Da diese Stoffe gedächtnisfördernd sind, nimmt man an, dass alle Wahrnehmungen auf der gesamten körperlich-sinnlichen und emotionalen Ebene besonders gut im Gedächtnis gespeichert werden. Gute mütterliche Pflege führt zu erhöhter Anzahl von Synapsen und Dendriten sowie Entwicklung einer höheren Zahl von Neuronen. Die Reichhaltigkeit der frühkindlichen Umgebung spiegelt sich in erhöhter Komplexität des ZNS wider. Mangelndes Fürsorgeverhalten kann folglich zu einem frühen Differenzierungsmangel der emotio-kognitiven Fähigkeiten führen. Gleichzeitig mangelt es dem Kind bei verwahrlosendem Fürsorgestil an der notwendigen, hirnreifungsfördernden Beruhigung.

Fehlt es an positiver Beziehungsgestaltung, kommt es nicht zur Bahnung dieses Systems und Kinder sind viel schwerer zu beruhigen. Angst entsteht als Grundgefühl der eigenen Existenz und zieht pathologische Mechanismen der Angstbewältigung nach sich.

Ein Mangel an mütterlicher Pflege kann zu Verringerung der dopaminergen Neuronen im Bereich des ventralen Tegmentums führen. Das dopaminerge System ist zuständig für Antrieb und Motivation. Es wirkt belohnungsversprechend. Bei Schädigung kann eine Neigung zur Depression und Motivationslosigkeit folgen. Auf dissoziales Verhalten als Abwehr einer unterliegenden Depression und das Vorliegen von Anhedonie wurde bereits hingewiesen.

Im Tierexperiment führten wiederholte mütterliche Versagungen zu erhöhtem Blut-Cortisolspiegel. Diese Tiere neigten später zu Alkohol oder Kokain. Auch hier ergibt sich eine Verbindung von stressbedingter Cortisolerhöhung und späterer Neigung zum sekundären Alkohol- und Drogenmissbrauch bei Menschen mit dissozialer Persönlichkeitsstörung.

Der Unterschied zum Alkoholiker wird darin gesehen, dass der Alkoholiker im Wesentlichen die spannungsreduzierende Wirkung des Alkohols nutzt, während dissoziale Menschen häufig die anregende und aktivierende Wirkung suchen.

Während in der frühen Kindheit die Amygdala für die Ausformung des Gefühlslebens verantwortlich sind, bekommt am Ende des ersten Lebensjahres der präfrontale Cortex eine besondere Bedeutung in der Wahrnehmung und Interpretation von emotionalen Reizen (z. B. Gesichtsausdrücken). Auch hierbei ist die Mutter Regulatorin für die Regelkreise N. amygdalae, limbisches System und orbitofrontaler Cortex.

Der orbitofrontale Cortex verarbeitet visuelle und auditorische Muster des Gefühlsausdrucks, wobei er rechts umfangreicher angelegt ist als links. Hier werden die in Kindheit und Jugend erworbenen moralischen Regeln gespeichert. Erst zum Ende der Pubertät reifen diese Strukturen aus (ROTH in SCHIEPEK 2003). Läsionen oder funktionelle Störungen bewirken die Unfähigkeit, Konsequenzen eigenen Handelns zu überdenken und sozial- kommunikative Reize zu erfassen. Die Persönlichkeit erscheint insgesamt emotional verarmt.

Während normale Kinder bei Stress bzw. emotionaler Verunsicherung eine schnelle Rückkehr des Cortisols zur Grundlinie zeigen, haben chronisch misshandelte

Kinder einen besonders hohen Cortisolspiegel. Dieser hemmt die Verzweigungsbildung der Dendriten und führt zur synaptischen Destruktion in Affektzentren des limbischen Systems. Die stressbedingte erhöhte Glucocorticoid-Ausschüttung führt zu Vulnerabilität von Hippocampus, Amgydala, präfrontalem Cortex und Corpus callosum und hemmt damit die neuronale Reifung der Emotionszentren (Kunert, Herpertz und Sass 2000). Stress kann zum Zelltod im Hippocampus führen (Mc Ewen et al. 1992). Infolge der Strukturschädigung von Hippocampus und Amygdala führen kleine Reize mitunter bereits zu einer extrem emotional-impulsiven Auslenkung.

Der Wirkungszusammenhang von übermäßiger Glucocorticoid-Ausschüttung, starken Stressoren und Zerstörung von Neuronen wurde beschrieben für die Posttraumatische Belastungsstörung. Man kann daher die frühkindliche Verwahrlosung mit ihrem existenziellen Bedrohungsgehalt neurobiologisch als eine besonders frühe Form der posttraumatischen Belastungsstörung bezeichnen. Bekannt ist das erhöhte Risiko, im Erwachsenenalter eine PTSD nach Trauma zu entwickeln, wenn bereits als Kind Traumatisierungen erfolgt sind.

Limbische Untererregbarkeit und präfrontale Unteraktivierung führen zu mangelnder Inhibition von Verhalten, reduziertem autonomen Arousal und Unfähigkeit, emotionalen Bedeutungsgehalt von Situationen wahrzunehmen.

Während bei der Borderline-Persönlichkeitsstörung eine limbische Übererregbarkeit bei geringer präfrontaler Kontrolle vorliegt, findet sich bei der dissozialen Persönlichkeit eine limbische Untererregbarkeit und geringe präfrontale Kontrolle. Daraus resultieren die Aggression ohne Empathie und pathologische Angstfreiheit.

Rutter et al. (1997) weist darauf hin, dass Umweltstress besonders schwer auf Kinder wirkt, die schon eine genetische Prädisposition zu psychischen Störungen haben.

Die Säuglingsforschung betont zunehmend auch die Rolle des Säuglings als aktiv mitgestaltende Person in diesem frühen Beziehungsgefüge. Hier stellt sich neben der psychischen Reife und Empathiefähigkeit der Eltern auch die Frage der biologischen Bedingtheiten des Säuglings, die ihm gebotenen Reize angemessen wahrnehmen und verarbeiten zu können.

Die biosozialen Lerntheorie führt den Begriff des Temperaments als angeborene, zeitlich stabile Reaktion auf emotionale Reize ein, während Charaktereigenschaften unterschiedliche Lernerfahrungen reflektieren. Dabei könne das Temperament die Möglichkeiten der Charakterbildung verengen. Temperament beansprucht dabei das prozedurale Gedächtnis während Charakterbildung über das deklarative Gedächtnis läuft.

Kinder, die mit einer genetischer Anlage zur stark verringerten Empathiefähigkeit geboren werden, können sich vor allem dann zum Psychopathen entwickeln, wenn in den schadensvermeidenden Leitbahnen ein niedriger Serotoninspiegel vorliegt.

Dies kann auch dann geschehen, wenn die Mutter eigentlich hinreichend emotional kompetent ist.

Andere Studien weisen allerdings darauf hin, dass emotional besonders kompetente Mütter die angeborene Irritierbarkeit ihrer Kinder kompensieren können (GRAWE 2004).

Gerade Impulsivität und affektive Labilität sind in wichtigen Anteilen erblich festgelegt. Die genetisch determinierte Variabilität der serotonergen Genexpression führt zu unterschiedlichen Verhaltensweisen einschl. Aggressionsmodulation, so dass deutlich wird, dass nicht nur der emotionale und damit regulierende Input der Mutter entscheidend ist, sondern auch die genetische Ausstattung des Säuglings, auf die diese Zuwendung trifft.

Konsequenzen für die Behandlung

Insgesamt gilt, dass das sich selbst organisierende Gehirn sich seiner Umwelt anpasst und es insgesamt während der ersten fünf Jahre zum selektiven Verlust von Synapsen kommt, die nicht mehr gebraucht werden. Als besonders entscheidend werden die ersten 16 Monate angesehen.

BOGERTS (2001) führt zu den Prinzipien der frühen Plastizität von Hirnstruktur und -funktion aus, dass sensorische und emotionale Deprivation in frühen postnatalen vulnerablen Lebensphasen zu irreversiblen strukturellen und funktionellen hirnbiologischen Veränderungen führen (vor allem binnen der ersten 16 Monate) und eine durch frühe Deprivation bedingte Minderentwicklung von Hirnfunktionen durch spätere Aktivierung kaum noch korrigierbar ist. ROTH (2003) führt aus, dass sich kortikale und subkortikale Netzwerke jedoch hinsichtlich ihrer Veränderbarkeit synaptischer Kontakte unterscheiden. Während kortikale Netzwerke rasch verändert werden können, können subkortikale, limbische Netzwerke nur wenig Detailinformationen verarbeiten. Umverknüpfungen laufen hier nur sehr langsam ab, was sich mit unserer – nicht nur therapeutischen – Erfahrung deckt, dass emotional verankerte Erkenntnisprozesse nur mühsam vonstatten gehen und – bestenfalls – nur sehr allmählich zu einer stabilen Verhaltensänderung führen. Eine zusätzliche Rolle spielt dabei, dass die früh gemachten Erfahrungen noch langsamer überschrieben werden. Limbische Netzwerkkorrekturen ließen sich danach kaum erzielen.

Die Therapie der Dissozialität basiert prädominant auf der Erkenntnis, dass deren Verhalten deutlich kognitiv gesteuert ist und dazu noch kognitive Impulsivität und Verzerrungen vorherrschen. Insofern zielen die Behandlungsverfahren auf eine kognitive Umstrukturierung und Verbesserung der Selbstkontrolle. Falsche Belohnungserwartungen müssen zuverlässig korrigiert werden. Es muss dem Klienten der eigene Vorteil des verbesserten Verhaltens nahe gebracht werden, da emotionale Bindung als Basis für die Ausrichtung menschlichen Verhaltens weitgehend fehlt.

Nicht geklärt ist, inwieweit nicht doch Verfahren zur Verbesserung der emotionalen Kompetenz gewonnen werden können, da es nach den Feststellungen von Bogerts fraglich ist, ob eine emotionale Nachreifung dissozialer Personen möglich ist, wenn die Dissozialität nicht Ausdruck abgewehrter Depression ist. Wenn jedoch die neuronale Umstrukturierung weit länger möglich ist, so bedarf dies vor allem Anstrengungen im Hinblick auf eine stetige, konsequente und strikt aufeinander abgestimmte Verstärkung erwünschter Denk- und Verhaltensweisen durch das gesamte therapeutische Personal. Es ist nicht einfach, Menschen langfristig zu einem veränderten Verhalten zu bewegen, wenn die affektive Evidenz für das Zielverhalten fehlt. Gleichwohl ist jedem von uns selbst bekannt, dass wir im Wesentlichen nur die Verhaltensweisen für uns stabil in Anspruch nehmen, deren Sinnhaftigkeit wir nicht nur rein intellektuell erfassen können, sondern die wir auch emotional unterstützen. Wenn Psychotherapie langfristig wirken soll, muss sie letztlich nach dem Konzept der erfahrungsgesteuerten neuronalen Plastizität zu einer neuronalen Umstrukturierung führen. Kognitive Behandlungsansätze verändern kortiko-hippocampale Strukturen im deklarativen Gedächtnis, nicht jedoch unsere emotionale Evidenz. Die Weiterentwicklung von Therapieverfahren müsste darauf zielen, Elemente zu entwickeln, die primär auf das subcorticale limbische System zielen.

Wenn Dissozialität infolge von Verwahrlosung und Misshandlung entsteht und damit eine bestimmte Form der Posttraumatischen Belastungsstörung darstellt, liegt es nahe, verhaltenstherapeutische Ansätze der Traumatherapie auf die Behandlung von Dissozialen anzuwenden. Insbesondere Entspannung, kognitive Restrukturierung, soziales Kompetenztraining, Problemlösetraining, Körpertraining und Selbstfürsorge sowie Freizeitgestaltung sind hier zu nennen.

Für das therapeutische Setting sind Behandlerkonstanz bzw. möglichst wenig Wechsel von therapeutischen Bezugspersonen, das Gestalten einer positiven Lernsituation für den Patienten, Vermittlung einer annehmenden Atmosphäre und ein Behandlungssetting notwendig, in dem die kognitiv-behavioral vermittelten Inhalte konsequent eingeübt werden können. Insofern ist von besonderer Wichtigkeit, dass das gesamte Personal einer Station über Therapieinhalte, aktuelle und strukturelle Schwierigkeiten des Patienten und die betriebenen Interventionen informiert ist, um synergistisch zu einer sozialen Lernerfahrung beizutragen.

Eine pharmakologische Unterstützung von Patienten mit Persönlichkeitsstörungen ist noch relativ wenig gebräuchlich. Allerdings kann eine ergänzende Pharmakotherapie mit mood-stabilizern wie Lithium, Carbamazepin, Valproat oder insbesondere SSRI gerade die Basis für psychotherapeutische Erfolge bahnen und deren Effektivität verstärken. Analog zur psychoedukativen Informationsvermittlung über die Erkrankung und die Funktion von Psychopharmaka bei Schizophrenen sollte eine solche Informationsvermittlung auch bei Patienten mit Persönlichkeitsstörung erfolgen.

Literatur

Bogerts B (2004) Gewalttaten aus der Sicht der Hirnforschung. In Forensische Psychiatrie und Psychotherapie. Werkstattschriften 11, 3: 5–21

Cloninger CR (1986) A unified biosocial theory of personality and its role in the development of anxiety states. Psychiatric Developments 3: 167–226

Fiedler P (2001) Persönlichkeitsstörungen. 5. Aufl. Beltz-Verlag/PVU Weinheim

Fonagy P, Steele H, Steele M, Leigh K, Kennedy R, Mattoon G, Target M (1995): Attachment, the reflective self and borderline states. The predictive specificity of the Adult Attachment Interview in pathological emotional development. In Goldberg S, Miur R, Kerr J (Hrsg.) Attachment Theory: Social Development and Clinical Perspectives. Erlbaum, Hillsdale, 233–278

Gaebel W, Müller-Spahn F (Hrsg.) (2001) Diagnostik und Therapie psychischer Störungen. Kohlhammer, Stuttgart

Grawe K (2004) Neuropsychotherapie. Hogrefe, Göttingen

Herpertz S, Sass H (1997) Impulsivität und Impulskontrolle. Zur psychologischen und psychopathologischen Konzeptualisierung. Nervenarzt 68: 171–183

Herpertz S (1999) Schulenübergreifende Psychotherapie der Borderline- Persönlichkeitsstörung. In Sass H, Herpertz S (Hrsg.) Psychotherapie von Persönlichkeitsstörungen. Beiträge zu einem schulenübergreifenden Vorgehen. Thieme, Stuttgart, New York, 166–232

Kernberg O (1989) The Narcissistic Personality Disorder and the Differential Diagnosis of Antisocial Behavior. In Meloy JR (Hrsg.) The Mark of Cain. Psychoanalytic Insight and the Psychopath. The Analytic Press London 2001

Klein M (1972) Das Seelenleben des Kleinkindes und andere Beiträge zur Psychoanalyse. Reinbek

Köhler TH (2000) Biologische Aspekte ausgewählter Persönlichkeitsstörungen. Schauttauer, Stuttgart

Kunert HJ, Herpertz S, Sass H (2000): Frontale Dysfunktion als ätiologische Faktoren bei der Borderline- und Antisozialen Persönlichkeitsstörung. Schattauer, Stuttgart.

Lemke MR, Wendorff TH (2001) Störungen der Verhaltenskontrolle bei psychiatrischen Erkrankungen. Neurophysiologische Aspekte impulsiver Handlungen. Nervenarzt 5: 342–346

Mahler MS (1975) Symbiose und Individuation. Psyche 29: 609–625

Martinius J, Strunk P (1979) Tötungsdelikt eines aggressiven Jugendlichen mit umschriebener Läsion im rechten Temporalhirn. Ein Fallbericht. Z Kinder-Jugendpsychiat. 7: 199–207

McEwen BS, Gould EA, Sakai RR (1992) The vulnerability of the hippocampus to protective and destructive effects of glucocorticoids in relation to stress. Br J Psychiat 160: 18–24

Müller JL, Schuierer G, Marienhagen J, Putzhammer A, Klein HE (2003): Acuired Psychopathy« und die Neurobiologie von Emotionen und Gewalt. Psychiat Prax 30, Supplement 2: 221–225

Rauchfleisch U (1999) Außenseiter der Gesellschaft. Psychodynamik und Möglichkeiten zur Psychotherapie Straffälliger. Vandenhoeck & Ruprecht, Göttingen

Rhode-Dachser C (1995): Das Borderline- Syndrom. 5. Aufl. Huber, Bern, Stuttgart

Roth G (2003): Wie das Gehirn die Seele macht. In Schiepek G. Neurobiologie der Psychotherapie. Schattauer, Stuttgart

Rutter M, Dunn J, Plomin R, Siminoff E, Pickles A, Maughan B, Ormal J, Meyer J, Eaves L (1997) Integrating nature and nurture: Implication or person. Environmental correlations for developmental psychopathology. Develop Psychopathol. 9: 335–364

Shapiro D (1991) Neurotische Stile. Vandenhoeck & Ruprecht, Göttingen

Das Stationsklima als Wirkfaktor der Behandlung – Entwicklung eines Beurteilungsbogens[1]

Norbert Schalast & Mirja Redies

Zusammenfassung

In früheren Publikationen wurde dem sozialen Klima bzw. der therapeutischen Atmosphäre auf Behandlungsstationen auch des Maßregelvollzugs eine hohe Bedeutung beigemessen. Dieser Fokus der Betrachtung scheint in den letzten Jahren etwas aus dem Blickfeld geraten zu sein. Die Forschung hat sich eher konzentriert auf Patientenmerkmale und deren Bedeutung für Risikoprognose und Behandlungsmöglichkeiten. In der forensischen Versorgungslandschaft haben sich in den letzten Jahren Veränderungen ergeben, die dem therapeutischen Klima auf den Stationen vermutlich nicht zuträglich waren. Der Beitrag stellt kurz gefasst die Entwicklung eines Fragebogens zur Beurteilung des Stationsklimas in der Forensik dar. Dieser Fragebogen wurde in der aktuellen Version auf über 40 Stationen des Maßregelvollzugs eingesetzt und dort von Patienten und MitarbeiterInnen bearbeitet. Belege für die Brauchbarkeit des Fragebogens und für die Bedeutung von Merkmalen der Stationsatmosphäre werden dargestellt.

Schlüsselwörter

Stationsklima, Maßregelvollzug, Beurteilungsbogen

Einleitung

In Beiträgen zur psycho- und sozialtherapeutischen Behandlung von Straftätern wird immer wieder darauf hingewiesen, dass ein »therapeutisches Milieu« eine wichtige Voraussetzung erfolgreicher therapeutischer Arbeit darstellt. Das Milieu soll die Selbstverantwortlichkeit der Klienten stärken (Wiertsema und Derks 1994), es soll ihnen Identifikationsmöglichkeiten bieten (Whiteley 1996) und helfen, Hoffnung zu schöpfen (Duncker 1988). Dies gilt auch für den psychiatrischen Maßregelvollzug, der in der Vergangenheit durch ein besonders therapiewidriges Klima gekennzeichnet war (vgl. Rasch 1977, 36). In den vergangenen drei Jahrzehnten sind erhebliche Anstrengungen unternommen worden, die Rahmenbedingungen für Behandlung in den forensisch-psychiatrischen Anstalten zu verbessern. Doch sind diese Bedingungen in den letzten Jahren wohl eher schwieriger geworden, zum

---

1 Gefördert durch die Deutsche Forschungsgemeinschaft (DFG-Projekt Scha 773/3-1).

Beispiel durch Überbelegung, längere Verweilzeiten und allgemein eine zunehmende Sicherheitsorientierung. In der wissenschaftlichen Debatte der letzten Jahre ging es vor allem um das Problem der individuellen Gefährlichkeitsprognose. Auch wurde versucht, die Effektivität von Behandlungsprogrammen abzuschätzen. Dem Thema Stationsklima als eine Grundlage von Behandlung wurde eher wenig Beachtung geschenkt (SCHALAST und REDIES 2005).

Vor allem in den Vereinigten Staaten hat die empirische Erforschung des sozialen Klimas von Einrichtungen eine lange Tradition. Bekannt sind die von Moos und Mitarbeitern entwickelten sozialen Klimaskalen, insbesondere die Ward-Atmosphere-Scale (WAS) zur Beschreibung psychiatrischer Stationen (MOOS und HOUTS 1968, MOOS 1974). Mit diesem Inventar werden zehn theoretisch begründete Klimadimensionen erfasst, zum Beispiel »Unterstützung«, »Klarheit des Behandlungsprogramms« oder »Ordnung und Organisation« (s. u.). Zur Beurteilung des Milieus von Einrichtungen des Straf- bzw. Behandlungsvollzugs dient die von Moos entwickelte Correctional Institutions Environment Scale (SCIES, MOOS 1975), die eine der WAS ähnliche Struktur aufweist. WAS und SCIES sind in vielen Untersuchungen zur Effektivität von Maßnahmen und Behandlungsprogrammen eingesetzt worden. MOOS (1974, 1975) berichtet Ergebnisse, die die Relevanz des umweltpsychologischen Ansatzes und die Validität der Skalen stützen.

Die Dimensionen von WAS und SCIES sind nicht faktoriell-statistisch begründet, sondern aus einer Theorie des sozialen Bedürfnisdrucks abgeleitet. Dies hat zur Folge, dass einige Subskalen erheblich miteinander korrelieren. Faktorielle Analysen weisen regelmäßig darauf hin, dass das Erleben des sozialen Umfeldes auf drei bis maximal fünf Dimensionen ausreichend abgebildet werden kann (GROENEVELD und ELLINGHAUS 1980, REY 1985).

Entwicklung eines eigenen Klimafragebogens für forensische Stationen

Ein erster Versuch, Aspekte des Stationsklimas im Maßregelvollzug mit einem speziellen Beurteilungsbogen einzuschätzen, wurde vor über zehn Jahren in einer arbeitspsychologischen Untersuchung unternommen. Im Rahmen dieser Studie wurden je sieben Stationen der Bereiche MRV gemäß § 63 StGB, MRV gemäß § 64 StGB und Allgemeinpsychiatrie verglichen (SCHALAST 1995, 1997). Im Hinblick auf das Ziel, Arbeitsbelastung, -beanspruchung (»Stress«) und -zufriedenheit in den Bereichen

---

2   Das statistische Verfahren der Faktorenanalyse dient der Ordnung der Zusammenhänge zwischen einer größeren Zahl von Merkmalen oder Variablen. Betrachtet man eine größere Zahl von Variablen, so lässt sich zwischen je zwei Variablen ein Zusammenhangsmaß – Korrelationskoeffizient – berechnen. Mittels Faktorenanalyse wird die Fülle der Einzelkoeffizienten auf wenige hypothetische »Faktoren« zurückgeführt. Diese Faktoren werden aufgrund der »Ladungen« interpretiert, die die einzelnen Variablen auf ihnen haben.

zu beschreiben, erschien es wichtig, Aspekte des Stationsklimas zu berücksichtigen. Das soziale Klima einer Einrichtung kann – bei negativer Ausprägung – ein Stressor sein, der zur Arbeitsbelastung wesentlich beiträgt (vgl. HECK und EHLE 1990). In der Untersuchung wurde ein eigener Fragebogen mit insgesamt 15 Items eingesetzt. Neun von diesen wiesen hohe und reine Ladungen auf drei stabilen Faktoren[2] auf und wurden für die weitere Analyse ausgewählt. Die Dimensionen lauteten:
Sicherheitserleben vs. Bedrohung durch Gewalt (Itembeispiel: Es gibt hier wirklich bedrohliche Situationen).
Erfolgserleben (Itembeispiel: Manche Patienten machen gute Fortschritte).
Wohnmilieu (Itembeispiel: Die Station macht einen wohnlichen Eindruck).
Die Auswertung lieferte überzeugende Belege für die Validität der Skalen (SCHALAST 1997). Zum Beispiel fand sich ein deutlicher Zusammenhang zwischen der objektiven Belastung der Station durch problematische Vorkommnisse und der Einschätzung des Stationsklimas. Auch fand sich ein Zusammenhang zwischen dem Anteil weiblicher Pflegekräfte im Stationsteam und Klimamerkmalen.
Eine weitere Studie befasste sich mit der Behandlungsmotivation von Patienten des § 64-Maßregelvollzugs (SCHALAST 2000 a, b). Da nun (auch) Patienten das Milieu ihrer Stationen beurteilen sollten, musste die Konzeption des Erhebungsbogens geändert werden. Vorgegeben wurde eine Item-Liste mit 32 Feststellungen. Es zeigte sich für die verschiedenen Gruppen von Befragten (Alkoholpatienten und Drogenpatienten des Maßregelvollzugs, Patienten freier Therapieeinrichtungen und Beschäftigte der jeweiligen Stationsteams), dass zwölf Items drei stabilen und homogenen Merkmalsskalen zugeordnet werden konnten Diese Skalen konnten interpretiert werden als: *Sicherheit* (vs. Bedrohung durch Gewalt); (vermittelter bzw. erlebter) *Therapeutischer Halt* sowie *Zusammenhalt der Patienten*.
Wiederum ergaben sich deutliche Belege für die inhaltliche Relevanz der Skalen. Hohe Signifikanz erreichten die Zusammenhänge zwischen Klimamerkmalen und den Therapieerfahrungen der Patienten. Die Patienten bearbeiteten einen Fragebogen, mit dem sie über positive und negative Therapieerfahrungen berichteten. Dabei wurde nicht nur geprüft, wie stark die subjektiven Therapieerfahrungen der Patienten und ihre Beschreibungen des Stationsklimas korrelierten. Betrachtet wurde auch der Zusammenhang zwischen den Stationsklima-Einschätzungen der *Beschäftigten* und den Therapieerfahrungen der *Patienten*. Tabelle 1 stellt die entsprechenden Ergebnisse dar. Eine sehr deutliche Korrelation fand sich zum Beispiel zwischen der Einschätzung des Therapeutischen Halts durch die Beschäftigten und den Angaben zu »positiven Therapieerfahrungen« der Patienten. Ein Koeffizient, in dem die Häufigkeit problematischer Vorkommnisse je Patient zusammengefasst war, korrelierte sehr deutlich mit dem von den Mitarbeitern wahrgenommenen »Zusammenhalt der Patienten«.

Tabelle 1: Einschätzung des Stationsklimas durch Mitarbeiterinnen/
Mitarbeiter und Therapieverlaufsmerkmale bei 72 Patienten

	Therap. Halt	Sicherheit	Zusammenhalt
Verlaufsmerkmale			
Positive Therapieerfahrungen	.45 **	-.12	.39 **
Negative Therapieerfahrungen	-.28 *	-.14	-.40**
Problemkoeffizient	-.15	-.15	-.41**

Produkt-Moment-Korrelationskoeffizienten; **: $p<0{,}01$, *: $p<0{,}05$. Der »Problemkoeffizient« wurde für jeden Patienten aus der Häufigkeit problematischer Vorkommnisse (z. B. Rückfälle, Entweichungen) berechnet (SCHALAST 2000).

Die Befunde bestätigen die Bedeutung von Stationsklimamerkmalen. Eine noch einmal überarbeitete Liste von Klima-Items wurde in einer weiteren Studie eingesetzt, bei der es um Behandlungsverlauf und -prognose bei alkoholabhängigen § 64-Patienten ging (SCHALAST et al. 2004). Aufgrund der Ergebnisse dieser Erhebung erfolgte noch einmal eine Itemselektion und eine geringfügige Änderung von Itemformulierungen. Für die im vorliegenden Beitrag beschriebene Erhebung mit dem Klimafragebogen wurden die in Tabelle 2 (S. 248) aufgelisteten Itemformulierungen verwendet.

Zur inhaltlichen Begründung der drei Merkmalsdimensionen

Sicherheit: Eine Unterbringung in der forensischen Psychiatrie ist nur dann legitim, wenn ein Straftäter aufgrund einer Krankheit oder Störung sozusagen hinreichend gefährlich ist. Eine erfolgreiche therapeutische Arbeit ist jedoch kaum denkbar auf Stationen, auf denen die Beteiligten sich tatsächlich immer wieder durch Aggression und Gewalt bedroht fühlen. Ein gewisses Gefühl von *Sicherheit* erscheint als Basisaspekt eines therapeutischen Milieus.

Zusammenhalt der Patienten: Die Qualität des Miteinanders der Patienten ist ein weiteres Merkmal des sozialen Milieus einer Station. In einer gut arbeitenden therapeutischen Gruppe wächst der Gruppenzusammenhalt, und die Gruppenkohäsion ist gleichzeitig in gewissem Grade Prädiktor des Behandlungserfolges (z. B. TAFT et al. 2003, GRABHORN et al. 2002). Bei besonders schwer kranken und persönlichkeitsgestörten Patienten ist ein geringer Gruppenzusammenhalt zu erwarten, ebenso bei sehr ungünstigen Stationsbedingungen (übergroße Station, fehlende Therapieangebote und Aktivitäten, ungünstige Räumlichkeiten).

Therapeutischer Halt: Die Arbeitssituation im Maßregelvollzug gilt als belastend, und eine Distanzierung vom Klienten oder Patienten wird beschrieben als ein verbreiteter Mechanismus, um Burnout zu vermeiden oder zu reduzieren (CHERNISS 1980, MASLACH 1982). Wer jedoch in die Patientenrolle gerät – und zwar in welchem Kontext auch immer –, wünscht sich interessierte und freundlich zugewandte Behandler. In welchem Grade das Behandlungsteam einer forensischen Station

Tabelle 2: Abschließende Klimamerkmale und Itemformulierungen

Merkmal	Fragebogen-Item
Sicherheit	
Sicherheitserleben vs. bedrohliche Aggression	Einige Patienten sind so reizbar, dass man besonders vorsichtig mit ihnen umgeht.*
	Es gibt hier wirklich bedrohliche Situationen.*
	Es gibt sehr aggressive Patienten auf dieser Station.*
	Vor manchen Patienten haben die Mitarbeiterinnen und Mitarbeiter Angst.*
	Manche Patienten haben Angst vor anderen Patienten.*
Zusammenhalt	
Zusammenhalt der Patienten	Die Patienten kümmern sich umeinander.
	Auch der schwächste Patient findet Rückhalt bei seinen Mitpatienten.
	Unter den Patienten gibt es einen guten Zusammenhalt.
	Hier gönnt der eine Patient dem anderen nichts.*
	Wenn ein Patient ein wichtiges Anliegen hat, wird er von seinen Mitpatienten unterstützt.
Therapeutischer Halt	
Erlebte haltende Funktion des Teams	Die Mitarbeiterinnen und Mitarbeiter nehmen sich sehr viel Zeit für die Patienten.
	Oft scheint es den Mitarbeitern(innen) egal zu sein, ob Patienten in der Therapie scheitern oder weiterkommen.*
	Als Patient kann man auf dieser Station über wirklich alle Probleme mit Mitarbeiterinnen und Mitarbeitern sprechen.
	Die Mitarbeiterinnen und Mitarbeitern ist es persönlich wichtig, wie es mit Patienten weitergeht.
	Die Mitarbeiterinnen und Mitarbeiter kennen die Patienten und deren Lebensgeschichte sehr gut.

Hohe Skalenwerte = günstige Merkmalsausprägung; entsprechend werden die mit * gekennzeichneten Items bei der Auswertung invertiert. Die Items werden im Klimafragebogen mit fünfstufigen Zustimmungsskalen verknüpft (stimmt gar nicht/wenig/etwas/ziemlich/völlig).

sich aktiv um die Patienten bemüht und ob dieses Bemühen die Patienten auch erreicht und von ihnen als Rückhalt erlebt wird, ist ein weiterer wichtiger Aspekt des therapeutischen Klimas.

Natürlich hängt es nicht nur von der Einstellung und dem Bemühen des Teams ab, in welchem Grade Patienten Halt (Sicherheit, Zusammenhalt) erleben können. Art und Schweregrad der Störung des Patienten spielen eine bedeutende Rolle. Generell geht Moos (1975) davon aus, dass etwa die Hälfte der Varianz von Beurteilungen des Stationsklimas nicht von den Eigenarten der Stationen abhängt, sondern von den spezifischen Bedingungen und Eigenarten der Urteiler. Vermutlich sind Patientenaspekte umso bedeutsamer, je gestörter die Patienten sind und je eingeschränkter ihre Ich-Funktionen.

Methodik der abschließenden Untersuchung zur Prüfung des Stationsklima-Fragebogens

Die Erhebung wurde innerhalb eines Zeitraums von sieben Monaten auf 46 Stationen in 17 Kliniken des Maßregelvollzugs in Deutschland durchgeführt. Für jede Station fungierte ein Teammitglied als Ansprechpartner vor Ort, der die Datenerhebung organisierte und dabei bei Bedarf telefonisch beraten und unterstützt wurde. Dank Unterstützung des Projektes durch die Deutsche Forschungsgemeinschaft konnte die Mitwirkung jeder Station pauschal mit 100 Euro vergütet werden. Der Betrag wurde häufig für stationsbezogene Aktivitäten verwendet.

Anstrebt wurde, dass je Station fünf bis acht Beschäftigte und fünf bis acht Patienten die Klimabögen und weitere Fragebögen bearbeiteten. Dies erschien notwendig, aber auch ausreichend, um je Station ein Merkmalsprofil erstellen zu können.

Dem Ansprechpartner wurde ein Komplettpaket zugesandt. Dieses enthielt acht Umschläge mit Fragebögen für die Patienten, acht Umschläge mit Fragebögen für die Mitarbeiter und einen Fragebogen über allgemeine Daten der Station. Weiterhin wurde darum gebeten, auf jeder Station im Erhebungszeitraum drei Wochen lang auf einer Strichliste problematische Vorkommnisse (aggressive Konfrontationen, Entweichungen, Suchtmittelrückfälle u. Ä.) zu protokollieren.

Die Ansprechpartner wurden gebeten, nachdrücklich auf die Anonymität des Erhebungsverfahrens zu achten (Übergabe bearbeiteter Bögen im verschlossenen Umschlag). Die Befragungsunterlagen umfassten je Proband (Patient, Mitarbeiter/-in) ein Anschreiben mit einer allgemeinen Instruktion und einem kurzen Fragebogen zu allgemeinen demografischen Daten (z. B. Geschlecht, grobe Alterseinordnung, Dauer der Berufstätigkeit oder Länge der bisherigen Unterbringung usw.)

Erfasste Merkmale

Zur Prüfung der Validität, also inhaltlichen Gültigkeit, des Stationsklimabogens wurden weitere Fragebögen eingesetzt, die zum Teil von allen Patienten bzw. Beschäftigten, zum Teil von Teilgruppen bearbeitet wurden:

Stationsbeurteilungsbogen (SBB, ENGEL u. a. 1983): Der SBB ist die »offizielle« deutsche Version der »Ward Atmosphere Scale« von Moos (MOOS und HOUTS 1968). Zehn Klimamerkmale werden mit je zehn Fragebogen-Items beschrieben. Es handelt sich um die Merkmale: Anteilnahme/Unterstützung/Spontaneität/Autonomie/Praktische Orientierung/Persönliche Problemorientierung/Ärger und Aggression/Ordnung und Organisation/Klarheit des Behandlungsprogramms/Kontrolle durch das Personal. Die deutsche Version der WAS wurde in verschiedenen publizierten Studien eingesetzt. Kritisiert wird die Komplexität des Verfahrens: Urteiler scheinen kaum in der Lage zu sein, mehr als fünf Merkmale unabhängig voneinander wahrzunehmen und einzuschätzen (z. B. REY 1985).

Good Milieu Index (GMI, ROSSBERG und FRIIS 1986): Der GMI ist ein kurzes

Beurteilungsinstrument zur Erfassung der Patientenzufriedenheit mit dem Milieu psychiatrischer Stationen.

Stationserfahrungsbogen (SEB, SAMMET und SCHAUENBURG 1999): Es handelt sich um einen Patienten-Fragebogen zur Erfassung des Erlebens stationärer Psychotherapie. Er umfasst 38 Items und erhebt die Einschätzung des Patienten hinsichtlich folgender sieben Merkmale: Selbstwirksamkeit/Beziehung zum therapeutischen Team/Beziehung zum Einzeltherapeuten/Gruppenklima/Zuwendung durch Mitpatienten/Angemessenheit der Behandlungsintensität/Akzeptanz der Stationsordnung. Zu beschreiben sind die Erfahrungen in der Woche vor Bearbeitung des Fragebogens. Der SEB wurde zur Prozessevaluation stationärer Psychotherapie entwickelt und hat einen tiefenpsychologischen Hintergrund.

Therapieerfahrungen: In Anlehnung an Untersuchungsergebnisse von KÜFNER und BRENK-SCHULTE (1986) wurde für eine frühere Studie des Verfassers (SCHALAST 2000a) ein Fragebogen zu Therapieerfahrungen im Maßregelvollzug entwickelt. Je sieben Items beschreiben positive bzw. negative Erfahrungen in der Behandlung und im Stationsalltag. Statistisch (mittels Faktorenanalyse) ließen sich positive und negative Therapieerfahrungen als relativ unabhängige Aspekte darstellen.

Erfolgserleben: Zusammenhänge sind auch zu erwarten zwischen dem Erleben des Milieus und den Erwartungen der Beschäftigten hinsichtlich Nutzen und Erfolg ihrer Tätigkeit. Ein von SCHALAST (1995) entwickelter Beurteilungsbogen zum Erfolgserleben listet mögliche positive und negative Auswirkungen eines Aufenthaltes im Maßregelvollzug auf. Aussagen wie »Patienten bekommen Alkohol- oder Drogenprobleme in den Griff« oder »Kontakte zu Angehörigen und Bezugspersonen gehen verloren« werden hinsichtlich ihrer Auftretenswahrscheinlichkeit eingeschätzt. Auch bei diesem Fragebogen zeigte die statistische Auswertung, dass die positiv formulierten Items (Erfolgserleben) und die negativ formulierten (Sekundärschäden/Hospitalisierungsschäden) sinnvollerweise zu zwei separaten Skalen zusammengefasst werden.

Ergebnisse

Die erfassten Stationen

Insgesamt haben sich an der Untersuchung 25 Maßregelstationen mit dem Schwerpunkt § 63 StGB und 21 mit dem Schwerpunkt § 64 StGB beteiligt.

Die 25 § 63-Stationen konnten unterteilt werden in 13 mit vorrangig psychotischen Patienten, sechs mit vorrangig Persönlichkeitsgestörten und weiteren sechs Stationen ohne klare Differenzierung. Von den § 64-Stationen waren nur drei ausschließlich für Alkoholabhängige zuständig, acht für primär Drogenabhängige, und zehn versorgten eine gemischte Klientel.

Bei zehn Stationen handelte es sich um gesicherte Aufnahmestationen, 27 Stationen waren weiterführende Therapiebereiche und drei Stationen eine Kombination aus Aufnahme- und Therapiestation. Eine Station war eine offene Rehabilitationseinrichtung. Fünf Stationen machten zur Funktion keine nähere Angabe.

Statistische Merkmale des Stationsklimabogens

Zunächst kann zusammenfassend festgestellt werden, dass die inhaltliche Struktur des Fragebogens mittels Faktorenanalyse bestätigt werden konnte. Sowohl in der Mitarbeiter- als auch in der Patientenstichprobe erzielten die jeweils fünf Items jedes Klimamerkmals hohe und reine Ladungen auf je einem Faktor. (Kein Item lud mit weniger als 0,6 auf dem »richtigen« und kein Item mit mehr als 0,4 auf einem »falschen« Faktor.) Dies bestätigt die Erwartung, dass es sich bei den drei Klimamerkmalen um eigenständige Charakteristika von Maßregelstationen handelt, die von Urteilern gut differenziert werden können.

Die drei aus je fünf Items bestehenden Klima-Skalen erreichten gute Schätzwerte für die Skalenhomogenität oder inneren Konsistenzen. Die entsprechenden statistischen Kennwerte (Cronbach-Alpha) liegen für die Gesamtstichprobe zwischen 0,75 und 0,86. Führt man getrennte Berechnungen für die Patienten- und Mitarbeiterdaten durch, so erhält man ähnlich hohe Werte (0,74 bis 0,87), mit einer Ausnahme: etwas unbefriedigend ist der Wert Cronbach-Alpha für die Skala »Therapeutischer Halt« in der Mitarbeiterstichprobe (0,67). Dies liegt daran, dass die Skala in dieser Gruppe schwächer differenziert. Die Beschäftigten tendieren deutlich zu einer günstigen Einschätzung des Merkmals, schätzen also den von ihnen vermittelten therapeutischen Halt überwiegend hoch ein. Die entsprechenden Einschätzungen der Patienten streuen viel stärker über die Gesamtbreite der Merkmalsskala.

Zusammenhänge von Stationsklima-Werten und weiteren Merkmalen

Für alle drei Klima-Merkmale ergeben sich – sowohl in der Mitarbeiter- als auch in der Patientenstichprobe – deutliche Zusammenhänge mit anderen Merkmalen und Parametern. Diese Zusammenhänge stützen die Validität oder inhaltliche Gültigkeit der Klimaskalen.

Das Merkmal »Therapeutischer Halt«
- korreliert in der Patientenstichprobe hoch mit dem Good Milieu Index (Gesamtwert, $r = 0,69$), mit dem Fragebogen »Therapieerfahrungen« ($r = 0,70$ mit positiven Therapieerfahrungen) und mit Skalen des Stationserfahrungsbogens SEB ($r = 0,78$ mit »Beziehung zum Team« des SEB);
- korreliert in der Mitarbeiterstichprobe mit Skalen des Stationsbeurteilungsbogens SBB ($r = 0,64$ mit »Unterstützung«) und mit dem Fragebogen zu Erfolgserwartungen ($r = 0,32$ mit positiven Erfolgserwartungen).

Das Merkmal »Zusammenhalt der Patienten«
- korreliert in der Patientenstichprobe deutlich mit dem Good Milieu Index ($r = 0,54$

mit GMI-»Patienten«), ebenso mit den Therapieerfahrungen (r = 0,41 mit positiven Therapieerfahrungen) und mit dem Stationserfahrungsbogen (r = 0,62 mit Gruppenklima);
- korreliert in der Mitarbeiterstichprobe deutlich mit dem Stationsbeurteilungsbogen (r = 0,56 mit »Anteilnahme«) und »Positiven Erfolgserwartungen« (r = 0,35).

Das Merkmal »Sicherheit«
- korreliert in der Patientenstichprobe mit dem Good Milieu Index (r = 0,33 mit Gesamtwert) und mit den »Therapieerfahrungen« (r = -0,33 mit negativen Therapieerfahrungen);
- korreliert in der Beschäftigtenstichprobe mit dem Stationsbeurteilungsbogen, vor allem der Skala »Praktische Orientierung« (r = 0,33).

Im Übrigen zeigt »Sicherheit« recht deutliche Zusammenhänge mit objektiven Parametern: Die drei Wochen lang protokollierte Häufigkeit problematischer Vorkommnisse korreliert besonders deutlich mit der Sicherheitseinschätzung der Beschäftigten (r = -0,62). Auch der »Lockerungsgrad« der Station (Anteil der Patienten, der gelegentlich unbegleitet Ausgang erhält) zeigt einen deutlichen Zusammenhang mit »Sicherheit« (r = 0,43). Alle diese Koeffizienten sind hoch signifikant (p < 0,01).

Zusammenhänge der Klimaeinschätzungen von Patienten und Beschäftigten

Wenn die Klimaskalen eine brauchbare Gültigkeit besäßen und wenn sie von Patienten und Beschäftigten in ähnlicher Weise verstanden würden, dann müssten die mittleren Einschätzungen von Stationen durch Patienten und Beschäftigte deutlich korrelieren. Dies ist, wie Tabelle 3 zu entnehmen ist, auch der Fall. Relativ schwach ist dabei der Zusammenhang für das Merkmal »Sicherheit«.

Tabelle 3: Korrelationen der für Beschäftigte und Patienten berechneten Stationsklima-Mittelwerte auf 46 Stationen

Mitarbeitereinschätzungen	Patienteneinschätzungen		
	Therapeutischer Halt	Sicherheit	Zusammenhalt
Therapeutischer Halt	.53**	.21	.35**
Sicherheit	.39**	.42**	.22
Zusammenhalt	.20	.13	.59**

Zwei Asterixe (**): signifikant auf dem 1%-Niveau (einseitige Prüfung).

Unterschiede zwischen Klinikbereichen

Vergleicht man die beiden Hauptbereiche des Maßregelvollzugs, Stationen für § 63- und § 64-Patienten, so finden sich keine prägnanten allgemeinen Unterschiede. Allerdings wird sowohl von den Beschäftigten als auch von den Patienten etwas mehr »Therapeutischer Halt« im § 63-MRV wahrgenommen. Dies ist im Hinblick darauf plausibel, dass inzwischen ja über die Hälfte der § 64-Patienten wegen unzureichenden Therapieerfolgs »beendet« und zumeist in den Strafvollzug zurückverlegt wird.

Die Vermutung liegt nahe, dass eine Station mit höherem »Lockerungsgrad« vom sozialen Klima her günstiger beurteilt wird. Unter Lockerungsgrad verstehen wir den Anteil der Patienten einer Station, der diese zumindest gelegentlich unbeaufsichtigt verlassen darf. Wie Tabelle 3 zu entnehmen ist, finden sich tatsächlich erwartungsgemäße Zusammenhänge. Im Erleben der Mitarbeiter hat der Lockerungsgrad vor allem Einfluss auf die empfundene »Sicherheit«. Patienten nehmen auf Stationen mit höherem Lockerungsgrad vor allem mehr »therapeutischen Halt« wahr.

Tabelle 4: Korrelationen zwischen den Klimaskalen und dem »Lockerungsgrad« der Stationen

	Therapeutischer Halt	Sicherheit	Zusammenhalt
	Mitarbeitereinschätzungen		
Lockerungsgrad (0–100 %)	.27 *	.43 **	.01
	Patienteneinschätzungen		
Lockerungsgrad (0–100 %)	.32 *	.27 *	.11

Anteil der Patienten, der die Station zumindest gelegentlich unbegleitet verlassen darf. Wegen der relativ kleinen Stichprobe (Bezugsgröße: n = 43 Stationen mit vollständigen Datensätzen) erreicht nur ein Koeffizient hohe statistische Signifikanz. Ein Asterix (*): signifikant auf dem 5 %-Niveau (zweiseitig); zwei Asterixe (**): 1 %-Niveau.

Normen für Stationsklima-Werte

Auf der Grundlage der Einschätzungen von über 600 Personen auf 46 Maßregelstationen wurden grobe statistische Normen für Stationsklima-Werte bestimmt. Dabei verfügt die eigentliche Stichprobe zur Bestimmung von Klimawerten ja nur über eine Größe von n = 46 (Urteilermittelwerte für die 46 Stationen). Bei Unterscheidung der Bereiche § 63 und § 64-StGB reduziert sich die Verteilung von Werten, auf die bei der Normierung Bezug genommen werden kann, noch einmal auf n = 25 bzw. n = 21. Möglich ist daher nur eine grobe Klassifizierung von Stationsergebnissen. Im Projektbericht werden »Quintilsgrenzen« zur Einordnung von Werten mitgeteilt. Dies sind die vier Skalenwerte, die jeweils Fünftel der Werteverteilungen trennen. Diese Normwerte und der ausführliche Projektbericht können beim Verfasser angefordert werden.

Fazit

Vorgestellt wurde ein kurzer Fragebogen zur Beschreibung des Milieus forensischer Stationen. Der Fragebogen erfasst nicht alle Milieuaspekte, die von Interesse sein könnten, aber diejenigen, die er erfasst, sind zweifellos relevant: Sicherheit, Therapeutischer Halt, Zusammenhalt der Patienten. Der Fragebogen hat eine stabile inhaltliche Struktur, die sich statistisch in verschiedenen Untersuchungsgruppen bestätigen lässt. Im Rahmen des Projektes wurde, unter Verwendung der Ergebnisse von 46 Stationen, eine grobe Normierung des Instrumentes vorgenommen, so dass Ergebnisse der Anwendung des Bogens auf einer Station in Bezug gesetzt werden können zu den von uns erhobenen Daten.

Zu kurz kommen in dieser zusammenfassenden Darstellung Überlegungen, wie auf das Klima forensischer Stationen Einfluss genommen werden kann. Die diesbezüglichen Spielräume sind in den letzten Jahren sicher nicht größer geworden. Die Ausrichtung des Maßregelvollzugs auf immer mehr Sicherheit erschwert es, mit dem einzelnen Patienten Perspektiven zu entwickeln, durch die Hoffnung und Behandlungsmotivation gestärkt werden. Man könnte den Stationsklimafragebogen SK-M auch als eine Operationalisierung von Zielen verstehen und nutzen, die bei der Weiterentwicklung des Maßregelvollzugs nicht außer Acht gelassen werden dürfen.

Literatur

Cherniss (1980) Staff Burnout. Berverly Hills, Sage, London
Duncker H (1988) Die totale Institution zwischen Therapie und Terror. Fragmente 22: 70–81
Engel RR, Knab B, von Doblhoff-Thun C (1983) Stationsbeurteilungsbogen (SBB), Diagnostica, (30): 322–323
Engel RR, Knab B, von Doblhoff-Thun C (1983) Stationsbeurteilungsbogen. Beltz, Basel
Grabhorn R, Kaufhold J, Burkhardt M, Kernhof K, Overbeck G, Gitzinger I (2002) Gruppenkohäsion and Abwehrverhalten im Verlauf stationärer Gruppentherapien. Psychother Psychosom Med Psychol, 52 (6): 275–81
Groeneveld HB, Ellinghaus R (1980) Zur Ökopsychologie der psychiatrischen Klinik. Ein theoretischer Beitrag zum Entwurf einer Taxonomie unter besonderer Berücksichtigung des Konzepts »Stationsklima«. Universität Kiel: Diplomarbeit.
Heck H, Ehle G (1990) Psychische und soziale Belastungen bei Krankenschwestern. Heilberufe, 42 (3): 76–77
Maslach C (1982) Understanding Burnout – Definitional Issues in Analysing a Complex Phenomenon. In Pain WS (Hrsg.) Job Stress and Burnout. Sage, Beverly Hills, London, New Delhi, 29–40
Moos RH (1974) Evaluating Treatment Environments: A Social Ecological Approach. Wiley, New York
Moos RH (1975) Evaluation Correctional and Community Settings. Wiley, New York
Moos RH, Houts PS (1968) Assessment of the Social Atmospheres of Psychiatric Wards. J Abn Psychol, 73 (6): 595–604

Rasch W (1977) Die Gestaltung der sozialtherapeutischen Anstalt: Vorschläge und Vorbehalte. In Rasch W (Hrsg.) Forensische Sozialtherapie – Erfahrungen in Düren. C.F. Müller, Heidelberg, 31–87

Rey ER (1985) Die Stationsatmosphäre, ein bereits anwendbares Konzept in der Klinischen Psychologie? Zeitschrift für Klinische Psychologie, (14): 343–347

Rossberg JI, Friis S (2003) A suggested revision of the Ward Atmosphere Scale. Acta Psychiatrica Scandinavica, (108): 374–380

Sammet I, Schauenburg H (1999) Stations-Erfahrungsbogen (SEB). Handanweisung. Beltz Test, Göttingen

Schalast N (1995) Stress, Belastung und Beanspruchung im Maßregelvollzug und in der Allgemeinpsychiatrie. Dissertation: Naturwissenschaftliche Fakultät der Technischen Universität Braunschweig

Schalast N (1997) Zur Situation der Beschäftigten im Maßregelvollzug. Ergebnisse einer arbeitspsychologischen Untersuchung. Recht & Psychiatrie, 15 (1): 24–33

Schalast N (2000a) Motivation im Maßregelvollzug gemäß § 64 StGB. Reihe Neue Kriminologische Studien. Wilhelm-Fink-Verlag, München

Schalast N (2000b) Zur Frage der Behandlungsmotivation bei Patienten des Maßregelvollzugs gemäß § 64 StGB. Psychiatrische Praxis, 27 (6): 270–276

Schalast N, Mushoff S, Demmerling R (2004) Alkoholabhängige Patienten im Maßregelvollzug gemäß § 64 StGB. Projekt-Zwischenbericht. Institut für Forensische Psychiatrie, Essen

Schalast N, Redies M (2005) SK-M: Entwicklung eines Fragebogens zur Beurteilung des Stationsklimas im Maßregelvollzug. Institut für Forensische Psychiatrie Essen: Projektbericht

Taft CT, Murphy CM, King DW, Musser PH, DeDeyn JM (2003) Process and Treatment Adherence Factors in Group Cognitive-behavioral Therapy for Partner Violent Men. J Consult Clin Psychol, 71 (4): 812–20

Whiteley J St (1996) Innerer und äußerer Zwang in der therapeutischen Gemeinschaft. Recht & Psychiatrie, 14 (4): 155–167

Wiertsema H, Derks F (1994) Organisational Aspects of Residential Forensic Treatment. Therapeutic Communities, 15 (4): 247–254

Psychopathy, Impulsivität und ADHS als Prädiktoren für delinquentes Verhalten bei delinquenten Jugendlichen – Ergebnisse aus der Kölner GAP-Studie

Kathrin Sevecke, Maya Krischer, Manfred Döpfner & Gerd Lehmkuhl

Zusammenfassung

Ausgehend von dem Psychopathy-Konzept nach Hare ist in den USA und Kanada eine jugendspezifische Version entwickelt worden. Diese Psychopathy-Checklist-Youth Version (PCL-YV) wird in dem folgenden Beitrag vorgestellt sowie von damit erhobenen eigenen Ergebnissen aus einer ersten deutschen Anwendungsstudie (Kölner GAP-Studie) berichtet. Untersucht wurden verschiedene Stichproben (JVA, Heim, Schule), in denen mit hochsignifikant unterschiedlicher Prävalenz die Verhaltensdimensionen der Psychopathy zu finden sind. Die Prävalenz der High-Scorer (PCL-YV-Score >= 25 Punkte) in den zwei untersuchten Jugendgefängnissen liegt bei 30 %. Die ADHS-Prävalenz in der untersuchten JVA-Stichprobe ist ähnlich hoch wie in der Heimstichprobe. Nur die Werte für »hyperkinetisches Verhalten«, nicht die für »Impulsivität« und »Aufmerksamkeitsdefizite« korrelieren mit der Anzahl der Gesamtverurteilung. Schlussfolgern lässt sich anhand dieser Ergebnisse, dass Psychopathy auch bei Jugendlichen zu finden ist und zusammen mit hyperkinetischem Verhalten ein Prädiktor für delinquentes Verhalten darstellt.

Schlüsselwörter

Psychopathy bei Jugendlichen, Delinquenz, Impulsivität, ADHD

Einleitung

Frühe Störungen des Sozialverhaltens in Form von aggressivem Verhalten sowie Aufmerksamkeitsdefizit-Hyperaktivitätsstörungen (ADHS) im Kindes- und Jugendalter stellen nach aktuellem Forschungsstand Vulnerabilitätsfaktoren für Persönlichkeitsauffälligkeiten des Erwachsenenalters dar (Sevecke et al., eingereicht). In diesem Zusammenhang wird vor allem eine persönlichkeitspathologische sowie eine dissoziale Entwicklung der Jugendlichen genannt. Bei der Gruppe erwachsener Delinquenten besteht eine Prävalenz von Persönlichkeitsstörungen um 50 %.

Ziel der Kölner GAP-Studie (Gewalt-Aggression-Persönlichkeit) ist es, Zusammenhänge zwischen verschiedenen Persönlichkeitsstörungsmerkmalen, ADHS, frühen

Deprivations- und Gewalterfahrungen und verschiedenen Formen von Delinquenz bei Jugendlichen im Vergleich zu Erwachsenen zu eruieren, um prognostische Erkenntnisse für zukünftiges aggressives Verhalten sowie die Psychopathologie früh auffälliger Jugendlicher zu sammeln. Prospektiv untersucht werden inhaftierte Jugendliche, nicht inhaftierte Bewährungsstraftäter, expansiv Auffällige (Jugendamt/Heim), jugendliche Maßregelvollzugspatienten, Jugendliche aus der Drogenberatung, eine klinisch-psychiatrische Stichprobe sowie eine repräsentative Schulstichprobe.

Die Psychopathy-Checkliste (PCL-YV)

Im amerikanisch-kanadischen Raum wurde das Psychopathy-Konzept in wissenschaftlichen Untersuchungen für den Kinder- und Jugendbereich weiterentwickelt (Übersicht bei SEVECKE et al. 2005). Die Psychopathy-Checkliste für Jugendliche (PCL-YV: Psychopathy Checklist-Youth Version, FORTH et al. 2003) ist ein an das Konzept von Hare angelehntes Instrument zur Erfassung von Psychopathy-Dimensionen im Jugendalter.

Antisoziale Persönlichkeitsstörung	Histrionische Persönlichkeitsstörung
Reizbarkeit; Aggressivität; Waghalsigkeit	Streben nach Aufmerksamkeit; sexuell verführendes und provokatives Auftreten; übertriebener, wenig detaillierter Sprachstil; dramatisierendes Verhalten; hohe Suggestibilität
Manipulatives, betrügerisches Verhalten; Impulsivität; Verantwortungslosigkeit; Mangel an Schuldgefühlen und Bedauern; Mangel an real., langfristigen Zielen	Schlagfertigkeit; oberflächlicher Charme seichter Affekt
Pathologisches Lügen; frühe Verhaltensprobleme; geringe Verhaltenskontrolle; viele ehe- und eheähnliche Beziehungen	keine Verantwortungsübernahme; Promiskuität; Reizhunger und Langeweilenneigung
Egozentrisches und grandioses Verhalten; parasitärer Lebensstil; Empathiemangel	Jugenddelinquenz; Widerruf bedingter Entlassung; Polytrope Kriminalität
Fantasien grenzenlosen Erfolgs; Vorstellung, etwas Besonderes zu sein; übertriebenes Anspruchsdenken; neidisches und arrogantes Verhalten	
Narzisstische Persönlichkeitsstörung	Kriminalitätskarriere

Abbildung 1: Syndromale Überlappungsbereiche des Psychopathy-Konstruktes (grau) nach HARE (1991) mit Cluster-B Persönlichkeitsstörungen des DSM-IV (NEDOPIL et al. 1998)

Nach Ansicht der Autoren lässt sich die Checkliste vom 12. bis zum 18. Lebensjahr einsetzen. Entsprechend der PCL-R werden interpersonelle, affektive und dissoziale Persönlichkeitsmerkmale sowie Verhaltensauffälligkeiten in einem 90–120-minütigen halbstandardisierten Interview abgefragt, wobei die spezifischen Bedingungen der Adoleszenz berücksichtigt werden. Darüber hinaus müssen alle verfügbaren weiteren Informationsquellen wie Berichte, Gutachten etc. in die Beurteilung mit einfließen (FORTH et al. 2003). Die 20 Items der PCL-YV werden einzeln anhand einer Drei-Punkt-Skala bewertet: nicht zutreffend = 0 Punkte, teilweise zutreffend = 1 Punkt und vollständig zutreffend = 2 Punkte (siehe Tabelle 1).

PM 1: Selbstdarstellung – Impression management
PM 2: übersteigertes Selbstwertgefühl – Grandiose sense of self worth
PM 3: Stimulationsbedürfnis, Erlebnishunger, ständiges Gefühl der Langeweile – Stimulation seeking
PM 4: pathologisches Lügen – Pathological lying
PM 5: betrügerisch-manipulatives Verhalten – Manipulation for personal gain
PM 6: Fehlen von Gewissensbissen oder Schuldbewusstsein – Lack of remorse
PM 7: oberflächliche Gefühle – Shallow affect
PM 8: Mangel an Empathie – Callous/lack of empathy
PM 9: parasitärer Lebensstil – Parasitic orientation
PM 10: unzureichende Ärgerkontrolle – Poor anger control
PM 11: unpersönliche sexuelle Beziehungen* – Impersonal sexual behavior
PM12: Verhaltensauffälligkeiten in der Kindheit* – Early behavior problems
PM 13: Fehlen von realistischen, zukunftsorientierten Zielen* – Lacks goals
PM 14: Impulsivität – Impulsivity
PM 15: Verantwortungslosigkeit – Irresponsibility
PM 16: mangelnde Bereitschaft, Verantwortung für das eigene Handeln zu übernehmen – Failure to accept responsibility
PM 17: unbeständige zwischenmenschliche Beziehungen* – Unstable interpersonal relationships
PM 18: erhebliches kriminelles Verhalten* – Serious criminal behavior
PM 19: Verstoß gegen die Bewährungsauflagen* – Serious violations of conditional release
PM 20: polytrope Delinquenz – Criminal versatility

*: Diese Items unterscheiden sich inhaltlich deutlich von der PCL-R; PM: Persönlichkeitsmerkmal

Abbildung 2: Die Psychopathy-Checkliste-Jugendlichen Version (PCL-YV) nach FORTH et al. (2003); deutsche Version SEVECKE und KRISCHER (in press)

Der Summenscore der PCL-YV kann daher zwischen Null und 40 liegen und liefert so ein dimensionales Maß über Anzahl und Schwere der bei dem Jugendlichen vorhandenen Persönlichkeitszüge im Sinn der Psychopathy. Im Gegensatz zu der PCL-R raten die Autoren von einer kategorialen Betrachtungsweise mit einem definierten klinischen cut-off-Wert ab, da es nicht sinnvoll erscheint und zudem noch nicht ausreichend empirische Daten über die Stabilität der Persönlichkeitszüge vorliegen (FORTH et al. 2003).

Die Anwendung der PCL-YV setzt ebenso wie die der PCL-R klinische Erfahrung, ein spezielles Trainingsseminar und regelmäßige Supervision voraus. Die Mehrzahl der abgefragten Items gleichen denen der PCL-R, sie sind jedoch inhaltlich in der Manualbeschreibung auf das Jugendalter abgestimmt (z. B. Schul- und Ausbildungssituation, begrenzte Berufserfahrung, sexuelle Partnerschaften, kürzere potenzielle kriminelle Karriere).
Die Checkliste weist ebenso wie im Erwachsenenbereich eine mehrfaktorielle Struktur auf.
Bisherigen Forschungsergebnissen gemäß ist die Checkliste als reliabel zu bewerten, die Indices der inneren Konsistenz (alpha-Koeffizient und mittlere inter-item-Korrelation) sowie die Interrater-Reliabilität sind hoch (BRANDT et al. 1997, FORTH 1995, GRETTON et al. 2001, MCBRIDE 1998). Die Interrater-Reliabilität beträgt item-abhängig 0.42 bis 0.89 und ist nicht abhängig davon, ob es sich um einen klinischen Patienten oder einen Inhaftierten handelt (FORTH und BURKE 1998).
Die vorliegenden Studienergebnisse (siehe Tabelle 1) weisen bei männlichen inhaftierten Jugendlichen einen PCL-YV-Summenscore im Mittel von 23-26 Punkten nach (FORTH 1995, BRANDT et al. 1997, PAN 1998).

Tabelle 1: Mittlere PCL-YV-Summenscores aus verschiedenen Stichproben

Autor	Stichprobe	Alter	Geschlecht	PCL-Summenscore
Forth 1995	JVA	Jugendliche	männlich	23–26
Brandt 1997	JVA	Jugendliche	männlich	23–26
Pan 1998	JVA	Jugendliche	männlich	23–26
McBride 1998	Sexualstraftäter	Jugendliche	männlich	21
Strachan 1993	JVA	Erwachsene	weiblich	18–24
Neary 1991	JVA	Erwachsene	weiblich	18–24
Myers 1995	Psychiatrie	Jugendliche	männlich	14–17
Stafford 1997	Psychiatrie	Jugendliche	männlich	14–17
Ridenour 1996	High School	Jugendliche	männlich	4–9

Bei männlichen jugendlichen Sexualstraftätern wurde ein geringerer PCL-YV-Summenscore gefunden, der Mittelwert liegt bei 21 Punkten (MCBRIDE 1998). Über weibliche jugendliche Strafgefangene finden sich in der Literatur noch keine Untersuchungen. Der PCL-R-Summenscore von inhaftierten erwachsenen Frauen liegt im Mittel zwischen 18–24 Punkten und damit niedriger als bei Männern (STRACHAN 1993; NEARY 1991). Bei Untersuchungen psychiatrisch behandelter Jugendlicher wurde ein Summenscore zwischen 14–17 ermittelt (MYERS et al. 1995, STAFFORD 1997), bei High-School-Schülern dagegen von 4–9 (RIDENOUR 1996). Es fanden sich keine ethnischen Unterschiede, zudem keine Unterschiede zwischen jüngeren und älteren Jugendlichen (BRANDT et al. 1997). Untersuchungen an inhaftierten männlichen Jugendlichen zeigen eine Korrelation zwischen einem hohen PCL-YV-Summenscore und polytroper Delinquenz, der Anzahl von Gewaltdelikten, einem früheren Beginn des antisozialen Verhaltens, der Anzahl der Symptome einer Störung des Sozialverhaltens sowie der Ausprägung des Alkohol- und Substanzmissbrauchs (FORTH u. BURKE 1998). Ein Zusammenhang zwischen PCL-YV-Summenscores und Aggressivität ließ sich bei jugendlichen Sexualstraftätern und bei einer klinischen Jugendlichen-Stichprobe (40) finden. Gretton und Mitarbeiter (GRETTON et al. 1994, 2001) legten dar, dass hohe PCL-Scores bei jugendlichen Sexualstraftätern mit erhöhter Anzahl an Gewaltverbrechen und mit verschiedenartigen Gewaltformen ihren Opfern gegenüber einhergingen. An einer Stichprobe von jugendlichen Inhaftierten (n = 233) wies MCBRIDE (1998) den Zusammenhang von Psychopathy und **ADHD** nach. So fand er bei einem PCL-Score von > 30 Punkten in 57 % der Fälle eine lifetime ADHD-Symptomatik, bei einem PCL-Score von < 29 nur in 18 % der Fälle.

Stichprobe

In die hier dargestellte Auswertung der laufenden GAP-Studie wurden insgesamt 345 Jugendliche einbezogen:
- 147 inhaftierte Jugendliche (80 männliche und 67 weibliche),
- 14 Jugendliche aus der Bewährungs-Drogenhilfe,
- 37 Jugendliche aus Heimeinrichtungen
- und 147 Jugendliche aus zwei Haupt- und einer Realschule.

Die Jugendlichen waren 14 bis 19 Jahre alt, der Mittelwert der inhaftierten Jungen betrug 18,00 Jahre (SD = 1,0 Jahre), der Mittelwert der inhaftierten Mädchen 17,10 Jahre (SD = 1,38 Jahre), der Jugendlichen aus Bewährungs- und Drogenhilfe 17,55 Jahre (SD = 1,1 Jahre), der Heimjugendlichen 15,90 Jahre (SD = 1,4) und der Schuljugendlichen 16,32 (SD = 0,73 Jahre).

Aufmerksamkeitsdefizit-Hyperaktivitätsstörung

Die hyperkinetische Störung (HKS) oder, nach neuerer Nomenklatur, Aufmerksamkeitsdefizit-Hyperaktivitätsstörung (ADHS) wurde lange Zeit als rein kinder- und jugendpsychiatrisches Phänomen angesehen. Die Häufigkeit von ADHS bei Kindern und Jugendlichen beträgt zwischen 2 % und 6 %. Die Diagnosestellung ist komplex und erfordert Informationen sowohl aus der klinischen Beobachtung als auch aus dem häuslichen und schulischen Umfeld. Das Geschlechterverhältnis liegt deutlich zu Ungunsten der Jungen, Verhältnisse von 3 zu 1 bis 9 zu 1 werden geschätzt (WENDER 1975). Die häufigste komorbide Störung der ADHS ist die Störung des Sozialverhaltens, die so genannte hyperkinetische Störung des Sozialverhaltens (DÖPFNER et al. 2000). Weiter liegen für die ADHS eine erhöhte Komorbidität von Ticstörung (30 %), affektiver Störung (10 bis 40 %), Angststörung (20 bis 25 %) und Teilleistungsstörung (10 bis 25 %) vor.

Mittlerweile hat das Bild der ADHS jedoch auch in anderen Bereichen einen großen Stellenwert eingenommen. Sie galt bei uns bisher als eine phasenhafte Störung, aus der die Kinder mit Vollendung der Pubertät gleichsam herauswachsen. Im Gegensatz dazu hat sich in den USA infolge jahrzehntelanger Forschung weitgehend die Erkenntnis durchgesetzt, dass die hyperkinetische Störung auch im Erwachsenenalter – allerdings mit einer altersabhängigen Veränderung der Symptomatik – eine ernst zu nehmende psychiatrische Krankheit darstellt (WEISS und WEISS 2004).

Kinder
- motorisch hyperaktiv
- aggressiv
- schnell frustriert
- impulsiv
- leicht ablenkbar
- unaufmerksam
- verschiebt und verlagert Aufgaben
- leicht gelangweilt
- ungeduldig
- rastlos

Erwachsene

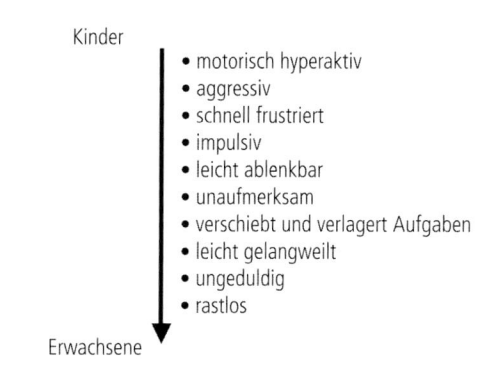

Abbildung 3: Veränderung der ADHS-Symptomatik mit der Altersentwicklung (nach MILLSTEIN et al. 1997)

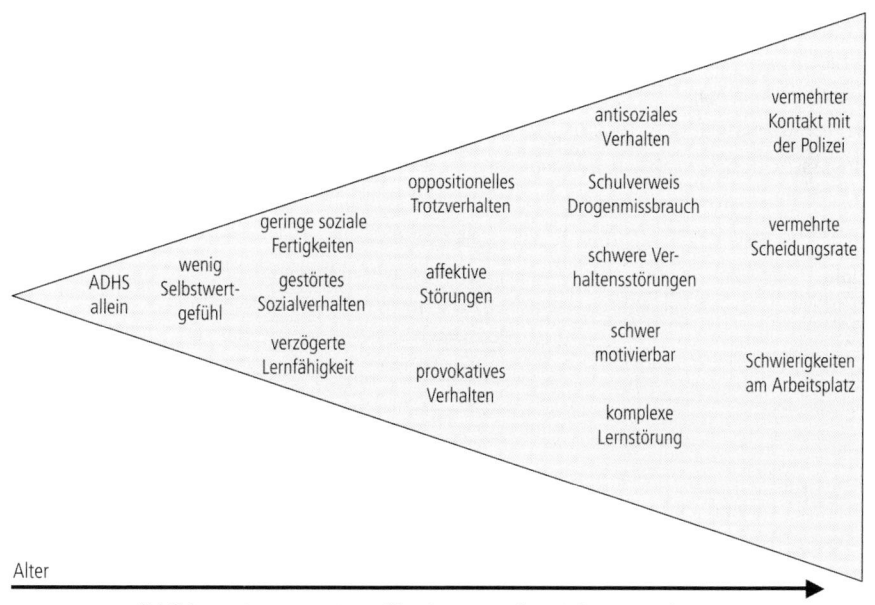

Abbildung 4: ADHS-Komplikationen und soziale Auswirkungen (nach BARKLEY 2002, WEISS und MURRAY 2003)

Diese Vorstellung setzt sich hier zu Lande erst langsam durch. HEILIGENSTEIN und Mitarbeiter (1997) gehen davon aus, dass ca. 60 % der betroffenen Kinder auch im Erwachsenenalter weiterhin Symptome aufweisen. Sie beschreiben aufgrund dessen eine Prävalenzrate bei Erwachsenen von 2–4 %. GOLDMAN et al. (1998) bestätigten ähnliche Prävalenzen auch in verschiedenen Kulturen.

Ergebnisse

Dargestellt wurden die Ergebnisse der PCL-YV sowie des Selbstbeurteilungsbogens für hyperkinetisches Verhalten (SBB-HKS).

Die inhaftierten männlichen Jugendlichen wiesen in der PCL-YV einen mittleren PCL-Summenwert von 23,0 Punkten auf (SD = 8,6), die inhaftierten weiblichen Jugendlichen zeigten einen mittleren PCL-YV-Summenwert von 21,0 Punkten (SD = 9,4). Der Unterschied ist nicht signifikant.

Die Stichprobe der Jugendlichen aus der Bewährungs-Drogenhilfe zeigte für die Mädchen einen mittleren PCL-YV-Summenwert von 18,2 Punkten (SD = 12,9) und für die Jungen 19,9 Punkte (SD = 10,9).

Damit unterscheiden sich die delinquenten Jugendlichen bezogen auf die Psychopathy nicht signifikant von einander, allerdings hochsignifikant im Vergleich zur Heimstichprobe (mittlerer PCL-YV-Summenwert Mädchen: 6,5 Punkte (SD = 4,45) und Jungen: 13,9 Punkte (SD = 8,25)) und zur Schulstichprobe (mittlerer PCL-YV-Summenwert Mädchen: 1,6 Punkte (SD = 2,8) und Jungen: 5,2 Punkte (SD = 6,7)). Legt man nur zum Vergleich mit dem Erwachsenenalter eine kategoriale Bewertung – eine dimensionale Betrachtung scheint dem Jugendalter eher zu entsprechen – der Psychopathy mit einem Punktwert von größer/gleich 25 Punkten zu Grunde, so ergeben sich in den verschiedenen Stichproben folgende Prävalenzen (siehe Tabelle 2):

Tabelle 2

Sample	n	Prävalenz	Score
JVA gesamt	n = 147	44,2 % (65)	25+
JVA Jungen	n = 80	46,2 % (37)	25+
JVA Mädchen	n = 67	41,8 % (28)	25+
Bew/Dro	n = 18	16,6 % (3)	25+
Heim	n = 37	8,1 % (3)	25+
Schule	n = 149	0,7 % (1)	25+

Die inhaftierten Jungen und Mädchen unterscheiden sich in insgesamt 14 der 20 PCL-YV-Items nicht signifikant voneinander, jedoch zeigen die inhaftierten Jungen hochsignifikant häufiger »Sensation Seeking (Item 3)« und »oberflächliche Gefühle (Item 7)«, sowie »pathologisches Lügen (Item 4)«, »fehlende Gewissens-

bisse (Item 6)«, »keine Verantwortungsübernahme« (Item 16)« und »polytrope Delinquenz«.
Innerhalb der PCL-High-Scorer-Gruppe zeigen die inhaftierten Jungen hochsignifikant mehr Gewaltdelikte und mehr Verurteilungen als die Mädchen. Im Vergleich dazu unterschieden sich die Anzahl der Eigentumsdelikte nicht signifikant voneinander. Die inhaftierten Mädchen konsumieren hochsignifikant mehr Heroin und synthetische Drogen, die Jungen konsumieren mehr Alkohol.
Die Auswertung des HKS-Selbstbeurteilungsbogens (ICD-10 angelehnt) ergab für die inhaftierten Jungen und Mädchen ähnliche Prävalenzen. Die Mädchen zeigten insgesamt etwas höhere Prävalenzen für ADHS. Nur die Subskala des »hyperkinetischen Verhaltens« zeigte im t-Test signifikant höhere Werte für die Jungen.
Die JVA-Stichprobe unterschied sich für die ADHS nicht signifikant von der Heimstichprobe, jedoch hochsignifikant von der Schulstichprobe.
Es ließen sich einige wenige Korrelationen mit den ADHS-Werten und den PCL-YV-Items finden, nicht jedoch mit dem PCL-Gesamtscore.

Schlussfolgerung

Die Verhaltensdimension der Psychopathy ist auch im Jugendalter in allen Stichproben mit unterschiedlichen Prävalenzen zu finden (siehe auch Sevecke et al. 2005). Die delinquenten Jugendlichen unterscheiden sich bezogen auf Psychopathy signifikant von der Heimstichprobe und den Schülern.
Die Prävalenz der High-Scorer (PCL-YV-Score >=25 Punkte) in den zwei untersuchten Jugendgefängnissen liegt bei 30 %.
Die inhaftierten Jungen und Mädchen unterschieden sich nicht signifikant im PCL-Score, trotzdem scheint sich aufgrund der unterschiedlichen Korrelationen ein geschlechtsspezifisches Psychopathy-Profil anzudeuten. Dies bedarf jedoch weiterer Forschung.
Die ADHS-Prävalenz in der untersuchten JVA-Stichprobe ist ähnlich hoch wie in der Heimstichprobe. Nur die Subskala »hyperkinetisches Verhalten« korreliert mit der Anzahl der Gesamtverurteilung.
Schlussfolgern lässt sich anhand dieser Ergebnisse, dass sowohl Psychopathy als auch ADHS jeweils Prädiktoren für delinquentes Verhalten sind. Die beiden Konstrukte haben gewisse Überschneidungen, messen jedoch unterschiedliche Verhaltensauffälligkeiten.
Die weiteren Auswertungen der Daten bzw. der Abschluss der Studie bleibt abzuwarten.

Literatur

BRANDT JR, KENNEDY WA, PATRICK CJ, CURTIN JJ (1997) Assessment of psychopathy in a population of incarcerated adolescent offenders. Psychological Assessment 9: 429–435
BARKLEY RA (2002) Psychosocial treatments for attention-deficit/hyperactivity disorder in children. Journal of Clinical Psychiatry 63 (12): 36–43
DÖPFNER M, FRÖLICH J, LEHMKUHL G (2000) Hyperkinetische Störungen. Leitfaden Kinder- und Jugendpsychotherapie. Hogrefe, Göttingen
FORTH AE, BURKE H (1998) Psychopathy in adolescence: Assessment, violence, and developmental precursors. In COOKE RD, FORTH AE, HARE RD (Hrsg.) Psychopathy: Theory, research and implications for society, 205–229. Kluwer, Dordrecht, The Netherlands
FORTH AE, KOSSON DS, HARE RD (2003) Hare Psychopathy Checklist: Youth Version (PCL-YV), Technical Manual. Multi-Health Systems, Toronto
FORTH AE (1995) Psychopathy and young offenders: Prevalence, family background, and violence (Program Branch Users Report). Ministry of the Solicitor General of Canada, Ottawa, Ontario, Canada
GOLDMAN LS, GENEL M, BEZMAN RJ, SLANETZ PJ (1998) Diagnosis and treatment of attention-deficit/hyperactivity disorder in children and adolescents. Council on Scientific Affairs, Journal of the American Medical Association. 279: 1100–1107
GRETTON HM, MCBRIDE M, LEWIS K, O'SHAUGHNESSY R, HARE RD (1994) Predicting patterns of criminal activity in adolescent sexual psychopaths. Canadian Psychology, 35: 50
HARE RD (1991) Hare Psychopathy Checklist-Revised manual. Multi-Health Systems, Toronto, Ontario
MCBRIDE M (1998) Individual and familial risk factors for adolescent psychopathy. Unpublished doctoral dissertation. University of British Columbia, Vancouver, British Columbia
MYERS WC, BURKET RC, HARRIS HE (1995) Adolescent psychopathy in relation to delinquent behaviors, conduct disorder, and personality disorders. Journal of forensic Sciences, 40: 436–440
NEARY A (1991) DSM-III and Psychopathy Checklist assessment of antisocial personality disorder in Black and White female felons. Dissertation Abstracts International, 51 (7-B): 3605
NEDOPIL N, HOLLWEG M, HARTMANN J, JASER R (1998). Comorbidity of Psychopathy with major mental disorders. In COOKE DJ, FORTH AE, HARE RD (Hrsg.). Psychopathy: theory, Research and Implications for Society. Kluwer Academic Publishers, Dordrecht, 257–268
PAN V (1998) Institutional behaviour in psychopathic juvenile offenders. Poster conference of the American Psychology-Law Society, Redono Beach, CA
RIDENOUR TA (1996) Utility analyses of the Psychopathy Checklist, Revised and Moffitt`s taxonomy for a rehabilitation program for juvenile delinquents. Unpublished doctoral dissertation, Bell State University, Muncie, Indiana
SEVECKE K, KRISCHER MK (in press) Die Psychopathy-Checkliste für Jugendliche, deutsche Übersetzung. Multi-Health-Systems, Toronto, Ontario
SEVECKE K, KRISCHER M, LEHMKUHL G (2005) Antisoziale Persönlichkeitsdimensionen bei Jugendlichen – klinische und forensisch-psychiatrische Aspekte. Recht & Psychiatrie, eingereicht
SEVECKE K, KRISCHER M, DÖPFNER M, LEHMKUHL G (2005) Das Psychopathy-Konzept und seine psychometrische Erfassung im Kindes-, Jugend- und Erwachsenenalter. Fortschritte der Psychiatrie, 73: 392–400
SEVECKE K, KRISCHER M, SCHÖNBERG T, LEHMKUHL G Das Psychopathy-Konzept nach Hare als Persönlichkeitsdimension im Jugendalter? (2005) – Literaturübersicht und Fallbeispiele. Praxis der Kinder- und Jugendpsychiatrie und Psychotherapie, 54: 173–190

HEILIGENSTEIN E, CONYERS LM, BERNS AR, MILLER MA (1998) Preliminary normative data on DSM-IV attention deficit hyperactivity disorder in college students. Journal of American College Health. 46 (4): 185–8

STAFFORD E (1997) Psychopathy as a predictor of adolescents at risk for inpatient violence. Unpublished doctoral dissertation, University of Virginia, Virginia

STRACHAN C (1993) Assessment of psychopathy in female offenders. Unpublished doctoral dissertation, University of British Columbia, Vancouver

WENDER PH (1975). The minimal brain dysfunction. Annual Review Medicine 26: 45

WEISS M, Murray CJ (2003) Assessment and management of attention-deficit hyperactivity disorder in adults. Canadian Medical Association Journal 168 (6): 715–722

WEISS MD, WEISS JR (2004) A guide to the treatment of adults with ADHD. Journal of Clinical Psychiatry; 65 (Suppl. 3): 27–37

Beiträge der forensischen Sachverständigen zur Konfliktvermeidung[1]

Günter Tondorf

Zusammenfassung

Ein kommunikatives Verfahren ist notwendig, wenn der Sachverständige sein Wissen um die Ergebnisse seines Gutachten den Verfahrensbeteiligten tatsächlich vermitteln will. Dazu gehören die Einhaltung der Frist zur Erstellung des Gutachtens, Hinwirken des Sachverständigen auf eine Verständigung der Prozessbeteiligten auf seine Auswahl, die persönliche Erbringung der übernommenen Begutachtung, der Auftrag des Staatsanwalts/Richters bei Erhebung weiterer Beweise, die Aufklärung und Belehrung des Probanden, das Unterlassen verbotener Methoden, keine Diagnose ohne ausführliche Exploration, angemessener Zeitaufwand für die Begutachtung, das prozessual richtige Verhalten bei einem unerwarteten Geständnis, ggf. auch einmal die Rückgabe des GA-Auftrages, normative Enthaltsamkeit, ein sog. Hauptverhandlungsvorbehalt und die Einhaltung von Mindeststandards bei Erstellung des GA. Die aktuelle Rechtsprechung und Kommentierung der StPO (einschließlich der Änderungen durch das Erste Justizmodernisierungsgesetz) wird angeführt.

Schlüsselwörter

Forensische Sachverständige, ethische Prinzipien, Anforderungen an Gutachter und Gutachtenerstellung

Bei Einschaltung von psychologischen und/oder psychiatrischen Sachverständigen im Strafverfahren empfiehlt es sich, dass sich alle Beteiligten zu Beginn des Ermittlungsverfahren auf ein informelles Programm verständigen und unverzüglich aufeinander zugehen, um die anstehenden Probleme zu erörtern. Im Rahmen der mir zur Verfügung stehenden Zeit kann ich nur thesenartig die Beiträge der Forensiker hierzu umreißen:
Maßstab für die Sachverständigen sind die *ethischen Prinzipien*, die die Psychiater und Psychologen ihrer forensischen Tätigkeit zugrunde legen. Kurz gesagt geht es um das Wohl der Probanden, das es zu fördern gilt und von dem Schaden abzuwenden ist sowie um die Autonomie der Menschen, die sich den Gutachtern anvertrauen. Es ist zu begrüßen, dass Auffassungen wie die von Bresser, einem zu

---

[1] Alle Fundstellen finden sich in dem Buch des Verfassers Psychologische und Psychiatrische Sachverständige im Strafverfahren, 2. Aufl. 2005 Teil 1 J III Rn. 261 ff.

seinen Lebzeiten sehr umstrittenen Gutachter, heute als obsolet angesehen werden. Dieser zeigte wenig Verantwortung, als er schrieb, »*der Gutachter habe nicht als Sachwalter der Menschlichkeit aufzutreten*«.

Leider versteht es sich nicht von selbst, dass die Sachverständigen ihrer Pflicht aus § 25 der ärztlichen Berufsordnung bzw. den »Ethischen Richtlinien« für Psychologinnen und Psychologen nachkommen, *Gutachten* und Untersuchungsberichte »*frist- und formgerecht*« anzufertigen. Besonders dieses Erfordernis einer fristgerechten Ablieferung ihrer Gutachten scheint manchen Sachverständigen wenig oder gar nicht geläufig zu sein.

Jedenfalls beanstanden dies meine Kolleginnen und Kollegen immer wieder bei Gutachten zur Aussetzung einer Reststrafe: Ist das Entlassungsgutachten fehlerhaft und muss deshalb der Sachverständige aus dem Verfahren ausscheiden, ordnet das Gericht ein weiteres Gutachten an. In diesen Fällen kann man nahezu in aller Regel davon ausgehen, dass der neu hinzugezogene Sachverständige sein Gutachten erst erstattet, wenn Zweidrittel der Reststrafe verbüßt sind. Der Sachverständige sollte sich aber nicht dazu hergeben, »sehenden Auges« den Zweidrittel-Termin zu überschreiten. Es ist vielmehr seine Pflicht, dem Gericht unverzüglich mitzuteilen, dass er das Gutachten nicht in dem erforderlichen Zeitrahmen erstatten könne und er deshalb um Entbindung von dem erteilten Auftrag bitte.

Besonders in *Jugendstrafsachen* sollte der Sachverständige das *Beschleunigungsgebot* beachten, zumal dann, wenn Untersuchungshaft angeordnet ist (§ 72 Abs. 4 JGG).

In skandalösen Fällen haben *Obergerichte* und sogar das *Bundesverfassungsgericht* – nicht von ungefähr – ein *zeitnahes* Gutachten angemahnt.

Der Gutachter sollte sich darüber im Klaren sein, dass er bei einer frühen, im Alleingang vorgenommen Auswahl durch den Staatsanwalt in den Augen vieler Strafverteidiger als »*Parteigutachter der Staatsanwaltschaft*« gesehen wird. Um dies zu vermeiden, sollte der Sachverständige von sich aus auf eine *Verständigung* zwischen Staatsanwaltschaft, Gericht und Verteidigung *über seine Beauftragung* hin wirken und über seine Bemühungen einen Aktenvermerk fertigen.

Der Sachverständige muss das Gutachten *in eigener Person* erstatten. Es kommt gelegentlich vor, dass der Proband »im Hinterzimmer der Praxis« von einem anderen Gutachter getestet wird, ohne dass dies im Gutachten erwähnt wird. Dann wird es für den Sachverständigen (und sein Gutachten) »eng«.

Der Gutachter hat *kein eigenes Recht auf Informationsgewinnung*, z. B. auf Durchführung einer Zeugenvernehmung oder Vornahme einer Akteneinsicht (§ 80 StPO). Er muss vielmehr bei seinem Auftraggeber vorstellig werden, wenn er weitere Beweiserhebungen benötigt und explizit auf einen entsprechenden Auftrag bestehen. Vernehmungen, die der Sachverständige ohne Auftrag vornimmt, sind verfahrensrechtlich bedenklich.

Dem forensischen Psychiater wird von Teilen der juristischen Literatur *hinsichtlich aller Informationen, die ihm in seiner Eigenschaft als Arzt* anvertraut worden oder bekannt geworden sind, ein *Zeugnisverweigerungsrecht* zugebilligt, das zugunsten des Probanden *durch § 203 StGB* abgesichert ist. Der Gutachter sollte sich daher gegenüber dem Probanden von Beginn seiner Tätigkeit als *Gehilfe des Gerichts* zu erkennen geben, seine *ärztlichen Qualifikationen lediglich als eine dem Gericht (nicht dem Probanden gegenüber) dienstbare Fähigkeit darstellen* und die Belehrung *dokumentieren*. Nach einer derartigen Belehrung kann der Proband später nicht behaupten, seine Intimsphäre nur im Vertrauen auf die Sonderposition des Arztes offenbart zu haben.

Von der Offenbarung seiner wahren Rolle bei der Untersuchung ist es nur ein kleiner Schritt bis zu dem *Hinweis an den Probanden auf sein Aussageverweigerungsrecht* (§ 136 Abs. 1 S. 2 StPO). Dann unterliegt der Proband nicht dem weiteren Irrtum, bei dem Sachverständigen handele es sich um eine Amtsperson, der er auskunftspflichtig sei.

Die Sachverständigen dürfen die in § 136a StPO erwähnten *verbotenen Vernehmungsmethoden* nicht anwenden. Sie würden sich bei Anwendung quälender und täuschender Methoden nicht nur nach §§ 223 ff., 240 StGB strafbar machen, ihre Gutachten wären vielmehr unverwertbar. In diese Falle wird heute kein Sachverständiger mehr laufen. Leider sind aber subtilere Methoden bekannt geworden. Gemeint ist die im Slowtexfall angestrebte *Totalbeobachtung*, die Erkenntnisse über die Persönlichkeit des Beschuldigten erbringen sollte, die er von sich aus nicht preisgeben wollte, von denen aber erhofft wurde, dass er sie unter den Einflussnahmen Dritter offenbaren würde.

Der Sachverständige G. war gegen den Willen der Verteidigung und den des schweigenden Angeklagten nach langer Untersuchungshaft unmittelbar vor der Hauptverhandlung als weiterer Sachverständiger von einer Strafkammer des Landgerichts Mannheim bestellt worden. Der Sachverständige schlug eine mehrwöchige Unterbringung des Angeklagten zur Beobachtung in einem psychiatrischen Krankenhaus vor. *Dort könne u.a. das Verhalten des Angeklagten, sein Umgang mit Menschen und Dingen außerhalb der Untersuchungssituation, seine Selbstdarstellung solchen Menschen gegenüber, deren Urteil er nicht zu befürchten habe oder deren Urteil er für belanglos halte, beobachtet und dokumentiert werden.*

Nach Meinung des *Bundesverfassungsgerichts* stand einer solchen Totalbeobachtung der *unantastbare Kernbereich des Persönlichkeitsrechts* des Beschuldigten entgegen. Auch der Bundesgerichtshof rügte die Maßnahme scharf. Er teilte die Meinung des Bundesverfassungsgerichts und meinte zusätzlich, dass das Vorgehen auf die *Umgehung des verfassungsrechtlich verbürgten Schweigerechts* hinausgelaufen sei.

Diese Rechtsgrundsätze gelten nicht nur für Beschuldigte in Untersuchungshaft, sondern auch für Begutachtungen Inhaftierter im Straf- und Maßregelvollzug. Es muss auch dort eine Grenze vor dem Ausspionieren der Gefangenen geben. Wir leben in einem Rechtsstaat, in dem nicht alles ausgespäht oder gegen den Willen des Unterworfenen um jeden Preis von den Behörden in Erfahrung gebracht werden darf, was möglich ist. *Die Würde des Mensch ist unantastbar.*

Der Gutachter sollte sich nicht dazu hergeben, ein wissenschaftlich begründetes Gutachten über den Seelenzustand des Angeklagten vorzutragen, den er selbst *nicht exploriert* hat, von dem er also keine Anamnese erhoben hat.

Sachverständige sollten bei einem schweigenden Angeklagten der Versuchung widerstehen, in der Hauptverhandlung aus seinen Bewegungen und seiner Mimik erstmalig und abschließend Schlüsse zu ziehen. Derartige Beobachtungen sind nur sehr eingeschränkt als Erkenntnisquelle geeignet.

Die Forensiker sollten sich für die *Exploration ausreichend Zeit* nehmen. Immer wieder hören Verteidiger Klagen der Mandantschaft, sie hätte zu wenig Zeit gehabt, dem Gutachter ihre Probleme zu schildern. Die Sachverständigen sollten es nicht darauf ankommen lassen, dass die Verteidiger bspw. bei inhaftierten Mandanten die in der Liquidation in Ansatz gebrachten Untersuchungsstunden anhand des Besucherbuches mit den tatsächlichen Stunden vergleichen, die der Untersucher im Gefängnis zugebracht hat.

Der Umfang des schriftlichen Gutachtens sollte sich in Grenzen halten. *Gutachten in einer Länge von 11 bis 25 Seiten* wurden von Heinz in seiner Untersuchung »Fehlerquellen forensisch-psychiatrischer Gutachten« hinsichtlich ihrer Verwendbarkeit besonders hervorgehoben. Nach Meinung von Cabanis »kann man *in der Hauptverhandlung* über alles reden, nur nicht über *45 Minuten!*«

Der Nachweis einer Tat gehört nicht zu den Aufgaben des forensischen Sachverständigen. Aus dieser Frage hat er sich vollständig herauszuhalten. Eine allzu pointiert herausgearbeitete Persönlichkeitsstörung kann schnell vom Gericht als Hinweis ausgelegt werden, dass der Angeklagte die Tat begangen habe. Die Gefahr, in die Rolle eines Überführungsgehilfen zu geraten, ist groß.

Es kann Ausnahmefälle geben, in denen der begutachtete Angeklagte die Tat leugnet, die Beweislage aber erdrückend ist und alle Beteiligten keine Zweifel an der Täterschaft des Angeklagten haben. Marneros und Schorsch haben solche Fälle geschildert, in denen der Sachverständige psychodiagnostische Symptome diagnostiziert hatte, wonach der Angeklagte einerseits dringend behandlungsbedürftig war, andererseits auch potenziell rückfallgefährdet und damit eine Gefährdung von zukünftigen Opfern zu erwarten war (»Zeitbombe«). Es ist durchaus nachvollziehbar, dass der Sachverständige hier dem *nicht geständigen*, psychisch gestörten Angeklagten *zu einem Geständnis verhelfen will.* Bei allem Verständnis muss jedoch einem solchen Vorgehen ausdrücklich widersprochen werden. Der Sachverständige bewegt sich nicht im rechtsfreien Raum. Er hat die Grundsätze der StPO, insbesondere den nemo-tenetur-Grundsatz, zu respektieren. Sollte allerdings der Proband trotz aller Zurückhaltung des Gutachters *unbedingt ein Geständnis ablegen wollen*, sollte der Gutachter die Untersuchung abbrechen und den Beschuldigten auf die zu Beginn der Untersuchung gegebene Belehrung verweisen, wonach er alle Angaben des Beschuldigten auch im Gutachten verwerten muss. Außerdem muss er alle Prozessbeteiligten über die neue Situation unterrichten, selbstverständlich auch die Verteidigung. In gleicher Weise sollte der Gutachter vorgehen, wenn der Proband nicht davon abzubringen ist, eine Lebensbeichte abzulegen *und/oder Taten zu gestehen, die bisher unbekannt waren*.

Der gerichtlich bestellte Sachverständige hat dem Auftraggeber alle Umstände zu melden, die zu einer *Ablehnung* berechtigen. Er wird dann von seiner Verpflichtung entbunden, das Gutachten zu erstatten.

Im Übrigen kann der Sachverständige entbunden werden, wenn ihm die Erstattung des Gutachtens nicht zumutbar ist, z. B. wenn er beruflich stark überlastet ist, bereits einen anderen Gutachtenauftrag bearbeitet oder auch nur auf einen Erholungsurlaub verzichten müsste, wenn er erst kurz vor der mündlichen Verhandlung geladen wird und er nicht hinreichend Zeit für die erforderlichen Nachforschungen erhält, vor allem auch dann, wenn erhebliche persönliche Spannungen zu den Verfahrensbeteiligten bestehen. Der Gutachter darf sich nicht der *Besorgnis der Befangenheit* aussetzen. Er sollte vermeiden, auch nur den äußeren Anschein einer Voreingenommenheit entstehen zu lassen. Das darf nicht dazu führen, dass der Sachverständige Gespräche mit den Verfahrensbeteiligten – darunter auch dem Verteidiger »wie der Teufel das Weihwasser scheut«. Allerdings müssen diese Gespräche – ob nun innerhalb oder außerhalb des Gerichtssaales – so geführt werden, dass ihr Inhalt jederzeit wahrheitsgemäß offenbart werden kann.

»Handfeste« *Ablehnungsgründe* treten in der Praxis selten auf. Was aber häufiger vorkommt, ist die fehlende *normative Enthaltsamkeit*. So verführerisch es für den Gutachter sein mag, sich mit seinem Auftraggeber zu identifizieren und nach dessen Spielregeln zu handeln: Er darf sich dieser Gefahr nicht aussetzen.

Das *schriftliche* Gutachten ist im Ermittlungsverfahren die Regel. Es ist immer nur ein *vorläufiges Gutachten*. Für die Urteilsbildung kann nur das in der Hauptverhandlung bzw. der mündlichen Anhörung im Vollstreckungsverfahren zu erstattende mündliche Gutachten verbindlich sein. Demzufolge ist den Sachverständigen dringend nahe zu legen, ihre Gutachten ausdrücklich unter einen »*Hauptverhandlungsvorbehalt*« zu stellen.

Zum Schluss möchte ich für das in der Strafprozessordnung verankerte Rechtsinstitut des *präsenten Sachverständigen* eine Lanze brechen. Die Beauftragung eines Sachverständigen durch die Verteidigung stellt ein notwendiges Gegengewicht dazu dar, dass

- die Staatsanwaltschaft im Rahmen des Vorverfahrens die Befugnis hat, den Sachverständigen zu beauftragen,

- dem Beschuldigten vor dieser Beauftragung zumeist nur unzureichend rechtliches Gehör gewährt wird und
- der von der Staatsanwaltschaft beauftragte Sachverständige in aller Regel in die Hauptverhandlung übernommen wird – auch wenn er de facto der alleinige Entscheidungsträger ist.

Detter, Richter am *Bundesgerichtshof*, hält die Bedenken vieler Gutachter gegen die Einsetzung als präsenter Sachverständiger für unbegründet. Er hat darauf hingewiesen, dass der präsentierte Sachverständige nach der StPO grundsätzlich die gleichen Rechte hat, wie derjenige, der von der Staatsanwaltschaft oder dem Gericht geladen wird. Das deutsche Prozessrecht kennt weder den »Sachverständigen der Verteidigung« noch »den der Staatsanwaltschaft«. Renommierte Gutachter wie *Cabanis, Rasch* und *Venzlaff* haben gute Gründe dafür angeführt, dass sich Sachverständige bei unrichtigen Gutachten als präsentes Beweismittel zur Verfügung stellen müssten.

Ich bin mir bewusst, dass ich aus der Sicht des Verteidigers gesprochen habe. Insoweit bitte ich um Verständnis, wenn meine Aufführungen von einigen Zuhörern als schroff oder gar besserwisserisch empfunden worden sind. Sie waren aber nicht so gemeint. Mir ging es allein darum, ihnen die Strafprozessordnung deutlich vor Augen zu halten, wonach im Streitfall »die Regeln des Alten Testamentes und nicht die des Neuen« gelten. Die Konflikte in der Hauptverhandlung zu vermeiden, sollte auch ihr Anliegen sein.

Dem Gemeinwohl verpflichtet

Sozialethische Überlegungen zur gesamtgesellschaftlichen Verantwortung für den Maßregelvollzug

Eduard Wörmann

Zusammenfassung

Die Verantwortung für den Maßregelvollzug ist Teil der Gemeinwohlverpflichtung der Politikerinnen und Politiker, aber auch aller Bürgerinnen und Bürger. Der Maßregelvollzug muss als gesamtgesellschaftliche Notwendigkeit und Aufgabe erkannt und anerkannt werden. Die in ihm leben und arbeiten brauchen einen breiten Rückhalt in der Gesellschaft.
Gelebte Solidarität und praktizierte soziale Gerechtigkeit sind die Lebenselemente in der Gemeinwohlverpflichtung. Die Bibel bietet Orientierung und Impulse für die Gestaltung menschenwürdiger Lebensverhältnisse im Gebot der Nächstenliebe und in der Proklamation der Gerechtigkeit.
»Sicherheit durch Therapie im Maßregelvollzug« ist ein anspruchsvolles Sicherheitskonzept. Ein Optimum an Therapie und ein Optimum an Arbeits- und Lebensqualität schaffen zugleich ein Optimum an Sicherheit für die Bevölkerung.

Schlüsselwörter

Sicherheit durch Therapie im Maßregelvollzug, Gemeinwohlverpflichtung, Nächstenliebe, gelebte Solidarität, soziale Gerechtigkeit, Räume der Entfaltung, Räume des Vertrauens

Verantwortung für den Maßregelvollzug gehört zur Gemeinwohl-Verpflichtung

»Wegschließen – und zwar für immer!« ist eine häufiger wiederholte Forderung und Reaktion von Bürgerinnen und Bürgern, Politikerinnen und Politikern, nicht zuletzt auch von Medien, wenn ein Kind von einem Sexualstraftäter ermordet ist. In ihr drücken sich Entsetzen, Ratlosigkeit und Ohnmacht aus angesichts des unvorstellbaren Leids von betroffenen Eltern und Familien – aber auch Angst vor der Wiederholung solchen schrecklichen Geschehens. Mit Recht wird der wirksame Schutz vor solchen Tätern und Taten gefordert.
Dieser Appell enthält aber auch Zweifel, ob bei diesen Tätern Therapien sinnvoll

und aussichtsreich sind, ob sie überhaupt therapierbar sind. Mehr oder weniger offen werden die Grenzen der therapeutischen Möglichkeiten und damit auch des Maßregelvollzuges angesprochen.

Was bedeutet nun aber, einfach wegzuschließen?

Täter, die psychisch krank und nicht schuldfähig sind, werden sich mit ihrer Krankheit und ihrer Tat allein überlassen. Sie bleiben unbegleitet in der Auseinandersetzung mit ihrer Vergangenheit. Der Weg zurück in ein Leben, in dem sie in die Gemeinschaft wieder eingegliedert werden, ist ihnen von vornherein versperrt. Ihr Leben wird erwartungs- und perspektivlos.

Mit der Aufgabe, nur ein- und wegzuschließen, werden die Mitarbeitenden in forensischen Kliniken auf die Funktion des Schließens beschränkt. Die Bezeichnung »Schließerin oder Schließer« empfinden sie als Beleidigung, wie ich aus Gesprächen nicht zuletzt mit Beschäftigten im Strafvollzug weiß. Sie werden mit ihren menschlichen und fachlichen Qualifikationen nicht gebraucht und nicht in Anspruch genommen. Das kann dazu führen, dass sie daran und darin menschlich verkümmern.

Ich erinnere mich an Gespräche mit Mitarbeitenden und auch Patienten in Eickelborn, nachdem aufgrund des Mordes an einem Mädchen durch einen Patienten 1994 aus Sicherheitsgründen die Klinik nach außen total abgeschlossen wurde. Das Innenleben der Klinik wurde blockiert. Therapiefortschritte in Vollzugslockerungen wurden unmöglich.

Das demotivierte Therapeuten und Patienten. Mich hat beeindruckt zu erfahren, wie wichtig für die Motivation von Mitarbeitenden und Patienten die Aussicht und Perspektive ist, in der Therapie weiterzukommen und etwas zu erreichen – in wie kleinen Schritten auch immer.

Unbestritten ist, dass der wirksame Schutz der Bevölkerung vor neuen Straftaten so weit wie irgend möglich gewährleistet werden muss. Sicherheitskonzepte aber, die vorrangig darauf setzen, ein- und wegzusperren, können auf Dauer das Gewaltpotenzial in der Klinik eher verstärken als vermindern. Qualifizierte Therapie mindert Rückfallgefahren bei kranken Straftätern. Mit einer Behandlung will man den Tätern nicht nur etwas Gutes tun, sondern es sollen neue Straftaten verhindert werden.

Auf diesem Hintergrund ist die Forderung »Wegschließen – und zwar für immer!« eine populistische, vereinfachende Irreführung. Sie kann und darf nicht dazu missbraucht werden, sich der bleibenden Verantwortung als Politikerin und Politiker, aber auch als Bürger für die gezielte Therapie der kranken Straftäter und eine entsprechende Gestaltung des Maßregelvollzugs zu entziehen. Der Maßregelvollzug ist eine gesamtgesellschaftliche Notwendigkeit. Seine optimale Gestaltung ist ein wesentliches Element der Gemeinwohlverpflichtung, weil es um den Schutz der Allgemeinheit vor lebensbedrohlichen Straftaten und die menschenwürdige Gestaltung eines speziellen gesellschaftlichen Aufgaben- und Lebensbereiches geht.

Weil Sexualstraftäter und ihre Taten schnell ins Zentrum des öffentlichen Interesses rücken und sie dann von einzelnen Medien und einzelnen Politikern für Angstkampagnen genutzt werden, ist es wichtig, ein Klima der Akzeptanz für den Maßregelvollzug in der Gesellschaft zu verbreiten und Verständnis dafür zu wecken, dass in diesem speziellen, gesellschaftlichen Verantwortungsbereich Menschen in der Therapie stellvertretend eine schwierige Aufgabe erfüllen. Sie brauchen dazu einen breiten Rückhalt in der Gesellschaft. Um das zu erreichen, ist es wichtig, die Verantwortung für den Maßregelvollzug als Teil der Gemeinwohlverpflichtung zu erkennen und anzuerkennen.

Aus diesem Grunde ist in Nordrhein-Westfalen eine Initiative »Sicherheit durch Therapie im Maßregelvollzug« gegründet worden, in der Persönlichkeiten des öffentlichen Lebens für die Akzeptanz des Maßregelvollzuges und seine Dezentralisierung werben.

Ich betone bewusst zuerst die Verantwortung der Politikerinnen und Politiker dafür, dass die Gemeinwohlverpflichtung ernst genommen wird. Das gehört zu den Rahmenbedingungen für eine Bewertung und Gestaltung des Maßregelvollzuges, die seiner gesellschaftlichen Rolle entspricht.

Wer seine Gemeinwohlverpflichtung als Politiker ernst nimmt, muss bereit sein, Argumente für die Ansiedlung und Gestaltung von Maßregelvollzugseinrichtungen in seinem Wahlkreis zu finden und zielgerecht einzusetzen. Bei den Bemühungen zur Dezentralisierung hat es beides gegeben: einerseits unsicheres Verhalten eines Ministers und emotionales Agitieren und Protestieren von Abgeordneten und Parlamenten. Dadurch wurden Standortentscheidungen für neue Kliniken blockiert. Andererseits konnten durch klares Eintreten für die Ansiedlung neuer Einrichtungen des Maßregelvollzugs der zuständigen Ministerin, durch Oberbürgermeister und Bürgermeister und Kommunalparlamente Dezentralisierungsinitiativen eingeleitet werden.

Die Dezentralisierung des Maßregelvollzuges in Nordrhein-Westfalen – orientiert an den Landgerichtsbezirken – hat zur gerechteren Verteilung der Verantwortlichkeit für diese gesamtgesellschaftliche Aufgabe und zur Risikoentzerrung beigetragen. Es war eine kluge Entscheidung, wenn auch ihre Realisierung und die Entlastung der Klinik in Eickelborn noch einige Zeit dauern werden.

Inzwischen ist in Rheine eine erste neue Einrichtung eröffnet. 72 Patienten aus Eickelborn sind dorthin verlegt. In dieser Einrichtung sollen – wie auch in einer Station in Eickelborn – praktische Erfahrungen für die Gestaltung von Langzeiteinrichtungen gesammelt werden. Langzeiteinrichtungen dürfen auf keinen Fall zu Abschiebe- oder Verwahranstalten verkommen. Das kann und soll dadurch verhindert werden, dass sie Stationen innerhalb von Forensik-Kliniken mit Übergängen in Therapiebereiche bleiben. Die geplante wissenschaftliche Begleitung wird hoffentlich die Notwendigkeit eines hohen Qualitätsstandards nachweisen.

Gemeinwohlverpflichtung zu realisieren und zu leben ist aber auch Aufgabe aller Bürgerinnen und Bürger. Dass es hier große Defizite gibt, ist uns gemeinsam klar. Gemeinwohlverpflichtung ist weitgehend eine Leerformel, ein Stichwort für folgenlose Sonntagsreden. Genau dem aber möchte ich entgegenwirken.

Dabei helfen moralische Appelle allein nicht weiter, sondern es kommt darauf an, die das Gemeinwohl konstituierenden Elemente wieder zu entdecken und sich diese bewusst zu machen. Alternativ zu dem vorherrschenden neoliberalen Konkurrenzmodell, der »Ellbogengesellschaft«, sollten wir das Modell einer Gesellschaft argumentativ – offensiv vertreten, die als gelebte solidarische Gesellschaft Menschen Mut zur Zukunft macht und an der Perspektive der sozialen Gerechtigkeit festhält.

Gelebte Solidarität und praktizierte soziale Gerechtigkeit sind die Lebenselemente in der Gemeinwohlverpflichtung

Gemeinwohlverpflichtung bedeutet Suche nach einer Ordnung, innerhalb derer die Einzelnen sich eigenverantwortlich entfalten und sich gleichzeitig als gemeinschaftsbezogene und gemeinschaftsverbundene Glieder verstehen und verhalten können. Dass dazu alle Glieder der Gesellschaft die Voraussetzungen und Chancen erhalten, dafür haben die Parlamente und Regierungen zu sorgen. Allein so dienen sie dem Wohl des ganzen Volkes.

Mir ist wichtig, an biblische Eckwerte zu erinnern, die uns zur Suche nach mehr Solidarität im persönlichen Verhalten und mehr Gerechtigkeit im gesellschaftlichen Zusammenleben motivieren und mobilisieren.

Solidarität heißt in der Bibel Nächstenliebe. Nächstenliebe bildet das Zentrum des biblischen Lebensverständnisses. Nächstenliebe lässt menschliches Leben humaner, solidarischer und zukunftsfähiger werden. Das hängt davon ab – so heißt es in der biblischen Geschichte vom barmherzigen Samariter (Luk. 10) – ob und wie die Hilfsbedürftigkeit des anderen erkannt und zum Anlass für eigenes Handeln genommen wird. Der Samariter lässt auf dem Weg von Jerusalem nach Jericho sich den hilflos Überfallenen zum Nächsten werden und rettet ihm das Leben – und das sehr konkret und konsequent: Er behandelte die Wunden mit Öl und Wein und verband sie. Er brachte den Überfallenen in ein Gasthaus, pflegte ihn und finanzierte die weitere Behandlung mit dem Ziel, dafür zu sorgen, dass er wieder auf die eigenen Füße kommt, Eigenverantwortung und Eigenständigkeit zurückgewinnt. Zupackendes Hinsehen charakterisierte den Samariter. Von dem Priester und dem Leviten, beides religiöse Amtsträger, heißt es demgegenüber: sie sahen den Mann liegen und gingen vorüber. Sie schauten hin und gingen tatenlos vorbei. In der Gegenüberstellung vom Samariter, der aus einer religiösen Minderheit ohne gesellschaftliche Anerkennung stammte, und den gesellschaftlich etablierten religiösen Amtsträgern und ihrem unterschiedlichen Verhalten, werden

das lebensrettende Tun und das tatenlose Hinsehen und Vorübergehen einander kritisch gegenübergestellt. Mit ihrem tatenlosen Hinsehen und Vorbeigehen verfehlen Priester und Levit Chancen für mehr Menschlichkeit, auch im eigenen Leben. Praktizierte Nächstenliebe erneuert jeweils die Lebensperspektive und bereichert das eigene Menschsein. Liebe deinen Nächsten wie dich selbst, heißt das Gebot. Die Nächstenliebe hat einen Rückkopplungseffekt.
Die Erfahrung haben wir alle sicherlich schon gemacht, dass dann, wenn wir uns in schwierigen Situationen konsequent für einzelne Menschen engagierten, wir bei uns selbst neue Möglichkeiten und Kräfte entdecken und entfalten konnten.
Es gibt Kritiker kirchlicher Initiativen und Stellungnahmen, die von einem »Samariter-Dilemma« im Denken und Handeln von Autoren dieser Vorschläge sprechen. Ein Chefökonom einer großen Deutschen Bank kritisiert zum Beispiel, dass in der Orientierung an dem Samariter die Absicht bereits für das gute Ergebnis genommen, Gesinnung über Verantwortung gestellt wird. Berechtigt ist an dieser Kritik die Anfrage an die Kirche, ob von ihr die Orientierung an dem Samariterbeispiel konsequent bis zu entsprechenden Entscheidungen und Taten, wie es z. B. in Einzelfällen beim Kirchenasyl passiert, durchgehalten wird. Für den Kritiker ergibt sich das Dilemma, dass er selbst ideologisch in eine bestimmte Sicht und Bewertung der Ökonomie und des Marktgeschehens eingebunden ist, die Berücksichtigung menschlicher Bedürfnisse nur begrenzt zulässt. In diesem Zusammenhang passt übrigens, dass das Wort »Humankapital« zum Unwort 2004 gewählt ist, »weil durch das Wort Menschen zu rein wirtschaftlich interessanten Größen degradiert werden und es damit die primär ökonomische Bewertung aller denkbarer Lebensbezüge fördere«, wie die Jury feststellte. Menschlichkeit in einer Gesellschaft hängt wesentlich davon ab, wie groß die Gruppe der Samariter ist und wie weit deren Impulse bewusst gesellschaftspolitisch aufgenommen und gefördert werden, gerade auch dann, wenn sie z. B. Unmenschlichkeit in bestimmten Verfahren und Entscheidungen der Bürokratie aufdecken.
Gerade in diesen Tagen konnten wir erleben, dass das couragierte Verhalten eines Piloten die Abschiebung der Iranerin Zahra Kameli in ihr Heimatland verhindert hat, in dem ihr ein grausiges Schicksal bis hin zur Steinigung gedroht hätte. Sie hatte ihren Mann verlassen und war zum Christentum übergetreten. Der Pilot weigerte sich, die Frau auszufliegen. Dem ging eine zermürbende Hängepartie voraus, in der zwischen den Innenministern vom Bund und Land Niedersachsen der Schwarze Peter einer Entscheidung hin und her geschoben wurde. Unter dem Druck der Öffentlichkeit mit der Landesbischöfin Margot Käßmann haben der Bundesminister, Otto Schily, der Petitionsausschuss und das Niedersächsische Parlament beim Niedersächsischen Innenminister eine Härtefallregelung für die abgelehnte Asylbewerberin durchgesetzt. Zuvor musste aber die finanzielle Versorgung der Iranerin durch Spenden geregelt werden. In einem Zeitungs-Kommentar heißt es:

»Es ist ein Sieg der Humanität über starre, möglicherweise zu starre Paragrafen. Das ganze Aufenthaltsrecht bedarf einer Prüfung.«
Solidarität ist eben auch kritischer Maßstab, ob und inwieweit in den gesellschaftlichen Strukturen und im staatlichen Handeln Mitmenschlichkeit im wechselseitigen Eintreten füreinander realisiert werden kann. Solidarität zielt auf den Ausgleich von Belastungen, darauf, dass die Lebensrisiken gemeinsam getragen werden. Unterschiedlich starke Einschnitte in den bisherigen Lebensstandards bei verschiedenen Bevölkerungsgruppen im Rahmen der Reformprozesse – bei den politisch Schwächsten am stärksten – wirken dagegen entsolidarisierend.
Soziale Gerechtigkeit – das andere Lebenselement der Gemeinwohlverpflichtung – hat für Christen und Kirche generell in der gegenwärtigen Krisensituation als Wertorientierung und Richtungsweisung besondere Bedeutung. »Gerechtigkeit unter Menschen herrscht, wenn die öffentlichen Angelegenheiten des gemeinsamen Lebens so bestellt sind, dass alle ihnen zustimmen können. Die Suche nach Gerechtigkeit muss immer neu unternommen werden.« Dieser hohe Anspruch steht in einer Denkschrift der Ev. Kirche in Deutschland. (Gemeinwohl und Eigennutz, 1991, S. 106)
Als biblische Verheißung ist Gerechtigkeit Gottes rettendes und heilendes, neue Chancen eröffnendes Handeln. In der Konsequenz von Gottes Handeln stiftet sie Gemeinschaft. Gerechte Lebensverhältnisse entwickeln sich dann, wenn alle Menschen das Lebensnotwendige bekommen. »Die Letzten werden die Ersten sein« heißt es im Gleichnis von den Arbeitern im Weinberg (Matth. 20).
In dem »Gemeinsamen Wort zur wirtschaftlichen und sozialen Lage« mit dem Titel »Für eine Zukunft in Solidarität und Gerechtigkeit« erklären die evangelische und katholische Kirche die »Option für die Armen, Schwachen und Benachteiligten« zum Leitmotiv gesellschaftlichen Handelns. In ihr erhält das Bemühen um soziale Gerechtigkeit eine klare Begründung, Rangfolge und Perspektive: Es hat zuallererst denen zu gelten, die unter Arbeitslosigkeit, Armut, Mangel an Bildungschancen, Einkommen, Gesundheit, Alterssicherung, an sozialer Integration leiden. Sozialstaatliches Handeln muss verlässlich dafür sorgen, dass auch sie am Leben der Gesellschaft teilhaben und Eigenverantwortung entwickeln können. Die Suche nach Gerechtigkeit »erschöpft sich nicht in der persönlichen Fürsorge für Benachteiligte, sondern zielt auf den Abbau der strukturellen Ursachen für den Mangel an Teilhabe und Teilnahme an gesellschaftlichen und wirtschaftlichen Prozessen« (Ziff. 112). Die Frage nach Gerechtigkeit hat auch immer mit Verteilung von Macht zu tun, so das gemeinsame Wort der Kirchen.
Kritisch stellen die Kirchen fest: »Tiefe Risse gehen durch unser Land, vor allem der durch die Massenarbeitslosigkeit hervorgerufene, aber auch der wachsende Riss zwischen Wohlstand und Armut und der noch längst nicht geschlossene Riss zwischen Ost und West. Doch Solidarität und Gerechtigkeit genießen heute keine unange-

fochtene Wertschätzung. Dem Egoismus auf der individuellen Ebene entspricht die Neigung der gesellschaftlichen Gruppen, ihr partikulares Interesse dem Gemeinwohl rigoros vorzuordnen. Manche würden der regulativen Idee der Gerechtigkeit gern den Abschied geben. Sie glauben fälschlich, ein Ausgleich der Interessen stelle sich in der freien Marktwirtschaft von selbst ein. Für die Kirchen und Christen stellt dieser Befund eine große Herausforderung dar, denn Solidarität und Gerechtigkeit gehören zum Herzstück jeder biblischen und christlichen Ethik.« (Ziff. 2)

Die Kirchen warnen: »Verbitterung und Resignation zerstören das Vertrauen in die demokratische Gestaltbarkeit der Gesellschaft. Perspektivlosigkeit und Angst vor dem sozialen Abstieg sind ein Nährboden für Gewaltbereitschaft und Fremdenfeindlichkeit.« (Ziff. 53)

Gerechtigkeit ist Verteilungs- und Beteiligungsgerechtigkeit. Beides bedingt sich wechselseitig. Der zunehmenden Polarisierung zwischen Reich und Arm muss politisch durch Verteilung des gesellschaftlichen Reichtums entgegen gewirkt werden. Die Beteiligung an gesellschaftlichen Gütern und Chancen, z. B. in der Bildung, ist ohne Verteilung, ohne Beseitigung der Armut, vor allem auch der zunehmenden Kinderarmut, nicht möglich.

Für die Christen und die Kirchen bleibt die vollkommene Gerechtigkeit dem Reich Gottes vorbehalten. Unsere Anstrengungen können allenfalls ein relativ Besseres bewirken. Aber jede menschliche Sozialordnung ist im Lichte der kommenden Gerechtigkeit Gottes stets verbesserungsbedürftig. »In einem zukunftsgerichteten-offenen Prozess muss in zähen, tapferen Schritten ein Mehr an relativer irdischer Gerechtigkeit angestrebt werden.« (Helmut SIMON, ehemaliger Bundesverfassungsrichter in Gemeinwohl – Gemeinsame Verpflichtung von Kirche und Wirtschaft, S. 20)

Mit Entschiedenheit muss verhindert werden, dass der Sozialstaat als politisches Instrument zur Gestaltung von mehr Solidarität und Gerechtigkeit und damit zur Gestaltung des Gemeinwohls in Frage gestellt und kaputt gespart wird.

»Sicherheit durch Therapie im Maßregelvollzug« ist ein anspruchsvolles Sicherheitskonzept

Die Parole »Wegschließen – und zwar für immer!« widerspricht der Gemeinwohlverpflichtung und dem Sozialstaatsgebot. Die konzeptionelle Alternative ist: »Sicherheit durch Therapie im Maßregelvollzug«. Dieses Konzept sieht eine Wechselwirkung zwischen dem Schutz der Allgemeinheit vor lebensbedrohenden Straftaten und der menschenwürdigen Gestaltung des Maßregelvollzugs, in der sowohl die Menschenwürde der Patienten als auch die der Mitarbeiterinnen und Mitarbeiter ernst genommen wird.

Ein Optimum an Therapie und Arbeits- und Lebensqualität in den Kliniken schafft zugleich ein Optimum an Sicherheit für die Bevölkerung. Konsequente Therapie mit lebendigen zwischenmenschlichen Beziehungen, die Einsichtsprozesse und Veränderungen fördern, ist langfristig wirksamer als Mauern – was Mauern nicht überflüssig macht, heißt es in der Stellungnahme des Initiativkreises »Sicherheit durch Therapie im Maßregelvollzug«.

»Sicherheit *durch* Therapie« ist ein anspruchsvolleres Sicherheitskonzept als »Sicherheit *vor* Therapie« oder »Sicherheit *statt* Therapie«.

Dieses Konzept verharmlost nicht die Gefährlichkeit einzelner Gruppen von Patienten. Es gibt Patienten, die noch nicht oder auf Dauer nicht entlassen werden können. Sie dürfen aber nicht endgültig als nicht-therapierbar ausgegrenzt werden. Sozialethisch gesehen kann es keinen hoffnungslosen Fall geben. Patienten behalten einen Therapieanspruch auch in Langzeiteinrichtungen. Sie benötigen innerhalb des gesicherten Bereiches menschenwürdige Lebensbedingungen durch Beschäftigungs-, Sport- und Kulturangebote.

Kürzlich hat ein Patient in der neuen Klinik in Rheine, die ich mir anschauen konnte, gesagt: »Wenn ich auch keine Aussicht auf Entlassung habe, brauche ich doch einen eigenen Lebensraum.« Damit meinte er, ein Einzelzimmer mit persönlicher Atmosphäre, eine Beschäftigung mit eigenem Lohn, eine Möglichkeit zum Malen und zur Keramikgestaltung und Bewegungsmöglichkeiten, z. B. im Sport.

Das sind nicht nur Anforderungen an Langzeiteinrichtungen, sondern an alle Maßregelvollzugskliniken. Dass in Eickelborn sich bis zu vier Patienten weiterhin ein Zimmer teilen müssen – und das möglicherweise aus betriebswirtschaftlichen und haushaltspolitischen Gründen – ist menschlich problematisch und muss politisch verändert werden. Es widerspricht dem Ziel der Dezentralisierung und Entlastung von Eickelborn, für das wir mit dem Konzept »Sicherheit durch Therapie im Maßregelvollzug« im Initiativkreis geworben und auch gestritten haben.

Frau Dr. Nahlah Saimeh, die neue Ärztliche Direktorin der Eickelborner Forensik, hat bei ihrer offiziellen Einführung erfreulicherweise betont, dass in Langzeiteinrichtungen für die nicht entlassfähigen Patienten »Lebensraum«, z. B. mit einem Kulturzentrum geschaffen werden sollte und dass in Eickelborn Ein- oder Zweibetträume Zielvorgabe bleibe. Ich denke, dass sie zur Realisierung dieser Ziele gesellschaftlichen Rückhalt gut gebrauchen kann.

Räume der Entfaltung und Räume des Vertrauens muss der Maßregelvollzug bieten, schlägt Weihbischof Friedrich Ostermann vor. »Es gilt, den Menschen im Maßregelvollzug zu helfen, die ganze Weite ihres Menschseins zu entdecken ... zu helfen, die Natur zu entdecken, den Gütern der Kultur zu begegnen, im kreativen Tun die Wirklichkeit tiefer zu verstehen und sich selbst besser kennen zu lernen.« (in Heinz KAMMEIER, Forensik in Münster: Eine Region in der Verantwortung, S. 172)

Die Bemerkung eines anderen Patienten in Rheine war: »Wenn ich mich wohl fühle, bin ich am ehesten bereit, mich und mein Verhalten zu verändern.«

In menschlicher Atmosphäre kann Vertrauen zueinander entstehen und sich entwickeln. Voraussetzung dafür ist, dass die Einzelnen sich wechselseitig als Personen ernst nehmen und dadurch ernst genommen fühlen. Diese Annahme kann nicht geschehen, ohne Auseinandersetzung mit der Schuld, nicht in der Verharmlosung von Schuld, sondern letztlich in der Vergebung, die allein Gott gewähren und die nur seelsorgerlich zugesagt werden kann. »Wenn so der Einzelne von der Liebe und von der Liebe Gottes andeutungsweise erfährt, gibt es eine größere Chance zur inneren Umkehr. Dabei ist damit zu rechnen, dass wirkliche Umkehr manchmal nicht gewollt oder auch einem Einzelnen aus den verschiedenen psychischen Gründen nicht möglich ist.« (Friedrich OSTERMANN a.a.O. S. 171).

Die durch die Dezentralisierung geschaffenen kleineren Einrichtungen bieten gute Voraussetzung für Räume der Entfaltung und Räume des Vertrauens. Sie ermöglichen persönliche Beziehungen der Mitarbeitenden nicht nur zu den Patienten, sondern auch zu deren Angehörigen, auch direktere und tragfähigere Begleitung nach der Entlassung. Dafür sind entsprechende Rahmenbedingungen, sowohl in den Arbeitsverhältnissen und der Arbeitsorganisation für die Mitarbeiterinnen und Mitarbeiter, aber auch in der sächlichen und finanziellen Ausstattung der einzelnen Maßregelvollzugseinrichtung notwendig. Enge Kooperation zwischen den verschiedenen Mitarbeitergruppen und Fachdiensten und ihre optimale Beteiligung und Mitbestimmung in der Leitung der Einrichtung sind wichtige Voraussetzungen für Qualität der Therapie in einer Klinik. Frustrierte Mitarbeiterinnen und Mitarbeiter sind ein Sicherheitsrisiko. Macht- und Positionskämpfe, die es auch unter den am Maßregelvollzug Beteiligten und für ihn Verantwortlichen gibt, vergeuden Arbeits- und auch Lebenszeit. Transparenz in den Entscheidungsabläufen, die Mitarbeiterinnen und Mitarbeiter nachvollziehen können, sind für ihre persönliche Motivation und die gute Zusammenarbeit von besonderer Bedeutung.

Das Gelingen des Maßregelvollzuges gerade in der Wechselwirkung zwischen Therapie und Sicherheit wird wesentlich dadurch beeinflusst, ob und wie die entsprechenden Einrichtungen in ihrem direkten gesellschaftlichen Umfeld, aber auch als gesamtgesellschaftliche Aufgabe akzeptiert werden.

Immer noch und immer wieder, wird der Maßregelvollzug durch einzelne Politiker, Medien und auch Bürgerinitiativen ausschließlich als Gefahrenpotenzial dargestellt. Sachliche Informationen über Chancen und Risiken des Maßregelvollzuges müssen Angstkampagnen gezielt entgegengesetzt werden. Es kommt darauf an, dass zwischen den an diesem schwierigen gesellschaftlichen Aufgabenbereich Beteiligten und für ihn politisch Verantwortlichen Verständigung erzielt und Vertrauen aufgebaut wird. Das ist in den letzten Jahren an verschiedenen Orten gelungen, auch mithilfe von Beiräten, die sowohl kritisch hinterfragend als auch konstruktiv anregend das Geschehen in der Klinik begleiten und eine Brückenfunktion zwischen der Klinik und ihrem Umfeld erfüllen.

In Rheine hat es vor der Belegung der Klinik einen Tag der »Offenen Tür« gege-

ben, der von der Bevölkerung in starkem Maße zur eigenen Information genutzt wurde.
Die optimale Gestaltung des Maßregelvollzugs als gesamtgesellschaftliche Aufgabe ist und bleibt ein wesentlicher Teil der Gemeinwohlverpflichtung.

Literatur

KAMMEIER H (Hrsg.) (2001) Forensik in Münster: Eine Region in der Verantwortung. LIT Verlag Münster

KIRCHENAMT DER EKD (1991) Gemeinwohl und Eigennutz. Gütersloher Verlagshaus Gerd Mohn

KIRCHENAMT DER EKD (1997) Für eine Zukunft in Solidarität und Gerechtigkeit. Wort des Rates der Evangelischen Kirche in Deutschland und der Deutschen Bischofskonferenz zur wirtschaftlichen und sozialen Lage in Deutschland. Hannover, Bonn

SORG M (Hrsg.) (1998) Sicherheit durch Therapie im Maßregelvollzug. Stellungnahme des Initiativkreises. Landeskirchenamt der EkvW, Bielefeld

STUDIENKREIS KIRCHE/WIRTSCHAFT (Hrsg.) (1990) Gemeinwohl – Gemeinsame Verpflichtung von Kirche und Wirtschaft – Sozialethisches Kolloquium Düsseldorf

Referenten-Verzeichnis

Bartels, Anja, Diplomandin an der Universität Bremen, FB Psychologie

Benkert, Wolfgang, Unternehmensberater, Rudolf-Ziersch-Str. 7, 42287 Wuppertal

Bock, Michael, Prof. Dr. Dr., Universitätsprofessor, Johannes Gutenberg-Universität, Lehrstuhl für Kriminologie, Jugendstrafrecht, Strafvollzug und Strafrecht, Jakob-Welder-Weg 9, 55128 Mainz

Boetticher, Axel, Dr. jur., Richter am BGH, Bundesgerichtshof, Herrenstr. 45 a, 76133 Karlsruhe

Brand, Thomas, Diplom-Psychologe, Institut für Kriminologie der Universität zu Köln, Albertus-Magnus-Platz, 50923 Köln

Brettel, Hauke, Dr. med., Arzt u. Jurist, Lehrgestuhl für Kriminologie, Jugendstrafrecht und Strafvollzug, Jakob-Welder-Weg 9, 55128 Mainz

Döpfner, Manfred, Klinik für Kinder- und Jugendpsychiatrie der Universität Köln, Robert-Koch-Str. 10, 50931 Köln

Feltes, Thomas, Prof., Dr. jur., Lehrstuhl für Kriminologie, Kriminalpolitik und Polizeiwissenschaft, Ruhr-Universität Bochum, Juristische Fakultät, Gebäude GC 5/145, Universitätsstraße 150, 44801 Bochum

Gebauer, Guido, Dr. phil., Diplom-Psychologe, Praxis für Rechtspsychologie, Osterleystr. 1, 30171 Hannover

Gutschner, Daniel, Mag., Psychologe FSP/Pädagoge/Psychoanalytiker, Leiter des IFB – Institut für forensische Kinder- und Jugendberatung, Marktgasse 29, CH-3000 Bern 7

Hinrichs, Günter, PD Dr. med. Diplom-Psychologe, Zentrum für Integrative Psychiatrie Kiel, Klinik für Kinder- und Jugendpsychiatrie und -psychotherapie, Niemannsweg 147, 24105 Kiel

KAMMEIER, HEINZ, Dr. jur., Lehrbeauftragter, Eli-Marcus-Weg 26, 48159 Münster

KLEMM, TORSTEN, Dr. phil., Diplom-Psychologe, Kantstraße 61 A, 04275 Leipzig

KÖHLER, DENIS, Dr. phil., Diplom-Psychologe, Zentrum für Integrative Psychiatrie (ZIP), Klinik für Kinder- und Jugendpsychiatrie und -psychotherapie, Niemannsweg 147, 24105 Kiel

KRISCHER, MAYA, Klinik für Kinder- und Jugendpsychiatrie der Universität Köln, Robert-Koch-Str. 10, 50931 Köln

LEHMKUHL, GERD, Klinik für Kinder- und Jugendpsychiatrie der Universität Köln, Robert-Koch-Str. 10, 50931 Köln

LEMPERT, JOACHIM, Diplom-Psychologe, Institut Lempert, Paulinenallee 59, 22769 Hamburg

MÜLLER, SILVIA, Diplom-Pädagogin, Diplom-Psychologin, Zentrum für Integrative Psychiatrie Kiel, Klinik für Kinder- und Jugendpsychiatrie und -psychotherapie, Niemannsweg 147, 24105 Kiel

NOWARA, SABINE, Prof. Dr. phil., Diplom-Psychologin, Institut für Rechtspsychologie, Lauenburger Str. 12, 45731 Waltrop

PÄTZOLD, ULRICH, Prof. Dr., Institut für Journalistik der Universität Dortmund, Emil-Figge-Straße 50, 44221 Dortmund

PIERSCHKE, RALPH, Dr. phil., Institut für Rechtspschologie, Lauenburger Str. 12, 45731 Waltrop

PUTZKE, HOLM, Wiss. Assistent, Lehrstuhl für Kriminologie, Kriminalpolitik und Polizeiwissenschaft, Ruhr-Universität Bochum, Juristische Fakultät, Gebäude GC 5/145, Universitätsstraße 150, 44801 Bochum

RADANDT, ANDREA, Körperpsychotherapeutin, Westf. Zentrum für Forensische Psychiatrie , Eickelbornstr. 21, 59556 Lippstadt

REDIES, MIRJA, Diplom-Psychologin, Institut für Forensische Psychiatrie der Universität Essen, Virchowstr. 174, 45147 Essen

SACHSE, RAINER, Prof. Dr., Psychologe/Institutsleiter, Institut für Psychologische Psychotherapie Bochum, Prümerstr. 4, 44787 Bochum

SAIMEH, NAHLAH, Dr. med., Ärztliche Direktorin, Westf. Zentrum für Forensische Psychiatrie, Eickelbornstr. 21, 59556 Lippstadt

SCHALAST, NORBERT, Dr. rer. nat., Diplom-Psychologe, Institut für Forensische Psychiatrie der Universität Essen, Virchowstr. 174, 45147 Essen

SEVECKE, KATHRIN, Dr. med., Klinik für Kinder- und Jugendpsychiatrie der Universität Köln, Robert-Koch-Str. 10, 50931 Köln

TONDORF, GÜNTER, Prof. Dr. jur., Rechtsanwalt, Fachanwalt für Strafrecht und Lehrbeauftragter an der Universität zu Köln, Robert-Koch-Str. 10 50931 Köln

WÖRMANN, EDUARD, Pastor, August-Knabe-Weg 10, 59494 Soest

Notizen